거룩한 기도들

버미글리의 시편 기도문

거룩한 기도들: 버미글리의 시편 기도문

발 행 일 • 2022.01.28.

발 행 인 • 안민

편 집 인 • 이신열

저　　자 • 피터 마터 버미글리

역　　자 • 김진흥

발 행 처 • 고신대학교 출판부

　　　　　고신대학교 개혁주의학술원

　　　　　kirs@kosin.ac.kr / www.kirs.kr

　　　　　부산시 영도구 와치로 194　051) 990-2267

판　 권 • 고신대 개혁주의학술원

제　 목 • 거룩한 기도들: 버미글리의 시편 기도문

총　 판 • 솔라피데출판유통 / 031)992-8691

거룩한 기도들

버미글리의 시편 기도문

발간사

    종교개혁자 피터 버미글리(Peter Vermigli)의 시편 기도문을 호주 시드니 신학대학 김진흥 박사님의 번역으로 출판하게 된 것을 기쁘게 생각합니다. 버미글리는 16세기 종교개혁자로서 거의 잊혀진 인물이었지만 최근에 연구가 활발하게 이루어지게 된 것은 상당한 의미가 있으며 고무적인 일로 판단됩니다. 그는 이탈리아 출신의 칼빈주의자로 특히 로마 가톨릭과 루터파의 성찬론에 맞서서 칼빈주의적 영적 임재설을 강력하게 변호한 인물로 유명합니다. 아울러 그는 또 다른 칼빈주의의 대표 교리로 불리워지는 이중예정론을 철저하게 옹호하고 이를 가르치기위해서 많은 노력을 기울였습니다. 그가 남긴 많은 작품 가운데 시편 기도문을 국내 최초로 출판하게 된 것은 이 땅의 교회와 신학계의 종교개혁 이해에 깊이와 넓이를 증폭시키는 의미 있는 일로 볼 수 있습니다.

    미국 사우스 캐롤나이나 주에 소재한 대브넌트연구소(The Davenant Institute)의 리틀존(Brad Littlejohn)박사님의 제의로 이 번역이 이루어져서 출판이 이루어지게 되었음을 감사드립니다. 또한 번역을 위해서 여러 해 동안 심혈을 기울이신 김진흥 박사님의 헌신적인 노고에진심으로 감사드립니다. 아울러 코로나 19로 인해서 어려움이 많지만 이 책의 출판을 위해서 흔쾌히 재정적인 도움을 제공해주신 보은교회(서울) 손덕현 담임목사님과 헤아림교회(대구) 이경실 담임목사님께 감사의 마음을 전해 드립니다. 마지막으로 이 책을 읽는 독자들에게 버미글리의 숭고한 경건에서 비롯되는 기도의 열정과 그의 시편에 대한 사랑이 확인되고 종교개혁의 거룩한 정신이 다시 한번 불타 오르는 계기가 되기를 소원하는 마음으로 발간사에 갈음하고자 합니다.

개혁주의학술원장 이신열

목 차

추천사 / 김진영 박사
(서울중앙교회 담임목사)

피터 마터 버미글리(Peter Martyr Vermigli)를 알고 있는 분이라면, 버미글리가 "어거스틴 정규 수도회의 수도사로서 20년이 넘는 기간 동안 매일 시편을 합창하였고, 수도사들과 함께 매주 한 번씩 시편 150편 전체를 낭송"하였으며, 그러는 중에 "버미글리의 비상한 기억력으로 시편을 대부분 혹은 전부 암송하였을 것"이라는 사실에 그리 놀라지 않을 것입니다.

수도사로 20년을 살았던 버미글리에게 시편은 매일 부르는 노래요 기도였습니다. 로마 가톨릭 교회의 공적 설교자로 큰 명성을 얻었고, 로마 가톨릭 교회 안에서 놀라운 교회의 개혁을 성취하였고, 수도원장으로 보장된 미래를 모두 버리고, 42세의 나이에 참된 복음을 선포하는 개혁교회에 합류하기 위해 알프스를 넘어 왔습니다. 스트라스부르에서 구약교수로 5년, 토마스 크래머의 초청으로 에드워드 6세 때에 영국에서 6년, 다시 스트라스부르에서 3년, 마지막으로 불링거와 함께 취리히에서 6년, 20년의 세월을 종교개혁의 중심지에서 탁월하면서도 겸손한 학자로 살았던 버미글리의 삶 자체가 어떤 점에서는 시편을 더 깊이 이해하고 체험하는 삶이었습니다.

버미글리의 시편기도문 "거룩한 기도들"에서 두 가지 특징을 발견합니다.

첫째는 각 시편에 대한 버리글리의 정확하고 깊은 본문이해입니다. 버미글리의 시편기도문 "거룩한 기도들"은 주석이 아니라 기도문입니다. 그러나 기도문을 읽다보면, 각각의 기도문이 각 시편에 대한 버미글리의 정확하고도 깊은 주석과 본문이해에 근거하고 있음을 어렵지 않게 발견할 수 있습니다. 기도문을 읽고 묵상을 하면 할수록, 기도문의 내용이 각 시편의 주제와 긴밀히 연결되어 있음을 발견합니다. 둘째로 버미글리의 기도문은 당시 개혁교회의 문제점과 어려움이 무엇인지 보여줍니다. 각 시편의 주제와 연관된 당시 개혁교회의 문제점들- 개혁교회의 연약한 상황, 격변하는 정치적 변화와 전쟁으로 인한 두려움과 염려, 로마 가톨릭 교회의 압박과 도전으로 인한 개혁교회의 어려움 등-을 언급하면서 하나님의 도우심과 은혜를 간절히 기도합니다.

시편1편의 기도문을 통해 이런 특징을 볼 수 있습니다. 버미글리는 시편1편의 기도문에서 당시 교회의 문제점을 이렇게 지적합니다: "우리가 악한 자의 꾀를 깨닫는 순간 바로 돌아서야 했는데도 종종 그것에 굴복하였기 때문에, 얼마나 심각한 환란과 비참한 재난들이 교회를 그토록 고통스럽게 하는지 이미 우리는 아주 분명하게 이해하고 있습니다... 우리는 오랫동안 건전한 훈계들과 건강한 습관들을 경멸해 왔습니다... 우리의 삶이 악한 자들처럼 죄악에 탐진되지 않게 해 주시옵소서." 그리고 시편1편의 주제에 따라 버미글리는 하나님 아버지께 간절히 기도합니다: "이런 역병들 대신에 우리로 하여금 끊임없이 당신의 율법과 당신의 거룩한 글들을 묵상하게 해 주소서... 우리가 밤낮으로 묵상하며 심사 숙고하는 하나님의 율법에 대한 놀라운 열정으로 그런 전염병을 대체하는가 여부에 우리의 행복이 크게 달려 있다는 사실을 우리에게 이미 설명해 주셨습니다... 당신의 말씀을 끊임없이 연구하고 사용함으로써 우리가 열매 맺는 나무들이 되게 해 주시길 당신에게 간구합니다. 우리의 살아 생전에 당신의 교회에서 열매를 맺게 하실 뿐 아니라 그 다른 세계에서, 의인의 길을 완전하게 알고 계시는 당신 앞에 서서 우리가 받을 심판도 성공적으로 통과할 수 있게 해 주시옵소서."

　매일 시편을 노래하고 암송했을 뿐 아니라, 하나님의 섭리 가운데 시편과 같은 삶을 살았던 버미글리의 시편기도문 "거룩한 기도들"이 버미글리를 전공하고 오랫동안 연구하며 가르치고 있는 김진흥 교수의 수고를 통해 한글로 번역되고, 한국교회에 소개되어 진심으로 기뻐하며 감사합니다. 버미글리의 시편기도문 "거룩한 기도들"을 읽고 묵상하는 모든 그리스도인들에게, 시편을 묵상하고 배우는 은혜와 함께, 그의 놀라운 탁월함과 명료함, 박학다식과 겸손함에도 불구하고 신기하게도 전혀 알려지지 않고 있었던 위대한 종교개혁자였던 피터 버미글리를 통해 주신 하나님의 풍성한 은혜를 경험하는 기회가 되기를 기도드립니다. 버미글리의 시편기도문 "거룩한 기도들"의 번역을 위해 오랫동안 심혈을 기울여 수고한 김진흥 교수의 수고에 다시금 감사드리며, 말씀의 은혜와 종교개혁의 은혜를 사모하는 모든 그리스도인들에게 일독을 권합니다.

The church today urgently needs to be renewed by great role models from the past, and few Protestant leaders were so important in their own time or so neglected since as Peter Martyr Vermigli. The recent revival of interest in his biblical and theological works is a very encouraging sign for the church, but Vermigli was not merely a sharp-witted scholastic theologians or learned biblical commentator. He was also a devout man of great personal faith, which comes through powerfully in the Sacred Prayers. English-speaking readers have been encouraged and enriched by this great text since its translation into English twenty-five years ago; praise God that Korean readers may now join them in learning habits of devotion from this giant of the Protestant Reformation.

오늘날 교회는 과거의 위대한 모범들에 의하여 갱신되어야 할 필요가 있습니다. 그리고 개신교 지도자들 가운데 피터 마터 버미글리처럼 그 당대에 그토록 중요하였지만 그 시대 이후로는 너무나 소홀하게 여겨졌던 인물도 달리 없을 것입니다. 그의 성경적이고 신학적인 작품들에 관한 관심이 최근에 되살아난 것은 교회를 위한 아주 고무적인 조짐입니다. 버미글리는 단순히 예리한 지성을 갖춘 스콜라주의적 신학자 혹은 학식있는 성경 주석가에 그치지 않습니다. 그는 또한 개인적으로 대단한 신앙을 갖춘 경건한 인물이었는데, 그 사실이 '거룩한 기도들'(Sacred Prayers)에서 강렬하게 표출됩니다. 이 위대한 책이 25년 전에 현대적 영어로 번역된 이래, 영어권 독자들은 이 작품으로부터 그동안 큰 격려를 받았으며 풍성함을 누렸습니다. 이제 한국어권 독자들도 이 개신교 종교개혁의 거인으로부터 헌신의 습관들을 배우는 일에 영어권 독자들과 함께 하게 해 주신 하나님을 찬양합니다.

추천사 / 박상봉 박사

(합동신학대학원대학교, 역사신학교수)

테오도르 베자는 1580년에 출판한 『초상들』(*Icones*)에서 피터 마터 버미글리(1499-1562)의 삶을 짧은 세 문장으로 요약하여 이렇게 소개했습니다.

"투스카니는 당신을 추방했고, 독일과 영국은 당신을 품었으며, 죽은 마터를 이제 스위스가 보호하고 있다." (Tuscia te pepulit, Germania et Anglia fovit, Martyr, quem extinctum, nunc tegit Helvetia.)

이 문구는 버미글리의 고달픈 삶뿐 아니라 종교개혁과 관련해 그의 영향력이 어떠한지도 알려 주는 표현입니다.

이탈리아 파도바 대학교에서 철학과 신학을 공부했던 버미글리는 1542년 자신의 조국을 탈출하기 전까지 개혁적 성향을 가진 인문주의자이자 어거스틴 수도회의 사제로 활동했습니다. 그 이후로 절박하게 전개되는 상황 속에서 그는 스트라스부르, 옥스포드, 취리히로 거처를 옮기며 살아야 했습니다. 이 세 도시에서 환대를 받았던 버미글리는, 독일 지겐대학교 교수였던 클라우스 쉬투름(Klaus Sturm)이 밝힌 것처럼, "개혁파 교회의 아버지들 가운데 개혁된 가톨릭주의자"(Ein Reformkathoik unter den Vätern der Reformation)

로서 놀라운 능력을 나타냈습니다. 그는 자신이 가르친 모든 학교에서 "지혜와 유창한 언변과 경건"(sapiens atque eloquens pietas)으로 학생들에게 감화를 주는 유능한 교수로 인정받았습니다. 취리히 신학교에서 버미글리에게 배웠던 제자이자 그의 장례식 설교를 담당했던 요시아스 심러(Josias Simler)가 자신의 스승을 "성령에 의해 영감된 교사"이며, "뛰어난 신학자"로 부른 것은 단순한 인사치례가 아니었습니다. 취리히 대학교 교수였던 에미디오 캄피(Emidio Campi)는 16-17세기 개혁파 신학에 끼친 버미글리의 영향력과 관련해 다음과 같이 평가했습니다. "피터 마터 버미글리를 언급하지 않고 초기 개혁파 정통주의 신학을 이해하는 것 자체가 불가능하다." 버미글리가 하인리히 불링거와 존 칼빈과 함께 개혁파 교회의 기초를 세우는 데 기여했다는 점은 이미 잘 알려져 있습니다.

그러나 버미글리는 아직까지 우리에게 익숙하지 않은 종교개혁자입니다. 16세기 종교개혁과 관련해 이미 주목받았어야 할 인물임에도, 그가 거의 알려지지 않은 점에는 늘 안타까움이 있었습니다. 종교개혁을 온전히 이해하는 데 있어 그의 부재는 짙은 안개가 낀 산을 보는 것처럼 결핍을 주기 때문입니다. 다행히, 이번에 버미글리의 유명한 원작인 『거룩한 기도들』이 처음으로 한국 교회에 소개된 것은 매우 기쁜 일입니다. 그의 작품 가운데 그의 『신학총론』(Loci Communes)을 제외하고 이 책이 가장 인기가 있었습니다. 『거룩한 기도들』은 버미글리의 사후에, 앞서 밝힌 요시아스 심러에 의해 우연히 원고가 발견되어 1564년에 취리히에서 처음 라틴어로 출판되었으며, 그 이후 영어, 프랑스어, 독일어, 체코어로 번역되어 많은 사람에게 감동적으로 읽혀졌습니다. 당시 『거룩한 기도들』은 목회자들만이 아니라 신자들까지 경건한 열망에 불타오르게 했습니다.

『거룩한 기도들』은 버미글리가 스트라스부르에서 처음 머물렀던 기간에 쓴 것입니다. 그는 1547년 말 슈말칼덴 전쟁 때문에 영국으로 떠나기 전까지 수업 시간마다 시편을 명료하게 풀어서 설명하거나 응용하여 사람의 심령을 깨우는 기도를 고백했습니다. 이를 통해 버미글리가 단순히 신학적인 면만 추구한 것이 아니라, 기독교적 경건에도 관심을 가졌음을 알게 됩니다. 이 책은 종교개혁 당시 기도의 내용과 유형을 살필 수 있는 좋은 자료이며, 우리의 경건을 고양시켜 주는 기도의 모범이기도 합니다. 『거룩한 기도들』에 담긴 시편 150편과 관련된 297개 기도문은 현대를 살아가는 신자들에게 깊은 영감과 감동을 줍니다. 때로 경건한 삶을 권고하고, 때로 죄에 대한 회개를 일깨우며, 때로 하나님 앞에서 우리 시대를 어떻게 살아가야 할지를 각성하게 합니다. 각 기도문을 읽으면 우리의 마음이 하나님 앞에 올려짐(Sursum Corda)을 느낄 수 있습니다. 버미글리는 종교개혁 당시 실제적인 위기를 겪었던 현실 속에서 시편을 깊이 묵상하며 『거룩한 기도들』을 썼습니다. 여기에는 하나님의 백성을 당면한 어려움에서 구원하시고, 현세와 내세에서 평강으로 인도하시는 하나님의 능력과 호의를 온전히 신뢰하고 의지하는 목소리가 오롯이 담겨 있습니다. 버미글리의 기도에서 우리는 자신의 교회와 백성을 위해 열심히 일하시는 하나님을 대면하는 영광을 누릴 수 있습니다.

『거룩한 기도들』을 번역한 김진흥 교수님은 자신의 형님인 김진영 박사님(서울중앙교회 담임목사)과 함께 한국 신학자로서 버미글리를 전공한 권위자입니다. 화란 캄펜신학대학교에서 박사 학위를 받았으며, 지금은 호주 시드니신학대학교에서 조직신학과 역사신학을 가르치고 있습니다. 2018년 『피터 마터 버미글리: 신학적 평전』을 저술한 이후 저자가 버미글리의 원전을 번역한 것은 이 『거룩한 기도들』이 처음입니다. 이를 계기로 앞으로 더 많은 버미글리의 원전이 소개되기를 기대하고 있습니다. 이 책을 읽으면서 번역자의 섬세함을 느낄 수 있었으며, 각 문장의 의미를 살리기 위해 애쓴 것도 확인할 수 있었습니다. 버미글리의 『거룩한 기도들』을 우리 모국어로 읽는다는 것은 종교개혁 당시 경건을 우리 시대로 끌어오는 것과 같습니다. 모든 독자의 마음을 하나님께서 풍성한 은혜로 만족시켜 주실 것입니다.

"당신의 선하심으로 우리를 감싸주셔서, 우리가 올곧은 기쁨과 확고한 행복으로 당신 앞에 즐거워하게 하소서."(시편 32편 중)

종교개혁의 전통에 서 있는 우리는 상당히 논쟁적입니다. 교리적으로나 신학적으로 옳고 그름을 따지는 데에는 관심이 많고 교회에서도 그러한 방식으로 가르치는 경향이 있습니다. 그래서 논쟁적인 교인은 많지만 따뜻한 마음을 가진 신자는 찾아보기가 쉽지 않습니다.

그렇지만 개혁은 하나님의 말씀을 발견하고 그 말씀 앞에서 자기를 돌아보는 데에서 시작하였습니다. 마르틴 루터는 시편 강해를 통하여 '하나님 앞에서'(coram deo) 자기의 죄를 깨닫고, 죄인을 의롭게 하시는 '하나님의 의'를 발견하였습니다. 존 칼빈도 시편을 '영혼의 해부학'이라고 불렀고 설교와 강의의 방식으로 시편을 적어도 세 차례 가르쳤습니다. 스트라스부르의 개혁자 마르틴 부써도 방대한 시편 주석을 썼습니다. 16세기의 개혁자들이 모두 시편에 정통하였고 시편으로 기도하면서 개혁의 과업을 감당하였다.

피터 버미글리는 경건과 학문을 겸전한 개혁자였는데 신학교에서 강의할 때에 시편을 본문으로 삼아 작성한 기도문으로 강의를 마쳤습니다. 『거룩한 기도들: 버미글리의 시편 기도문』은 시편 본문 주해는 아니지만, 시편 본문을 가지고 당시의 상황을 해석하면서 하나님께 드린 기도문입니다. 로마 가톨릭 신부였다가 개신교로 넘어온 이후 스트라스부르와 옥스퍼드, 취리히 등으로 옮겨 다니면서 사역한 버미글리는 시편의 본문을 토대로 기도를 드리면서 그러한 어려운 시기를 이겨냈던 것입니다. 고난 중에서 시편의 본문을 토대로 드린 이 기도들을 보면, '기도로 시편의 기도를 해설'하였다는 느낌이 들 정도입니다.

『거룩한 기도들: 버미글리의 시편 기도문』은 한자리에서 읽을 책은 아닙니다. 곶감을 하나씩 빼먹듯이, 먼저 시편 본문을 읽고 버미글리의 거룩한 기도로 기도하면 유익을 얻을 수 있습니다. 시편에 근거한 버미글리의 기도를 우리의 상황에 적용하여 기도하는 데에 이용할 수 있기 때문입니다. 개인적인 어려움만이 아니라 교회들이 처한 어려움을 놓고서 어떻게 기도를 드려야 할지를 우리는 이 책을 통해서 배울 수 있습니다.

개혁의 선배들이 품고 있던 경건함과 그들의 기도 생활에 관하여서는 우리가 잘 알지 못합니다. 선배들의 신학과 업적은 그분들의 경건한 기도에서 나온 것인데 그 뿌리에 관해서는 관심도 없습니다. 이러한 형편에 있는 우리에게 김진흥 교수의 수고로 버미글리의 기도문을 직접 읽게 된 것은 큰 복이라고 아니할 수 없습니다. 종교개혁의 후예들이 참된 경건을 회복하는 데에 도움이 될 것을 확신합니다.

영역자에 관하여

존 패트릭 도널리 예수회 신부(John Patrick Donnelly, S.J.)는 1972년 위스콘신-매디슨 대학에서 역사학으로 박사학위를 취득하였는데, 로버트 킹돈(Robert M. Kingdon)의 지도 아래 피터 마터 버미글리에 관한 논문을 작성하였다. 1971년 이래로 그는 밀워키 주에 있는 마르케트 대학(Marquette University)에서 역사학 교수로 가르쳐왔다. 그의 연구는 주로 예수회와 피터 마터 버미글리에 집중되었다. 버미글리를 다루는 책들에 실린 여섯 편의 논문들과 장들에 덧붙여, 그는 『인간과 은혜에 관한 버미글리의 교리에 나타난 칼빈주의와 스콜라주의』(*Calvinism and Scholasticism in Vermigli's Doctrine of Man and Grace*, Leiden: Brill, 1976)를 출판하였고, 로버트 킹돈과 함께 『피터 마터 버미글리 작품 목록』(*A Bibliography of the Works of Peter Martyr Vermigli*, Sixteenth Century Essays and Studies, XII, Kirksville, Mo., 1990)을 출판하였다. 예전에 그는 토마스 모어(1982), 로베르 벨라르민(1989), 그리고 지롤라모 사보나롤라(1994)의 다양한 라틴어 작품들을 번역하였다. 그는 16세기 연구 컨퍼런스(The Sixteenth Century Studies Conference)의 회장직(1977)과 종교개혁 연구회(the Society for Reformation Research)의 회장직(1990-1991)을 위시한 전문적 연구회에서 다양한 직책을 맡아 수행하였다. 현재는 『16세기 저널』(*The Sixteenth Century Journal*)과 『종교개혁 연구를 위한 아카이브』(*Archive for*

Reformation Research)의 편집위원으로 섬기고 있다. 그는 피터 마터 전집 (Peter Martyr Library)의 공동편집인이다.

영역자의 서문

이 책은 피터 마터 총서 시리즈를 위하여 내가 준비한 두 번째 작품이다. 첫 번째는 피터 마터 버미글리의 『그리스도의 두 본성에 관한 대화』(*Dialogus de utraque in Christo natura*)인데, 1995년 총서의 제2권으로 출판되었다. 그 작품과 버미글리의 『다윗의 시편에서 가져온 거룩한 기도들』(*Preces sacrae ex Psalmis Davidis desumptae*)이라는 이번 번역 사이의 차이는 현저하다. 『대화』는 엄청난 박식함을 보여주는 작품으로서, 성경과 고대 철학자들과 중세 스콜라주의자들과 특히 교부들에 대한 언급이 풍부하다. 『대화』에는 서론을 제외하고 본문에만 689개의 각주가 달려 있다. 『기도들』에는 오직 14개의 각주들만 달려 있는데 그 대부분은 라틴어 본문의 이문들(readings)을 다루는 내용이다. 이런 점에서 그리고 다른 많은 점들에서 『기도들』은 버미글리의 다른 작품들과 거리가 있으며, 따라서 피터 마터 총서 중 한 자리를 차지할 만하다. 버미글리의 다른 모든 주요 작품들은 두 가지 문학 형태를 취하고 있다: 그것들은 주석들과 (대부분 성경에 대한 주석들이지만 아리스토텔레스에 관한 주석도 하나 있다.) 그 외에는 논쟁적 작품들이다. 정확히 기도문이므로 『기도들』은 우리에게 버미글리의 마음과 하나님과의 그의 친밀한 교제를 얼핏 들여다볼 기회를 줄 수도 있을 것이다. 그러나 우리는 주의해야 한다. 왜냐하면 『기도들』은 강의 말미에 읽히도록 작성되었고, 버미글리의 마음을 드러낼 수 있는 개인적인 필치가 결여된 형식적이고 고양된 어조를 쓰려고 노력하기 때문이다. 그로 인하여 전기적 자료로서는 그 가치가 떨어지지만, 모든 시대의 그리스도인들에게 여전히 사용될 수 있는 기도문들로서는 이득이 된다. 이 책의 번역자는 버미글리의 신학과 많은 점들에서 의견을 달리하는 예수회 신부이며 또한 버미글리와는 아주 다른 세상에 살고 있지만, 시편에서 가져온 이 기도문들에서는 하나님께 나아가는 것을 불가능하게 하는 어떤 느낌도 받지 않았다. 종교개혁에 관한 연구가 신학으로부터 특히 논쟁으로부터 멀어져서 영성에 관한 논문들과 경건 작품들로 옮겨가면 갈수록, 공통된 기독교적 전통이 점점 더 전면에 부각된다. 여러 해 전에 나는 성 로베르 벨라르민(Saint Robert Bellarmine)의 『하나님을 향한 마음의 고양』(*The Mind's Ascent to God*)의 번역본을 출판하였다. 이 번역본 이전에 나온 네 권의 영역본들 중 세 권이 프로테스탄트에 의하여 번역되었다.

이 번역을 준비하면서 나는 많은 사람들로부터 도움을 받았는데, 이 시리즈의 공동 편집자인 조셉 맥레런드(Joseph C. McLelland)와 출판자인 트루만 대학의 (예전에는 노스이스트 미주리 대학의) 로버트 쉬누커(Robert V. Schnucker)로부터 아주 중요한 도움을 받았다. 그들의 격려가 없었다면, 아마도 나는 이 작업을 시작하지 않았을 것이다. 마르케트 대학에서 나의 연구조교로 수고한 안드레아 브라운(Andrea Brown)은 초고에서 오류들을 제거하는 일을 도와주었다. 마르케트 대학 신학과의 토마스 칼드웰(Thomas Caldwell, S.J.)은 서론을 검토해 주었다. 마르케트 대학 철학과의 존 드렐로아(John Treloar, S.J.)는 두 번째 원고의 전반을 체크해주었고 수정사항들을 제안하였다. 같은 철학과의 롤랜드 태스크(Roland Taske, S.J.)는 까다로운 여러 단락들을 도와주었다. 에덴 신학교(Eden Seminary)의 로웰 주크(Lowell Zuck),

헤르초크 아우구스투스 볼펜뷔텔 도서관(Herzog Augustus Bibliothek Wolfenbütel)의 울리히 콥(Ulrich Kopp), 마르케트 대학 신학부의 올리버 올슨(Oliver Olson)은 내가 기본 텍스트로 사용한 것과 상이한 이문들의 라틴 어판들을 체크하는 일을 도와주었다. 『기도들』의 표지의 사진은 취리히의 중앙 박물관(Zentralbiboliothek)의 허락을 받아 인쇄하였다.

존 패트릭 도널리
마르케트 대학교

서 문

시편과 종교개혁의 경건
버미글리의 '시편기도문'을 한국에 소개하며

시편과 종교개혁의 경건

　시편과 같이 기독교에 중요한 의의를 가진 책은 구약에 달리 없을 것이다. 시편은 구약성경 전체의 축소판이라고 불려왔다.[1] 중세 이래로 수도사들과 수사들이 날마다 합창하였던 시간 전례(Divine Office)는 주로 시편에서 가져온 것이었고, 최근에 이르기까지 대체로 매주 한 번씩 시편 전체를 낭송하도록 되어 있다. 기독교 예배에서 시편이 이렇게 현저한 위치를 차지하고 있는 까닭은 아주 명백하다. 시편은 성경에서 가장 긴 책일뿐만 아니라 또한 성경에서 가장 긴 기도집이기도 하다. 성경 전반에 걸쳐 다른 많은 기도들이 있으며, 그 중 가장 주목할 만한 것으로서 다양한 찬가들과 주기도문이 있지만, 그러나 성경의 다른 모든 기도들을 다 합쳐도 그 길이에서 시편과 비교되지 않는다.

　오직 성경을 강조한 종교개혁은 기도와 프로테스탄트 그리스도인들의 경건에서 주목할만한 변천과 연관되어 있다. 많은 옛 가톨릭 기도들과 종교적 관습들이 더 이상 받아들여질 수 없게 되었으므로, 시편은 프로테스탄트의 기도에서 한층 더 큰 중요성을 얻게 되었다. 루터와 칼빈 모두 시편 주석을 썼다. 울리히 츠빙글리, 마틴 부써, 존 칼빈, 임마누엘 트레멜리우스(Immanuel Tremelius)를 비롯한, 많은 지도적인 프로테스탄트 신학자들이 각자 그들 자신의 라틴어 번역판 시편을 출판하였는데, 그들 중 여럿이 피터 마터 버미글리

---

[1] Leopold Sabourin, *The Psalms: Their Origin and Meaning* (New York: Alba House, 1974), 4.

의 친구들이었다. 그 까닭은 아마도 부분적으로는 불가타 라틴어역본 성경 전체에서 시편 부분이 가장 덜 만족스러웠기 때문일 것이다. 종교개혁의 시편 번역들 가운데 가장 유명한 것은 의심할 여지없이 테오도르 베자의 프랑스어 번역본인데, 베자는 1561년 프와시 회담에서 버미글리의 가까운 동료이자 친구였다. 베자의 프랑스어 번역본 시편은 프랑스의 프로테스탄트 교회들에서 가장 유명한 찬송가가 되었으며, 위그노 군대는 프랑스의 종교전쟁 기간에 전투에 임하기 전에 자발적으로 그 시편들을 노래하였다.[2]

시편을 기도로 사용한 나라로 최근에 가장 철저하게 조사된 나라는 영국이다. 리브카 짐(Rivkah Zim)의 『영국의 운율 시편: 찬송과 기도로서의 시편, 1535-1601』(*English Metrical Psalms: Poetry as Praise and Prayer*, 1535-1601)은 로마와의 관계를 단절한 헨리 8세의 시절로부터 엘리자베스의 죽음에 이르는 기간에 나온 90편의 영역본 시편들을 연구하였다. 비록 리브카 짐은 종종 필립 시드니(Philip Sydney), 에드먼드 스펜서(Edmund Spenser), 그리고 매튜 파커(Matthew Parker)와 같은 유명한 시인들과 성직자들이 번역한 운율을 갖춘 번역본들을 강조하지만, 그는 또한 대체로 잊혀 있었던, 시편에 근거한 많은 기도들과 묵상들의 모음집들에 관한 자세한 내용들도 알려주는데, 그것들은 버미글리의 『거룩한 기도들』(*Preces Sacrae*)과 유사한 것들이다.[3] 유럽 대륙의 국가들 중에서 프로테스탄티즘이 강력하였던

---

2 Garrett Mattingly, *The Armada* (Boston: Houghton Mifflin, 1959), 156. 쿠트라 전투 (Battle of Coutras)가 시작될 때, 위그노 군대가 베자의 시편 118편을 음율에 맞추어 노래하기 시작하였을 때, 한 젊은 가톨릭 군인은 그것을 겁이 난 징후라고 판단하였다. 그러자 한 베테랑 군인이 그의 생각을 이렇게 바로잡아 주었다: "위그노 병사들이 저런 소리를 낼 때는, 그들이 격렬하게 싸울 준비간 된 것이다."
3 버미글리의 『거룩한 기도들』과 유사한 작품들을 지은 저자들은 로버트 필레스(Robert Fylles)와 존 불(John Bull)이다. 불의 작품은 사실상 버미글리의 작품에서 번역한 단락들을 포함하고 있다. Rivkah Zim, *English Metrical Psalms: Poetry as Praise and Prayer*, 1535-1601 (Cambridge: Cambridge University Press, 1987), 236-237을 보라. 엘리자베스 1세의 두

나라들에서 출판된 시편 번역들과 운문 찬미가들을 유사한 방식으로 주의깊게 조사하면, 영국의 사례에 대한 리브카 짐의 조사와 비슷한 결과들이 나올 것은 의심할 여지가 없다. 시편에 근거한 버미글리의 『거룩한 기도들』이 현대의 독자들에게 이런 아주 중요한 문학을 가까이 접할 수 있는 사례를 제공하길 희망하는데, 대부분 이런 문학은 오직 희귀본 장서들에서만 접할 수 있는 것이다.

피터 마터 버미글리와 시편

아우구스티누스 정규 수도회(Augustinian Canon Regular) 소속의 수도사로서 지낸 20년이 넘는 기간에 버미글리는 매일 드리는 시간 전례에서 다른 수도사들과 함께 시편을 합창하였다. 그의 탁월한 기억력을 고려할 때, 아마도 그는 시편의 대부분 혹은 전부를 암송하게 되었을 것이다. 이탈리아에서의 마지막 시절인 1540-1542년 동안에 버미글리는 어느 정도 니고데모주의자였으며, 점점 더 자신의 내면적 확신에서 프로테스탄트로 기울어져 갔지만, 수도사로서 그리고 나중에는 루까의 산 프레디아노의 수도원장으로서 자신의 맡은 의무들 때문에 로마 가톨릭의 예전을 계속 거행하였다. 미사의 본문, 특히 미사를 희생제사라고 언급하는 많은 구절들이 틀림없이 그의 양심을 무겁게 짓눌렀을 것이다. 그러나 공적인 미사 전례 동안에 그 본문을 빠뜨리거나 혹은 변경시키면 즉각 의심을 불러 일으켰을 것이다. 시간 전례를 드리는 것은 그보다는 덜 부담스러웠을 것인데, 왜냐하면 그 본문은 압도적으로 성경과 교부들의 글에서 가져온 것이었고, 시편은 버미글리가 진실한 마음으로 찬송할 수

번째 캔터베리 대주교였던 매튜 파커의 운문(韻文) 번역은 번역된 시편들의 초두에 운문으로 된 짧은 요지와 끝 부분에 산문(散文)으로 된 기도를 포함하고 있다. 시편들에 근거한 기도문들의 견본들을 보려면, 위에 언급된 Zim의 책 부록 220-247에 있는 14, 44, 46, 52, 58, 59, 61, 63편을 참조하라.

있는 것이었으므로 그에게 아주 좋은 위로의 원천이었을 것이다.

버미글리는 1542년 8월 말에 이탈리아에서 피신하여 취리히로 갔는데, 거기에서 그는 따뜻한 환영을 받았지만 취리히에는 자신에게 적합한 자리가 없었다. 볼프강 카피토의 사망으로 스트라스부르의 구약 교수직이 비게 되었고, 버미글리는 1542년 12월에 그 자리를 차지하였다. 프로테스탄티즘으로 공개적으로 전향한 지 몇 달이 되지 않았는데 그런 중요한 자리를 맡게 된 것을 보면, 버미글리가 마틴 부써를 비롯한 스트라스부르의 지도자들에게 강렬한 인상을 주었던 것이 분명하다. 1547년 10월 영국으로 떠날 때까지 버미글리는 계속 스트라스부르에서 가르쳤다. 뒤에 논의하겠지만, 버미글리는 스트라스부르 신학교에서의 첫 임기의 막바지에 그의 『거룩한 기도들』을 저술했거나 혹은 적어도 저술하기 시작하였다. 스트라스부르에서 그는 예레미야 애가, 소선지서, 창세기, 출애굽기, 그리고 레위기의 일부를 강의하였다.[4] 프로테스탄트 신학자로서의 그의 경력에서 그 다음 세 시기에 관하여 알려진 것보다는 이 첫 번째 스트라스부르 시절(1542-1547)의 일들에 관해서는 우리가 그다지 많이 알지 못한다.[5] 학자로서의 버미글리의 명성은 천천히 점진적으로 퍼져나갔는데, 처음에는 신약을 강의하였던 마틴 부써의 명성에 가려져 있었다. 그의 생애의 후기 시절과는 달리, 이 시절에 버미글리는 신학적 논쟁에 휘말리지 않았는데, 신학적 논쟁은 종종 전기적인 자료를 제공하는 활동이었다. 그는

---

[4] 버미글리의 초기 스트라스부르 강의의 순서는 조시아 시믈러의 버미글리 전기에 나와 있다: J.C. McLelland and G.E. Duffield eds., *The Life, Early Letters and Eucharistic Writings of Peter Martyr* (Appleford, Oxford: Sutton Courtenay Press, 1989), 52을 보라.

[5] 버미글리는 영국의 옥스포드 대학의 왕립신학석좌교수로서 1547년 11월부터 1553년 10월까지 지냈다. 메리 튜더의 왕위 등극 이후에 그는 스트라스부르로 돌아와서 1553년 11월부터 1556년 7월까지 다시 그곳에서 가르쳤다. 스트라스부르의 루터파 목사들과의 불화로 인하여 버미글리는 취리히로 떠났으며, 1556년 7월부터 1562년 11월 소천할 때까지 그곳에서 강의하였다.

구약성경에 관한 강의들을 부지런히 준비하였는데, 그러나 이 시절의 강의내용은 대부분 사라지고 없다. 우리는 다만 그의 창세기 주석과 (이 주석은 창 42:25에서 갑자기 멈춘다), 그의 학생들이 버미글리의 창세기, 출애굽기, 그리고 레위기에 대한 그의 강의에 근거하여 토론할 일부 논제들, 상당히 짧은 예레미야 애가서 주석, 그리고 『거룩한 기도들』을 가지고 있다. 또한 일부 편지들과 이탈리아어로 작성된 간략한 사도신경 해설(1544)이 있는데, 이것은 버미글리가 이 시절에 출판한 유일한 작품이다. 이 시절의 다른 모든 저작들은 그가 남긴 노트에 근거하여 사후에 출판되었다.

버미글리는 외국인이었고 또한 요령을 배우고 있는 단계였지만 (이 시절에 나온 그의 창세기 주석은 그의 주요한 성경 주석들 중에서도 아마도 가장 덜 두드러진 것이다), 교사로서의 그의 명성은 점점 더 위대한 마틴 부써를 능가하게 되었다. 버미글리는 좀더 명확하였고, 좀더 잘 조직되었고, 그리고 부써보다는 덜 장황하였다. 버미글리의 친구이자, 전기작가이자, 취리히 신학교에서 그의 후임자이자, 『거룩한 기도들』의 편집자인 조시아 시믈러는 버미글리가 "다루는 내용 그 자체의 중요함뿐만 아니라 그의 친절하고 세련된 스타일 때문에 그의 청중들의 마음을 즐겁게 하였다"고 말한다. 시믈러는 계속하여, 아마도 『거룩한 기도들』과 관련하여, 버미글리의 강의들은 "때때로 경건한 삶을 권고하였으며… 회개를 일깨웠으며…" 그리고 탁월한 교리가 "탁월한 경건을 곁들인" 웅변과 결합되었다고 말한다.[6]

『거룩한 기도들』은 언제 씌어졌을까? 그 기도들은 당대의 사건들에 관한 단지 희미한 암시들만 줄 뿐이며 언제 작성되었는지 알 수 있는 직접적인 증거는 전혀 담고 있지 않다. 최상의 증거는 『거룩한 기도들』에 붙인 편집자 조시아

---

[6] McLelland and Duffield, *Life … of Martyr*, 53.

시믈러의 서론적 편지에서 발견된다. 버미글리의 소천 직후 몇 년 동안 그의 생애 전반에 관하여 가장 많이 알고 있던 사람은, 평생 그의 개인적 하인으로 섬겼던 쥴리오 산테렌지아노(Giulio Santerenziano)를 제외하면, 시믈러밖에 없었다. 그리고 시믈러는 산테렌지아노에게 그에 관하여 물어볼 수 있는 위치에 있었다. 이 영역본에도 (그리고 국역본에도) 수록된, 『거룩한 기도들』에 붙인 그의 서론적 편지에서, 시믈러는 그 작품의 작성에 관하여 세 가지 사항을 우리에게 알려준다: "트렌트 공의회가 막 시작되고, 독일에서 우리의 신앙에 대항한 살인적인 전쟁이 발발했을 때, 버미글리는 스트라스부르 신학교에서 행한 그의 강의들이 끝날 때마다 이 기도들을 읽었다." 시믈러가 세 가지 좌표들을 제시하고 있으므로, 그 날짜를 확정하는 것은 쉬운 일로 보일 수 있을 것이다. 그러나 버미글리는 스트라스부르에서 두 차례 체류하였고, 독일에서 두 차례의 쉬말칼덴 종교 전쟁이 발발하였고, 트렌트 공의회의 세 회기들 가운데 두 차례 회기들이 버미글리의 생애 동안 있었다. 예전에 세 사람의 학자들이 『거룩한 기도들』이 언제 기록되었는가 하는 문제를 대략적으로 다루었는데, 그들의 의견이 일치하지 않는다. 찰스 쉬미트(Charles Schmidt)는 『거룩한 기도들』을 버미글리의 1차 스트라스부르 기간에 쓰여진 작품들에 포함하지 않지만, 나중에 그는 그것들이 1546년에 일어난 제1차 쉬말칼덴 전쟁과 분명하게 연결짓는다.[7] 클라우스 쉬투름(Klaus Sturm)은 『거룩한 기도들』이 버미글리의 1차 스트라부르 시절의 작품이라고 제안하지만, "그 날짜에는 의문의 여지가 있다"고 말한다.[8] 마빈 앤더슨(Marvin Anderson)은 『거룩한 기도들』의 작성 시기를 버미글리의 2차 스트라스부르 교수 시절로 본다.[9] 나는 『거룩

---

[7] Charles Schmidt, *Peter Martyr Vermigli: Leben und ausgewälte Schriften* (Elberfeld: R.L. Friederichs, 1858), 8, 72.

[8] Klaus Sturm, *Die Theologie Peter Martyr Vermiglis während seines ersten Aufenthats in Strassburg 1542-1547* (Neukirchen: Neukirchener Verlag, 1971), 275.

한 기도들』이 1542년 12월에서 1547년 10월에 걸친 버미글리의 1차 스트라스부르 시절의 끝무렵에 쓰여진 것이 틀림없다고 확신한다. 시믈러는 『거룩한 기도들』이 트렌트 공의회가 시작된 직후에 기록되었다고 말한다. 그 공의회는 1547년 12월부터 1547년 3월까지 트렌트에서 개최되었다가, 1547년 3월부터 1548년 2월 동안에는 볼로냐로 장소를 옮겼다. 그 날짜가 완벽하게 들어맞는다. 더구나 제1차 쉬말칼덴 전쟁은 1546년에 시작되었고, 찰스 5세가 1547년 4월 24일 뮐베르크에서 프로테스탄트 세력을 결정적으로 패배시키는 일에서 절정에 달하였다. 『거룩한 기도들』에는 전쟁에 관하여 스쳐 지나가는 언급들이 있고 또한 하나님의 교회를 괴롭히는 재난들에 관한 탄식들은 도처에서 나타난다. 버미글리는 1553년 11월에 스트라스부르로 돌아와 1556년 7월까지 거기 머물렀다. 제2차 쉬말칼덴 전쟁은 1552년부터 1556년까지 계속되었는데, 이 새롭게 일어난 전쟁은 처음부터 프로테스탄트 측에 유리하게 진행되었는데, 그 이유는 대체로 프랑스의 앙리 2세가 그들의 동맹이 되었기 때문이다. 제2차 쉬말칼덴 전쟁의 진행과 『거룩한 기도들』의 음울한 어조는 서로 상응하기 힘들 것이다. 더구나 1551년 5월에서 1552년 4월에 걸친 트렌트 공의회의 두 번째 회기는 버미글리의 2차 스트라스부르 시기와 일치하지 않는다. 이 모든 사항들을 고려할 때, 한 가지 난점이 남아 있다: 시믈러는 버미글리가 자신의 강의들을 마칠 무렵에 그 기도들을 읽었다고 말하는데, 그러나 『거룩한 기도들』에는 (시편 119편의 19부분으로 이루어진 기도를 하나로 계산할 때) 모두 297개의 기도들이 담겨있다. 버미글리가 트렌트 공의회의 시작부터 그가 영국으로 떠날 때까지의 기간에 297번의 강의를 하였다는 것에 관하여

---

9 Marvin W. Anderson, *Peter Martyr Vermigli, A Reformer in Exile (1542-1562): A Chronology of Biblical Writings in England and Europe* (Nieuwkoop: De Graaf, 1975), 285, 300.

의심이 제기될 수 있다. 그는 아마도 그 시절에 시편 기도문들을 작성해 두었고 그것들 중 상당수를 나중에 사용하였거나 혹은 단순히 사용하지 않고 남겨두었을 수도 있다.

『거룩한 기도들』의 구조와 내용

　『거룩한 기도들』은 149편의 시편들에 근거한 297편의 기도문들을 담고 있다.10 시편 87편에 관한 기도는 없다. 아마도 버미글리가 그 시편에 관한 기도를 하나 쓴 것 같지만, 그것은 실전(失傳)되었다. 시편 119편에 관한 기도는 통상적인 패턴에 맞지 않는다. 얼핏 보기에 버미글리는 단지 한 편의 기도를 작성한 것 같지만, 그 기도는 19 부분들로 쪼개져 있으며, 그 각각의 부분들은 사실상 독립적인 기도이며 히브리어 알파벳의 두 문자들로써 부제가 붙여져 있다. 대다수의 시편들의 경우, 그것들에 근거하여 두 편의 기도들(79개의 시편들)이나 혹은 한 편의 기도(39편의 기도들)가 씌어졌다. 시편 68편과 78편은 네 편의 기도문들이 있으며, 시편 18편과 105편은 다섯 편의 기도문들이 있다. 그 밖에 시편들에는 세 편의 기도문들이 만들어졌다. 대부분의 기도들은 첫 세 라틴어판들에서 약 한 페이지 분량이다.

　왜 버미글리가 어떤 시편들에 대해서는 다른 시편들보다 더 많은 기도문을 작성하기로 결정하였는지 그 이유는 분명하지 않다. 일반적으로는 좀더 긴 시편들이 좀더 많이 다루어진다. 시편 119편은 단연 가장 긴 시편이며 또한 버미글리도 단연 가장 길게 다루고 있다. (네 편의 기도문이 있는) 시편 68편은 서른다섯 구절로 이루어져있으며, (네 편의 기도문이 붙은) 시편 78편은 일흔

---

10 『거룩한 기도들』의 본문 끝부분에 시믈러는 '빵을 숭배하는 자들'을 반대하는 버미글리의 기도 한 편을 덧붙여 두었는데, 이 기도는 『거룩한 기도들』과는 무관한 것 같으며, 따라서 여기서 고려되지 않았다.

여덟 구절이며, (다섯 편의 기도문이 있는) 시편 105편은 마흔다섯 구절로 이루어져 있다. 그러나 한 시편의 길이와 버미글리가 그에 붙인 기도문의 숫자 사이의 상관관계는 결코 단순하지 않다. 스물한 구절들로 이루어진 시편 18편에는 다섯 편의 기도문이 쓰여진 반면, 서른다섯 구절로 된 시편 15편에는 오직 한 편의 기도문이 작성되었다. 한 시편의 내용도 거기 붙여진 기도문의 숫자에 영향을 끼친 것도 아닌 것 같다. 단연 가장 길게 다루어진 시편은 119편인데, 이것은 율법에 대한 단조로운 찬양으로서 프로테스탄트 신학자들의 가슴에 가장 친숙한 주제는 아니다. 그러나 시편 119편은 버미글리의 출애굽기 강의 혹은 레위기 강의와는 썩 잘 맞았을 수도 있었을 것이다. 시편 139편은 하나님과의 친밀한 교제의 깊이를 담고 있으며 시편 전체에서 그에 필적하는 다른 사례를 찾기 힘들 정도로 시적 비전을 갖추고 있지만, 버미글리는 단지 한 편의 기도만을 남기고 있다.

버미글리가 어떤 순서로 시편에서 이끌어낸 그의 기도들을 작성하였거나 혹은 활용하였는지 확실하게 알 수 있는 길은 전혀 없는 듯하다. 시믈러는 그의 서론적 편지에서 말하기를, 버미글리의 소천 후에 그의 작품들을 체크하고 있었는데, "그의 도서관에서 그가 친필로 기록한 작은 종이들을 한데 모으고 있는 동안에, 나는 잘못 분류되어 이리저리 흩어져 있던 원고들을 우연히 발견하였다. 그것들 중에는 그가 친필로 쓴 몇몇 거룩한 기도들도 있었다." 시믈러는 아마도 가장 단순한 방식으로, 즉 시편의 순서에 따라 그 기도들을 정리하였던 것 같다. 버미글리는 그와는 다른 순서로 기도들을 작성하였을 수도 있지만, 그는 매우 질서정연한 사고방식의 소유자였으므로, 예상 외로 버미글리 자신이 시편 1편에서 시작하여 150편까지 계속하여 작업하였을 수도 있다.

누구든지 이 기도문들을 그 처음부터 시작하여 신속하게 읽어내려 가면,

그 기도들이 아주 반복적이라는 사실을 발견할 것이다. 그것은 마치 안토니오 비발디의 일련의 협주곡들을 듣는 것과 비교할 수 있을 것이다: 곡들이 모두 다 아주 잘 만들어졌는데, 그런데 이거 앞에서 들은 것이 아닌가? 그렇게 똑같아 보이는 데에는 세 가지 이유가 있다. 그 첫 번째는 시편 자체가 반복적이라는 사실이다. 위대한 시편 전문가 지그문트 모빙켈(Sigmund Mowinckel)이 오래 전에 주목하였듯이, 획일성과 형식성이 시편서에 철저히 배여 있어서 개별성은 그 배경으로 사라지며 비유적 표현도 상투적이며 전통적이다. 낭만주의 시인들의 감정의 분출이 개별성을 드러내는 경향과는 달리, 시편서는 예전적이고 제의적인 배경에서 나온 것이며 제의적 공동체의 체험과 분위기를 표현한다.11 두 번째 이유는, 비록 많은 시편들이 기억 속에 남아 있는 구체적인 이미지들을 이용하며 또한 서정적 기조를 뚜렷하게 드러내는 것은 분명하지만, 시편서에 근거한 버미글리의 기도들에서는 그것들이 희미해지는 것 같다. 작가로서 버미글리의 강점은 명료성, 조직화, 그리고 박식함이었다. 그는 침착하고, 굳건하고, 덤덤하며, 분별력 있다. 천 페이지가 넘는 그의 글을 읽으면서도 유머의 흔적을 하나도 찾지 못할 것이다. 세 번째 이유는 버미글리가 기도문을 쓰고 있던 당시의 특수한 형편들에 있다: 전쟁이 진행 중이었으며, 그가 적그리스도로 간주하였던 세력들이 승리하고 있었다. 하나님이 인간의 무대에 결정적으로 간섭하지 않으시면, 버미글리가 사랑하고 아꼈던 모든 것이 쇠락하여 파괴될 것 같았다. 적어도 독일의 프로테스탄티즘이 직면한 상황에 관하여, 이런 비관적 전망은 그가 1547년 10월에 좀더 밝은 전망을 보여주는 에드워드 6세 치하의 영국으로 가기로 결심한 한 가지 주요한 요소였음에 틀림없다. 버미글리는 스트라스부르에서 쫓겨난 것이 아니라 아우크스부르크 잠정협정

---

11 Sigmund Mowinckel, *Psalmenstudien* (Oslo, 1921), 1:30.

과 라이프치히 잠정협정이 로마 가톨릭 관습들을 다시 강요하려 하기 훨씬 전에 그곳을 떠났다. 마틴 부써는 이럭저럭 1549년까지 스트라스부르에 계속 남아 있었지만, 그 해에 영국에 있는 버미글리와 합류하였다.

시편서에 관한 버미글리의 대다수의 기도문들은 대체로 동일한 순서로 동일한 주제들을 다룬다. 그의 기도문들은 거의 언제나 하나님 아버지를 부르는 것으로 시작하며 또한 거의 언제나 하나님을 일인칭 복수형태로 호칭한다. 그런 다음, 그의 기도들은 일반적으로 그의 백성들의 고통을 하나님 앞에 내어 놓는다. 교회가 당하는 고난들은 그 백성의 죄에서 흘러나오는 것이며, 하나님은 공의롭게 처벌하고 계신 것이다. 개인적이고 집단적인 죄악됨에 대한 인식이 그 기도들에 가득 배어 있다.[12] 그러나 하나님은 선하시므로, 그의 백성들을 구원하실 것이며 그들의 원수들로부터 그들을 보호하실 것이다. 그러면 그의 백성들이 그분을 영원히 즐겁게 찬양할 것이다. 그 기도들은 "우리 주 예수 그리스도로 말미암아 기도합니다. 아멘"으로 끝나거나 혹은 아주 사소하게 다른 결어로 끝맺음한다. 때때로 그 기도에서 다양한 문구들이 해당 시편의 표현들과 밀접하게 연결되어 있지만, 항상 그런 것은 아니다.

『거룩한 기도들』의 현대 독자들에게 그런 죄책감과 곤경에 대한 인식이 가장 두드러지게 다가온다면, 그 기도들은 실제적인 위기를 겪던 시대에 씌어졌다는 사실을 기억해야 할 뿐만 아니라 또한 그 시편들은 자기 백성을 현재 당면한 그 저주에서 구원하시고 현세와 내세에서의 승리로 인도하실 하나님의 능력과

---

[12] Jean Delumeau, *Sin and Fear: The Emergence of a Western Guilt Culture, 13th–18th Centuries*, trans. Eric Nicholson (New York: St. Martin's, 1990). 이 작품은 버미글리의 『거룩한 기도들』을 전혀 언급하지 않지만, 그의 기도들은 근대 초 유럽이 죄책감과 두려움의 감정으로 가득하였다는 이 책의 주된 논지를 뒷받침하는 탁월한 증거를 제공하였을 것이다. 델루모는 단 한 차례 스쳐지나가면서 버미글리를 언급하는데, 테오도르 베자에게 그의 『예정론 도식』(*Tabula praedestinationis*)에 주석을 덧붙일 것을 버미글리가 요청하는 내용이다. Delumeau, *Sin and Fear*, 538.

호의를 지속적으로 신뢰하고 의지하는 목소리를 발하고 있다는 사실 역시 명심해야 한다. 최근에 많은 학자들이 탐구하였듯이, 종교개혁 시대 동안의 정치적이고 종교적인 혼란과 전쟁은 많은 사람들에게 묵시론적 심성을 양성하였다. 임박한 최후의 심판에 관한 공포는 뮌스터에 모인 비교적 얼마되지 않은 재세례파들을 무겁게 눌렀을 뿐만 아니라, 주류 프로테스탄트와 가톨릭 교도들에게도 광범위하게 퍼져 있었다.13 그러나 종말이 가까이 왔다는 참으로 묵시론적인 어조를 『거룩한 기도들』속에서 찾으려 한다면 헛된 일이 될 것이다.14 많은 기도문들에서 위기에 대한 인식이 있다면, 거기에는 또한 궁극적인 확신과 심지어 평온함까지 있다: 우리는 죄악되며 우리 자신으로서는 현재의 곤경들을 벗어날 수단이 없다. 그러나 하나님은 우리를 사랑하시며, 여전히 정치적이고 군사적인 사건들을 주재하시는 분이며, 결국에는 우리를 구원하실 것이다. 그분은 환란과 고난을 우리에게 보내셔서 우리의 죄악을 벌하시고 우리의 죄악된 삶을 고치도록 몰아부치신다. 우리가 올바르게 회개하면, 그분은 우리에게 승리를 주시며, 그분이 우리를 위하실 것을 일단 결심하시면, 우리의 원수들은 우리에 맞서 싸울 수 없을 것이다. 일어나는 일들에 관한 이런 섭리적인 관점은 성경에 뿌리를 두고 있었는데, 시편에서도 마찬가지였으며, 버미글리 시대의 공통된 확신이었다.15

---

13 Norman Cohn, *The Pursuit of the Millenium* (Oxford: Oxford University Press, 1970); Robin Barnes, *Prophecy and Gnosis: Apocalypticism in the Wake of the Lutheran Reformation* (Stanford: Stanford University Press, 1988); Katharine R. Firth, *The Apocalyptic Tradition in Reformation Britain, 1530-1645* (Oxford: Oxford University Press, 1979); Denis Crouzet, *Les guerriers de Dieu. La violence au temps des troubles de religion (vers 1525-vers 1610)* (Seyssel: Editions Champ Vallon, 1990).

14 Philip McNair, *Peter Martyr in Italy: An Anatomy of Apostasy* (Oxford: Clarendon Press, 1967), 68-69. 이 책은 사보나롤라(Savonarola)가 버미글리에게 강한 영향을 주었다고 생각하였던 그 이전의 역사가들의 주장이 별로 근거가 없다는 사실을 밝히고 있다.

15 스페인의 무적함대의 패배에 대한 스페인 예수회 신부 페드로 데 리바데네이라(Pedro de

그 기도들에는 적그리스도 혹은 적그리스도들에 관한 언급들이 많이 포함되어 있다. 버미글리가 주로 교황이나 로마 가톨릭 세력을 염두에 두고 있었던 것에는 거의 의심할 여지가 없지만, 그것을 명백하게 표현하지 않으며, 『거룩한 기도들』보다 몇 년 전에 출판된 루터의 말기 저서들에서 볼 수 있는 그런 격렬함에 필적할 정도로 교황제나 가톨릭을 공격하지도 않는다. 『거룩한 기도들』의 본문들에 관한 한, 적그리스도는 단지 그리스도와 그분의 교회를 적대하는 세력들이며, 교황 파울루스 3세나 그의 동맹자인 황제 카알 5세와 같은 개인들이 아니다.

버미글리의 『거룩한 기도들』의 인기

런던의 프랑스 회중들의 목사였던 로버트 마송(Robert Masson)이 1576년 버미글리의 신학 작품들로부터 편집한 『신학총론』(*Loci Communes*)을 제외하면 『거룩한 기도들』은 버미글리의 모든 작품들 가운데 가장 인기 있는 작품이었다. 이 책은 총 10쇄를 거듭하였으며, 라틴어에서 네 개의 각국어로 번역되었다: 영어, 프랑스어, 독일어, 그리고 체코어. 그 다음으로 유명한 버미글리의 저작들은 성만찬에 관한 『논고』(*Tractatio*)와 『대화』(*Dialogus*)인데 각각 7쇄를 거듭하였고, 그의 로마서 주석은 8쇄를 거듭하였다. 앞서 언급한 것처럼, 『거룩한 기도들』의 초판은 버미글리 사후 그의 친구인 조시아 시믈러가

Ribadeneira)의 반응은 제1차 쉬말칼덴 전쟁에 대한 버미글리의 반응과 여러가지로 유사하다. 페드로의 『재난에 관한 논고』(*Treatise on Tribulation*)는 '우리 당대의 일반적인 재난들'에 관하여 스페인 사람들에게 위로를 제공하기 위하여 작성되었다. 하나님께서는 단지 개인들뿐 아니라 도시들과 국가들을 벌하시기 위하여 사건들을 이용하신다. 비록 스페인의 무적함대가 "하나님의 대의명분을 수호하기 위하여" 그리고 "그분의 신실한 종들의 많은 기도와 탄원과 고해성사들을 동반하여" 출범하였으나… "그것은 지극히 높으신 이의 손에서 내린 엄한 처벌이자 질책이었다는 사실을 그 누구도 부인할 수 없다." 『재난에 관한 논고』는 Robert Bireley, *Anti-Machiavellianism or Catholic Statecraft in Early Modern Europe* (Chapel Hill: University of North Carolina Press, 1990), 114-115에 서술되어 있다.

그의 서재에서 발견한 원고들로부터 편집하였다. 이 책은 버미글리 사후 2년이 지난 1564년에 그가 선호했었던 취리히의 출판업자 크리스토퍼 프로샤우어 (Christopher Froschauer)에 의하여 출판되었다. 프로샤우어는 1566년과 1578년에도 그 초판을 다시 출판하였다. 1582년 저명한 피터 페르나 출판사 (Peter Perna Press)에 의하여 출판된 버미글리의 『신학총론』(*Locorum communium*)에도 다시 한번 이 초판이 포함되었다. 마지막 라틴어판(취리히: 요한 볼프, 1604)의 표지는 '이제 참으로 교정된 저자의 친필 문서로부터'(*Nunc vero ex autographis correctae*) 편집되었다고 자랑스럽게 말하는데, 그러나 몇몇 인쇄상의 교정들 외에는 없다. 본 영역본에서 1604년의 교정된 내용들을 따를 때에는 각주에서 지적할 것이다. 이 마지막 라틴어판에는 1604년 3월 6일자로 시믈러가 그의 동료이자 신학자인 요한 빌헬름 쉬투키 (Johann Wilhelm Stucki)에게 보낸 새로운 서론적 편지가 첨부되어 있는데, 이것은 이전 판들에서는 발견할 수 없는 것이다. 그 편지는 버미글리나 혹은 『거룩한 기도들』에 관한 새로운 정보를 전혀 담고 있지 않으므로, 본 영역본에서는 포함되지 않았다.

『거룩한 기도들』의 최초의 번역본들은 모두 영역본들이었다. 핸리 불 (Henry Bull)의 『사적 및 공적 훈련을 위한 기독교적 기도들와 거룩한 명상들』 (*Christian Prayers and Holy Meditations as Well for Private as Public Exercise*, London: Middleton, 1568)은 그 말미에 버미글리의 첫 다섯 시편들을 수록하였고, 버미글리의 시편기도서를 찬양하면서 이렇게 말한다: "경건하고 학식 있는 누군가 기꺼이 이 책을 영어로 번역하려 한다면, 그 사람은 의심할 여지없이 하나님과 그의 회중에게 큰 봉사를 하게 될 것이다. 이 가치있는 작업에 착수하는 사람의 가슴에는 경건한 열정이 불타오르게 될 것이라고 우리는 믿는다."[16] 찰스 글렘핸(Charles Glemhan)이 곧 이 초청을 받아들였고, 그의 번역본은 『다윗의 시편들에서 편집된 아주 경건한 기도들』(*Most Godly Prayers Compiled out of Davids Psalmes*)이라는 제목으로 1569년 런던의 윌리엄 세레스(William Seres)에 의하여 출판되었다. 프랑스어 역본도 두 종류가 있는데, 하나는 장 뒤랑(Jean Durant)이 1577년 제네바에서, 다른 하나는 삐에르 오텡(Pierre Hautin)이 1581년 라 로셸에서 출판하였다. 두 작품 모두 쉽게 이용할 수 있는 16절판이었다. 프로샤우어는 1589년 취리히에서 12절판의 독일어 역본을 출판하였다. 가장 희귀한 역본은 요한 수드리키우스(Johann Sudlicius, Jana Sudlicya)의 체코어 역본이다. 이 역본이 출판된 1620년은 의미심장한데, 왜냐하면 그 해에 체코의 프로테스탄트들은 화이트 마운틴의 전투에서 페르디난트 2세에게 패배를 당하였기 때문이다. 1620년 말기에 그들이 처한 상황은 프로테스탄트 세력이 카알 5세에게 패퇴하였던 1547년의 버미글리와 스트라스부르의 상황과 많은 점에서 유사하였다.

이 영역본에 관하여

이 역본은 라틴어본을 단순화하여 현대 영어와 같이 들리는데 도움이 되게 하였다. 버미글리의 문장들은 대부분 다음과 같은 접속사로 시작한다: 그런고로, 그러므로, 확실히, 정말로, 진실로, 그에 따라, 마침내(*unde, itaque, sane, quidem, verum, igitur, tandem*)와 기타 열 몇 개의 접속사들. 현대 영어에서는 그런 식으로 쓰지 않으며, 따라서 영어 번역에서는 문장의 서두에 있는 이런 접속사들을 대부분 생략하였다. 여섯 줄 혹은 일곱 줄에 이르는

---

[16] 나는 파커 소사이어티를 위하여 새롭게 인쇄된 판본을 사용하였다. Henry Bull, *Christian Prayers and Holy Meditations as Well for Private as Public Exercise* (Cambridge: Cambridge University Press, 1844), 205.

버미글리의 긴 문장들 가운데 많은 것들을 여러 개의 짧은 문장으로 나누어 번역하였다. 버미글리가 형용사에서 최상급을 사용하지 않는 것은 드문 경우인데, 대체로 이런 사례들은 원급(positive degree)으로 강조를 낮추어 번역되었다. 따라서 버미글리가 하나님을 지칭할 때 사용하는 가장 일반적인 방식인 '지극히 거룩하신 하나님'(Deus, Opt. Max, 이것은 로마인들이 주피터를 호칭할 때 사용한 고전적인 표현이다)은 여기서는 '오 위대하시고 선하신 하나님'으로 번역되었다. 이 영역본의 번역자는 이따금 찰스 글램헨의 1569년 영역본의 표현을 사용하기도 하였다. 글램햄은 라틴어의 의미를 파악하는데 아주 뛰어났지만, 그러나 그는 원본에서는 발견할 수 없는 많은 단어들로써 미사여구를 늘어놓는 튜더 시대의 번역자들과 윤색자들의 학파에 속한 사람이었다. 그 결과 원본보다 훨씬 더 긴 번역본이 나왔다. 첫 세 라틴어 판본에서 버미글리의 본문은 365쪽의 16절판 분량인데, 글램햄의 영역본은 3절판으로 527페이지 분량이다. 버미글리의 어휘는 대단히 폭넓은데, 그러나 이 작품에서 그의 사상은 단순하며 반복적이다. 버미글리는 기술적인 어휘는 아주 드물게 사용하는데, 그 결과 번역자는 어떤 해당 단어를 번역할 때 일관성을 유지하려고 노력하지 않았다. 그 좋은 그러나 성가신 사례가 '경건한'(*pius*)라는 단어와 그와 같은 의미의 '경건, 불경건, 불경건한'(*pietas, impietas, impius*)과 같은 단어들이다. 때때로 pius라는 단어는 godly, devout, 혹은 religious라는 단어로 번역되었고, 하나님에게 적용된 경우에는 '부성적인, 아버지와 같은'(*paternal*)이라는 단어로 번역되었다. 또 하나의 공통된 용어는 '영혼'(*animus*)인데, 기술적인 문맥에서는 영혼을 의미하지만,『거룩한 기도들』에서 이 단어는 보통 인간 본성의 정서적인 측면을 의미하며, 종종 '마음'(heart)으로 번역되었다.

버미글리의 기도문의 어조는 숭고하고 문체가 화려하며, 그리고 『로마 미사 경본』(*Missale Romanum*)의 기도들을 생각나게 하는데, 버미글리는 그 작품을 잘 알고 있었을 것이다. 버미글리의 기도문들의 조성(調性)을 재현하려는 노력으로, 이 번역본은 '황송하게도 … 하여 주소서'(deign)와 '늘 하시듯이'(wont)와 같은 고풍스러운 용어들을 사용하였다. 문체를 고려하여 이 영역판의 번역자는 버미글리가 가정법으로 표현한 탄원들을 명령형으로 표현하였다. 예를 들자면, "오 주님, 우리를 도우시길 기원합니다"(May you help us, O Lord)는 "우리를 도우소서, 오 주님"(Help us, O Lord)으로 번역되었다. 라틴어는 현대 영어보다 수동태를 훨씬 더 많이 사용한다. 이 영역본에서는 버미글리가 수동태로 표현한 많은 문장들을 능동태로 바꾸었다. 이런 수정들에도 불구하고, 번역자는 일반적으로 문자적 번역을 하려고 노력하였다.

이 영역본의 번역자가 이용한 기본적인 본문은 1566년 취리히의 프로샤우어가 출판한 두 번째 판본이다. 1564, 1566, 그리고 1578년에 프로샤우어가 출판한 첫 세 라틴어판들은 모두 그 페이지 매김이 동일하다. 그 폴리오 페이지 번호를 사각 괄호로 표기하였다. 즉, [*34r*]이라는 표기는 34쪽 폴리오의 오른쪽 부분이 여기부터 시작한다는 의미이며, [*56v*]라는 표기는 56쪽 폴리오 페이지의 왼쪽 부분이 여기부터 시작한다는 의미이다. 이렇게 삽입한 페이지 번호는 이 영역본 본문을 첫 세 라틴어판의 본문과 비교해보려는 사람들에게 도움이 될 것이다. 이 라틴어판본들이 영역본들과 프랑스어역본들의 원천이다. 1589년 독일어역본은 아마도 바로 그 라틴어판본을 사용하였을 것이지만, 『신학총론』(*Locorum Communium*, Basel: Petrus Perna, 1582) 제2권의 본문에 기초했을 수도 있다. 앞서 언급한 것처럼, 마지막 라틴어판본(Zurich: J. Wolf, 1604)은 버미글리의 자필 원고에서 수정된 본문이라고 주장하지만,

그 수정사항들은 미미하다.

『거룩한 기도들』은 각 기도문이 근거하고 있는 시편 외에 다른 어떤 본문도 거의 한 번도 언급하지 않기 때문에, 각 기도문의 표제에, 예를 들어 시편 34편을 지칭하는 '시편 34편으로부터'라는 표제에 각주를 덧붙이는 것은 아무런 의미가 없다. 피터 마터 총서(Peter Martyr Library)의 다른 작품들과는 달리, 이 책에는 성경구절 색인이 없다. 왜냐하면 이 책의 목차는 모든 실제적인 목적에서 성경구절 색인의 역할을 하기 때문인데, 각 시편에 근거한 기도들이 몇 페이지에 나와 있는지 찾을 수 있도록 목차가 그 페이지 번호들을 제공한다. 이 책의 간략한 색인은 서론에 있다.

PRECES
SACRAE EX
PSALMIS DAVIDIS
DESVMPTAE PER D.Ph
TRVM MARTYREM VERMI-
lium Florentinum, facrarum lite-
rarum in fchola Tigurina
profeſſorem.

TIGVRI.
Excudebat Chriſtophorus Froſchouerus,
Anno M. D. LXVI.

1566년 취리히의 프로샤우어에 의하여 인쇄된 '거룩한 기도들'의 표지

PRECES

EX PSALMO IX.

SI caufam noftram fufceperis, ô Deus, nosq; ab hoftibus tui nominis & humanæ falutis vendicaueris, ex toto corde & fumma lætitia narrabimus celebrabi musq; tua eximia gefta. Noftra quidem culpa tentationibus & huiufmodi preffu ris affligimur, fed te per tuam bonitatem atque mifericordiam obteftamur, vt qui opprefsis ad te confugientibus confueui fti afylum effe ne nos deferas, nêue has preces, quas tibi fedulô effundimus, videaris obliuioni tradidiffe. Miferere noftri, ô Deus, & à portis mortis eximas, ne illis abforbeamur. Abs te adiuti, laudes tuas in Ecclefia deprædicabimus, quod nimirum in te haud incaffum fperaueri-mus. Exurgas igitur, ne impietas, iniufti-tia & peccata in nos præualeant, ac largi-re, vt probè memores conditionis noftrę, modefto demiffoq; animo tuæ voluntati perpetuô fubijciamur, per Iefum Chriftum dominum noftrum, Amen.

EX EODEM.

FActum eft fæpius patrum tempefta-te, Deus omnipotens, vt perfufus fue rit

1604년 취리히의 볼프 출판사에서 인쇄된
'거룩한 기도들'의 시편 9편 기도문의 페이지

Holy Prayers.

and looke vppon vs, and those whome thou hast made little inferiour vnto Aungels, make them partakers of thy owne nature. Finallye, seing that thou haste in lawfull wise made vs Lordes ouer all thy creatures, graunt that we maye vse them to the praise and glorie of thy name, so, as thy sacred worde and Gospell maye be spreade abroade amongst all Nations, through Iesus Christ our Lorde. Amen.

¶A prayer out of the ninth Psalme.

IF thou (O good God) wilt take our cause in hand, & reuenge vs vpon the enimies of thy glorious name & of mans saluation, we will (from the bottome of our hart, and with an exceeding great gladnesse) shewe forth and celebrate thy wonderous and excellent actes: who be afflicted in deede with temptations & other like oppressions (by reason of our heynous sinnes) but we beseche thee O highe and mightie God (for thy goodnesse and mercies sake) that as thou hast accustomed to be a Sanctuarie and sure defence for the oppressed which flie vnto thee for succour,

1569년 런던의 윌리엄 세레스 출판사에서 인쇄된 '거룩한 기도들'의 시편 9편 기도문의 페이지

SACRAE. 16

rit populus tuus admirabili gaudio, ac to
tus lætabundus, nomé tuum cantibus ex-
tulerit, & fummis laudibus celebrarit, id-
que ex toto corde, eò quod te protegen-
te hoftes ipfis in prælio terga dederint,
impegerint, & perierint à facie tua. Neq;
femel iudicafti pro fanctis tuis, aut illo-
rum caufam afferuifti, frequenter gentes
increpuifti & perdidifti, qui extrema va-
ftitate vrbes præclaras populi tui fecũ fta
tuerant euertere, ac ita deleuifti huiufmó
di improbos, vt nomen quoq; illorũ fue-
rit abolitum. Cum itaq; æternum regnes,
& femper tribunal paratum habeas, vt de
effufo fanguine fanctorum quæftiones in
ftituas, in præfentia, ô Deus, ne fpernas,
aut obliuifcaris precum noftrarũ. Scimus
quidem nos peccaffe, & plurimis modis
offendiffe maieftaté tuam, quod nunc, &
dolemus ex animo, & apertè fatemur, ta-
mé pro fiducia, quam erga te gerimus, ex
his concepta, quæ patribus noftris, etiam
immeritis contulifti, accedimus te, ac ora
mus, vt miferearis Ecclefiæ tuæ: refpice
quæfumus illius afflictioné, eamq; eripi-
as à portis mortis, quo laudes tuas indies

다윗의 시편들에서 편집된 '가장 거룩한 기도들'에서 시편 9편 기도분의 페이지

Holy Prayers.

ſo now foꝛſake vs not, neyther ſæme to be
foꝛgetful of the pꝛayers that we vnſeined⸗
lye poure out befoꝛe thy diuine Maieſtye.
Haue mercy vpon vs(O good God)deliuer
and reſcue vs from the Gates of death ,
leaſt we be ſwallowed vp therewith : be⸗
ing aided and holpen by thæ, we ſhal ſhew
foꝛth thy woꝛthy pꝛapſes in the congrega⸗
tion , namely, bycauſe our truſt hath not
bene repoſed in thæ in baine . Ariſe there⸗
foꝛe,and ſuffer not impietie, vnrighteouſ⸗
neſſe , and ſinne to pꝛeuayle agaynſt vs ,
but graunt alſo, that we bearing well in
minde oure owne eſtate and condition ,
maye with a modeſt and lowlye minde ,
be alwayes obedient to thy will and plea⸗
ſure , thꝛough Jeſus Chꝛiſt oure Loꝛde.
Amen.

Another prayer out of the ſame
pſalme.

IT happened verie often in our fathers
dayes (O moſt mightie God) that thy
people were filled with a wonderful & vn⸗
ſpeakable gladnes,who being repleniſhed
with exceeding great ioye, did ſet foꝛth thy
gloꝛious name with ſongs,and celebꝛated

(앞의 그림의 계속) 시편 9편 기도문의 페이지

피터 마터 버미글리(1499-1562)
테오도르 베자의 '아이콘들, 즉 박식하며 또한 뛰어난 경건의 인물들에 대한 참된
이미지들'(제네바 1580)에서 가져온 초상화.

버미글리의 '거룩한 기도들'을 한국에 소개하며

종교개혁과 시편

소위 '종교개혁의 돌파'를 이신칭의(sola fide)와 오직 은혜(sola gratia)의 성경적 교리의 재발견이라고 한다면, 종교개혁의 책은 무엇보다도 로마서일 것이다. 주요한 종교개혁자들은 모두 로마서의 중요성을 인식하였고, 사도 바울의 그 서신에 대한 주석을 저술하는 것은 개신교 신학자의 중요한 등용문으로 여겨졌다. 그런데, 은혜로 말미암은 '성화의 삶'에 우리의 관심을 기울이면, 종교개혁 시절에 로마서 못지않게 중요한, 아니 어떤 점에서는 그 서신보다 훨씬 더 사랑받은 성경책이 있음을 알 수 있다. 그것은 다름 아니라 구약의 시편이었는데, 그 사실을 잘 알려주는 한 가지 일화가 칼빈의 제네바에서 출판된 '제네바 성경'(The Geneva Bible, 1580)이다. 영국여왕 메리 튜더(Mary I of England, 1516-1558)의 잔인한 개신교 박해를 피해 당대 유럽의 개혁주의의 중심지였던 제네바로 망명하였던 영국의 청교도들이 칼빈의 후원을 받아 번역한 제네바 성경은 시편에 대한 개신교도들의 사랑을 다음과 같이 표현하고 있다:

> "이 시편의 책은 성령께서 우리에게 주신 것으로서 가장 귀한 보물로 여겨져야 합니다. 그 속에는 참된 행복에 관한 모든 것들이 담겨 있으며, 이 세상에서도 우리에게 열려 있어, 아주 풍성하게

얻을 수 있습니다. 만일 우리가 하나님의 위대하심과 장엄하심을 알려면, 바로 이 책에서 그 밝은 빛을 가장 뚜렷하게 볼 수 있습니다. 만일 우리가 하나님의 심오막측(深奧莫測)한 뜻을 찾으려 한다면, 여기 바로 그 풍성한 고백이 있습니다. 만일 우리가 하나님의 측정할 수 없는 관대하심을 이해하려고 그분께 가까이 다가가서 그 보화를 손으로 만져보려 한다면, 바로 여기에서 우리는 그 가장 생생하고 안락한 맛을 볼 수 있습니다. 만일 우리의 구원이 어디에 있으며 영생을 어떻게 얻을 수 있을지 알고 싶다면, 여기에 우리의 유일한 구속자이자 중보자이신 예수 그리스도께서 가장 분명하게 그려져 있습니다. 부자는 자신의 재산을 참되게 사용하는 방법을 배울 수 있을 것입니다. 가난한 사람은 온전한 만족을 발견할 수 있을 것입니다. 기뻐하려는 사람은 참된 기쁨을 알게 되고 그 기쁨을 계속 더 깊이 누리는 방법을 알게 될 것입니다. 괴로움과 압제를 당하는 사람들은 그 속에 그들의 위로가 있음을 보게 될 것이며 하나님께서 그들을 구원하실 때 어떻게 찬양해야 할지를 알 것입니다. 악한 자들 그리고 하나님의 자녀를 박해하는 자들은 하나님의 손이 항상 그들을 대항하시며, 하나님께서 잠시 그들이 번영하도록 참아 주시지만 그러나 그들을 억제하시며, 그 결과 하나님께서 허락하지 않으시면 머리털 하나라도 건드릴 수 없음을 깨닫게 될 것이며, 또한 결국 그들의 멸망이 가장 비참할 것이라는 사실을 알게 될 것입니다. 간단히 말해서, 우리는 시편에서 모든 유혹들과 마음과 양심의 근심들에 대한 가장 즉각적인 치료약들을 가지고 있습니다. 그 결과 시편을 잘 묵상하면, 우리는 이생에서의 모든 위험에 맞서 확신을 얻을 수 있으며, 하나님에 대한 참된 두려움과 사랑 안에서 살 수 있으며, 마침내 저 썩지 않을 영광의 면류관에 도달할 수 있는데, 그 영광의 면류관은 우리 주 예수 그리스도의 오심을 사랑하는 모든 자들을 위하여 준비되어 있는 것입니다."[17]

시편에 관한 제네바 성경의 이런 소개는 이 성경책이 경건한 그리스도인의 삶을 위한 복된 교훈을 가득 담고 있는 영적인 보물이라는 청교도들의 인식을 보여준다. 그런데 인식은 비단 종교개혁자들에게 국한된 것이 아니라, 중세를 거쳐 초대교회에 이르기까지 모든 경건한 그리스도인들에게, 아니 한 걸음 더 나아가 구약 시대의 참된 하나님의 백성들에게도 마찬가지로 공유하고 있었던 평가임에 틀림없다. 참으로 시편은 모든 시대의 성도들에게 하나님의 풍성한 은혜를 맛보게 해주는 귀한 계시의 말씀으로서, 그 말씀에 깊이 헌신하였던 종교개혁 시대에도 가장 소중하게 여겨진 보화였다. 그런데, 한국의 그리스도인들은 시편 찬송에 관해서는 익히 들어본 적이 있겠지만, '시편에 근거한 기도문'은 아직 생소한 경우가 많을 것이다.[18] 이번에 번역 소개되는 버미글리의 시편기도문을 통하여, 종교개혁의 신앙의 선진들이 시편이라는 귀한 하나님의 선물을 어떻게 복되게 잘 활용하였는지 그 중요한 한 측면을 알 수 있을

---

[17] *The Geneva Bible, A Facsimile of the 1560 Edition* (Hendricson Publishers, Inc., 2007), 235. 제네바 성경은 William Tyndale의 영역본 성경처럼 본문에 대한 적절한 해설을 붙인 일종의 주석성경으로서, 위의 본문은 성경 각 권마다 그 초두에 붙인 서문(The Argument)의 내용이다.

[18] 종교개혁 시대에는 시편을 기도로 사용한 사례가 드물지 않았으며, 특히 버미글리가 옥스포드 대학의 왕립석좌 신학교수(regius professor of divinity)로 봉사하였던(1547-1553) 영국에서는 헨리 8세부터 그의 딸 엘리자베스 1세 시절까지(1535-1601) 무려 90개의 영역본 시편들이 출판되었으며, 그 가운데는 시편에 근거한 기도문들이 적지 않다. John Patrick Donnelly S.J., "The Psalms and Reformation Piety" in *Scared Prayer*, xiv.

것이다.

버미글리의 시편기도문

종교개혁의 개혁주의 전통의 발전에서 칼빈과 더불어 양대 산맥으로 평가되는 버미글리는 20년이 넘는 기간을 이탈리아의 아우구스티누스회 수도회에서 성장하고 활약하였다.[19] 수도사로서 버미글리는 당연히 시편에 익숙하였는데, 일반적으로 수도원에서 매주 한 번씩 150편 전체를 낭송하였던 그 시편을 그의 비상한 기억력으로 모두 암송할 정도였다. 42세에 종교재판소를 피하여 알프스를 넘어 스트라스부르에서 신학교 교수로 사역하던 시기(1542-1547)에 버미글리는 강의를 마칠 무렵에 늘 시편에 근거한 기도를 드렸는데, 그것이 오늘날 '거룩한 기도들'(*Preces Sacrae*)로 남아 있다.[20]

버미글리의 시편기도문은 반동종교개혁의 핵심인 트렌트 공의회가 1547년 12월부터 시작되고 독일에서 제1차 쉬말칼덴 전쟁(1546-1547)이 루터파 제후들의 참패로 이어지면서 종교개혁이 백척간두에 선 상황에서 작성되었다. 버미글리는 각 시편의 중심적인 테마들을 기도의 형식으로 잘 요약하거나 선명하게 밝혀주면서도, 종교개혁의 위기에 직면한 당대의 현실을 늘 염두에 두고 간절한 기도문을 작성하였다. 하나님의 참된 교회를 위협하고 멸망시키려는 '적그리스도 혹은 적그리스도들'에 관한 언급들과 더불어, 의로우신 하나님의 징계를 피할 수 없는 성도들의 죄와 허물이 거의 언제나 고백되는 그의 기도문들은, 그러나 무엇보다도 하나님의 언약에 대한 호소, 그 기초가 되는 하나님의

---

[19] 버미글리에 관해서는, 김진홍, 『피터 마터 버미글리: 신학적 평전』(개혁주의학술원, 2018)을 참조하라.

[20] Peter Martyr Vermigli, *Sacred Prayer Drawn from the Psalms of David* (Sixteenth Century Essays & Studies, 1996).

긍휼하신 사랑과 은혜에 대한 신실한 믿음을 잘 드러내 보여준다.

이 시편기도문을 연구한 셀더하위스 교수에 따르면, '하나님의 영광, 인간의 타락, 칭의와 성화, 죄와 형벌, 그리고 교회'가 버미글리 시편 기도문들에서 두드러지는 신학적 주제들이다.[21] 그러나 무엇보다도 격동의 시대를 믿음으로 살아가며 오직 하나님의 말씀에 근거하여 시련을 헤쳐 나가려 하였던 경건한 개혁주의 신학자의 경건이 각 시편 기도문들에서 뚜렷하게 나타난다. 앞서 소개한 제네바 성경의 시편 서문은 "시편을 잘 묵상하면, 우리는 이생에서의 모든 위험에 맞서 확신을 얻을 수 있으며, 하나님에 대한 참된 두려움과 사랑 안에서 살 수 있으며, 마침내 저 썩지 않을 영광의 면류관에 도달할 수 있다"고 독자들을 격려하는데, 바로 버미글리의 시편기도문이 그 사실을 다른 어떤 작품들보다도 분명하게 증거하고 있다. 학문적인 주석이나 강해가 아니라, 당면한 종교개혁의 위기 상황을 생각하며 신학도들과 함께 강의실에서 드린 '기도문'이므로, 버미글리의 시편기도문들은 구약의 성도들의 삶의 정황 속에서 성령으로 말미암아 계시된 각 시편들의 핵심 메시지를 그 당대의 신앙적 현실에 투영하여, 오늘도 여전히 살아계신 성삼위 하나님께 간절한 기도로 승화시킨 경건을 뚜렷하게 증거한다. 쉬말칼덴 전쟁의 패배로 종교개혁이 실패로 돌아갈 수도 있는 큰 위기를 당한 절박한 현실에서, 버미글리는 신학도들과 함께 늘 겸비한 마음으로 허물과 죄악을 회개하는 기도로써 하나님의 공의로우심을 인정하였으며, 오직 긍휼과 자비로 자기 백성을 끝내 구원하신 하나님의

---

[21] Herman Selderhuis, "Expounding Psalms: *Preces Sacrae*" in Kirby, Campi, James III eds, *A Companion to Peter Martyr Vermigli* (Brill, 2009), 249-266. 현재, 버미글리의 시편기도문에 대한 학문적 해설로는, 본 역서에 수록된 도널리 박사의 소개와 에미디오 캄피 교수의 글이 있다. Emidio Campi, "The *Preces Sacrae* of Peter Martyr Vermigli" in F.A. James III ed., *Peter Martyr Vermigli and the European Reformations: Semper Reformanda* (Leiden: Brill, 2004), 251-266.

사랑을 굳게 붙잡는 굳센 믿음을 뚜렷하게 증거한다. 그러므로 버미글리의 시편기도문은 '그리스도의 교회를 끊임없이 삼키려는 음부의 권세가 결코 그 뜻을 이루지 못할 것이라'고 하신 우리 주님의 약속이 하나님의 신실한 백성들 안에서 어떻게 대대로 실현되는지 뚜렷하게 보여주는 중요한 증거라고 할 수 있다.

버미글리 시편기도문의 원제는 다음과 같다:

Preces sacrae ex Psalmis Davidis desumptae per D. Petrum Martyrem Vermilium Florentinum, sacrarum literarum in scholar Tigurina professorem, Tiguri, Excudebat Christophorus Froschouerus, anno D.D.LXIIII (플로렌스 출신으로 취리히의 신학교의 성경학 교수인 피터 마터 버미글리 박사에 의하여, 다윗의 시편에서 선택된 거룩한 기도들, 크리스토퍼 프로샤우어에 의하여 1564년에 인쇄됨).

버미글리의 시편기도문은 첫 출판된 이래로 1620년에 이르기까지 라틴어판으로 10쇄를 거듭하였으며, 영어판과 불어판이 각 2개씩, 그리고 독일어판과 체코어판이 각 1개씩 출판되었다. 이제 한국어로 번역되어, 한국의 그리스도인들도 종교개혁의 신학과 경건을 새롭게 맛볼 수 있으리라 기대한다.

한국어 번역과 관련하여

(한글판 번역의 텍스트로 사용한) 현대 영어판 번역자인 도널리 박사가 라틴어 원본의 긴 문장을 상당히 줄였다고 언급하지만, 그러나 영문판에서도 버미글리의 기도문들은 종종 한 문장이 대여섯 줄에 이를 정도로 표현이 긴 경우가 많았다. 그래서 한글판에서도 문장의 의미를 분명하게 전달하기 위하여 다시 한 번 필요한 경우에는 한두 문장이 아니라, 두세 문장들로 나누어 번역하였다.

문단의 구분도 원본 라틴어판과 영역본에는 없는 것이지만, 긴 기도문들의 내용을 좀더 수월하게 이해할 수 있도록 역자가 임의로 구분한 것이다. (그러므로 그 문단 구분들이 적절한지 여부는 각 시편기도문들의 내용에 대한 독자들의 판단에 맡긴다.) 반면에, 학자들의 좀더 깊은 연구를 위하여, 영역본에도 남아 있는 라틴어판 폴리오 페이지(folio page)의 표기는 그대로 두었다. 종교개혁 시절에 나온 책 판형은 오늘날 표준판형보다 큰 것이어서, 한 페이지에 두 칼럼으로 인쇄되어 있어서, recto(오른쪽 칼럼)과 verso(왼쪽 칼럼)으로 구분하여 표시했다. 영어와 한글의 문장 구조가 달라, 때때로 폴리오 페이지의 위치를 한글판에서 정확하게 반영하지 못한 경우도 있지만, 그러나 라틴어 원본을 참고하는데 큰 어려움이 없도록 표기하였다. 또한 영역자인 도널리 박사가 라틴어 원본의 (로마 가톨릭 미사 전례를 연상하게 하는) 고풍스런 표현들을 상당히 고쳤다고 하는데, 그럼에도 남아 있는 '황송하게도'와 같은 예스런 표현들은 버미글리의 정중하게 기도하는 마음을 전달하기 위하여 그대로 번역하였다.

감사의 말씀

종교개혁자 버미글리에 관한 신학적 평전에 이어, 이탈리아 출신의 뛰어난 개혁주의 신학자의 깊은 경건을 보여주는 시편기도문을 출판해준 고신대학교 개혁주의학술원(원장 이신열 박사)에 깊은 감사의 마음을 표한다. 버미글리를 알게 된 분들은 이구동성으로 이런 탁월한 신학자의 작품이 한국에 풍성하게 소개되어야 한다는 점에 동의할 것이다. 그런 뜻 깊은 일에 개혁주의학술원이 앞장 서 주어서 참으로 기쁘고 고마운 마음이다. 필자의 번역을 다듬는 일에 수고를 아끼지 않은 학술원의 김혜원 간사에게도 지면을 통하여 감사를 전한

다. 몇 차례에 걸쳐 꼼꼼하게 원고를 살펴보며 마지막까지 한글판의 변역의 질을 높이려고 함께 노력하였는데, 그럼에도 남아 있는 부족한 점들은 모두 번역자의 부족 때문이다.

번역자에게 처음으로 버미글리라는 인생의 스승을 소개해주고, 시편기도문의 번역을 위하여 기도해주시고 추천사를 써 주신 김진영 목사님(서울중앙교회)에게 감사를 드린다. 그는 버미글리의 사사기 주석 연구로 미국 남침례교신학교에서 박사학위를 받은, 필자와 더불어 국내에서 버미글리를 전공한 몇 안되는 학자이기도 하다. 기꺼이 한국어판 번역을 허락해주시고, 버미글리의 경건을 보여주는 이 작품이 한국의 그리스도인들에게 소개되는 것을 기뻐하는 마음으로 추천사를 보내주신 리틀존 박사(Dr. Brad Littlejohn)에게 심심한 감사의 마음을 전한다. 또한 추천사를 써 주신 합동신학대학원대학교의 박상봉 교수님께도 감사드리는데, 그는 취리히에서 불링거를 전공하여 박사 학위를 받은 분으로, 불링거의 중요한 동역자인 버미글리에 관하여 조예를 갖춘 몇 안되는 국내 학자이다. 독립개신교회신학교 교장이신 김헌수 교수님의 추천사에도 깊이 감사드린다. 시편에 관한 그의 진지한 관심은 팔머 로버트슨의 '시편의 흐름'을 번역한 일에서 뚜렷하게 알 수 있다. 개혁주의학술원의 책임연구원으로 수고하는 친구 황대우 박사에게도 감사의 말을 전한다. 마르틴 부써의 교회론을 전공한 그는 버미글리에 대하여 늘 호의를 가지고 있었다. 아울러, 이 작품이 나올 수 있도록 기도해주시고 격려해주신 모든 가족들과 친지들에게도 깊은 감사를 드린다.

교회의 머리이신 우리 주님께서 당신의 신실한 종 피터 마터 버미글리의 간절한 기도를 오늘도 변함없이 기억하시고 이루어주시기를 기도드린다.

여름을 향하여 가는 시드니에서

번역자 김진흥 박사 識

본 문

조시아 시믈러의 편지
다윗의 시편에서 가져온, 버미글리가 쓴 거룩한 기도들
성찬숭배와 모든 미신에 반대하는 피터 마터 버미글리 박사의 기도

조시아 시믈러의 편지

조시아 시믈러가 높이 존경받는 그의 친구 프리지아의 헤르만 폴커하이머에게 풍성한 인사를 보냅니다.

헤르만 귀하,

작년에 내가 우리의 선생, 곧 선량하고 학식있는 인물인 피터 마터의 저작들을 점검하고 있을 때, 그리고 그의 서재에서 그가 자필로 쓴 몇 장의 원고지들을 한데 모으고 있었을 때, 나는 우연히 이곳저곳으로 흩어져 잘못 배치되어 있던 원고들을 발견하였습니다. 그 가운데는 그가 친필로 쓴 몇몇 거룩한 기도들도 있었습니다. 그것들을 비교적 주의깊게 통독한 다음, 비록 그가 출판을 염두에 두고 그 기도들을 작성한 것이 아니라는 사실을 알고 있었지만, 나는 그 작품이 출판될 가치가 있다고 판단하였습니다. 몇 가지 고려할 사항들이 나로 하여금 이 출판을 하게 하였습니다. 첫째, 트렌트 공의회가 막 시작되었고 독일에서는 종교를 둘러싼 심각하고 대량살육적인 전쟁이 발발하였을 때, 마터는 스트라스부르 아카데미에서 그의 강의들이 끝날 즈음에 이 기도문을 공개적으로 읽었습니다. 이제 트렌트 공의회가 폐회된 지금[22] 그와 유사한 돌발적인 전쟁과 같은 재난이 일어나지 않도록 우리가 열렬한 기도로써 하나님에게 간구해야 할 필요

---

[22] 트렌트 공의회는 1545년 12월 13일에 개최되었고, 대여섯 차례의 휴회를 거치면서 1563년 12월 4일까지 계속되었다. 제1차 쉬말칼덴 전쟁은 1546년 가을에 시작되었다.

가 있는 이 때에 그 기도들을 출판하는 것은 적절합니다. 둘째, 이 작은 책에 수록된 기도들은 [2v] 명료하며, 단지 그 표현에 있어서 시편과 조금 다를 뿐입니다 - 이것은 내가 기도에서 아주 중요하게 판단하는 사항입니다. 이 기도문들은 부분적으로는 많은 시편들의 테마를 간략하고 명료하게 설명하며, 부분적으로는 모호하고 어려운 많은 구절들을 명료하게 풀어 설명하고 있습니다. 그러므로, 많은 사람들이 판단하기에, 열심있는 사람들이 이 작은 책을 읽음으로써 커다란 유익을 얻게 될 것이라는 점을 나는 의심하지 않습니다.

친절한 헤르만 씨, 당신이 우리의 마터와 나를 모두 기억해 주기를 [mnemosynon] 바라며 나는 이 책을 당신에게 헌정하였습니다. 왜냐하면 그가 살아 있었을 때 당신은 그를 존경하였고 마치 어버이처럼 여겼기 때문입니다. 더구나 당신은 이제껏 나에게 너무나 큰 사랑을 보여주었고 그 결과 나는 당신을 영원히 나의 가장 친밀한 친구들 가운데 한 사람으로 합당하게 간주해야 하기 때문입니다. 비록 작은 책이지만 당신의 이름이 새겨진 이 책을 당신에게 보낸 일이 당신을 기쁘게 할 것이라고 믿습니다. 당신이 이 책을 살펴볼 때마다, 당신의 경건을 고려할 때 훨씬 자주 살펴볼 것이지만, 당신의 옛 친구들을 전적인 기쁨으로 회상하게 될 것이라고 나는 소망합니다. 마터의 소천이 그에 관한 우리의 기억을 없앨 수 없었습니다. 우리가 살고 있는 두 도시의 거리도 지금 살아 있는 우리의 친밀한 관계를 분리시키지 못할 것이며, 우리의 서신의 교환을 그리고 우리가 오래 전에 시작하였던 교제에 관한 오랜 기억들을 회상하는 일을 막지 못할 것입니다.

취리히에서 고별의 인사를 전하며,
1564년 우리의 구원의 해 6월 20일

다윗의 시편에서 가져온,
버미글리가 쓴 거룩한 기도들 [*3r*]

시편 1편에서

I. 오 위대하고 선하신 하나님,

악한 계획들과 그것들에 수반된 죄악들을 우리로부터 제거해 주시옵소서. 우리가 악하고 수치스러운 삶에 떨어지지 않게 해 주시옵소서. 또한 마찬가지로 우리의 영혼이 경건을 경멸하고 미덕을 조롱하는 것에서 멀리 떠나게 하소서.

이런 역병들 대신에 우리로 하여금 끊임없이 당신의 율법과 당신의 거룩한 글들을 묵상하게 해 주소서. 그러면 우리는, 악한 자들과는 달리, 일시적인 충동들 때문에 그리고 가벼운 먼지들과 쓸모 없는 쓰레기 같은 교훈 때문에 우왕좌왕하지 않을 것입니다. 오히려 시냇가에 심겨진 나무들처럼, 믿음과 성령의 생명을 공급받아 선행의 열매들도 드러내 보일 수 있을 것입니다. 그리고 우리가 하는 모든 일들이 번영할 것이며 당신의 이름에 찬양과 영광을 돌릴 것이며 [3v] 우리의 구원이 증진될 것입니다. 마침내 우리는, 당신의 긍휼하심에 따라, 악한 자들이 모두 넘어진 이후에 당신의 심판대 앞에 서서 죄사함을 얻을 것입니다. 우리 주 예수 그리스도로 말미암아 기도합니다. 아멘.

II. 전능하신 하나님,

우리가 악한 자의 꾀를 깨닫는 순간 바로 돌아서야 했는데도 종종 그것에 굴복하였기 때문에, 얼마나 심각한 환란과 비참한 재난들이 교회를 그토록 고통스럽게 하는지 이미 우리는 아주 분명하게 이해하고 있습니다. 우리는 악한 자의 길에서 돌이키기는커녕 당신의 계명들을 계속하여 범함으로써 그들의 길을 바짝 따라갔습니다. 더구나 우리는 오랫동안 건전한 훈계들과 건강한 습관들을 경멸해 왔습니다. 우리는 상당한 나태함과 심지어 오만함으로 당신의 말씀을 무시해왔으며 그 말씀이 우리에게 제공하신 것은 무엇이나 조롱했습니다. 아, 우리가 그토록 오랫동안 남용해온 행복과 평온함 대신에 이제 우리가 각종 무겁고 성가시며 쓰라린 체험을 겪어야만 하는 것은 전혀 놀라운 일이 아닙니다.

그러나, 오 하나님, 이제 우리는 탄원하는 자들로서, 우리가 범한 악한 행동들을 고백하며 당신에게 피합니다. [4r] 당신이 우리에게 친절을 베푸시고 또 우리가 어리석고 악하게 저지른 죄악들을 사해주시기를 절박하고 간절한 기도로써 간구합니다. 우리의 심령이 당신의 율법에 최대한 헌신하게 하셔서 우리가 밤낮으로 오로지 성경에 기록된 당신의 말씀들만 우리 마음 속에 묵상하게 해 주시옵소서. 그렇게 하면, 당신의 말씀에 대한 우리의 믿음으로써, 적절한 때에 우리가 달콤한 열매를 맺게 될 것이며, 우리는 성령의 선물들을 빼앗기지 않을 것입니다. 실로 우리의 수고는 항상 복된 결과를 얻을 것입니다. 그러나 지금 우리는 우리의 죄악으로 심하게 눌려 있으며, 시련의 바람에 이리 저리 날려 다니는 겨와 다를 바 없습니다.

선한 아버지시여, 최소한 우리에게 이것을 허락해 주시옵소서: 우리의 삶이 악한 자들처럼 죄악에 탕진되지 않게 해 주시옵소서. 오히려, 의인의 길과 같이, 지극한 돌보심과 보호로써 우리의 삶을 보호해 주셔서, 우리가 심판대 앞에 서고 의인의 회중에 들게 해 주옵시고, 또한 우리의 길에서 벗어나지 않게 해 주시옵소서. 우리 주 예수 그리스도로 말미암아 기도합니다. 아멘.

Ⅲ. 오 전능하신 하나님,

우리가 여기에 사는 동안 어떻게 우리가 악한 충고들과 방탕한 행실들을 조심하고, 모든 것을 비웃고 조롱하는 자들과의 사귐을 피하는지, [4v] 그리고 우리가 밤낮으로 묵상하며 심사 숙고하는 하나님의 율법에 대한 놀라운 열정으로 그런 전염병들을 대체하는가 여부에 우리의 행복이 크게 달려 있다는 사실을 우리에게 이미 설명해 주셨습니다.

우리는 구원의 이런 목표로부터 멀리 벗어났으며, 실로 이 목적에 반하여 심각하게 죄를 범하였다는 것을 깨달으므로, 당신의 긍휼로써 우리의 실패들을 용서해 주시고 당신의 말씀을 끊임없이 연구하고 사용함으로써 앞으로는 우리가 열매 맺는 나무들이 되게 해 주시길 당신에게 간구합니다. 우리의 살아생전에 당신의 교회에서 열매를 맺게 하실 뿐 아니라 그 다른 세계에서, 의인의 길을 완전하게 알고 계시는 당신 앞에 서서 우리가 받을 심판도 성공적으로 통과할 수 있게 해 주시옵소서. 우리 주 예수 그리스도로 말미암아 기도합니다. 아멘.

시편 2편에서

I. 오 위대하시고 선하신 하나님,

이 시대에는 적그리스도뿐 아니라 세상의 모든 힘과 세력이 당신과 당신의 그리스도에 대항하여 음모를 꾸미고 있습니다. 그들은 복음과 교회의 개혁이 참을 수 없는 결박이자 무거운 멍에라고 생각하여, 모든 수단을 동원하여 신자들의 공동체를 파괴하고 모든 규율을 거부하려고 합니다. 그러나 당신이 [5가 하늘에 계시며 또한 마귀와 죄악된 육신의 음모가 당신에게 숨겨질 수 없기 때문에, 당신은 그들의 쓸데없는 계획들을 비웃으시고, 그들의 수고를 헛되게 하시며, 그 대신에 그들을 당신의 택한 자들의 놀림과 조롱거리로 만드십니다. 그들로 하여금 당신의 노하심을 깨닫게 하시고, 마침내 그들이 당신의 진노로 인해 공포에 사로잡혀, 그들이 당신의 교회를 파괴하지 못하게 하소서. 당신은 예수 그리스도, 우리의 유일하신 구세주를 교회 위에 세우셨고, 그분이 교회 안에서 그의 말씀과 성령으로 능력 있게 또 그 누구도 이길 수 없게 다스리게 하셨습니다.

우리는 비록 받을 자격이 없고 충성되지 못하지만, 당신의 자녀들인 우리에게 넉넉한 믿음과 충성을 허락하셔서 예수 그리스도를 우리의 유일한 왕으로 삼고 고백하게 하소서. 우리가 그분의 백성, 민족, 그리고 유산인 것을 결코 의심하지 않게 하소서. 그분은 원하시는 대로 누구든지 철보다도 더 강한 능력으로 벌하시며 질그릇과 같이 그들을 낮추실 수 있는 그런 능력과 권능을 가지신 분임을 우리가 바르게 깨닫게 하소서.

오 하나님, 땅의 군왕들을 당신에게로 돌아오게 하셔서 그들이 당신의 아들을 인정하고 받아들이고 그분에게 입맞추게 하소서. 그렇지 않으면 그분의 진노가 일어나서 그들은 바로 그 자리에서 멸망당할 것입니다. 당신께서 선하게 여기신다면, 참되게 자신을 당신에 대한 믿음에 헌신한 사람들을 영원히 축복해 주옵소서. 우리 주 그리스도로 말미암아 기도합니다. 아멘.

Ⅱ. [5v] 오 위대하고 선하신 하나님,

마귀가 아무리 사납게 날뛴다고 하여도, 혹은 세상의 권세들이 날마다 머리를 든다고 하여도, 혹은 육신이 그 노예들과 더불어 당신의 독생하신 성자 우리 주 예수 그리스도의 왕국에 대항하여 음모를 꾸민다고 하더라도, 당신은 그 모든 것을 비웃으시고 조롱하신다는 사실을 우리는 견고한 믿음의 한 부분으로 알고 굳게 붙잡습니다: 당신은 당신의 기쁘신 뜻대로 속히 그들을 당신의 노여움과 진노로써 분쇄하실 능력 있는 분입니다.

때때로 우리는 믿음이 연약해져서 여러 가지 두려움에 휘둘려, 당신의 계명들을 마땅히 순종해야 하는 만큼 순종하지 못하는 까닭에, 당신의 선하심으로 우리에게 은총을 베풀어 주셔서 당신의 아들이 우리의 왕이자 구속자이시며 그분이 당신의 편에서 모든 일에 대하여 완전한 권능을 갖고 계신다는 사실을 우리가 굳게 확신할 수 있게 해 주시기를 간구합니다. 그분이 독생하셨을 때, 당신은 모든 열방을 그에게 넘겨주셔서 그의 유산으로 합법적으로 다스리게 하셨습니다. 이제 우리가 그 사실을 드디어 깨닫게 해 주시고, 그것을 잘 배워 모든 경외함으로 당신을 섬김으로써 우리가 그 마지막 날에 당신의 진노의 철장에 부서지는 질그릇과 같이 되지 않게 해 주옵소서. 우리 주 예수 그리스도로 말미암아 기도합니다. 아멘.

시편 3편에서 [6r]

I. 오 위대하시고 선하신 하나님,

당신의 교회를 대항하여 일어선 자들의 세력들이 측량할 수 없을 정도로 커졌습니다. 마치 당신이 자신의 백성을 완전히 저버리셨고 모든 보호자와 방어책을 벗겨버리기라도 하신 것처럼, 더 이상 우리가 당신의 구원을 기대할 수 없을 것이라고 그들 스스로 판단한 이 한 가지 생각에 근거하여, 이미 많은 자들이 감히 교회를 공격하고 있으며 잔인하게 교회에 반역을 저지르고 있습니다.

우리가 당신에게 저지른 죄악들을 살펴보면, 당신의 도움이 박탈당하고 당신의 이름의 원수들에게서 모욕과 책망과 상해를 당하도록 노출되는 것은 당연히 받아야 할 응보임을 사실상 우리가 부인하지 않습니다. 그럼에도 불구하고, 당신의 긍휼함으로 말미암아 우리 안에 살아남은 믿음 때문에, 우리는 감히 당신에게 나아가 황송하게도 간구합니다: 원수들의 비난 속에 있는 우리에게 충만한 성령과 충만한 절개를 주셔서, 당신이 그 백성의 유일한 보호이자 옹호이자 영예가 되실 것을 의심하지 않게 해 주옵소서. 기도를 통해 당신에게 간구하면, 우리는 그 신뢰로써 강하게 될 것이며, 당신은 의심할 여지없이 하늘 처소에서 우리를 호의적으로 내려다보실 것입니다. 우리가 당신의 보호 아래 안전할 때 우리의 두려움은 완전히 사라질 것이며, [6v] 따라서 무수한 원수들이 우리를 둘러싸고 있다고 할지라도 우리는 오직 당신을 용감하게 의지하면서 평소처럼 자고 일어날 것입니다.

그러므로, 오 하나님, 우리가 당신을 신뢰하기 시작하는 것에 발맞추어 일어나소서, 그리고 예전에 그랬듯이, 당신께 대항하는 자들의 이빨을 부러뜨리시어, 그들이 제멋대로 당신의 교회를 해치지 못하게 하소서. 당신에게서 오는 구원을 우리에게 보여주시고, 당신의 선하심으로 극심한 곤경에 빠져 있는 당신의 백성을 여전히 도우실 수 있음을 보여주옵소서. 우리 주 예수 그리스도로 말미암아 기도합니다. 아멘.

Ⅱ. 오 전능하신 하나님,

날이면 날마다 사탄의 세력과 우리를 대적하는 모든 권세들의 세력들이 점점 더 커지는 것 같습니다. 그리고 그들은 당신의 아들의 왕국을 우리 앞에서 뒤집어버리려고 노력합니다. 마치 우리가 당신 안에서 더 이상 구원을 발견할 수 없을 것처럼, 그들은 우리를 절망으로 몰아가려 합니다.

비록 우리가 자신의 죄악들로 아주 무겁게 짐 지고 있다고 느끼지만, 그럼에도 불구하고 우리의 방패이자 영광이신 당신께 우리의 머리와 우리의 두 손을 듭니다. 당신은 긍휼하시므로, 우리가 잘못 행한 바를 용서해 주시기를 간구하며, 당신 앞에 우리가 쏟아 붓는 기도와 서원에 은혜롭게 응답해 주시기를 간구합니다. 그러면, 죽은 행실로부터 건짐을 받고 [7r] 당신의 은혜로우심에 의지하면서, 우리는 헤아릴 수 없이 많은 당신의 이름의 원수들을 두려워하지 않을 것입니다. 왜냐하면 이미 당신이 그들의 이빨을 깨뜨리고 부수어 버리셨음을 우리의 믿음이 우리에게 가르치기 때문입니다. 선하신 아버지여, 우리에게 내리신 당신의 축복이 얼마나 풍성한지 우리로 깨닫게 해 주옵소서. 그래서 우리의 구원은 오직 당신에게 달려 있음을 전적으로 확신할 수 있게 해 주옵소서. 우리 주 예수 그리스도로 말미암아 기도합니다. 아멘.

시편 4편에서

I. 전능하신 하나님,

우리가 곤경과 위험에 심히 짓눌려 당신에게 간구합니다. 당신의 도움으로 힘을 얻어 우리가 마침내 현재의 고난들에서 자유롭고 기쁘게 벗어날 수 있게 해 주옵소서.

우리가 자주 고통스럽게 당신에게서 돌아섰기 때문에 당신의 도움을 구할 자격이 없음을 인정합니다. 그러나 우리들 각자의 행위를 살피지 마시고, 우리가 내세우는 대의명분이 가치 있음을 보아주시기를 간구합니다. 당신은 항상 당신의 말씀의 옳음을 지키시니, 원하시는 대로 우리를 바로잡으시고 벌하신 후에, 이제 당신에게 올리는 예배와 복음을 능력의 손으로 보호해주시길 원하옵니다. 지금 우리가 당신 앞에 엎드려 웁니다. 왜냐하면 이 세상의 세력 있는 자들이, 생각 없는 열광과 거짓된 희망에 마음이 사로잡혀, 복음의 영광과 당신에게 드리는 예배를 수치스럽게 끌어내리고, [7v] 실제로 없애버리려고 한데 뭉쳐 온갖 노력을 다하고 있기 때문입니다.

오 하나님, 우리는 당신이 그들에게 참된 교회의 본질, 곧 당신 자신을 위해 선택하셨고, 충만한 믿음을 가지고 기도와 간구로 당신에게 요청할 때 당신이 응답해주시는 그 교회의 본질을 드러내 보여주시기를 소원합니다. 혹시 그들이 깨달음을 얻고 또 마음이 움직여 그 교회에 대항하여 죄를 저지르는 것을 조심하게 될지도 모릅니다. 그 교회를 어떻게 대해야 할지, 그들이 심지어 그들의 침상에서까지 생각하게 해 주옵소서. 그러면 혹시 그들이 잠잠해지고 그 교회와 함께 참된 의의 제사를 드리도록 인도받을 수도 있습니다. 그러나 이제 그들은 눈이 멀어 그 교회에 대한 분노를 쏟아내는 일에 골몰하고 있습니다. 왜냐하면 그 교회를 파괴하는 것을 가장 높은 선으로 여기고 있기 때문입니다.

그러나, 오 하나님, 우리가 신령과 진정으로 당신을 예배할 때마다 우리의 원수들의 구원을 위하여 거듭 반복하여 기도하였습니다. 그러니, 당신의 긍휼하심을 베풀어 주셔서, 그들이 마침내 우리를 고요하고 평화롭게 살도록 허락하게 하옵소서. 제가 말하는 바는, 우리가 오직 당신 안에서 안식을 얻도록, 그리고 당신을 신뢰하는 가운데 우리가 당신과 더불어 안전하게 거할 수 있게 해 주옵소서. 우리 주 예수 그리스도로 말미암아 기도합니다. 아멘.

Ⅱ. 오 하나님,

우리의 모든 공의는 당신 안에 있습니다. 왜냐하면 [8r] 당신은 선하시고, 당신에게 간구하는 자들의 기도를 항상 들어주셨으며 그들을 고난에서 더 나은 운명으로 인도해 주셨기 때문입니다. 당신에게 도움을 간구하는 자들에게 귀를 막지 마시고, 이 세상의 어떤 압도적인 세력이 우리의 영광 곧 우리의 참된 헌신을 수치에 빠뜨리게 허락하지 마시기를 간구합니다. 실로 우리는 당신에게 범죄하였고, 그것도 심각한 죄를 저질렀으나, 우리에게 호의를 베푸셔서 허망함과 비진리가 우리를 압도하지 못하도록 막아주옵소서. 구원하기 원하는 자들을 당신이 친히 선택하셨으므로, 당신의 얼굴의 영광과 은총을 우리에게 비추어 주셔서, 우리의 원수들이 행운을 누릴 때조차도 우리가 기뻐할 수 있게 해 주옵소서.

모든 아버지들 가운데 최상의 아버지시여,

우리가 강건한 믿음에 지지를 받아 오직 당신 안에서 안식을 발견할 수 있게 해 주시고, 오직 당신 곁에서 안전한 피난처를 찾아 모일 수 있게 해 주옵소서. 우리 주 예수 그리스도로 말미암아 기도합니다. 아멘.

시편 5편에서

I. 전능하신 하나님,

매일의 기도에서 우리가 당신에게 날아갑니다. 당신이 얼마나 불법들을 미워하시며, 깜짝 놀랄 정도로 죄악을 혐오하시는지 생각하면서, 매일 아침 우리의 요청을 당신 앞에 내려놓습니다. 비록 죄악이 우리를 그 손아귀에 붙잡고 있음을 부인하지 않지만 (왜냐하면 그 죄악들이 우리를 파괴하고 있는지 아주 예민하게 느끼고 있기 때문입니다), [8v] 그럼에도 우리는 여전히 크고 풍성한 당신의 선하심에 의지하며 당신 앞에 나아갑니다.

우리가 당신을 대항하여 저질렀던 각종 죄악들을 용서해 주시기를 간구하며, 이제부터는 당신의 공의와 순결함으로 우리를 인도해 주셔서, 전혀 의롭지 못하고 모든 악으로 가득한 우리의 구원의 원수들이 우리를 이기지 못하게 하소서. 그들의 계획들이 수포로 돌아가게 하시고, 그들의 힘과 노력이 허물어지게 하셔서, 당신이 마치 방패와 같은 선한 뜻으로써 우리를 보호하시고 지지하시고 둘러싸 주시는 동안에, 우리가 당신을 신뢰하는 가운데 굳건한 행복을 누리게 해 주옵소서. 우리 주 예수 그리스도로 말미암아 기도합니다. 아멘.

시편 6편에서

I. 오 전능하신 하나님,

우리가 저지른 악과 끝없는 죄 때문에 우리는 의심할 여지없이 심한 벌을 받아 마땅합니다. 그러나 당신의 크신 긍휼에 의지하여 우리가 간구합니다. 당신의 노와 분으로 우리를 벌하지 마옵소서. 선하신 아버지여, 우리의 죄와 당신의 공의에 관하여 생각할 때, 우리의 마음이 흔들리고 거의 부서집니다. 우리의 악한 행위들 때문에 마땅히 가야 할 지옥으로 우리를 밀어 넣지 마시기를 간청합니다. 왜냐하면, 지옥에서는 우리가 당신에게 찬양과 경배를 올릴 수 없을 것인데, 놀랍게도 우리의 원수들이 우리에게 일어나기를 소원하는 일이 바로 그것입니다. [*9r*]

오 하나님, 당신을 신뢰하는 사람들의 눈물을 보아주시고, 악을 행하는 자들을 우리에게서 멀어지게 해 주시옵소서. 끝으로, 우리의 기도를 들어주셔서, 우리의 구원과 당신의 영광을 거슬러 행하는 모든 자들이 수치를 당하게 하시고 의기소침하게 하옵소서. 우리 주 예수 그리스도의 이름으로 말미암아 기도합니다. 아멘.

시편 7편에서

I. 오 위대하고 선하신 하나님,

우리 구원의 원수들이 얼마나 열렬하게 밤낮으로 우리를 공격하는지 당신은 알고 계십니다. 만일 당신이 우리를 돕지 않으시면, 그들은 우리를 잔인하게 찢어버리고 거친 야수들처럼 먹어 치운 후에 우리를 영원한 멸망으로 빠뜨리길 열망합니다. 그러나 우리가 오직 당신만을 신뢰하므로, 당신이 기꺼이 우리를 도우시길 간청합니다.

그들이 우리에게 비난하는 일들을 우리가 하나도 하지 않았다는 듯이, 우리가 당신 앞에서 우리의 대의명분을 정당화하려고 노력하지 않습니다. 다만 우리의 중보자이신 예수 그리스도로 말미암아 당신의 긍휼로써 우리에게 그 일들을 용서하셨음을 확신합니다. 그러므로 우리가 기도합니다. 당신이 일어나셔서 우리를 도우시고 강한 방패와 같이 우리를 보호하셔서, 이런 유혹들과 속임과 악의를 빚어내는 자들이 이와 똑같은 악한 일들로 보응받게 하옵소서. 오직 우리는 당신을 높이며 격조 높은 찬송들로써 당신의 이름을 선포합니다. 우리 주 예수 그리스도로 말미암아 기도합니다. 아멘.

II. [*9v*] 오 전능하신 하나님,

당신의 계명들을 지키며 살아가는 것은 참으로 뛰어난 선물입니다. 그러나 그런 삶은, 당신이 그 눈에서 어둠의 베일을 벗겨주지 않은 사람들에게는 전혀 불가능한 삶입니다. 왜냐하면 당신의 율법의 비밀들은 영적으로 눈 먼 자들에게는 전혀 보이지 않기 때문입니다. 그러므로 우리가 순례자로 이 세상을 살아가는 동안에 당신의 계명들에 대한 순전하고 올바른 이해가 감춰지지 않도록, 당신이 우리의 연약함과 무지를 도우시고 빛을 비추어 주옵소서.

우리가 이제껏 그런 이해에서 너무나도 부족하게 교육받은 것은 우리 자신의 잘못 때문이며, 그런 까닭에 이런 책망과 멸시와 비난을 당하게 되었습니다. 이제 당신의 교회를 침묵하게 하며 무겁게 짓누르는 위험들과 재난들 위에, 교리에 대한 모욕들이 더해지고 참된 헌신에 대한 저주들이 더해지며, 당신의 이름에 대한 끔찍한 모독들이 더해졌습니다.

오 하나님, 당신의 백성에게 관용을 베풀어 주시고 그들이 당신께 대항하여 저지른 일들을 용서하여 주시며, 넘어진 자들을 당신의 말씀과 약속들로써 일으켜 세워주옵소서. 매일 우리가 감히 당신 앞에 우리의 사정을 아룁니다. 우리의 기도를 들으시고 연약해져 가는 우리의 믿음과 소망을 새로운 은혜들로써 강하게 해 주시기를 엎드려 빕니다. [10r] 당신에게 간구하는 자들이 수치를 당하지 않게 하셔서, 다시 한번 평화를 누리게 하시고 당신의 계명들이 가르치는 길로 힘을 다하여 달려갈 수 있도록 완전히 회복되게 해 주옵소서. 우리 주 예수 그리스도로 말미암아 기도합니다. 아멘.

I. 오 위대하시고 선하신 하나님,

우리를 돕기 위해 그리고 우리의 커다란 유익이 되도록 당신이 하늘과 땅에 창조하신 모든 만물이 당신의 이름이 얼마나 경이롭고 장엄한지 분명하게 증언합니다. 당신의 선하심이 모든 만물에 미치며 그것들 속에서 이미 계시되고 있지만, 거기에 더하여 우리는 이 확신에서 계속 자라갑니다. 왜냐하면, 당신에게는 빛나고 훌륭하지 않은 것이 하나도 없다는 사실을 우리 자신에게 약속할 수 있기 때문입니다. 당신은 우리를 양육하시길 원하셨고, 바로 인류의 어린 시절부터 가장 큰 친절로써 우리에게 호의를 베풀어 주시는 일에 헌신하셨습니다. 어린 아이들이 양육을 받아 말하기 시작할 때, 그들은 우리에게 당신의 선하심의 명백한 증거입니다. 악한 자들이 당신의 선하심과 섭리를 헐뜯을 때마다, 그들은 이런 기적들에 의하여 수치를 당해야 마땅합니다. 하늘들이 당신의 예술성을 훌륭히 드러내는 작품이라고 볼 수도 있지만, 그러나 당신의 선하심에 대한 가장 크고 놀라운 표적은 그토록 많은 근심을 가진 연약한 인생을 돌보시기 위하여 기꺼이 이 땅에 내려오셨다는 바로 그 사실에 있습니다. [10v]

그러므로, 비록 우리가 범죄하였고 당신과 당신의 소명에 합당하게 살지 못했지만, 거듭하여 올바르게 마음의 감동을 받아 크나큰 확신을 가지고 우리가 당신에게 간구합니다: 당신의 교회가 현재의 재앙들에 압도되지 않게 해 주옵소서. 본래는 그 본성상 그토록 비천한 존재인 인간을 당신이 높이 들어올리셔서 천사들보다 조금 덜하게 하셨으니, 이미 당신의 자녀들로서 당신 곁으로 모으신 자들, 곧 당신의 긍휼하심으로써 당신의 손으로 지으신 모든 것들을 그들에게 복종케 하시고 섬기게 하신 당신의 자녀들을 한층 더 생각해 주시기를 간청합니다. 그리하여 그들이 악한 자들의 발 아래 짓밟히는 일을 당하지 않게 해 주옵소서.

당신께서는 항상 인간의 자녀들을 주의 깊게 지켜보셨습니다. 이제 우리가 당신의 도움을 간절하게 필요로 할 때, 우리에게도 그 도움을 베풀어주시옵소서. 우리가 기도합니다. 우리를 구원해 주셔서 모든 사람들이 그 구원을 보고 당신의 이름이 정말로 놀라우며 모든 종류의 존경을 받을만하다는 사실을 인정하게 하옵소서. 우리 주 예수 그리스도의 이름으로 기도합니다. 아멘.

Ⅱ. 오 전능하신 하나님,

당신의 능력과 섭리로 말미암아 하늘과 땅에 존재하게 된 모든 것에서 당신의 위엄과 영광이 잘 드러날 뿐만 아니라 탁월하게 나타납니다. 당신의 [11ᄀ] 능력은 한층 더 탁월하여, 어린 아이들과 아기들 속에 있는 (납보다 더 무거운) 영혼들을 감동시킵니다.

우리는 비참하며 버려졌습니다. 당신이 우리를 조성하신 노력과 염려 때문에 그런 것이 아니라, 우리 자신이 쌓아 올린 죄악과 무한한 죄책 때문에 그렇습니다. 그럼에도 불구하고 당신이 그것들에 대하여 진노하지 않으시기를 우리는 기도합니다. 오히려 예전에 그랬던 것처럼 우리에게 자주 찾아오셔서 당신이 천사들보다 조금 못하게 되길 원하셨던 자들로 하여금 당신의 신적 본성에 참여하는 자로 만들어 주시옵소서. 당신이 우리를 모든 피조물을 다스리는 합법적인 지배자들로 세우셨으니, 우리가 그것들을 당신의 이름을 찬양하고 영화롭게 하는 데 사용할 수 있게 하셔서 당신의 말씀과 복음이 모든 죽을 인생들에게 퍼져나가게 하옵소서. 우리 주 예수 그리스도로 말미암아 기도합니다. 아멘.

시편 9편에서

I. 오 하나님,

만일 당신이 우리의 명분을 지지해 주시고 또 당신의 이름과 우리의 구원의 원수들로부터 우리를 보호해 주신다면, 우리는 온 마음과 넘치는 기쁨으로 당신의 숭고한 일들을 하나하나 말하며 선포하겠습니다. 우리 자신의 잘못 때문에 여러 유혹들과 곤경들로 우리가 고난을 당하고 있지만, 당신의 선하심과 긍휼에 힘입어 간청합니다. [11v] 고난 중에 당신을 찾은 사람들에게 피난처가 되셨던 것처럼, 이제 우리를 저버리지 마시고 또한 우리가 진심으로 당신 앞에 쏟아 붓는 이 기도를 망각 속에 버려두지 마옵소서.

오 하나님, 우리에게 긍휼을 베푸시고, 사망이 우리를 삼키지 못하도록 우리를 사망의 문에서 멀리 옮겨주소서. 당신의 도우심으로 우리는 교회에서 당신을 높이는 찬양을 선포할 것입니다. 왜냐하면 우리의 소망을 당신에게 두는 것은 헛되지 않기 때문입니다. 그러므로, 일어나소서! 악과 부정의와 죄가 우리를 압도하지 못하도록 하소서! 우리의 형편을 올바르게 살펴주셔서, 우리가 겸손하고 겸비한 마음으로 항상 당신의 뜻에 복종할 수 있게 해 주옵소서. 예수 그리스도의 이름으로 기도합니다. 아멘.

II. 오 전능하신 하나님,

우리의 선조들의 시대에는 종종 당신의 백성들이 놀라운 기쁨으로 가득하여 충만한 기쁨으로 당신의 이름을 찬양으로 높이며, 지극히 높은 찬송들로서 기념하며, 온 마음으로 노래하곤 하였습니다. 왜냐하면 당신의 보호하심 덕택에 그들의 원수들이 싸움에서 도망쳤고 당신 앞에서 넘어지고 멸망하였기 때문입니다. 여러 차례 당신은 성도들을 도와 주셨고 그들의 명분을 지지해 주셨습니다. 당신의 백성들이 살던 아름다운 도시들을 철저히 파괴하기로 합의하였던 이방인들을 당신은 여러 번 꾸짖고 멸하셨으며, [12r] 그런 악한 자들을 무찌르셔서 그들의 이름을 깨끗이 지워버리셨습니다. 오 하나님, 당신은 영원히 다스리시며 또한 당신의 법정을 항상 열어 두시사 당신의 성도들의 피를 흘린 일을 조사할 수 있으므로, 지금 이 때에도 우리를 물리치지 마시고 우리의 간구들을 잊어버리지 마옵소서.

우리가 범죄하였고 여러 가지로 당신의 존엄을 거슬러 행하였음을 잘 알고 있습니다. 이제 우리가 마음으로 슬퍼하며 공공연히 우리의 죄악들을 고백합니다. 그러나 당신이 우리 조상들에게 아무 공로 없이 내려주셨던 선물에서 자라나온, 당신에 대한 우리의 신뢰 때문에, 우리는 당신 앞에 나아와 당신의 교회에 긍휼을 베풀어 주시기를 간청합니다. 그 고통을 굽어보시고 사망의 문 앞에서 구출해 주셔서, 그 교회가 당신을 찬양하는 일에 날마다 더 열렬하게 자라갈 수 있게 해 주시기를 간구합니다. 당신을 조금도 염두에 두지 않는 자들에게 당신의 진노를 보여주옵소서. 그들 자신의 악한 꾀와 계략으로 스스로 망하게 하시고, 당신의 백성의 파멸을 열렬히 그리고 격렬하게 추구하는 자들이 그들 자신의 함정에 빠지게 하소서. 그러나, 가련하고 고통 당하는 우리는 계속 당신의 보호 아래 살아가게 해 주옵소서.

오 하나님, 일어나소서. 비참한 인간들이 당신과 당신의 거룩한 복음에 거슬려 성공하지 못하게 하옵소서. 당신의 대적들을 겁에 질리게 하셔서, 경건과 신앙을 공격하는 것이 얼마나 악한 일인지 깨닫게 하옵소서.[12v] 우리 주 예수 그리스도로 말미암아 기도합니다. 아멘.

시편 10편에서

I. 오 위대하시고 선하신 하나님,

당신은 최고로 선하실 뿐 아니라 선 그 자체이심을 우리가 믿기 때문에, 당신의 은총을 우리에게서 거두어 가지 않기를 열렬히 소원합니다. 물론 때때로 당신의 은총이 우리에게서 멀어진 듯할 때도 있지만, 그것은 우리의 죄가 그런 벌을 마땅히 받게 하였다는 것을 우리는 의심하지 않고 인정합니다. 그러나 당신은 선하시고 자비롭기 때문에 우리의 죄를 용서해 주실 것을 우리는 여전히 기도합니다.

비록 우리는 그럴 공로가 없지만, 당신의 이름의 영광을 위하여 계속 우리의 대의명분을 사랑해 주시기를 기도합니다. 그리하여 악한 자들이 당신이 존재하지 않는다고 생각하고, 당신이 그들의 모의한 죄악들을 다시 자기들 손에 되갚는 일은 결코 없을 것이라고 판단하였던 것이 틀렸다는 사실을 그들 스스로 깨닫게 되길 기도합니다. 그들은 거룩한 자들을 함정에 빠뜨리고 억압하고 해치며 무섭게 파멸시키고 있습니다. 왜냐하면 그들은 당신이 인간사에 관심이 없다고 스스로 확신하였기 때문입니다.

당신에게 호소하는 사람들에게 찾아오셔서 그들의 기도를 긍휼히 들어주소서. 그리하여 당신이 거룩한 자들을 자유롭게 해 주신 후에 그들로 하여금 교만하고 폭력적인 사람들을 자제하며 조심하여 행동하도록 가르치게 하옵소서. 왜냐하면 당신이 교회를 극도의 보살핌으로 돌아보신다는 사실이 분명하게 나타날 것이기 때문입니다. 우리 주 예수 그리스도로 말미암아 기도합니다. 아멘.

II. [*13r*] 은혜로우신 아버지,

이처럼 무서운 시절에 마치 당신이 당신의 백성으로부터 엄청나게 간격을 두고 계시며, 사악한 적그리스도들이 터무니없는 교만과 사악함에 푹 빠져 당신의 백성에게 저지르고 있는 일들을 외면하고 계시는 듯합니다. 왜냐하면 그들이 하는 모든 일에서 큰 성공을 거두는 것을 우리가 보기 때문입니다. 그 결과 그들은 당신의 백성을 제멋대로 다루며, 당신에게 모욕을 퍼부으며, 심지어는 하나님이 존재하지 않는다는 완고한 확신에 도달한 것 같습니다. 당신이 그들을 어떤 처벌로부터도 면제하신 것처럼 보였기에, 그들은 당신이 꿈쩍도 하지 않을 것이라고 생각합니다. 그들은 성공이 계속될 것이라고 자신하므로, 그들의 위증과 속임과 상해와 사악함에 대하여 전혀 개의치 않으며 당신의 신실한 백성을 공공연히 그리고 비밀리에 죽이고 있습니다. 그들은 당신의 교회를 공격하고 괴롭히며 부서뜨립니다.

오 하나님, 그들은 당신이 교회에 관심이 없다고 생각합니다. 이제 당신의 눈을 우리의 고난에서 돌리신 까닭은 오직 우리 자신의 탓입니다. 우리가 심각하게 범죄하였으므로 당신이 우리의 고난을 고려하지 않는 것이 마땅합니다. 비록 우리가 당신의 말씀에 따라 당신을 섬기는 일에 헌신해야 했음에도 불구하고, 우리는 당신의 고귀한 은사들을 아주 배은망덕하게 사용하였고, 당신이 우리에게 주신 기회를 거절함으로써 당신의 부르심, 복음, 그리고 성례들을 남용했습니다. [*13v*] 우리는 이 모든 것을 인정합니다. 그리고 이것들 외에도 우리가 당신에게 거슬러 저지른 다른 무수한 불법행위들도 인정합니다.

이제 우리는 진지하게 엎드려 그것들을 용서해 주시기를 간구합니다. 그리하여 마침내 당신이 일어나셔서, 죄인이 당신과 당신의 가르침에 대항하여 내뱉은 저주들로부터 당신의 강한 팔로써 막아 주소서. 비참한 지경에서, 우리는 당신의 도움 없이는 의지할 데 없고 고아들 같은 사람들을 항상 도우시는 당신을 의지합니다. 마침내 악한 자들의 세력을 깨뜨려 주시고, 고통 당하는 자들의 간청에 귀를 기울여주시고, 압제 받는 자들의 원수를 마침내 갚아 주셔서 이 모든 두려움으로부터 해방되어 그들이 당신의 교회에서 당신의 긍휼하심 때문에 마땅히 바쳐야 할 감사를 당신께 올려드릴 수 있게 해 주옵소서. 우리 주 예수 그리스도로 말미암아 기도합니다. 아멘.

시편 11편에서

I. 오 위대하시고 선하신 하나님,

우리의 모든 신뢰와 보호를 당신에게 둡니다. 그러므로 우리의 육신과 인간적인 사려와 악한 자들이 우리를 거슬려 행할 때, 이미 우리의 대의명분을 잃어버린 때, 그리고 우리가 참된 교리와 거룩한 복음을 지킬 아무런 소망이 없을 때, 그런 때에도 여전히 우리는 당신의 긍휼과 권능을 단념해서는 안 된다고 결론 내립니다.

우리는 [14r] 당신의 이름의 원수들이 어떻게 그 힘의 활을 구부렸고 우리를 꿰뚫을 화살들을 준비해 두었는지를 봅니다. 더구나 이런 고난과 재난들을 모두 겪어야 마땅한 방식으로 우리가 살아왔음을 인정합니다. 순종하는 자녀들이 마땅히 따라야 하는 방식으로 당신을 따르지 않았습니다. 아, 이제껏 우리는 항상 당신의 계명들에 반항하였습니다. 그러나 이제 우리는 겸비하게 엎드려 우리의 죄악들에 대한 용서를 구합니다. 당신은 하늘에 법정을 갖고 계시며 가장 거룩한 보좌에 계신 분이므로, 우리는 당신의 선하심과 긍휼에 의지하여 감히 이런 기도를 드립니다.

그 하늘에서 당신은 땅 위에서 일어나는 모든 일을 항상 살펴보십니다. 그러므로 당신은 이제 우리의 명분의 의로움을 살펴보실 수 있으며, 우리의 대적들의 사악함과 폭력성을 보실 수 있습니다. 당신은 죄악된 자들에게 종종 불과 유황과 불타는 낙뢰를 내리셨으니, 이제도 당신의 교회를 박해하는 자들을 최소한 억제하여 주셔서, 당신이 정의로운 명분을 좋아하시고 당신의 영광과 이름을 위하여 열성적으로 일하는 우리들을 보호하시길 원하신다는 사실을 모든 사람이 인정할 수 있게 해 주소서. 우리 주 예수 그리스도로 말미암아 기도합니다. 아멘. [*14v*]

II. 오 위대하고 선하신 하나님,

우리가 온 힘으로 당신을 의지하는 까닭에, 우리의 육신의 경향들과 죄악된 인간들과 그리고 마귀들의 올무들이 밤낮으로 우리로 하여금 경건을 포기하도록 몰아대고 있습니다. 우리가 당신을 위하여 살려고 계속 노력하면, 우리는 마치 활과 화살과 우리의 대적들의 폭력에 의하여 완전히 멸망당하게 될 것 같습니다. 그러나 비록 우리가 죄악에 파묻혀 있지만, 우리는 여전히 당신의 긍휼을 의지하며 기도합니다. 우리에게서 죄악들을 거두어 가시기를, 특히 당신 앞에서 참회한 자들의 죄악들을 거두어 가시기를 기도합니다.

이제부터는 당신의 거룩한 궁정으로부터 우리를 돕기 위하여 당신의 호의로운 얼굴을 우리에게로 돌려주소서. 당신은 치우침 없는 재판으로 양쪽의 대의 명분들을 평가하시므로, 경건의 원수들이 응분의 처벌을 받게 하소서. 그래서 그들이, 당신의 구원의 선물로 말미암아, 당신이 의와 공의의 보호자이심을 차례로 체험하게 하소서. 우리 주 예수 그리스도로 말미암아 기도합니다. 아멘.

시편 12편에서

I. 오 위대하고 선하신 하나님,

오직 당신만이 우리의 요새로 남아 있습니다. 왜냐하면 선하고 경건한 사람들의 수가 너무나 적기 때문입니다. 그러므로, 마침내 당신이 우리의 고난당하는 일들에 주목해 주시기를 간구하면서, 우리는 매일의 기도로써 당신 안에서 피난처를 구합니다. [15r] 만일 당신이 교회를 보호하지 않는다면, 과연 누가 이런 종류의 원수들 속에서, 곧 진실성에 대해서는 전혀 고려가 없고 항상 허탄한 거짓말과 거짓된 아첨으로 단순한 백성들을 속이려고 노력하며 그 말로 고백하는 내용을 마음으로는 결코 믿지 않는 자들 속에서, 교회를 안전하게 지킬 수 있겠습니까?

선하신 아버지, 비록 우리의 죄악 때문에 그런 벌을 당해도 마땅하다 하더라도, 우리를 그들의 학대 아래로 넘기지 마소서. 이제 당신의 이름의 영광과 복음의 전파와 당신의 약속의 진실함에 주목하옵소서. 바로 그런 이유 때문에, 우리를 긍휼하게 내려보아 주옵소서. 그 자신의 힘을 키우는 데만 골몰하며, 경건을 반대하기 때문에 당신에게 대해서는 조금도 주의하지 않는 자들을 더 이상 참지 마옵소서. 당신의 교회의 고통과 신음에 주의를 기울여 주소서. 이제 일어나사 당신이 약속하신 대로 우리를 도우소서. 당신의 말씀들은 가장 순전한 은보다도 더 밝고 순전합니다. 당신의 긍휼과 신실하심으로써 저 악한 자들, 곧 권력의 정점에 도달하려고 애쓰는 모든 자들의 공격과 압제로부터 당신의 교회를 보호하소서. 우리 주 예수 그리스도로 말미암아 기도합니다. 아멘.

Ⅱ. 하늘 아버지여, [*15v*]

우리가 이 세상에 사는 동안, 인생들 가운데 경건하고 진실하며 신뢰할 사람들은 완전히 사라지고 오히려 거짓과 아첨과 자랑하는 악한들은 엄청나게 많이 나타납니다. 그러므로 우리의 피난처이신 당신에게 우리의 기도를 쏟아 붓는 것이 마땅합니다.

우리의 그릇된 행위들 때문에 우리가 죄인들의 변덕과 분노에 의해 억압당하고 분쇄되는 것을 허용하셨는데, 그것은 우리가 응당 받아야 할 것이지만, 당신이 그 잘못들을 간과해 주시기를 간구합니다. 당신의 긍휼이 아주 크고 풍성하시므로, 일어나셔서 당신의 그 구원하시는 능력으로써 당신을 신뢰하는 자들을 모든 경건의 원수들이 끊임없이 고안하고 있는 올무들과 속임들과 사기들로부터 건져 주소서. 그리하면, 당신이 그들을 타락하고 질병으로 고통하는 세대로부터 구원하실 때, 당신의 약속들과 선언들은 그 극명한 진실성으로써 구별된다는 것과 그 속에는 어떤 속임의 흔적도 없다는 사실을 모든 사람들이 이해할 것입니다. 우리 주 예수 그리스도로 말미암아 기도합니다. 아멘.

시편 13편에서

I. 오 전능하신 하나님,

경건한 자들이 무거운 고뇌들로 짓눌리고 가혹한 불행들로 뒤숭숭할 때, [*16r*] 그들은 당신이 그들을 돌아보지 않거나 혹은 그들에게서 당신의 호의를 거두어 가신 것이 아닌지 두려워합니다. 우리의 마음 속에 이런 종류의 생각이나 의심이 스며들지 않도록 지켜 주소서.

오 하나님, 우리의 큰 죄책 때문에 우리가 당신에게 무시당하여도 마땅하지만, 당신의 이름의 영광 때문에라도 경건을 대적하는 저 오만한 자들이 마치 정복자들처럼 당신의 신실한 자들을 압도하거나 주관하는 것을 허락하지 마소서.

당신의 성령으로 우리의 마음의 눈을 밝혀 주셔서, 우리가 올바른 일을 보고 인정함으로써, 당신을 예배하는 일에서 방황하지 않고 또 올바른 삶에서 게을러지지 않게 되기를 당신에게 간구합니다. 그렇게 하여 우리의 대적들은 기뻐할 이유를 잃어버릴 것이며 우리는 당신에게 마땅히 드려야 할 영원한 감사를 올릴 것입니다. 우리 주 예수 그리스도로 말미암아 기도합니다. 아멘.

시편 14편에서

I. 오 전능하신 하나님,

당신이 존재하지 않는다고 상상하도록 우리를 미혹하는 악한 계획들과 어리석은 생각들을 당신의 자녀들에게서 거두어 주옵소서.

물론 우리가 종종 좁고 곧게 뻗은 의의 길에서 벗어나 방황한 사실도 당신의 주목에서 벗어날 수 없습니다. [16v] 그 때문에 우리는 죄악되고 분노에 찬 경건의 원수들에 의하여 마치 빵이나 맛있는 음식처럼 먹히고 삼켜지는 것은 우리가 응당히 받아야 할 벌입니다.

그럼에도 불구하고 우리는 당신에게 간구하며 빕니다. 당신을 신뢰하는 자들과 그 세대 곁에 서기를 원하신다고 약속하신 것처럼, 너무나 억압당하고 고통받는 우리들을 저버리지 마옵소서. 당신의 도우심이 하늘의 시온으로부터 나타나, 당신이 우리를 죄와 마귀와 죽음의 속박에서 되찾으셨을 때, 보편 교회가 회복될 뿐 아니라 기뻐하기를 원합니다. 우리 주 예수 그리스도로 말미암아 기도합니다. 아멘.

시편 15편에서

I. 오 전능하신 하나님,

죄로부터 깨끗하고 범죄의 흔적에 오염되지 않은 사람들, 그 마음과 혀와 외적인 행위를 당신을 예배하는 일에 헌신하고 바쳐서, 부주의나 혹은 악의 때문에 당신의 어떤 계명이라도 지키지 못하는 일이 없는 그런 사람들이 영원한 행복과 당신의 하늘 나라에서 자리를 얻을 수 있습니다.

여기서 우리는 이미 알고 있습니다. 만일 우리의 공로나 우리가 행한 일의 존귀함을 근거로 하여 다룬다면, 우리는 턱없이 못 미치는 자들이며 구원에 대하여 거의 절망할 수밖에 없습니다. 그러나 당신의 선하심에 의지하므로, [17r] 우리의 행위들의 공로는 무시하시고 우리가 믿고 있듯이 당신의 약속들이 흔들림 없이 굳게 남아 있기를 담대하게 요구합니다.

황송하게도 당신이 그 은혜 안으로 받아들여 주신 우리들을 풍성하게 해 주셔서, 이제부터는 우리가 정의와 진리와 자비의 장식물로 반짝반짝 빛나면서 당신의 행복한 거처로부터 결코 떨어져 나가지 않게 해 주옵소서. 우리 주 예수 그리스도로 말미암아 기도합니다. 아멘.

시편 16편에서

I. 선하신 하늘 아버지여,

우리는 너무나 가난하지만 당신은 모든 일에서 또 풍성한 일들에서 너무나 부유하시므로, 실로 우리에게 주어진 것으로는 그 무엇으로도 우리가 당신에게 행복을 드리거나 혹은 더해 드릴 수 없습니다. 그러나 우리가 여전히 당신에게 소망을 두고 있으므로, 존엄하신 당신 앞에 엎드려 간구하는 거지들이 되게 하셔서, 사방에서 우리를 둘러싸고 있는 악으로부터 당신이 우리를 보호해 주시기를 원합니다.

우리를 짓누르고 있는 죄악들을 용서해 주시고, 당신이 우리의 기업이 되셨으므로, 우리로 하여금 오직 당신 안에서 즐거워하게 하시고, 오직 당신을 선포하며 존경하는 일을 우리가 항상 기쁘고 아름다운 것으로 여기게 하옵소서. 우리를 가르치시고 우리에게 충고하시며 항상 우리 목전에 서 계셔서, 우리가 그 곧은 길에서 비껴나지 않게 하소서. 그리하여 이 땅에서 사는 동안에 우리가 행복하여 당신을 즐길 수 있게 해 주옵소서. [17v] 우리의 복된 부활 이후에도, 오직 당신의 손에 있다고 우리가 믿는 그런 굳건한 기쁨들을 누리게 해 주옵소서. 우리 주 예수 그리스도로 말미암아 기도합니다. 아멘.

시편 17편에서

I. 오 전능하신 하나님,

교회의 가장 올바른 대의명분을 이제 당신이 호의적으로 내려보아 주시기를 당신의 교회가 기도합니다. 날마다 교회는 부르짖음으로 당신에게 기도를 올립니다. 신뢰로 가득한 마음으로 당신의 목전에 쏟아 붓는 그 기도를 들어주옵소서.

실로 우리가 셀 수 없는 많은 죄악들로 짐지고 있음을 인정하오니, 날마다 그 죄악들을 용서해 주시기를 기도합니다. 그러나 우리의 원수들이 고발하는 그런 죄악들은 그 어떤 것도 우리 안에서 발견하지 못합니다. 그러므로 우리의 소송들이 당신을 재판장으로 모시는 재판에 붙여진다면, 우리가 당신의 말씀에 근거하여 정죄 당할 일이 전혀 없다는 것을 아실 것입니다.

우리는 단지 이것을 구할 뿐입니다. 곧 종교와 경건의 개혁이 당신의 계명들을 성취하는 방향으로 나아가며, 또한 당신의 율법을 신실하게 준수하는 방향으로 나아가는 것입니다. 이것에 관한 우리의 관심이 우리를 극단적인 위험, 심지어 우리 자신의 완전한 파멸의 위험에 처하게 하였습니다. 당신이 막아주시지 않는다면 말입니다. 변함없이 견고하게 붙잡아주시지 않는다면 쉽사리 미끄러지기 쉬우므로, 당신의 길을 따라가는 우리의 발걸음을 굳건하게 지켜주셔서, 이런 곤경들 속에서도 우리가 흔들리지도 않고 해악을 끼치지도 않도록 해주시길 간구합니다. [18r]

오 하나님, 여기서 당신은 경이로운 선하심을 발휘하실 수 있습니다. 당신을 신뢰하는 사람들을 예기치 못한 일로부터 구원하신다면, 당신은 일격에 우리뿐 아니라 당신 자신을 위해서도 정당하게 보복하실 것입니다. 왜냐하면 그들이 들고 일어난 대상은 주로 당신에 대항하는 일이기 때문입니다. 우리를 당신의 날개 그늘 아래 보호해주소서. 사정이 그들에게 가장 좋게 흘러간다고 여겨질 때, 그래서 그들이 마치 사자처럼 우리의 목을 물려고 달려들 때, 그들의 분노를 예상하셔서 당신의 신실한 백성의 생명을 그들로부터 구출하소서. 신실한 자들이 당신에 대한 신앙고백으로써 이 세상뿐 아니라 오는 세상에서도 오직 현재의 행운을 지나치게 자랑하는 원수들보다 한층 더 행복할 수 있도록 허락해 주시옵소서. 우리 주 예수 그리스도로 말미암아 기도합니다. 아멘.

Ⅱ. 오 전능하신 하나님,

당신이 우리의 기도를 들으신다는 사실을 믿는 마음이 더디지 않게 해 달라고 이제 우리가 간구합니다. 위선이나 속임이 아니라 진지한 마음으로 당신 앞에 우리의 기도를 쏟아 놓습니다. 왜냐하면 우리는 사람에 의해서가 아니라 우리의 심판자이신 당신에게 재판받기를 원하기 때문입니다. 우리가 시험을 당하고 곤경을 겪을 때, 영원한 멸망의 형벌을 받아야 한다고 정죄 받을 것이 우리 안에서 발견되지 않게 해 주소서. 그러나 우리의 본성이 악하니, [18ᵛ] 어떻게 그렇게 될 수 있습니까? 당신이 친히 우리의 걸음걸음을 지탱해주시고 은혜와 영으로 지지해 주셔서 당신의 긍휼이 우리의 구원에서 경이롭게 빛나게 해 주소서. 복음의 능력에 저항하며 그 모든 힘을 당신의 뜻에 맞서는 일에 기울이는 모든 자들로부터 우리를 보호하옵소서. 우리의 원수들이 마치 사자처럼 우리를 먹이로 삼으려고 주시하고 있는 것을 당신은 알고 계십니다.

오 하나님, 그들은 칼과 같이 당신의 진노의 손이자 도구입니다. 그럼에도 불구하고 당신의 날개 그늘 아래 우리를 그들에게서 보호하셔서, 우리가 이 땅에 사는 동안 당신의 호의를 즐거워하게 하시고 그 복된 부활의 날에 당신의 존전에 서는 지극한 행복을 누리게 하소서. 우리 주 예수 그리스도로 말미암아 기도합니다. 아멘.

시편 18편에서

I. 오 전능하신 하나님,

우리는 당신이 우리의 유일한 구원이시며, 방패이시며, 보호이시며, 힘이시며 안전한 피난처이심을 인정합니다. 그러므로 우리는 당신에 대한 큰 사랑을 체험하며 영원히 당신을 찬양하길 원합니다.

그러나 우리는 지금 우리의 죄악된 성향들과 더불어 우리의 원수들에게 너무나 심하게 눌려 있어서, 거의 생기를 잃고 죽음의 고통을 겪고 있습니다. 그래서 [19r] 우리는 당신을 부르고 간절한 기도로 우리의 목소리를 높이는 것 외에는 우리를 보호할 것이 아무것도 남아 있지 않은 듯합니다. 산과 땅과 하늘과 번개와 바람과 구름과 비와 우박과 폭풍이 갑자기 위협할 때, 원수들이 아무리 강하더라도 당신이 우리를 그들의 손에서 구하는 것은 아주 쉬운 일일 것입니다.

오 하나님, 우리가 기도합니다: 우리의 악한 일들을 살피지 마시고, 첫째로 당신의 선하심 때문에, 둘째로 그 대의명분의 의로움 때문에 당신의 교회의 기도들을 관대하게 받아주옵소서. 그리하여 당신이 친히 거룩하게 만드신 자들을 당신의 거룩함으로써 대해 주시고, 반대로 악한 자들은 엄격하게 대해 주옵소서. 항상 그렇게 하시듯이, 고통 당하는 당신의 백성을 구원해 주옵소서. 그리고 이런 칠흑 같은 어둠 속에 믿음과 지혜의 등불을 밝혀 주셔서, 당신 외에는 다른 어떤 방패와 보호자가 없다는 사실을 그들로 하여금 깨닫게 해 주옵소서. 선한 아버지시여, 우리의 걸음이 거슬림이 없게 하셔서 이런 큰 신앙의 위험 속에서 우리의 발이 결코 걸려 넘어지지 않게 하옵소서. 당신의 백성들에게 전쟁을 대비하게 하옵소서. 오 하나님, 당신에게 저항하려는 자들을 좌절하게 하셔서, 당신의 이름이 모든 민족들 가운데 기념되게 하옵소서. 왜냐하면 당신은 경이롭게도 당신의 교회를 구원하였기 때문입니다. 우리 주 예수 그리스도의 이름으로 말미암아 기도합니다. 아멘.

Ⅱ. 오 전능하신 하나님,

우리는 본성적으로 약하고 [19v] 또 사방으로 짙은 어둠에 싸여 있으므로, 당신에게 나아와 간청합니다: 우리의 영혼에 당신의 성령의 등불을 밝혀 주셔서, 당신에게 소망을 두는 모든 자에게 보호자가 되실 것을 분명히 약속하는 성경의 순수한 선언들과 당신의 순전한 가르침들을 우리가 붙잡을 수 있게 해 주옵소서.

우리가 저지른 죄악들은 당신의 그토록 많은 호의와 도움을 요청하고 얻을 자격이 우리에게 없음을 분명히 보여줍니다. 그러나 우리는 당신의 크신 이름의 영광을 통하여 우리에게 이 일이 일어날 것을 소원합니다. 능력과 선하심에서 당신과 견줄 신은 아무도 없으므로, 당신께서 친히 우리에게 거룩을 내려주시고, 우리를 위협하는 위험들로부터 안전하게 인도받을 수 있고 또 나아가 우리의 구원과 당신의 영광의 원수들에게 승리하게 해 주는 힘을 우리에게 덧입혀 주옵소서. 우리 주 예수 그리스도의 이름으로 말미암아 기도합니다. 아멘.

Ⅲ. 오 위대하고 선하신 하나님,

우리는 당신을 열렬히 사랑할 수밖에 없습니다. 왜냐하면 우리에게 주신 믿음으로써 당신만이 우리의 피난처이며 토대이며 해방자라는 사실을 우리가 분명히 알 수 있기 때문입니다. 우리의 죄악들이 종종 우리에게 지독한 슬픔을 안겨주며, [20r] 또한 몰려드는 물살처럼 시련과 시험으로 심지어 죽음으로써 우리를 둘러싸는 힘세고 폭력적인 원수들 앞으로 우리를 데려갑니다.

그러나, 오 하나님, 모든 일을 완전히 주장하시는 분은 하늘 보좌에 앉아 계신 바로 당신입니다. 그러므로, 무한하신 긍휼로써 우리를 굽어보소서. 당신께서 우리의 죄를 사하셨을 때, 우리가 당신의 진노로부터 구원받았고 또한 악한 자에게 마땅히 닥쳐올 그 극형으로부터도 놓여납니다. 우리가 당신을 부를 때, 우리의 외침과 기도가 헛되게 쏟아 부어지지 않게 해 주시기를 원합니다. 우리 주 예수 그리스도의 이름으로 말미암아 기도합니다. 아멘.

Ⅳ. 오 위대하고 선하신 하나님,

우리가 안팎으로 견디어야 할 원수들이 얼마나 많고 또 얼마나 강한지 당신은 알고 있습니다. 그들은 당신의 이름과 영광을 용납할 수 없으므로, 우리의 구원에 대해서도 격렬한 증오를 품고 있습니다. 당신이 우리를 저주와 영원한 파멸의 구덩이에서 여러 차례 구원하셨으므로, 우리가 간청하는 자로서 당신 앞에 나오는 것에는 이유가 없지 않습니다. 그러므로 이제도, 우리가 당신에게 거슬려 저지른 심중한 죄악들에도 불구하고 - 그 죄악들을 이제 우리가 진심으로 회개하고 있습니다 - 부디 당신의 보호하심으로써 우리를 지켜주셔서, 당신의 나라에 대항하는 그 무엇에 대해서도 우리가 이기고 극복할 수 있게 해 주옵소서. [20v] 그러면 마침내 우리는 모든 인류가 함께 모이는 거대한 모임에서 당신을 유일한 보호자이며 구원자로 찬양하고 영광을 돌릴 수 있습니다.

우리 주 예수 그리스도의 이름으로 말미암아 기도합니다. 아멘.

V. 오 하늘 아버지시여,

우리가 여기 사는 동안 무수한 위험들을 겪기 때문에, 우리는 당신에게 기도하고 탄원합니다: 당신의 도우시는 손을 우리에게 펼쳐주시고, 우리 구원의 강력한 원수들이 우리를 이기지 못하게 하옵소서. 그 원수들이 우리를 몹시 괴롭힐 때, 오 하나님, 그 순간에 당신이 우리의 보호자임을 선포하소서. 당신의 존전에서 우리의 공로에 근거한 어떤 의나 거룩도 우리는 자랑할 것이 없습니다. 참으로, 우리는 당신의 길에서 멀리 벗어나 방황하였다고 솔직하게 고백합니다.

그러나 당신의 긍휼로써 우리가 저지른 그 악행들을 간과해 주시고, 감히 당신의 은혜로 우리를 풍성하게 해 주셔서 우리가 이제부터는 당신의 택한 백성으로 거룩하고 순결하게 살아갈 수 있게 해 주옵소서. 그리하면 우리도 다시 당신을 우리를 선택하시고 또 우리를 거룩하고 무죄한 자로 여기시는 분으로 체험할 수 있습니다. 우리 주 예수 그리스도의 이름으로 말미암아 기도합니다. 아멘. [*21r*]

시편 19편에서

I. 오 전능하신 하나님,

당신의 본성에 속한 놀라운 능력과 지혜와 선하심이 당신이 지으신 모든 것들에서 우리 마음에 강하게 와 닿습니다. 보석들로 가득한 하늘, 계절의 변화, 빛나는 별들, 거대한 태양은 당신의 위엄을 알리며 기념하는 많은 소리들이며, 모든 사람들에게 공통된 교훈입니다. 그러므로 당신을 향한 연약한 신뢰와 사랑의 결핍에 대하여 어떤 변명거리도 없음을 우리는 고백합니다. 이 모든 것들의 증거는 실로 우리를 마땅히 설득하여, 우리가 그토록 많은 좋은 것들의 저자이신 당신에게만 매달려 떨어지지 말게 해야 했습니다.

아아, 그러나 우리는 이런 경고들에 콧방귀를 뀌고, 모든 것의 창조주이신 당신을 저버리고, 육체의 소욕들과 우리 마음의 건전하지 못한 분주한 생각들과 환상들을 따라갔습니다. 그러므로 우리가 지금 겪고 있는 고생들은 우리가 당연히 받아 마땅한 일입니다. 우리를 당신에게 이끌어가는 자연의 일들을 물리쳤을 뿐만 아니라, 당신의 말씀까지도 거절하였는데, 곧 우리는 냉담한 마음으로 성경을 듣고 아무런 효과도 없이 당신의 아들의 복음을 들었습니다. [21v] 우리의 생각을 새롭게 하고 지혜와 빛과 기쁨과 올곧음에 참여하는 일에 사용했어야 할 것들로써 우리는 오히려 당신의 진노를 불러 일으켰습니다.

이런 이유들 때문에 우리는 당신의 긍휼을 받을 가치가 없는 자들로 보일지라도, 이제 우리는 여전히 간절하게 기도합니다: 우리를 용서해 주시고, 우리의 행위들 때문에 당신의 교회를 벌주시기를 즐겨 하지 않기를 원합니다. 이제부터 우리가 구원의 즐거움으로 당신의 피조물들에 경탄하게 하시고 (우리 역시 그 피조물입니다), 당신의 말씀들이 우리에게 단지 꿀 뿐만 아니라 인간의 모든 즐거움보다 더 달게 해 주소서. 우리를 죄에서 멀리 떨어지게 하시고, 당신이 참으로 당신의 백성들의 보호자이며 구속자이심을 우리에게 보여주소서. 우리 주 예수 그리스도의 이름으로 말미암아 기도합니다. 아멘.

시편 19편에서[23]

I. 오 전능하신 하나님,

당신의 피조물들의 아름다운 모습과 배열과 장식에 의하여 당신에 대한 지식이 우리의 영혼에 생겨날 수 있도록 당신께서 지고한 선하심으로 갖추어 주신 것을 우리가 알고 있습니다. 하늘의 별들과, 밤과 낮의 영원한 교차와, 태양의 지고한 밝음은 당신을 증거하며, 우리가 당신을 아주 뚜렷하게 인식하게 만들며, 가장 지혜로우신 창조주로서 경탄하게 만듭니다. 이런 것들에 덧붙여, [22r] 죽을 인생인 우리에게 참된 지혜를 전해주는 당신의 거룩한 율법들은 당신의 뜻과 변함없는 즐거움과 하늘의 기쁨을 증거합니다.

그러나 우리는 너무나 졸렬하여, 이 신실한 두 선생들을 쉬지 않고 오용합니다. 그래서 우리가 기도합니다. 당신에게 대항하여 그리고 이런 강력한 경고를 담고 있는 교훈들에 반대하여 우리가 저질렀던 모든 죄를 감히 용서해 주시기를 간구합니다. 그리고 이제부터는 우리가 세상의 구조를 유익하게 묵상하여, 당신의 율법을 열렬히 지지하는 사람들이 되게 해 주옵소서. 우리 주 예수 그리스도로 말미암아 기도합니다. 아멘.

---

23 이 표제는 '같은 시편에서'(From the Same Psalm)라고 표기되어야 했다.

시편 20편에서

I. 오 전능하신 하나님,

우리 주 예수 그리스도의 나라가 왕성하여 마침내 충만하게 나타나기를 우리가 날마다 기도합니다. 또한 지금도 우리가 기도와 간구로써 바로 그것을 간절하게 요청합니다. 오 하나님, 십자가의 제단에서 예수께서 우리를 위하여 바쳤던 그 풍성하고 즐거운 제사를 항상 기억해 주시고, 그분의 승리로부터 우리도 구원과 넘치는 기쁨을 받을 수 있게 허락해 주소서.

비록 우리의 공로를 뛰어넘는 환란이 일어난다고 하더라도 우리는 낙심하지 않을 것입니다 [22v]. 왜냐하면 죄악으로 가득한 우리가 여러 차례에 걸쳐 끝없이 당신을 거슬렸기 때문입니다. 그럼에도 불구하고, 당신의 은혜로우신 선함으로써, 당신은 병거와 말과 인간의 힘을 의지하는 자들을 부끄럽게 만들 것입니다.

오직 당신만을 온전히 의지하기로 결심한 우리를 구원으로 들어올려 주소서. 우리 주 예수 그리스도의 왕국의 증진을 위해 간청하는 우리의 기도에 당신의 친절함을 보여주소서. 바로 그 예수 그리스도, 우리 주님의 이름으로 말미암아 기도합니다. 아멘.

시편 21편에서

I. 오 전능하신 하나님,

우리의 왕 예수 그리스도가 당신과 함께 계시며, 그의 부활을 통하여 지극한 기쁨과 권세와 영광을 받으신 것을 우리가 고백합니다. 이미 그는 추구할 수 있는 모든 것 혹은 또 갈망할 수 있는 최상의 행복을 충분히 얻었고 또 소유하고 있으므로, 그의 지체들인 우리에게도 그 모든 것이 전달되지 않는다는 것은 불가능하며, 그의 구원으로부터 선한 행위들과 영광이 크게 흘러 넘칩니다.

비록 우리가 우리의 삶과 관습의 죄악됨으로 인하여 그런 행운과 탁월한 은택을 받기에 무가치한 자라는 것을 인정하지만, 여전히 우리의 죄악됨을 뉘우치기 때문에, 우리를 돕는 그에 관하여 결코 낙담하지 않습니다. 실로 우리는 확고한 소망을 견지하고 있습니다: [23r] 그는 결국에는 자신의 왕국에 대항하는 모든 자들을 이기고 무찌를 것입니다.

오 선한 아버지여, 우리로 하여금 당신에게 탄원하게 하옵소서: 그들의 불건전한 계획들이 허망해지기를, 그리고 당신의 높고 빛나는 권세가 언젠가 마침내 인정되어 우리가 당신을 찬양하고 그 덕을 영원히 기리게 해 주옵소서. 바로 그 예수 그리스도, 우리 주님의 이름으로 말미암아 기도합니다. 아멘.

시편 22편에서

Ⅰ. 오 전능하신 하나님,

당신의 아들 우리 주 예수 그리스도가 인간의 죄악을 갚기 위하여, 버림받고 모든 도움을 박탈당한 듯한 지경에까지 이르도록 십자가 위에서 수난을 당하신, 이런 일까지도 당신은 하실 수 있었습니다. 당신은 성도들이 기도할 때마다 언제나 도움을 주시는 분인데, 우리의 구세주의 기도는 쌀쌀맞게 거절하신 듯합니다. 마치 그가 벌레요 사람이 아닌 듯이, 사람의 훼방거리요, 백성의 조롱거리인 듯이 말입니다. 심지어 그가 그 주변을 둘러싼, 미쳐 날뛰는 개와 흉포한 황소와 으르렁거리는 사자와도 같은, 성난 유대인들에 의하여 가장 수치스러운 죽음을 당할 때까지 당신은 그렇게 하였습니다. 그러나 나중에 당신은 그를 죽음에서 아주 영광스럽게 불러내었고, 그 때문에 그의 신실한 지체들이 당신의 이름을 영원히 찬양하고 영화롭게 합니다. [23v]

그러므로 당신의 독생자를 그토록 큰 수난들에 내어주신 그 풍성한 긍휼에 의지하여, 수난당하는 당신의 교회의 명분이 소멸되지 않게 해 주시기를 우리가 기도하고 간구합니다. 우리의 죄악이 끔찍하며, 그 때문에 이 세상에서 뿐 아니라 영원한 죽음을 당해야 마땅하다고 우리는 고백합니다. 오 하나님, 있는 그대로의 우리를 보지 마시고, 당신의 독생자의 지체들로서 우리를 보소서. 당신이 이미 저버렸다고 경건의 원수들이 생각하는 우리의 복음적 명분, 곧 당신 자신의 명분을 효과적으로 지켜주시고 강력하게 보호해 주소서. 우리 주 예수 그리스도의 이름으로 말미암아 기도합니다. 아멘.

II. 오 전능하신 하나님,

당신의 아들, 우리 주 예수 그리스도는 우리의 구원을 위하여 수난을 당하여 당신에게 거절당하고 버림받은 모습으로 나타날 수 있었습니다. 그는 십자가 위에서 아주 비통한 죽음의 물결에 압도되었으며, 마침내 죽임을 당하였고, 죄 없는 희생물이 됨으로써 우리 자신이 마땅히 치러야 했던 형벌을 갚았습니다. 그러나 사흘 후에, 그는 죽은 자들 가운데서 일어났고, 제자들의 모임에 나타났고, 바로 얼마 전까지 그들과 함께 살아 계셨을 때 그랬던 것처럼, [24r] 당신의 이름과 영광을 증거하였습니다.

그러므로, 우리가 당신의 큰 긍휼과 무한한 친절을 오용해 왔다는 것을 인정하고 고백하므로, 온 힘을 다해 거룩을 추구하도록 우리 마음을 북돋워 주시기를 엎드려 간구하면서, 당신 안에서 우리의 피난처를 찾습니다. 왜냐하면 당신은 우리 구원을 창시하신 분이며 그것을 유지하시는 분이신 그 위대한 중보자 안에서 우리를 새 생명에 들어가게 하였고 또 새 생명을 주셨기 때문입니다. 미래의 인생들뿐 아니라 지금 살아 있는 우리 모두가 경건하고 순전한 마음으로 오직 당신만을 흠모하며 경배하게 해 주소서. 바로 그 예수 그리스도, 우리 주님으로 말미암아 기도합니다. 아멘.

III. 오 위대하시고 선하신 하나님,

당신의 아들이자 우리의 주님이신 예수 그리스도는 인류의 구원을 위하여 심한 형벌들과 가혹한 고문들을 겪었습니다. 세상의 모든 죄를 자신이 담당하였기 때문에, 모든 사람들에 대한 의로운 처벌을 완전히 충족시키기 위해서 그는 그토록 두렵고 잔인한 방법으로 찢겨야 했습니다. 마침내 십자가 위에서 그는 자신의 달콤한 생명을 우리를 위해 쏟아부어 주셨고, 그리하여 우리를 위한 사죄의 공로와 [24v] 당신과의 친교, 그리고 영생의 공로를 이루셨습니다. 오직 우리가 그의 가르침과 복음을 굳건하게 믿기만 하면 말입니다.

아, 그러나 우리는 믿음이 연약하므로 쉽사리 그의 큰 은덕들을 잊어버립니다. 뿐만 아니라, 우리는 무죄하신 우리 주님이 그토록 많은 희생을 치러서 우리에게 베푸신 그 구원에 합당하지 못한 삶을 살고 있습니다. 그러므로 하늘 아버지시여, 우리는 이런 재난에 대하여 당신 앞에 엎드려 울며, 간구하고 간청합니다: 우리가 주 예수 그리스도의 십자가와 죽음의 열매를 잃어버린 자가 되지 않게 해 주옵소서. 그는 당신과 함께 영원히 살아 있으며 통치하나이다. 아멘.

시편 23편에서

I. 오 전능하신 하나님,

당신을 목자로 삼고 있는 모든 사람들은, 하늘의 가르침을 음식으로 공급받고 성령으로부터 풍성하게 물을 공급받는 사람들처럼, 아주 행복하게 살아갑니다. 그들은 이 세상의 부침(浮沈)에 의하여 심하게 고통을 받을 때나 혹은 박해에 직면하여 쇠진하게 될 때마다, 회복되고 다시 용기를 얻습니다.

우리는 자주 당신과 당신의 말씀을 업신여겼고, [25r] 심각하고 무수한 죄악들로 인해 당신의 복된 양무리로부터 쫓겨나야 마땅한 자들이므로, 우리를 돌보시고 목자처럼 우리를 살펴주시는 당신의 돌보심을 받을 가치가 없는 자들이지만, 그럼에도 우리는 당신의 본성에 깊이 뿌리 박혀 있는 타고난 긍휼과 선하심에 의지하여 기도합니다: 잃어버린 양을 찾듯이 우리를 당신에게로 모아 주소서. 우리가 당신한테서 벗어나 세상의 곁길과 험한 골짜기로 빠져들어가지 않게 하옵소서. 우리가 지금 죽을 지경에 처한 것을 알고 계시니, 이제 오셔서 우리가 모든 두려움을 떨쳐낼 수 있게 하옵소서. 이제 우리는 그 권위의 지팡이와 막대기로 우리를 강하게 하고 위로하시는 당신이 필요합니다.

당신이 원하기만 한다면, 심지어 당신의 이름의 원수들이 지켜보고 있는 중에라도, 당신의 가르침과 성례의 잔치로써 우리를 새롭게 교화할 수 있으며, 당신의 성령과 은혜의 잔을 우리에게 주셔서 깊이 들여 마실 수 있게 하실 수 있습니다. 당신의 친 백성들에게 항상 베풀어주시는 친절하심과 아버지처럼 돌보시는 품 속에 우리가 언제든지 머물러 있을 수 있도록 우리가 간구합니다. 그리하여 우리가, 당신과 함께 영원무궁토록 살아계시고 다스리시는 우리 주 예수 그리스도의 공로와 은총으로써, 당신의 집인 교회 안에 그리고 복음의 믿음과 영광 안에 끈질기게 남아 있게 하소서. 아멘.

Ⅱ. 오 전능하신 하나님,

당신은 자녀로 받아들인 자들을 더할 나위 없는 염려와 돌보심으로 늘 보존해주시는 일에 익숙합니다. [25v] 그 사랑하는 목자와 함께 있는 양떼들이 그들의 구원과 참된 행복을 향하도록 늘 인도받는 것처럼 말입니다. 그들이 당신을 선생으로 삼는 동안에는 구원의 교리를 먹고 마시는 데 부족함이 없을 것입니다.

만일 우리가 이 비참한 삶의 여정에서 참된 선함이 없으므로 굶주리고 목말라 기진해 있다면, 이것은 우리가 당신을 버리고 다른 목자들을 따른 결과인 것이 분명합니다. 이것이 우리의 위험과 우리 영혼의 불행의 원천입니다.

그러므로 우리의 신실하신 목자인 당신에게, 방황하는 우리를 다시 올바른 길로 불러주시기를 기도합니다. 길을 잃고 헤매는 어리석은 양떼의 악덕들을 당신의 의의 지팡이와 막대기로 고쳐주셔서, 마침내 우리가 당신의 말씀과 성례로부터 적절하고 순결하며 검소한 양식을 발견할 수 있게 하옵소서. 그리하여 우리가 머리와 가슴과 우리 영혼의 모든 능력을 위한 힘을 얻을 것이며, 또 그렇게 우리는 항상 당신의 긍휼에서 우리의 지지를 찾을 것이며, 그 결과 마지막 날 당신의 집에서 우리는 지극하고 영원한 기쁨들을 누릴 것입니다. 우리 주 예수 그리스도의 이름으로 말미암아 기도합니다. 아멘.

시편 24편에서

I. 오 전능하신 하나님,

당신은 땅과 그 안에 있는 모든 것을 지으신 분이실 뿐 아니라, 또한 친히 인간을 [26r] 그 만물의 경작자로 창조하셨고, 황송하게도 율법과 선지자의 가르침을 통하여 죽을 인생들에게 다시 당신과 연합할 수 있는 방법을 깨우쳐 주셨습니다. 그들이 이 빛으로 나아간 것, 다시 말하자면, 당신이 거하시는 교회라는 거룩한 산에 서게 된 것은 당신에게서 나온 일입니다. 그런데, 당신은 그들이 지나가버릴 헛된 것에 마음을 주거나 허위나 거짓에 빠지지 않고, 그 행위에 아무런 흠이 없고 그 마음에 정결할 것을 요구하십니다. 그러면 그들이 당신의 긍휼과 친절하심을 함께 나눌 수 있을 것이라고 당신께서 약속하십니다. 그러므로, 바로 이런 이유들 때문에 우리가 당신을 찾고 구하려고 노력하였습니다.

그러나 우리는 비참하게도 이 진리와 정의의 좁은 길을 버리고, 당신한테서 멀리 떨어져 악덕과 쾌락의 험한 골짜기를 방황하였습니다. 그러므로, 우리가 이처럼 어려운 시절과 혼란스러운 상황에 떨어진 것은 결코 놀랄 일이 아닙니다. 이제 당신의 교회가 어떤 형편인지, 곧 거의 버림받고 파괴되어 있는 처지를 보고 계십니다. 우리의 악한 행위 때문에 마땅히 받아야 될 형벌을 생각하지 마시고, 오히려 당신의 이름의 영광을 위하여 (왜냐하면 당신은 그 힘으로 유명한 강력한 왕이시며 모든 군대들과 능력들을 수중에 가지고 계신 분이기 때문에), 당신의 교회를 보호하사 당신의 강한 능력과 믿는 자들을 향한 당신의 지고한 선의를 나타내시기를 간구합니다. [26v] 우리 주 예수 그리스도의 이름으로 말미암아 기도합니다. 아멘.

Ⅱ. 오 위대하고 선하신 하나님,

당신만이 유일한 창조주이자 모든 것을 존재하게 하신 조물주이시므로, 우리는 아무런 의심 없이 세상과 그 세상을 가꾸는 모든 자들이 오직 당신에게만 속한다고 확실하게 결론을 내립니다. 또한 거짓이 아니라 참으로 당신은 (만물의 주님이시므로), 사람이 순결한 마음과 무죄한 손과 이웃을 향한 지속적인 충성 없이는, 결코 그들 자신의 목표이자 행복의 정점으로 여기고 도달할 수 없는 그런 분입니다.

우리가 이런 자질들을 개발하지 않고 오히려 그런 덕목들과 정면으로 충돌되는 악덕들에 의하여 천박하게 되었을 때, 우리에게는 당신이 우리의 기도에 긍휼을 베풀어 주시기를 간구하는 수밖에 없습니다. 왜냐하면 당신은 영광의 왕으로 칭송을 받기 때문에, 당신은 강력하고 능력 있고 승리하시며 전쟁에서 이기는 분으로 선포됩니다. 그러므로 당신의 선하심으로써 우리의 악한 행동들을 크게 능가하시고 초월하셔서, 비록 우리가 받을 자격 없지만 우리가 당신의 축복과 의를 얻을 수 있게 해 주옵소서. 왜냐하면 우리는 당신의 아들 예수 그리스도, 곧 당신과 함께 영원무궁토록 살아계시고 통치하시는 그분을 신뢰하고 그에게 소망을 두기 때문입니다. 아멘.

시편 25편에서

I. [*27r*] 오 전능하신 하나님,

우리의 마음과 기도와 말과 손을 당신께 높이 들어, 특별히 이 간구를 드립니다: 당신을 의지하오니 우리가 수치를 당하지 않게 하셔서, 당신의 이름의 대적자들과 순전하고 진지한 가르침의 원수들이 우리의 수치를 즐거워하고 그들 자신의 불경건을 기뻐하지 못하게 하옵소서.

우리가 그럴 만한 공로가 있어서 이런 요청을 드리는 것은 아닙니다. 왜냐하면 우리가 얼마나 많이 당신의 율법과 뜻에서 벗어나 방황하였는지 잘 알고 있기 때문입니다. 그 사실을 우리는 기탄없이 공공연하게 고백하며, 매일 드리는 이 기도들로써 당신의 관대하심을 얻으려 노력합니다. 당신은 선하시며 긍휼이 풍성하시므로, 이제부터는 우리에게 당신의 길을 효과적으로 깨우쳐 주시고, 우리가 지키도록 묶어두려 하신 그 길들과 관습들이 우리에게 익숙해지게 해 주옵소서. 당신에게 친히 배운 사람이 당신의 언약을 견실하게 지키지 않는다는 것은 불가능한 일입니다. 그의 마음은 의심할 여지없이 지속적인 선물들을 즐기며 그의 발은 가장 촘촘한 그물에서도 자유로울 것입니다.

오 하나님, 당신의 교회가 얼마나 고난과 무거운 짐으로 고통 당하고 있는지 이제 보옵소서. 그 교회의 구원은 오직 당신께 달려 있습니다. 오 이스라엘의 하나님, 그 교회를 구원하소서. 그렇지 않으면 그 교회는 사납게 날뛰는 [*27v*] 적그리스도와 마귀의 미움에 빠져들어갈 것입니다. 우리 주 예수 그리스도의 이름으로 말미암아 기도합니다. 아멘.

II. 오 전능하신 하나님,

인간의 구원의 원수들과 맞서 싸우는 투쟁에서 우리가 수치를 당하는 일을 당신이 허락하시지 말도록, 매일 우리는 간구와 기도로써 당신의 긍휼을 구하기 위하여 나아옵니다. 당신의 긍휼로써 우리의 죄와 우리의 연약함의 흔적들을 씻어 주시기를, 그리고 비록 우리 자신의 잘못 때문에 당신의 호의를 받을 자격이 전혀 없지만 우리를 가르치시고 지도하시고 인도하시며 마침내 우리에게 확실한 진리를 보여주시기를 우리는 여전히 바라고 거듭하여 기도합니다.

친절하신 아버지여, 우리가 사로잡혀 있는 위험과 재난을 굽어살펴보셔서, 우리가 너무 심하게 억압당하지 않게 해 주옵소서. 우리를 구원하시고 우리의 죄를 멸해 주옵소서. 교회를 조각조각 찢어버리는 외적인 재난들뿐 아니라, 당신께 드리는 예배를 더럽혀서 마땅히 순수하고 소박해야 할 그 모습을 가리는 오염으로부터도 당신의 교회를 구원할 분은 오직 당신입니다. 우리 주 예수 그리스도로 말미암아 기도합니다. 아멘.

시편 26편에서

I. [*28r*] 오 전능하신 하나님,

만일 우리가 무죄함에 우리의 삶의 근거를 두었다면, 우리가 이 시대의 공포들에 그토록 흔들리지 않을 것입니다. 왜냐하면 당신에게 진지하게 매달리는 자들을 그런 공포들이 결코 흔들지 못한다는 사실을 우리가 알게 되었기 때문입니다. 실로, 우리는 기꺼운 마음으로 우리의 전 존재를 당신의 시험과 단련에 맡깁니다.

그러나 당신에 대한 우리의 신뢰가 너무나 부족하였기 때문에, 무가치한 사람들과 육체의 지지에 우리 자신을 넘겨주었습니다. 우리는 죄인들의 모임에서 물러나지 않았고, 불순한 행위와 더러운 손과 습관들로써 당신의 복음을 더럽혔으며, 그 결과 이제 우리는 우리의 생명과 영혼을 저 악하고 잔인한 자들과 똑같이 잃어버릴 큰 위험에 처해 있습니다.

그래서 우리가 당신에게 부탁합니다: 이제 우리에게 긍휼을 베풀어 주시고, 우리가 당신의 이름을 부를 때 이제껏 저지른 우리의 악한 행위들을 부디 용서해 주옵소서. 우리의 선한 대의명분을 보셔서, 우리가 마땅히 받을 자격이 없는 것도 허락해 주옵소서. 지금 우리가 기도하는 것은 단순히 우리 자신의 구원만을 위한 것이 아니라, 당신의 깨끗한 말씀과 순결한 예배를 위함입니다. 그러니, 교회를 저 적그리스도의 기만과 책략에 넘기지 마옵소서. 마귀 자신과 그 추종자들이 준비하고 있는 그 파멸로부터 교회를 건져주셔서, 이후로는 우리가 거룩하고 무죄하게 살아가게 하시고 [*28v*] 또 당신의 일들과 놀라운 사역들을 거룩한 모임들에서 선포하게 하옵소서. 우리 주 예수 그리스도의 이름으로 말미암아 기도합니다. 아멘.

Ⅱ. 오 전능하신 하나님,

당신 앞에 무죄한 삶을 살려는 강렬한 소망이 우리를 사로잡게 하옵소서. 우리가 그 올곧은 길에서 빗겨 나가지 않게 하옵소서. 우리가 다양한 유혹들에 빠져 당신에 대한 믿음과 확고한 신뢰를 크게 잃어버린 이래로, 줄곧 우리는 그 길에서 벗어났습니다. 그러므로 우리를 불쌍히 여기시고, 죄악된 것을 기꺼이 용서해 주옵소서. 왜냐하면, 우리가 당신의 호의와 은총을 즐기게 되면, 결코 당신의 긍휼과 진리를 잊지 않을 것이기 때문입니다.

선한 아버지여, 우리로 하여금 무죄한 자들 속에서 무죄하게 살게 하시고 또한 허영과 속임수를 극도로 혐오하는 마음으로 물리치게 하셔서, 온 마음을 다하여 우리 자신이 당신을 찬양하고 당신의 이름을 거룩하게 하는 일에 바치게 하옵소서. 우리의 인생의 말년을 악한 자들과 불경건한 자들과 더불어 보내지 않게 하옵소서. 오히려, 날마다 우리가 열망하는 그 영원한 행복의 집으로 들어가는 복된 출입문이 활짝 열려 있게 하옵소서. 우리 주 예수 그리스도로 말미암아 기도합니다. 아멘.

시편 27편에서

I. [*29r*] 오 하늘 아버지시여,

우리가 오직 당신만을 우리의 안전의 기둥이자 정점으로, 빛과 힘과 견실함으로 삼았으므로, 우리를 대항하는 세상의 음모에도 불구하고, 우리를 두렵게 하는 마귀의 위협에도 아랑곳하지 않고, 또한 우리를 대적하는 사람들이 일으키는 어떠한 재난에도 굴하지 않고, 마땅히 선한 마음과 두려움 없는 절개로써 우리는 마땅히 거룩을 추구해야 합니다. 당신이 우리의 보호자이시므로, 그리고 당신이 우리를 그 장막 안에 숨겨주시므로, 우리는 이 모든 것들을 용감하게 무시해야 합니다. 우리가 그토록 소심하고 겁에 질리는 까닭은 우리의 믿음이 연약하고 당신에 대한 신뢰가 자주 요동하기 때문입니다.

오 하나님, 당신의 놀라운 은혜와 성령을 선물로 주심으로써 우리를 강하게 해 주셔서, 우리의 참된 집인 거룩한 모임에서 우리가 올곧고 거룩하고 단정한 삶을 살 수 있게 해 주소서. 당신의 얼굴을 우리에게서 돌리지 않기를 엎드려 빕니다. 이것이 우리의 유일한 소원입니다. 우리가 단호하게 견디어 내고 강하게 되어, 온전한 정신으로 당신의 도움을 기다리게 해 주시기를 원합니다. 우리 주 예수 그리스도로 말미암아 기도합니다. 아멘.

시편 28편에서

I. [*29v*] 오 전능하신 하나님,

만일 당신께서 떠나가시고 이런 곤경들 속에 빠진 우리를 도우러 오시지 않는다면, 우리는 참된 경건에서 떨어질 뿐 아니라 곧 스스로 진퇴양난에 빠져 버릴 것입니다. 그러므로, 당신이 보듯이, 오직 당신의 아들 우리 주 예수 그리스도 외에는 다른 누구도 신뢰하지 않는 우리의 기도와 부르짖음을 들어 주옵소서.

우리 자신으로 말하자면, 너무나 나쁘게 행하였고 악하고 죄악된 삶을 살아왔기 때문에, 스스로 돌아볼 때에는 죽음과 영원한 저주 외에는 아무것도 우리에게 남아 있지 않습니다. 그러므로 당신의 순전한 선하심으로써, 우리를 저 부도덕하고 속이는 범죄자들과 같이 여기지 마소서. 비록 우리는 그런 취급을 받아 마땅하지만 말입니다. 그러나 당신의 원수들과 거룩한 교회의 원수들은 그들의 행위에 따라 다루시고, 그들이 우리를 대항하여 궁리해 낸 책략들이 그들 자신에게로 되돌아가게 하옵소서. 그들이 당신의 말씀과 행위에 주목하지 못할 때, 그들의 잔인하고 교활한 계획들이 수포로 돌아가게 하셔서, 당신 자신의 이름이 찬송으로써 선포되게 하옵소서. 왜냐하면 당신께서는 당신의 백성의 목소리와 기도를 들으셨기 때문입니다.

오 하나님, 우리의 힘과 방패가 되소서. 당신의 상속자들로 택하신 당신의 백성을 이런 위험들에서 구하소서. 그들을 위하여 구원과 축복을 쌓으시고, [*30r*] 그들이 이 땅에 사는 동안 그들을 먹이시며, 마침내 그들을 영생으로 이끌어 가소서. 우리 주 예수 그리스도로 말미암아 기도합니다. 아멘.

II. 오 하늘 아버지시여,

우리가 당신에게 기도와 간구를 쏟아내는 바로 그 날에 당신의 은총과 호의를 얻기를 바랍니다. 당신의 선하심으로 그 기도와 간구를 친절하게 들어주소서. 만약 당신이 우리의 올바름에 따라 우리를 다루려 한다면, 우리는 사방에서 끊임없는 고난과 재난을 겪을 것입니다. 우리의 구원과 당신의 영광의 대적들과 원수들은 당신의 종들의 경건과 올곧은 삶을 향한 진지한 헌신을 갈가리 찢어버리기 위하여 온갖 책략들을 다 고안해 내었습니다. 그러니, 당신이 우리의 힘과 방패가 되어 그들을 막아 주옵소서. 당신이 약속하셨고 또 우리가 굳게 믿는 대로, 우리가 당신의 백성이며 기업이라면, 우리를 구하시고 먹이시고 은혜를 베풀어 주시고 끊임없이 우리를 인도하사 우리가 서둘러 가고 있는 그 최종적인 선에 이르게 하옵소서. 우리 주 예수 그리스도로 말미암아 기도합니다. 아멘.

시편 29편에서

I. 오 하늘 아버지시여,

하나님의 자녀들로 부름 받고 또 실제로 자녀가 되기까지 인도함을 받은 우리들 모두가, 본질적으로 당신에게서 나온 그 결과들을 보고서, 당신을 영화롭게 할 기회를 [30v] 결코 가볍게 여기거나 멸시하는 일이 없게 하옵소서. 그것들은 너무나 탁월하고 경이로우므로, 그것들을 살펴보는 자들에게 당신의 영광과 위엄의 증거들을 공급해 줍니다. 당신이 소나기와 구름과 번개와 지진과 폭우를 합당하게 내려 보낼 때에, 아무리 높은 산이나 나무라도 격하게 흔들리며, 모든 동물들도 두려워 떨지 않을 수 없습니다.

오 하나님, 오직 우리들만이 이런 당신의 강력한 능력에도 눈 멀고 귀를 막고 주의를 기울이지 않습니다. 오직 우리의 죄악들에서 비롯된 이런 큰 무지를 당신의 선하심으로써 긍휼히 여겨 주옵시고, 우리가 마침내 그 죄악들에서 벗어날 때 당신의 놀라운 일들을 인정하고 그에 합당한 찬송을 영원히 당신께 돌려드리게 하옵소서. 우리 주 예수 그리스도로 말미암아 기도합니다. 아멘.

시편 30편에서

I. 오 전능하신 하나님,

각별한 찬양들로써 우리는 마땅히 당신을 송축하고 높여야 합니다. 왜냐하면 당신은 믿음으로 당신의 이름을 부르는 자들을 기꺼이 구원해 주시기 때문입니다.

우리의 죄악이 심각할 뿐 아니라 무수히 많다는 사실을 우리는 공개적으로 인정하며 또한 자발적으로 고백합니다. [31r] 그리고 그 죄악들 때문에 우리는 영원한 멸망과 영속적인 죽음에 처해져야 마땅합니다. 그러나 당신이 택한 자들에게 늘 베풀어주신 그 긍휼을 우리에게도 내려주시길 우리는 기도합니다. 왜냐하면 당신은 종종 그들을 일시적으로 짧게 책망하시곤 하지만, 곧 바로 그 진노를 지극하고 영속적인 친절함으로 바꾸어주시기 때문입니다.

그러므로 이제 우리를 위협하는 위험들과 현존하는 악들로부터 우리를 구해 주셔서, 우리가 안심하고 안전하게 당신을 고백할 수 있게 해 주옵소서. 그리고 당신의 약속들의 진리에 대한 신뢰할 만하고 입증된 증인들로서 우리가 어느 곳에서든 오직 당신만을 신뢰해야 한다는 사실을 선언하고 선포할 수 있게 해 주옵소서. 우리 주 예수 그리스도의 이름으로 말미암아 기도합니다. 아멘.

II. 오 전능하신 하나님,

교회를 끌어내리고 있는 이런 곤경들로부터 당신이 교회를 높이 들어올려 주시기를 당신의 교회가 기도합니다. 당신의 이름의 원수들이 교회의 멸망을 보고 즐거워하도록 허락하지 마옵소서. 오 하나님, 당신은 언제나 당신에게 호소하는 자들을 들어주시고 즉각적으로 그들을 도와주십니다. 지옥같은 처지에서 다시 구해오시며 이미 구렁텅이에 거의 빠져들어간 자들을 소생케 하는 것은 오직 당신의 손에 달려 있습니다. 당신을 찬송하는 친근한 감정들이 일어나도록 우리의 마음을 움직여주소서. [31v] 그리고 당신이 우리에 대하여 진노하셨으나, 우리를 향한 당신의 무한한 사랑을 결코 깨뜨리지 않으셨으며, 오직 일시적으로 노하셨을 뿐이라고 우리로 하여금 선포하게 하옵소서. 왜냐하면 그 사랑으로 말미암아 우리가 당신 안에 살아가고 있으며 또한 영원히 살 것이기 때문입니다.

우리의 눈물과 한숨이 속히 기쁨과 행복으로 변하도록 돌아보아 주시길 간구합니다. 우리가 행한 공로들을 고려하지 마시고 오직 당신에게 적합한 것을 고려해 주시길 바랍니다. 우리의 죄악 때문에 우리는 치명적인 증오와 극단적인 형벌을 받아야 마땅하지만, 그러나 만사가 잘 되고 우리 계획들에 따라 진행될 때, 우리는 어리석게도 만사를 우리 자신의 노력에 의하여 수행해 나갈 수 있으리라고 생각합니다. 그러나 이제, 잠시동안 당신이 우리에게서 낯을 돌리셨고 그래서 우리가 당하는 고난들이 일어났으므로, 우리는 자기 발로 간신히 설 수도 없을 정도로 낙담하고 두려워하고 있습니다.

오 하나님, 당신의 긍휼과 약속들이 요청하는 바를 보옵소서: 당신께 의뢰하는 자들이 멸망에 이르는 것을 주께서는 허락하지 않습니다. 우리가 죽으면, 우리의 원수들은 결코 당신을 찬양하지 않을 것입니다. 마침내 우리의 슬픔이 끝나게 해 주셔서 우리가 당신께 회복된 것을 즐거워하는 마음으로 이제와 다음 세상에서도 영원히 감사와 찬양을 당신에게 돌릴 수 있게 해 주시옵소서. 우리 주 예수 그리스도로 말미암아 기도합니다. 아멘.

시편 31편에서

I. 오 전능하신 하나님,

당신은 우리의 반석이며 성채이시므로, 당신을 신뢰하는 자들을 이제 당신의 이름을 위하여 안전한 곳으로 인도하셔서, [32r] 당신을 의지하는 자들이 결코 수치를 당하지 않게 하옵소서. 당신의 교훈과 거룩한 복음을 증오하는 자들이 우리를 잡으려고 은밀하게 그물을 펼치고 덫을 놓았는지 당신은 보십니다. 어떤 다른 힘으로써 우리가 구원받을 방법이 없으므로, 이제 우리는 마음을 다하여 당신의 손과 능력으로 보호받기를 구합니다. 우리는 이국적이고 악한 매력들을 결코 신뢰하지 않습니다.

오 하나님, 우리는 오직 당신을 의지하며, 우리가 처한 곤경들을 살펴보아주시기를 기도합니다. 우리가 악한 자의 손에 떨어지도록 내버려두지 마옵소서. 당신이 심판하실 때 우리의 죄악들이 아주 무겁게 우리를 책망한다는 것을 우리가 알고 있습니다. 그 죄악들은 너무나 무거워 우리는 합당하게 피할 수가 없습니다. 그러나 우리는 당신 자신의 선하심으로 우리를 불쌍히 여겨주시고 당신의 교회가 구경꾼들과 원수들의 조롱과 유희꺼리가 되지 않게 해 주시기를 간청합니다. 당신의 미소짓는 얼굴을 교회가 볼 수 있게 해주시기를 엎드려 빕니다. 악한 자들이 수치를 당하게 해 주옵소서. 교만으로 가득한 자들이 교회를 해치는 끔찍한 고발들을 조작해내는 즉시, 그들의 거짓말하는 입술을 막아주소서. 육신의 기준들에 비추어 볼 때 우리는 당신의 목전에서 쓸려 나갔으며 멀리 던져버렸다고 생각할 수도 있지만, 그럼에도 불구하고 성령 안에서 우리는 여전히 당신이 우리의 기도를 도우실 것이라고 소망합니다. 당신을 사랑하는 선한 사람들로 하여금 당신이 신실한 자들을 지키시고, [32v] 당신을 예배하며 그 마음으로 당신을 모시는 모든 자들을 강하게 하신다는 사실을 깨닫게 하옵소서. 우리 주 예수 그리스도로 말미암아 기도합니다. 아멘.

Ⅱ. 오 전능하신 하나님,

당신의 호의에 찬 얼굴빛을 우리에게 비추소서. 왜냐하면 거기로부터 모든 위로와 행복과 기쁨이 흘러나와 당신의 신실한 자들에게 이르기 때문입니다. 우리가 확고하고 당신의 도움을 구하는 한, 우리를 적대하는 세력들의 간계와 속임과 거짓과 올무는 실패로 돌아갈 것입니다. 당신을 신뢰하는 자들을 위해 마련해두신 당신의 선하심의 달콤함은 참으로 위대하고 찬란하며 즐겁습니다.

우리가 당신의 은혜로써 씻음을 받고 정결케 되기를 간청하오니, 우리가 저지른 죄악들 때문에 그 달콤함에서 배제하지 않게 해 주옵소서. 우리가 이 정결함을 얻는다면, 당신의 보호하심의 성막과 성채 안에 숨겨질 것이며, 우리를 위협하는 모든 악들로부터 보호받을 것을 의심하지 않을 것이기에, 당신의 단호하고 확고부동한 보전하심에 의하여 마침내 우리는 우리의 지극한 행복이신 당신에게로 이끌려 갈 것입니다. 우리 주 예수 그리스도로 말미암아 기도합니다. 아멘.

Ⅲ. [33r] 오 전능하신 하나님,

경건한 자들이 당신에게 두는 신뢰는 이런 특별하고 특출한 성격을 가지고 있습니다. 곧 우리의 의로운 열망은 결코 수치를 당하거나 좌절되지 않는다는 것입니다. 그러므로 이 신뢰를 가지고, 우리가 항상 우리의 힘과 보호와 지도자와 공급자로서 당신을 의지할 수 있도록, 당신에게 나아가 도움을 간구합니다.

당신의 도움이 없으면, 우리의 죄악 때문에 마땅히 받아야 하는 결과로서, 당신의 이름과 우리의 구원의 원수들이 온 사면에 우리를 잡으려고 올무와 매복과 속임수를 펼쳐 놓은 것을 우리가 알고 있습니다. 따라서 우리의 영혼과 생명을 모두 당신에게 의탁하며, 당신의 보호하심을 구하여 당신의 두 손에 둡니다. 우리의 셀 수 없는 연약함들, 그리고 그 결과 우리가 적대적인 세력들에 의하여 언제나 둘러싸여 있음을 당신이 아시므로, 우리의 운명을 불쌍히 여겨주시고, 우리 편에 계시옵소서. 삶과 죽음이 모두 당신의 백성들을 향한 당신의 두 손에 있으므로, 우리로 하여금 영원히 당신과 함께 살게 해 주옵소서. 우리 주 예수 그리스도로 말미암아 기도합니다. 아멘.

시편 32편에서

I. 오 위대하시고 선하신 하나님,

당신은 주의 백성의 행복은 바로 여기에 있다고 우리에게 경고해 주셨습니다: 즉 [33v] 죄가 용서함 받고 가리워지며, 하나님의 심판대에서 죄책을 당하지 않는 것입니다. 이 행복을 우리가 얻어야 할 때가 있다면, 아마도 지금이 가장 절박하게 그 행복이 우리에게 필요한 때입니다. 왜냐하면 현재 우리가 겪는 재난들은 우리의 죄악들을 바로 우리 눈 앞에 제시하기 때문입니다. 당신의 교회를 누르고 있는 당신의 무거운 손길을 우리가 느끼므로, 우리의 죄악들을 숨기지 않고 당신 앞에 공개적으로 고백해야 한다고 생각합니다. 마땅히 우리가 받아야 할 처벌이 당신의 풍성한 선하심으로 말미암아 즉각 우리를 지나가고 용서될 것이라는 확신을 우리는 잃지 않습니다.

그러므로 당신의 백성인 우리들은, 이제 당신이 우리의 형편에 개입하실 것을 전혀 의심하지 않는 이 때, 홍수처럼 당신의 백성을 위협하는 저 악한 자들에게 우리가 압도되는 것을 허락하지 않기를 간구합니다. 이런 재난들의 시대에 우리의 은신처와 피난처가 되어 주옵소서. 우리를 구원의 길로 교훈하시고 가르쳐 주옵소서. 여전히 우리에게 남아 있는 잔인하고 야수 같은 모든 욕망들을 당신의 성령의 단단한 고삐와 견고한 굴레로 억제하여 주셔서, 그 욕망들이 우리를 영원한 멸망으로 던져 버리지 않게 해 주옵소서. 당신의 영광을 대적하는 원수들에게 마침내 고난과 재앙이 쏟아져 내리게 하옵소서. 당신을 신뢰하는 자들을 놀라운 친절하심으로 에워싸고 보호해주셔서, 당신의 이름에 열심을 내며 올곧은 마음을 가진 자들이 당신을 즐거워하며 [34r] 온전한 기쁨으로 크게 기뻐하게 하옵소서. 우리 주 예수 그리스도로 말미암아 기도합니다. 아멘.

II. 오 위대하시고 선하신 하나님,

당신의 긍휼로써 그들의 죄를 용서하시고 이제껏 그들을 더럽혀왔던 모든 악하고 불의한 것들을 그들이 대항하는 증거로 내세우지 않고 오히려 당신이 덮어주시고 용서해주신 자들은 의심할 여지없이 복된 자들입니다. 만일 우리가 우리의 모든 악덕들을 분명하게 인식하고 당신의 존전에 그것을 가져와서 당신의 무릎 앞에 우리가 당신의 율법을 거슬러 저지른 모든 악하고 수치스러운 죄악들을 내려놓지 않았다면, 그런 커다란 은덕은 우리에게 발생할 수 없을 것이라고 우리는 공공연하게 인정합니다.

그러므로, 하늘에 계신 아버지시여, 우리가 당신에게 고백합니다. 우리의 불의는 극악무도하며 우리의 영혼은 불경건의 무거운 짐에 억눌려 있습니다. 당신의 긍휼하심으로 이제 우리를 도와주소서. 우리가 저지른 범죄들 가운데 남아 있는 모든 것을 당신이 친절하고 상냥하게 지워주시기를 우리가 기도합니다. 위협적인 재난들로부터 우리를 건져주시고, 건전한 정신을 우리에게 공급해주시며, 주의깊은 돌보심으로 우리를 인도하셔서, 우리의 악한 성향들이 우리를 짐승같은 어리석음의 수준으로 떨어뜨리지 않도록 막아주소서. 그 대신에, 당신의 선하심으로 우리를 감싸주셔서, 우리가 올곧은 기쁨과 확고한 행복으로 당신 앞에서 즐거워하게 하옵소서. [34v] 우리 주 예수 그리스도로 말미암아 기도합니다. 아멘.

시편 33편에서

I. 오 전능하신 하나님,

믿음으로 의롭다함을 얻은 모든 사람들은 당신이 얼마나 찬양과 칭송을 받기에 합당하신지, 당신의 경이로운 일들로 인하여 올바르게 이해합니다. 당신의 선하심을 증거하지 않는 것은 이 세상에서 아무것도 없습니다. 그 모든 장식물들로 가득한 하늘들은 당신의 명령에 따라 존재합니다. 바다와 저 심연의 물들은 오직 하나의 힘, 곧 당신의 성령과 능력에 의하여 그 자리에 머물러 있습니다. 그렇다면, 우리가 해야 할 일은 마땅히 받으셔야 할 경배와 경외를 오직 당신에게 바치는 일입니다.

그러나 안타깝게도 우리의 생애 전체를 통하여 우리가 그 일보다 더 적게 한 것도 없습니다. 바로 그 때문에 우리는 지금 우리가 빠져 있는 환란들과 위험들을 온전히 자초하였습니다. 그러나 인간의 악한 행위들이 아무리 무수하다고 하더라도, 당신의 무한하신 선하심이 그 악행들에 의하여 고갈되는 일은 불가능하므로, 우리가 저지른 그 모든 악행들을 용서해주시기를 간청합니다. 당신은 너무나 긍휼하시므로, 우리는 경건의 원수들이 교회를 전복시키려고 노력하는 그 계획들과 음모들을 무로 돌려주시기를 기도합니다.

오 하나님, 당신을 하나님으로 그리고 합법적인 기업으로 삼은 백성을 향한 당신의 태도가 견고하며 당신의 계획들이 변함없이 유지되기를 기원합니다. [35r] 하늘로부터 당신은 인간들의 마음들, 곧 당신이 처음부터 세우셨던 그 마음들을 내려다보십니다. 당신은 적그리스도가 이미 당신의 백성을 대항하여 저질러 놓은 일을 완전하게 알고 있습니다. 그러므로, 황송하게도, 이 때에 우리를 구원해주시기를 우리는 당신에게 간구합니다. 우리의 영혼을 자유롭게 하기 위하여 우리는 오직 당신에게 달려갑니다. 심지어 우리가 아무런 의심없이 믿고 소망하고 있는 것처럼, 당신의 긍휼함이 우리 곁에 머물기를 간구합니다. 우리 주 예수 그리스도로 말미암아 기도합니다. 아멘.

Ⅱ. 오 전능하신 하나님,

경건한 자들이 당신의 이름을 가장 높은 찬송들로 칭송하며, 지성을 다하여, 온 힘으로 기념해야 할 이유가 많이 있습니다. 왜냐하면 당신의 모든 계명들과 행하신 일들은 온전히 신실함과 올곧음과 공정함과 선함 뿐이기 때문입니다. 창조된 세상에서 아름다움과 광채를 가지고 있는 모든 것, 유용하며 편리한 모든 것은 오직 당신이 만드신 것들입니다. 오직 당신만이 악한 자들의 사악한 계획들을 헛되게 하시며 [35v] 그들의 악한 노력을 아무 쓸모없게 만드십니다. 당신의 법령들은 실로 확실하며 흔들림 없이 일관되게 확고합니다. 이러므로 당신을 하나님으로 선택하고 당신을 자신의 경이로운 기업으로 삼아 오직 당신에게만 그들의 순전한 예배를 드리는 자들은 행복하며 복됩니다.

당신은 지극히 선하시고 위대하시며 우리의 창조주와 조성자가 되시므로, 당신의 율법을 거슬려 우리가 저지른 죄악들이 얼마나 빈번하고 중대한지 당신은 잘 알고 계십니다. 우리를 용서해 주시고, 우리가 어떤 피조물의 힘을 의지하지 않도록 해 주시길 간구합니다. 오히려, 당신의 경이로운 긍휼을 체험하게 하시고, 그 긍휼 안에서 지속적인 행복과 올곧은 기쁨을 누리게 하소서. 우리 주 예수 그리스도로 말미암아 기도합니다. 아멘.

시편 34편에서

I. 오 전능하신 하나님,

우리를 향한 당신의 비범하고 뛰어난 유익들은, 그것이 호의적이든 거슬리든 우리를 위해 예비된 운명과는 무관하게, 우리로 하여금 당신의 이름을 찬양하며 영광 돌리게 합니다. 당신은 진정으로 당신을 부르는 자들과 언제나 함께하시며, 그들에게 닥쳐온 환란과 재난으로부터 고생하는 자들을 건져 내십니다. 당신의 보호하심을 구하여 달려가는 자들을 천사들을 동원하여 든든히 지키시고 울타리를 둘러쳐 주십니다. 당신이 오셔서 도와주지 않으시면, 무거운 죄짐을 지고 있는 우리들은 완전히 멸망당하고 말 것입니다. [36r]

그러므로 우리는 넘어진 자들을 일으켜 세워주시길 간구하며 기도합니다. 또한 당신의 은혜로 받아 주신 우리에게 진지한 경외심과 예배와 경건을 가르쳐 주셔서, 우리가 순전한 마음을 가능한 한 속히 가질 수 있게 해 주시기를 간구하며 기도합니다. 당신과 우리의 거룩함에 걸맞지 않는 일들을 쓸데없이 조잘대는 우리의 혀를 억제하여 주옵소서. 우리의 행위들을 악행들로부터 돌이켜 주옵소서. 당신이 명하신 올곧은 일들을 우리가 수행하게 하옵소서. 그리고 당신의 평화를 구하는 일에 우리가 가능한 한 최대의 열정을 갖게 해 주옵소서. 우리의 영혼을 구속하기 위하여 비범한 값을 치르셨던 것처럼, 우리의 영혼에 영원한 구원을 값없이 그리고 풍성하게 내려주시기를 감히 구합니다. 우리 주 예수 그리스도로 말미암아 기도합니다. 아멘.

시편 35편에서

I. 오 위대하고 선하신 하나님,

당신의 백성이 선한 믿음으로 당신에게 간구할 때 당신은 무적의 능력과 기꺼운 뜻으로 도움을 주시는 분이므로, 이제 우리는 기도하며 우리의 모든 청원들을 당신에게 올립니다. 우리가 이곳에서 살아가는 동안 적대적인 세력들에 의하여 끊임없이 심하게 억압받고 있으므로, 당신이 우리의 도움이 되어 주시기를 감히 구합니다. 왜냐하면 우리가 구원받지 못하도록 사탄이 엄청난 증오심으로 몰아대고 있기 때문입니다.

그러므로 우리가 당신에게 대하여 저지른 악한 행위들을 주목하지 마옵소서. 우리가 처한 비참 속에서 우리에게 부담이 된다고 이제 깨닫고 있는 우리의 중대한 잘못들을 [36v] 당신의 긍휼하심으로 사하신 후에, 마귀와 그 앞잡이들의 공격으로부터 우리를 건져주소서. 당신의 능력과 거룩한 천사들의 힘으로 그들의 노력이 헛되게 하시고, 우리의 영혼은 당신의 호의와 즉각적인 도움을 달콤하게 즐기게 하셔서, 모든 재난으로부터 자기 백성을 구원하실 수 있는 당신과 같은 신은 전혀 없다는 사실을 깨달았노라고 선포하게 하옵소서. 마귀들은 우리의 연약함을 조롱하고 웃음거리로 삼지만, 선하신 아버지여, 당신은 우리의 위험을 보고 계십니다. 우리를 당신 자신의 소유라고 선포하시고 우리를 영원한 저주로부터 보호해주시기를 우리가 감히 기도합니다. 우리 주 예수 그리스도로 말미암아 기도합니다. 아멘.

II. 오 위대하고 선하신 하나님,

가능한 한 가장 많은 경건한 백성의 무리들과 함께 우리는 당신을 영화롭게 하려고 오랫동안 간절하게 열망하였습니다. 당신의 능력으로 우리를 마귀와 그 분노하는 앞잡이들로부터 우리를 구원하실 때, 실로 우리는 즐겁고 기꺼운 마음으로 당신을 영화롭게 할 것입니다. 당신의 신실한 백성을 마귀가 얼마나 기만적이고 거짓으로 그리고 잔혹하게 괴롭히는지 당신은 잘 알고 있습니다.

그러므로 우리는 모든 헌신을 다 바쳐 당신에게 기도합니다. 우선 우리가 당신의 율법을 거슬러 수치스럽게 저지른 모든 일들을 감히 용서해 주시길 원합니다. [37r] 그리고 둘째로 우리의 대의명분을 보호하고 지키는 일에 당신 자신을 두드러지게 드러내 보여주셔서, 당신의 원수들이 당신의 백성을 그들의 변덕의 제물로 만들어 조롱거리로 삼지 않게 해 주옵소서. 오히려 그 원수들이 감히 당신의 영광과 우리의 구원을 대항할 때 그들이 수치와 혼란에 빠지게 하옵소서. 당신의 공의와 영광을 추구하는 우리에게는, 그와는 반대로, 기쁨과 행복으로 가득하게 하시고, 열렬한 마음으로 당신의 위엄과 찬양을 선포하게 하옵소서. 우리 주 예수 그리스도로 말미암아 기도합니다. 아멘.

시편 36편에서

I. 오 전능하신 하나님,

악의 세력은 너무나 커서, 그 짐을 진 자들은 당신의 이름에 대한 두려움이나 경외심에 의해서도 감동을 받거나 가책을 받지 않는다는 사실을 우리가 깨닫습니다. 실로 그 사람은 악을 행하는 것에 너무나 큰 쾌락을 느껴서, 모든 사람들에게 그의 행위들이 똑같이 악명높고 증오스러운 것으로 끝이 납니다. 그는 말하는 모든 것이 사악하며, 선을 행하는 일에 그 자신이 연루되는 것을 결코 허용하지 않습니다. 심지어 밤에도 그는 그 영혼으로 죄를 품으며, 그 자신을 완고하게 만들어 자신의 영혼으로 꾀하는 모든 것을 전혀 악으로 여기지 않습니다.

오 하나님, 온 하늘과 창공을 가득 채우는, 광활한 산맥들을 압도하는, 거대한 심연을 초월하여 인간들뿐 아니라 모든 동물들에게도 생명과 건강을 가져다주는 당신의 긍휼하심과 탁월한 신실하심과 썩지 아니하는 공의와 심판으로, [37v] 우리는 당신에게 간구합니다. 당신을 거스렸던 가엾은 우리의 모든 죄악들을 용서해주시고 깨끗하게 씻어 주셔서, 우리의 영혼이 사악함으로 물들도록 내버려두지 마옵소서. 오히려 믿음과 당신의 날개 아래 있는 보호하심에서 오는 지지를 발견하게 하셔서, 우리로 하여금 당신의 하늘 궁정으로부터 오는 강력한 정신과 영원한 희락으로 가득하게 해 주옵소서. 당신과 함께 있는 그 생명의 원천으로부터 우리가 깊이 물을 마신 후에, 당신이 선물로 주신 빛에 따라 우리가 영원한 행복의 등불을 묵상할 수 있게 주옵소서.

우리의 구원을 반대하는 자들이 우리를 되돌릴 수 없게 하시고, 오히려 그들이 완전히 엎드려져서 그들이 시작한 일을 그만두지 않으면 결코 다시 일어설 수 없게 하옵소서. 우리 주 예수 그리스도로 말미암아 기도합니다. 아멘.

시편 37편에서

I. 오 전능하신 하나님,

행악자들과 죄인들이 누리는 커다란 성공을 목도하고는 심각한 잘못을 저지르는 연약한 성도들이 당신의 교회 안에 많이 있으므로, 당신의 성령으로 그들을 강하게 하사 복음의 원수들이 지금 누리고 있는 행복은 굳건하지도 확실하지도 않으며 [38r] 오히려 생기를 잃은 꽃잎과 마른 풀과 같이 곧 시들어 말라버릴 것이라는 사실을 올바르게 이해할 수 있게 해 주옵소서. 당신의 은혜를 우리에게 부어주셔서, 우리가 오직 당신만을 의지하고 또한 당신의 친절하심과 사랑을 얻도록 끊임없이 애쓰게 해 주옵소서. 그것으로써 우리는 유일무이하고 다함이 없는 원천이신 당신으로부터만 모든 기쁨과 즐김을 얻을 수 있을 것이라는 사실을 온전히 확신할 수 있을 것입니다. 그에 더하여, 당신의 선하심에 가장 좋게 보이는 대로 우리의 일들을 당신이 지도하시도록 우리가 평온하고 참을성 있는 마음으로 허용할 수 있게 해 주옵소서. 당신이 우리를 구원하시는 일을 늦추시는 일이 일어날 때, 우리가 용기를 가지고 기다릴 수 있게 해 주시고, 우리의 심중한 죄악들 때문에 이보다 훨씬 더 심한 처벌을 받아 마땅하다는 사실을 깨닫고, 현재 우리가 겪는 어려움들에 대하여 분개하지 않게 하옵소서.

오 하나님, 우리는 당신에게 너무나 큰 죄악을 저질러, 그 어떤 처벌로도 우리가 악하게 저버린 일들을 능가하지 못합니다. 그러나 이 모든 장애물들에도 불구하고, 가장 친절하신 당신이 우리의 발걸음을 지도해주시고 당신을 신뢰하는 자들에게 호의를 베풀어주셔서, 비록 우리가 자빠졌어도 당신의 손으로 친절하고 부드럽게 지지받고 있기 때문에 결코 완전히 버림받지 않았다는 사실을 모든 사람이 깨닫게 해 주옵소서. 당신은 올곧은 주의 백성을 결코 저버리지 않았다는 사실을 모두가 고백하게 하옵소서. 가능한 한 많은 사람이 당신에 대한 믿음에 그들 자신을 의탁하게 하셔서, 그들을 도와주시고 또한 즉각적인 지원을 베풀어주셔서 악한 자의 손에서 그들을 건져주옵소서. [38ㄴ] 우리 주 예수 그리스도로 말미암아 기도합니다. 아멘.

Ⅱ. 오 위대하고 선하신 하나님,

악한 자들의 성공이 우리에게 영향을 끼쳐, 우리가 온전히 순전한 신앙으로 예배드리는 길에서 빗나가지 않게 하옵소서. 왜냐하면 그들의 행운은 들에서 자라는 풀이나 꽃처럼 신속하게 지나갈 것이라고 당신이 우리에게 경고하시기 때문입니다. 당신의 호의로써 우리를 붙잡아주지 않을 때 우리를 손쉽게 멸망으로 떨어지게 만드는 죄짐을, 우리의 양심에서 가능한 한 신속하게 덜어주시기를 우리가 탄원합니다. 우리가 온전히 의지하고 있는 그 소망은 당신 안에 있으며, 우리는 당신의 신실하심에 우리 자신을 온전히 위탁하였으므로, 우리가 구하고 있는 것을 받을 것이라고 의심하지 않습니다. 우리가 구하는 바는 곧, 우리의 모든 즐거움과 기쁨을 오직 당신에게만 두며, 세상적인 성공을 경멸하며 던져버리는 것입니다. 세상의 성공에 의지하는 자들은 한 순간에 던져버림을 당할 것이지만, 그 마음이 고유하고 상냥하며 평온한 자들은 평강과 평온 가운데 영원한 기업을 누릴 것입니다. 악한 자가 성도들을 향하여 불평하고 긴장시키고 음모를 꾸미는 것에 두려움을 느낄 필요가 전혀 없습니다. 왜냐하면 그의 부패한 노력들이 모두 그 자신에게로 되돌아갈 것이기 때문입니다.

그러나 오 하나님, [39r] 당신은 우리가 이룬 일들과 우리의 행위들을 용서하시고 또 승인해주셔서, 날마다 찬양하면서 당신의 이름을 영화롭게 하는 우리에게 영원한 기업이 기다리게 하옵소서. 우리 주 예수 그리스도로 말미암아 기도합니다. 아멘.

Ⅲ. 오 전능하신 하나님,

당신은 경건한 자들을 정의로운 길에서 벗어나지 않도록 지키시는 인도자이며 동행자로 인정받습니다. 또한 당신은 그들이 예기치 않은 불행으로 타락하지 않도록 그들을 지탱하시는 분이십니다. 이제까지 당신의 약속들은 너무나 확실하여, 의로운 자들 중에 당신의 호의를 잃어버렸거나 삶에 필요한 양식이 결핍하였던 사람은 아무도 없었습니다. 그러므로 우리는 당신에 대한 믿음에 의지하여 기도합니다. 당신을 거슬러 저지른 죄악들에 따라 우리를 처벌하지 마옵소서. 오히려 당신에게 피한 자들의 죄악을 당신의 긍휼로써 사해주소서. 당신을 신뢰하는 자들의 마음에 당신의 뜻과 율법을 새겨주셔서 그들이 점점 더 그뜻과 율법을 묵상하고 말하게 하시고, 흔들임없이 일관되게 그 뜻과 율법을 실천하게 하옵소서. 당신의 백성들에 대한 무자비한 적의를 조성하는 저악한 자들의 두드러지고 휘황찬란한 행운을 보고, 우리가 올바른 길에서 벗어나지 않도록 해 주옵소서. 오히려 당신의 성령으로 우리의 마음을 밝혀주셔서, [39v] 그들이 신속하게 쇠할 것이며 끊임없고 극도의 처벌을 받을 것이라는 사실을 우리가 깨닫게 하옵소서. 우리에게 힘과 구원을 주셔서 우리가 당신의 약속들을 신뢰하는 정도에서 자라게 하옵시고, 우리에게 당면한 재난들과 우리의 구원의 원수들의 손아귀로부터 우리를 구출하여 주옵소서. 우리 주 예수 그리스도로 말미암아 기도합니다. 아멘.

시편 38편에서

I. 오 위대하시고 선하신 하나님,

당신은 우리를 아들과 같이 책망하고 처벌하십니다. 그러나 현재 곤경에 처해 있는 우리에게서 당신의 노와 분을 거두어주소서. 우리가 당신의 엄한 손길을 느끼며, 인간적으로는 빠져나갈 길 없는 위험 속에 우리가 사로잡혀 있음을 인식합니다. 이는 실로 우리가 마땅히 받아야 하기 때문에 우리에게 닥친 일입니다. 우리가 무겁게 짓눌리며 버틸 능력을 초월하여 압력을 받고 있는데, 그것은 우리가 사방에서 죄와 불의로 압도되었기 때문입니다. 우리가 슬픔에 잠기고 심각한 불안으로 마음이 깨어진 것은 바로 이런 까닭입니다. 친구들과 이웃들은 멀리 떠났으며, 원수들은 올무를 놓고 갖가지 악한 계획을 꾸미며, 결국 우리를 넘어뜨리려고 합니다.

오 하나님, 당신이 가지고 있는 긍휼로써 [40r] 우리가 당신에 대하여 저지른 더러운 죄악들을 용서해 주셔서 우선 우리를 당신과 화해하게 해 주시고, 그런 다음 속히 우리를 도와 주옵소서. 우리의 유일한 피난처이신 당신을 기다립니다. 왜냐하면 당신은 항상 당신에게 의뢰하는 자들 옆에 서 주시며 그들의 기도에 응답하시기 때문입니다. 우리가 이토록 고난을 당하며 흔들리고 있는 동안 적그리스도들이 우리에게 대하여 어떻게 개가를 부르고 있는지, 당신을 모르지 않으실 것입니다. 부당하게 우리를 미워하는 자들은 날마다 그 힘과 수에서 불어납니다.

선하신 아버지여, 그러므로 우리는 당신에게 간구합니다. 우리를 이 큰 고통 속에 내버려 두지 마옵소서. 왜냐하면 바로 당신이 우리의 구원이시기 때문입니다. 당신이 속히 오시길, 당신의 교회에 도움을 가져다 주시길, 극도의 위험 속에 있는 그 교회를 지지해 주시길 엎드려 빕니다. 우리 주 예수 그리스도로 말미암아 기도합니다. 아멘.

Ⅱ. 오 위대하고 선하신 하나님,

우리가 너무나도 무거운 짐을 지고 있습니다. 그리고 당신에게 대항하여 우리가 저지른 그 죄의 무게는 지금 우리가 지고 갈 수 없을 정도로 무겁습니다. 그러므로 우리는 당신 앞에 나아와 그 신실하심에 호소하여, 우리의 그런 죄악에 대하여 노와 분으로 우리를 벌하시지 않기를 구합니다. 당신의 자녀들을 향하여 언제나 그러하셨듯이, 당신의 경고하심이 자애롭기를 빕니다. 우리의 악행들을 염려함으로 우리의 마음이 얼마나 혼란스럽게 되었는지 보소서. [40v] 우리 속에 있는 모든 것이 부패하고 더러워졌습니다. 당신이 우리를 돕지 않으시면 우리는 슬픔과 고통에 사로잡히고 빛을 잃어버릴 것입니다. 우리의 죄악 때문에 모든 것이 우리에게 적대적이고 호전적으로 변하였으므로, 우리는 친구들이나 혹은 이웃들을 전혀 의지할 수 없습니다.

오 하나님, 우리가 우리의 사악한 죄악들을 모두 당신의 무릎 위에 쏟아 붓고, 당신의 용서해 주심을 간절히 구할 때에, 당신의 본질적인 긍휼과 호의를 거두지 마시고, 오히려 당신은 언제나 상냥하시고 우리가 다가갈 수 있는 분이시므로, 재앙을 당하고 있는 우리에게 부디 신속하고 확고한 도움을 내려주소서. 우리 주 예수 그리스도로 말미암아 기도합니다. 아멘.

시편 39편에서

I. 오 전능하신 하나님,

이토록 어려운 시절에 우리가 현재 겪고 있는 재난들로 그토록 시달리며, 또한 무거운 곤경에 눌려 신음하고 있을 때, 우리는 당신에게서 피난처를 찾사오니 당신의 성령으로 우리의 입과 혀를 제어해 주셔서 당신의 위엄과 우리의 증언에 합당하지 않은 것은 아무것도 발설하지 않게 해 주옵소서. 이런 고난들이 우리의 죄를 능가한다거나 혹은 우리가 부당하게 처벌받고 있다고 불평할 수 없으므로, 당신에 대하여 불평하는 자들의 외침을 우리로 듣지 않게 하옵소서. [41r] 오히려 우리가 저지른 죄에 대하여 합당하게 슬퍼하는 마음으로 우리의 심령이 움직이게 하옵소서. 우리의 영혼과 마음이 참된 통회로 뜨거워지고 불타오르게 하옵소서. 친절하신 성부시여, 우리의 계속되는 삶의 형세를 매시간 올바르게 이해할 수 있게 해 주옵소서. 왜냐하면 이 땅에서 우리의 전 존재는 단지 덧없을 뿐이며, 걱정스럽게 부르짖는 우리의 외침과 미약한 자원들은 우리를 돕기에는 턱없이 부족하기 때문입니다.

그러므로, 오 주님, 우리는 오직 당신만을 기다려야 합니다. 왜냐하면 당신이 먼저 우리를 죄와 허물에서 건져주시면, 우리는 악한 자들의 조롱거리가 되지 않을 것이라고 확신할 수 있기 때문입니다. 왜냐하면 당신이 그 죄로부터 씻어주시고 정결케 하신 자들이 멸망당하지 않도록, 당신의 강력하고 무적의 손길로 그들에 대한 공격을 늘 막아주시기 때문입니다. 만일 당신의 손이 사람들에게 그들이 받아 마땅한 고난들을 계속 가하신다면, 마치 나방이 의복을 좀먹듯이 그 고난들이 그들을 소진시키고 멸망시킬 것입니다.

그러니, 오 하나님, 우리의 기도를 들어주시옵소서. 왜냐하면 우리가 땅 위에서 지속적인 안식을 거의 얻을 수 없다는 사실을 당신께서 아시므로, 우리가 마침내 믿음 안에서 당신에게 가까이 붙어 살아가며 안전하게 거할 수 있게 허락해 주옵소서. 우리 주 예수 그리스도로 말미암아 기도합니다. 아멘.

II. [41r] 오 전능하신 하나님,

우리는 당신의 심판이 얼마나 엄중할 수 있는지 체험하고 있습니다. 그러나 당신의 성령이 우리로 하여금 당신의 선하심과 공의로우심을 의심하지 않도록 억제해 주십니다. 우리가 겪는 심대한 고난들과 우리의 죄악에 대한 인식으로 여전히 우리는 삶이 우리를 얼마나 쓰라리게 해왔는지 고찰하게 됩니다. 그러므로 우리가 여러가지 방법으로 당신 앞에서 범죄하였고 악행을 저질렀음을 고백할 때에, 당신의 선하심과 긍휼로써 우리에게 호의를 베풀어 주옵소서.

아무런 확고하고 견고하고 진실된 것을 갖지 못한 그림자처럼, 우리의 인생이 얼마나 짧고 공허한지 당신은 아십니다. 한 순간에 우리는 사라지며, 이곳에서 우리의 삶을 위해 얼마만큼의 시간이 주어지든지 우리는 자신의 격렬하고 통제되지 않고 사악한 감정들에 휩쓸려 그 모든 시간을 살아갑니다. 그래서 우리는 이제 당신이 우리를 불쌍히 여겨주시기를 기도합니다. 우리의 기도와 탄식이 당신의 귀에 도달하기를 바랍니다. 우리 안에서 당신 자신의 성령께서 우리 마음으로부터 그 기도와 탄식을 보냅니다. 그리고 우리가 이 세상에서 나그네처럼 방황하는 동안, 때때로 우리의 마음을 당신의 호의로써 새롭게 해주시길 원합니다. 우리 주 예수 그리스도로 말미암아 기도합니다. 아멘.

시편 40편에서

I. [*42r*] 오 전능하신 하나님,

당신은 상냥하고 친절하시므로, 소망 가운데 그토록 큰 위로를 찾으며 현재의 절박한 곤경 속에서 당신을 바라보고 결코 낙심하지 않고 그 마음을 들어 당신에게 들어올리는 사람들의 기도에 구체적으로 귀기울여 들어주십니다. 깊은 물 속에서 부르짖는 그들의 외침을 당신은 들어주시며, 진창에 빠져 있는 자들을 당신의 강력한 도움으로 들어올려주십니다. 해방된 사람들이 항상 그들의 입으로 당신을 찬양하며, 또한 새로운 노래들로 공적으로 또 사적으로 찬송을 올려드려서, 당신에 대한 믿음과 소망과 경외심을 가진 모든 사람들의 마음을 북돋아 주는 것은 바로 그 때문입니다.

이제 우리에게 풍성한 행복을 허락하셔서, 오직 당신만을 우리의 성채로 삼게 하시고 당신의 교회를 대항하여 일어선 교만하고 기만적인 자들에게 전혀 마음을 두지 않게 해 주옵소서. 왜냐하면 당신이 모든 경이로운 일들의 저자이심을 우리는 아주 잘 알고 있기 때문입니다. 당신은 모든 말의 힘과 웅변의 능력을 그 수와 위대함에서 초월하기 때문에, 그리고 그 누구도 합당하게 이야기하고 묘사할 수 없는 그런 계획과 설계를 당신의 섭리의 보물창고 속에 가지고 계시기 때문입니다.

이제껏 우리는 우리의 죄악된 일들로 당신을 심하게 거스렸으며, [*42v*] 우리 자신의 어떤 희생으로도 스스로 정결하게 할 수 없으니, 우리에게 순종하는 믿음을 주셔서 당신의 율법책에서 우리에게 계시해 주신 당신의 뜻을 어디서나 즉각 행할 수 있게 해 주옵소서. 그 믿음을 우리 마음 속에 깊이 새겨주셔서,

우리가 자유롭게 그리고 자발적으로 그 뜻을 실천할 수 있게 해 주옵소서. 당신이 그 긍휼하심과 선하심으로써 그 어떤 것도 우리에게 아끼지 아니하시는 것처럼, 당신의 신실한 백성인 우리도 말과 행동으로 당신의 신실하심과 공의로우심과 진실하심을 증거하게 하소서.

우리가 우리의 죄에 크게 짓눌려 곤경에 빠져 있으며 우리 마음과 영혼이 버림받았다고 느끼고 있는 것을 당신은 알고 계십니다. 우리의 구원을 진지하게 고려해 주옵소서. 속히 우리를 도와주옵소서. 당신의 원수들을 좌절시키시고 수치를 당하게 하옵소서. 그러나 당신을 찾는 우리들은 회복되게 하시고, 바로 당신께서 고난당하고 가련한 자들의 구원이며 도움이시라는 선포가 결코 헛된 말이 아니라는 사실을 체험하게 하옵소서. 우리 주 예수 그리스도로 말미암아 기도합니다. 아멘.

II. 오 전능하신 하나님,

당신의 도우심이 더디 오는 것을 고요하고 인내하는 마음으로 참는 자들은 결국 그들의 기도를 당신이 반드시 들어주신다는 사실을 깨닫게 될 것입니다. 그리고 선한 믿음으로써 자유롭게 되는 체험을 하는 동안, 그들은 그 자신이 합당한 찬양으로 [*43r*] 당신의 이름을 송축할 뿐만 아니라 다른 경건한 사람들도 그와 똑같이 찬양할 풍성한 이유를 제공합니다.

그러므로 이 과제가 여전히 남아 있습니다: 당신은 외형적인 희생제사들에 마음이 움직이는 분이 아니므로, 우리의 기도로써 당신의 마음을 얻으려고 노력합니다. 그리하여 날이 가면 갈수록 우리는 당신의 뜻을 실천하기를 점점 더 사랑하고 열정적이 되어, 우리를 향한 당신의 진리와 긍휼을 공공연한 칭송을 통하여 자주 아니 늘 높일 수 있기를 원합니다.

그러나 그 동안에는, 당신은 긍휼이 풍성하시며 선하시므로 우리가 저지른 모든 수치스럽고 불명예스러운 행위들을 용서해주시길 원합니다. 우리의 죄악 때문에 마땅히 받아야 할 형벌들과 재난들에 우리가 파묻히도록 내버려두지 마옵소서. 당신을 수치스럽게 하고 우리를 파멸시키려고 노력하는 자들이 스스로 수치를 당하게 하시고, 당신의 이름을 열정적으로 찾는 자들은 참되고 지속적인 행복으로 넘쳐나게 하옵소서. 당신은 우리가 얼마나 세상적인 도움을 박탈당하고 경멸 받고 있는지 모르지 않으시니, 속히 오셔서 우리의 보호자이자 옹호자로서 우리를 지켜주옵소서. 우리 주 예수 그리스도로 말미암아 기도합니다. 아멘.

시편 41편에서

I. 오 전능하신 하나님,

당신이 때때로 불운한 일로써 병자나 경건한 자를 모두 시험하실 때, [43] 그것은 당신의 선하심을 가르쳐주는 일로서 결코 하찮은 일이 아닙니다. 왜냐하면 당신이 아버지와 같은 마음으로 그들을 징계하시는 것처럼, 또한 당신은 그들을 쉽게 구원하실 것이며, 그들에게 생명을 주실 것이며, 마침내 그들을 당신의 존전에서 복되게 하실 것이기 때문입니다.

지금 우리가 두려울 정도로 고통을 당하고 있는 동안에 우리는 그 소망에 의지하여 여기서 함께 기도합니다. 우리를 불쌍히 여겨주시고, 우리가 심각하게 당신을 노엽게 하였던 죄악들로부터 우리를 건져주옵소서. 거룩한 복음의 원수들이 우리에게 해악을 끼치려고 광분하고 있다는 사실을 당신은 참으로 알고 계십니다. 우리를 멸망시키려고 그들이 꾸미고 있는 음모와 계획을 당신은 알고 계십니다. 그들은 다름 아니라 당신의 교회를 멸망시키려고 음모를 꾸미고 있습니다. 경건으로뿐 아니라 다른 칭호들과 의무들에 의해서도 우리와 연결되었다고 우리가 생각하였던 사람들이 여기에 가담하였습니다.[24]

오 하나님, 넘어진 자들을 일으켜 세우시고 그들의 원수들을 멸망시키시는 당신의 그 긍휼하심으로써 우리를 위하여 마음을 움직여 주옵소서. 신앙과 경건의 원수들로 하여금 당신의 종들의 죽음을 즐거워하도록 허락하지 마소서. 우리에게 닥친 재난들로부터 우리를 구원하시고 당신의 성령으로 우리를 굳건

---

24 이것은 제1차 쉬말칼덴 전쟁에서 카알 5세와 로마 가톨릭의 편에 서서 싸웠던 작센의 모리스와 다른 루터파 제후들에 관한 은밀한 언급으로 보인다. 그 보답으로 카알 5세는 1546년 10월에 루터의 후견인이었던 작센의 선제후 요한 프리드리히의 상당한 영지와 선제후의 직위를 모리스에게 넘겨주었다.

하게 해주시면, 모든 경건한 자들이 공공연히 당신의 이름을 찬양할 것입니다. 이 일이 끊임없이 일어나고 중단되지 않기를 우리가 기도합니다. 우리 주 예수 그리스도로 말미암아 기도합니다. 아멘.

Ⅱ. [44r] 오 위대하시고 선하신 하나님,

짓밟힌 자들을 동정하는 사람들에게는 막대한 보답이 기다립니다. 왜냐하면 고난당하고 괴롭힘 당하는 사람들을 긍휼히 여기는 자들은 당신의 그 탁월한 선하심을 본받고 있기 때문입니다. 당신은 병든 종의 병상에 늘 함께 하셔서 그가 질병으로 인하여 탈진한 다음에 좀더 안락하게 누울 수 있도록 침상을 바꾸어 주시는 분과 같기 때문입니다. 당신의 백성들을 도울 기회가 있다고 당신이 판단하실 때, 그렇지만 당신이 그들을 관대하게 대하지 않으신다고 해도 그것을 우리는 이상한 일로 여기지 않습니다.

그러므로, 우리의 죄악 때문에 위험하고 심각한 곤경들에 빠져 있다고 우리가 올바르게 깨달을 때, 우리는 오직 당신에게 날아가서 우리가 저지른 허물들을 감히 용서해 달라고 당신에게 간청합니다. 그리고 우리의 구원의 원수들이 우리가 멸망하는 것을 즐거워하지 못하도록 해 주시기를 간구합니다. 그런 결정적인 문제들에서 우리를 도우신다는 사실은 그 자체로서 우리가 당신에게 지극히 소중한 존재라는 사실을 명백하게 보여줍니다. 우리가 간구합니다. 우리를 도우소서. 그리고 우리를 당신의 마음에 두셨다는 사실을 보여주옵소서. 그래서 우리가 당신의 이름에 합당한 찬양으로 송축하게 하옵소서. 우리 주 예수 그리스도로 말미암아 기도합니다. 아멘.

시편 42편에서

I. [*44v*] 오 전능하신 하나님,

당신의 선하심을 실제로 살펴보고는, 마치 목말라 죽어가는 사슴처럼 숨을 헐떡이며 밤낮으로 당신을 열망하지 않는 인생은 아무도 없습니다. 참된 믿음을 부여받고도 살아계신 하나님에게 나아가려고 서두르지 않는 사람이 어찌 있을 수 있겠습니까?

그러나 이제껏 우리 안에서 그런 열정이 아주 부진하였고, 거룩한 모임들에서 선한 믿음으로 마땅히 해야할 바대로 당신을 추구하지도 않았습니다. 우리가 당하는 곤경과 슬픔으로 인하여, 이 어려운 시절에 눈물이 우리의 음식과 음료가 되었습니다. 도처에서 우리의 대적들이 교회를 모욕하며, '너희의 하나님이 어디 있느냐?' 하고 말합니다.

오 하나님, 그러나 당신은 긍휼하시며 친절하시므로, 우리를 향하여 합당하게 마음에 품고 계신 진노를 치워주시고, 당신의 약속들을 기억하셔서 우리가 굳건한 소망과 믿음 위에 설 수 있게 해 주시길 간청합니다. 비록 우리가 그것을 받을 자격은 없으며, 따라서 우리의 영혼이 부당하게 우울한 처지에 있는 것은 아니지만 말입니다. 모든 시험의 물결과 폭풍과 심연들이 당신의 교회에 쏟아지는 것 같지만, 당신의 긍휼하심과 은혜로써 그것들을 진정시켜주셔서 우리의 마음과 양심이 견실한 기쁨을 빼앗기지 않게 해 주시옵소서. 성령이 우리의 마음을 움직여주셔서, [*45r*] 이제부터 우리가 끊임없이 스스로 격려하여 당신의 도우심을 소망하고 신뢰하게 하옵소서. 왜냐하면, 이제부터 우리는 당신의 이름을 영화롭게 할 것이고, 우리에게 구원과 평안을 회복시켜 주신 일을 감사할 것이기 때문입니다. 우리 주 예수 그리스도로 말미암아 기도합니다. 아멘.

Ⅱ. 오 위대하고 선하신 하나님,

우리가 온 마음으로 당신에게 연합되기를 소원합니다. 당신이 우리를 저버리신 것처럼 보였을 때, 우리 자신의 마음에서 나오는 모욕과 또 우리 원수들에게서 나오는 모욕을 들을 때 크나 큰 아픔을 느끼지 않을 수밖에 없었으므로, 우리는 밤낮으로 당신과 연합되는 이 일을 갈망하고 목말라합니다. 우리가 겪는 고난과 역경과 재난을 조롱함으로써 원수들은 우리의 미성숙한 헌신과 믿음을 비웃었습니다. 우리의 점증하는 죄의 무게 때문에 그것들이 우리를 완전히 부수어 버리고 있는 것 같습니다.

오 하나님, 당신의 긍휼하심으로써 우리의 죄악을 사하여 주시사, 우리가 다시 힘을 얻을 수 있게 해 주시길 간청합니다. 우리의 마음을 주님이 빚어주셔서, 악한 성향들과 처벌에 대한 심한 두려움이 우리를 뒤흔들어 놓을 때, 당신의 약속에 힘을 얻어 우리의 마음이 견고할 수 있게 해 주옵소서. 오직 당신만을 의지할 때 우리의 마음은 곧 당신의 이름을 영화롭게 할 것이라는 바로 그 소망으로써, 낙심한 우리 영혼을 위로하고 확신을 갖게 해 주옵소서. [45ᄀ] 왜냐하면 바로 그런 마음을 위하여 참된 구원과 참된 하나님이 존재하고 있기 때문입니다. 우리 주 예수 그리스도로 말미암아 기도합니다. 아멘.

시편 43편에서

I. 오 위대하시고 선하신 하나님,

당신의 권위와 능력으로 우리의 명분을 판단하는 일을 마침내 시작하옵소서. 우리는 당신에게 참된 예배와 순전한 신앙을 바치려고 노력하며, 따라서 그것은 선하지만, 그러나 우리의 대의명분은 배척당하고 모든 사람에 의하여 공격받습니다. 따라서 당신이 친히 우리를 사악하고 타락한 사람들로부터 구출해주실 필요가 있습니다. 오직 당신만이 교회의 위로와 힘과 토대로 남아 있습니다. 우리는 대부분 당신의 이름과 고백과 가르침에 부족한 삶을 살아왔습니다. 그러나 당신의 긍휼은 회개하고 당신에게 돌아오는 자들의 모든 부정과 숨겨진 죄악을 사하시는 긍휼이며, 그들이 저지른 수치스러운 행위들을 믿는 자들에게 전가하지 않습니다.

그러므로 우리가 기도합니다. 당신이 우리를 긍휼히 여기셨으므로, 우리로 하여금 당신의 빛과 진리에 참여하게 하셔서, 여기서 우리가 거룩한 회중들 속에서 순전한 예배를 당신에게 올려드릴 수 있게 하시고, 이후에는 우리를 영원한 생명이 거하는 거룩한 장소로 인도하여 주옵소서. 지금 우리의 영혼은 슬프고 낙심되며, 두려운 생각들로 우리 마음이 거듭 심란하며, [46r] 공포로 인하여 우리의 위장은 내부로부터 심하게 울렁거립니다. 선한 아버지여, 그러나 우리는 여전히 최선을 소망할 힘을 우리에게 주시기를 기도합니다. 왜냐하면 이 세상이 지난 후에, 참으로 그러하듯이 당신은 우리의 하나님으로 자신을 선포하실 것이므로, 우리는 우리가 얻은 구원을 즐거워하며 당신을 영화롭게 할 것이기 때문입니다. 우리 주 예수 그리스도로 말미암아 기도합니다. 아멘.

II. 오 전능하신 하나님,

이 지극한 위기와 이 세상의 커다란 위험 속에서 우리는 당신의 지켜주심과 보호하심에 우리의 대의명분을 위탁합니다. 원죄에 의하여 그리고 불행하게도 우리가 거기에 덧붙여온 무한한 자범죄들에 의하여 허물어져서, 이 비참한 삶을 영위하는 동안 우리가 의지할 수 있는 어떤 힘과 연대도 우리 안에서는 발견할 수 없다는 사실을 우리가 인정합니다. 그러므로 당신의 은총의 밝은 빛이 우리에게 비춰어 우리 마음의 어두운 구석들이 밝아지기를 우리는 끊임없이 당신에게 간구합니다. 당신의 긍휼로 인하여 그 일이 일어난다면 우리는 지극한 행복과 믿을 수 없는 기쁨으로 넘쳐날 것이며, 낙담되었던 우리의 마음을 돌이켜 선한 소망을 품게 될 것입니다. 오직 당신만이 우리의 구원이시며 참된 하나님이시므로 [46v] 우리의 모든 소망을 당신에게만 두는, 이 한 가지 일을 우리에게 허락하옵소서. 우리 주 예수 그리스도로 말미암아 기도합니다. 아멘.

시편 44편에서[25]

I. 오 전능하신 하나님,

당신의 지극한 선하심으로 많은 민족들로부터 교회를 당신에게 불러모으셨습니다. 그것은 인간의 능력이 아니라 당신 자신의 손으로 심으신 교회입니다. 당신의 은총과 성령으로 말미암아 교회는 죄에서 깨끗하게 씻어졌으며, 당신이 이제껏 도우셨고 강력하게 보호해주셨으므로 마귀의 잔인한 공격들에서도 벗어났습니다. 당신은 항상 교회를 그 원수들로부터 구원하셨고, 악의에 차서 교회를 괴롭혀온 자들에게 수치와 불명예를 듬뿍 안겨주셨습니다. 그러므로 우리는 오직 당신만을 영화롭게 하고 오직 당신의 이름을 높이 찬양해야 마땅합니다.

아, 그러나 우리는 이 모든 은덕들에 대하여 극도로 감사할 줄 몰랐으며, 육체와 인간의 힘을 신뢰하였고, 고백하건데, 우리의 의롭지 못한 삶과 악한 행실로써 당신의 교훈을 수치스럽게 만들었습니다. 그래서 이제 당신은 우리를 쫓아내시며 우리에게 수치를 안겨주십니다. 이미 우리는 거의 적그리스도의 먹잇감으로 전락하였고 우리 이웃들의 비난거리가 되었습니다. 이제 당신의 복음은 이방인들의 멍에가 되었고, 백성들의 웃음거리가 되었으며, 대중의 놀잇감이 되었습니다. 이 모든 일들은 우리의 죄 때문에 일어난 아주 정당한 일이라고 우리가 인정합니다. [47r]

그러나, 선하신 아버지시여, 부디 당신의 타고난 친절하심으로써 우리를 다시 당신과 화해시켜 주시고, 우리가 저지른 모든 악하고 어리석은 일들을

---

25 취리히판에서는 이 시편 기도가 '63편에서'(Ex Psalmo LIIII)로 명백하게 잘못 인쇄되었다.

기꺼이 용서해 주옵소서. 우리가 결단코 당신에게 무관심해지거나 당신의 언약을 배반하는 자가 되지 않게 해 주옵소서. 비록 우리가 억압당하고 사망의 그림자가 우리 주위를 온통 뒤덮고 있더라도, 우리의 마음이 결코 당신의 길에서 방황하거나 이탈하지 않게 하소서. 우리가 도살자 앞에 서 있는 양과 같이 여겨지거나, 당신의 이름을 잊어버리거나, 혹은 구역질나는 잘못된 형태의 예배로 되돌아가는 그런 결과에 빠지는 일을 우리가 행치 않게 하옵소서.

오 하나님, 우리가 탄원하오니 깨어나소서. 더 이상 잠들어 계시지 마소서. 우리의 곤경들에서 당신의 얼굴을 감추지 마소서. 당신의 선하심으로 인하여 당신 자신을 위하여 선택하신 우리가 지금 낙심하고 있사오니, 일어나셔서 낙심한 자들을 도우소서. 우리 주 예수 그리스도로 말미암아 기도합니다. 아멘.

II. 당신이 지난 과거에 신실한 백성들을 보호하시고 구원하시며 증가시키신 일에서 명백하게 드러내 보이신 당신의 긍휼과 승리하는 능력에 관한 경이로운 이야기들을 거룩한 역사가 우리에게 말해줍니다. 우리가 이런 이야기들을 들을 때, 우리의 소망을 오직 당신에게 두어야 하며, 우리 자신의 힘이나 자원이나 능력에 두지 말아야 한다는 사실을 확신합니다.

지금 [47v] 우리의 죄의 무거운 중압감에 눌려 납작하게 짜부라져 있을 때, 우리는 당신의 진노의 형벌을 응당 받아야 할 것으로 느끼고 있습니다. 그리고 우리의 나쁜 양심 때문에 이보다 더 가혹한 처벌과 혹독한 형벌을 받을 것을 두려워합니다. 당신은 선하심에 그토록 풍성하신 분이시니, 우리가 당신에게 저지른 모든 죄악을 용서하시고 간과해 주시기를 우리가 기도합니다. 한걸음 더 나아가, 만일 우리가 재난들과 곤경들을 겪도록 이미 정하셨다면, 그 때문에 우리가 당신에게 마땅히 바쳐야 할 헌신과 경건에 못 미치는 일이 없게 해주소서. 우리가 당신 외에 다른 곳에서 조언을 구하러 돌아다니지 않게 하옵소서.

그러므로 부디 일어나셔서 속히 우리를 도우소서. 왜냐하면 우리를 지지하시는 일을 미루고 있는 동안 당신은 마치 우리에게 등을 돌린 것 같이 보이기 때문입니다. 당신이 갖추고 있는 긍휼과 선함에 광채를 더해주셔서, 우리를 에워싸고 있는 위험들에서 우리를 구해주시길 감히 바랍니다. 우리 주 예수 그리스도로 말미암아 기도합니다. 아멘.

시편 45편에서

I. 오 위대하시고 선하신 하나님,

우리는 온갖 종류의 선하심에서 가장 풍성하신 그리스도를 우리의 유일한 왕으로 모시고 있습니다. 그는 최상의 권세를 가지고 계시며, 또한 그의 장엄한 보좌도 영원히 굳건하게 서 있습니다. 그의 무적의 능력은 압도적이며, 그의 지고한 공의는 찬란하며, 하나님의 한량없는 축복들을 그가 누리며, [48v] 또한 그는 무한한 지혜에서 탁월합니다. 교회는 높은 영예를 받는 왕비와 같은 그의 신부이며, 따라서 그에게 무수한 거룩한 자손을 낳을 수 있습니다. 그런고로 우리는 그런 위대한 왕을 열렬하게 섬겨야 마땅하였지만, 그러나 우리는 그의 이름과 그 거룩한 다스림을 우리의 악덕들로 더럽게 모독해왔습니다.

선하신 아버지여, 이제 우리가 그 악덕들을 고백하고 당신 앞에서 인정하며, 겸비하게 우리를 용서해 주시기를, 그래서 다시 당신의 은총으로 받아들여진 후에 비로소 우리 왕의 그 은덕들을 깨달을 수 있도록 우리가 간구합니다. 비록 우리는 그럴 자격이 없지만, 그래도 우리가 당하고 있는 고난 속에서 그가 일어나사 허리에 칼을 차고 그의 신부인 교회를 적그리스도의 공격과 모욕에서 구원해주시기를 기도합니다. 이제 그가 날카로운 말씀의 창을 던지시며 성령을 보내시기를, 그의 나라를 다스리시는데 늘 사용하시는 의와 공평의 막대기를 사용하시기를 우리가 기원합니다. 이제 그가 진리를 사랑하고 불법을 극도로 혐오하시는 분으로 그 자신을 보여주시기를 기원합니다. 바로 그 예수 그리스도 우리 주님으로 말미암아 기도합니다. 아멘.

Ⅱ. [*48v*] 오 위대하시고 선하신 하나님,

당신의 독생자이신 우리 주 예수 그리스도는 참으로 모든 면에서 찬양받기에 합당합니다. 덕스러운 태도와 그 거룩하신 광채로 그는 이 세상에서 모든 것 앞에서 그 자신을 순전하고 탁월하게 드러내셨습니다. 사람들을 가르치고 격려 하실 때 은혜로운 방식으로 말씀하셨고, 그의 말씀의 검과 그의 능력의 효과로 모든 것을 그의 능력과 통치 아래 두셨습니다. 그는 영원히 정의를 사랑하는 분이며 악에 대한 가차 없는 대적자가 될 것이라고 맹세하셨습니다.

그러나, 순결한 신부로서 그렇게 위대하고 탁월하신 분과 결혼하도록 예정 된 우리는, 우리의 다양하고 무수한 악덕으로 우리 자신을 더럽혀온 비참한 자들입니다. 따라서 회개와 성령으로 깨끗하게 되어 우리의 타고난 악한 성향 들을 잊어버리고, 이 가장 탁월한 신부의 사랑을 열망할 수 있기를 우리는 기도합니다. 우리가 이 땅에서의 수고를 내려놓을 때, 많은 신실한 자녀들이 태어나서 이미 그리스도에게 가서 함께 모여 있는 그들의 선조들의 자리를 대신하게 되길 바랍니다. 이런 자녀들과 함께 우리가 영원히 그의 영광과 찬송 을 높이 송축하기를 기원합니다. 바로 그 동일하신 예수 그리스도 우리 주님으 로 말미암아 기도합니다. 아멘.

시편 46편에서

I. [*49r*] 오 위대하시고 선하신 하나님,

당신을 유일한 보호이자 힘으로 참답게 믿는 자들이 곤경에 처하였을 때, 당신의 도움은 항상 가까이 있었습니다. 그러므로, 심지어 온 세상이 흔들리며 산들이 요동하며, 바다의 격동하는 파도가 사정없이 해안에 강력하게 몰아쳐서 마치 모든 것이 다 무너지고 물결에 휩쓸려 떠내려갈 것 같이 보이더라도, 당신의 신실한 자들은 두려움에서 구원받습니다. 당신의 백성은 오히려 지극한 확신을 선물로 받는데, 왜냐하면 그들이 당하는 환란 속에서도 풍성한 열매를 맺으시는 성령으로써 그리고 당신의 도우심에 관한 놀랍고 보기드문 증거들을 내밀어주심으로써, 당신은 위로의 즐거운 물결로 그들을 새롭게 하시기 때문입니다.

우리는 당신의 선하심에 의지합니다. 당신을 심하게 진노하게 만들었다고 우리가 고백하는 우리의 무수한 죄악들에도 불구하고, 우리는 기도합니다. 당신이 보고 계시듯이, 커다란 세력과 간교한 음모로써 당신의 교회를 공격하고 있는 나라들과 왕국들이 스스로 요동하고 약해지게 하소서. 언제나 땅과 모든 피조물을 뒤흔들며 분쇄하는 당신의 그 목소리로 크게 외치소서!

우리 하나님, 당신이 우리 곁에 요새화된 성채처럼 서 계시길 바랍니다. 전쟁들을 일소하소서. 당신이 없이는, 창과 말과 전차와 모든 종류의 무기들이 [*49v*] 무력하게 되어, 우리를 공격하는 자들이 결국 그들의 노력을 단념하게 하옵소서. 이 세상의 모든 군대들과 모든 세력들보다 더 나은 보호를 우리에게 제공하셨다고 높이 인정받으신 후에, 당신이 장엄하게 나타나시고 모든 피조물

앞에 높아지시길 원합니다. 우리 주 예수 그리스도로 말미암아 기도합니다. 아멘.

Ⅱ. 오 전능하신 하나님,

그 어떤 갑작스럽고 무서운 불행이 우리를 괴롭힐지라도, 우리는 이미 당신을 우리의 유일한 요새로 삼았기 때문에, 소망을 잃어버리지도 않을 것이며 마음이 시달리지도 않을 것입니다. 세상의 소동이 불타올라도, 육신의 공격이 부풀어 올라도, 모든 마귀들이 그 동료들과 더불어 우리의 모든 소유를 산산이 부서뜨리는 것 같아도, 우리는 당신의 형용할 수 없는 선하심과 무적의 능력 안에서 느긋한 마음으로 안도합니다.

우리의 죄 때문에 우리는 이 모든 곤경과 역경을 마땅히 겪어야 하지만, 그러나 당신의 선하심으로 우리의 죄악을 용서해주시고, 현재 재난을 당한 우리를 불쌍히 여기시고, 당신에게 간구하는 자들에게 구원과 평화와 고요함을 허락해 주옵소서. 왜냐하면 당신의 강력한 말씀뿐 아니라 간단히 고개를 끄덕여 승낙하시거나 혹은 단지 당신의 뜻만으로도, 칼과 활과 대포와 [50r] 마귀의 모든 간교한 장치들을 무찌르는 일은 당신에게는 아주 쉬운 일이기 때문입니다.

오 하나님, 우리로 하여금 당신의 백성을 위하여 행하시는 일에 대해 우리로 묵상하게 하는 일을 착수하길 우리가 소원합니다. 그리하여 당신이 우리 곁에 계시며 언제나 당신의 신실한 백성을 돕는 분으로 스스로 정하셨다는 사실을 모든 사람들로 하여금 깨닫게 하옵소서. 우리 예수 그리스도로 말미암아 기도합니다. 아멘.

시편 47편에서

I. 오 위대하신 하나님,

당신은 황송하게도 이 땅에서 교회를 당신에게로 모으시고, 돌로 된 건물이나 대리석으로 된 사원이 아니라 살아 있는 인간의 마음들 속에 그 교회를 세워주셨습니다. 당신은 그 교회를 놀라운 선물들로 장식해주시고, 성령으로 세련되게 다듬어 주십니다. 그런 커다란 선물을 받은 모든 신실한 자들이 명랑한 축하와 기쁨의 환호를 터뜨리는 것은 당연한 일입니다.

그러나 우리가 저지른 치명적인 죄악들이 그 감사와 기쁜 노래들을 엄청나게 뒤덮고 있으며, 우리가 응당 받아야 할 처벌이 무겁게 우리를 짓누르고 있습니다. 이제껏 우리가 어그러진 길로 갔다고 인정하므로, 그리고 이제 우리가 그 죄에 상응하는 고난을 어떻게 겪고 있는지 당신이 보고 계시므로, 긍휼 그 자체이신 당신이 당신의 백성을 용서해 주옵소서. [50v] 당신은 지극히 높으시고 모든 곳을 다스리시므로 비록 우리는 멸망당해 마땅하지만, 그러나 우리를 멸망시키지 마옵소서.

선하신 아버지여, 우리의 죄악이 당신의 왕국을 가로막지 않게 해 주소서. 새로운 민족들을 계속하여 그 믿음을 위하여 정복하시고, 이제껏 믿음 없이 지내온 나라들로 하여금 당신의 말씀에 순종하게 만드소서. 당신은 자신을 위하여 교회를 선택받은 특별한 기업으로 택하였으니, 절묘한 멜로디와 찬양으로써 당신이 그 교회 안에서 영원토록 크게 영광을 받기를 원합니다. 그리하여 모든 백성이 당신을 소유하고, 당신을 찬양하고, 그들의 왕으로 당신에게 노래하기를 바랍니다.

그러나 이제 모든 사람들 가운데 가장 비참한 처지에 있는 것 같은 당신의 친 백성을 당신의 성령으로 가르쳐 주시고 또한 당신의 성령으로 다스려 주옵소서. 그리하여 그들이 당신의 계명에 따라 통치되고 있다는 사실을 모든 사람이 볼 수 있게 하옵소서. 옛날 당신이 신실한 아브라함에게 그러셨던 것과 똑같이, 세상의 모든 군주국가들과 세력들이 마침내 당신에게 연합하여 당신이 그들의 하나님이 되기를 기원합니다. 그 직분 때문에 신민들의 보호자로 섬겨야 하는 왕들과 모든 군주들로 하여금 당신을 인정하게 만드셔서, 당신의 위엄과 영광이 그들 안에서 찬란하게 빛나 교회에 특별한 이점이 되게 하옵소서. 우리 주 예수 그리스도로 말미암아 기도합니다. 아멘.

II. 오 위대하시고 선하신 하나님,

진지한 열광과 기쁨에 가득찬 감탄과 열정적인 지지로써 그리스도의 왕국의 진전을 앞당기는 것이 모든 신자들의 과업입니다. [*51r*] 왜냐하면 거기에서 당신의 선하심이 선포되며 우리가 구원을 찾을 수 있게 되기 때문입니다. 그리스도는 모든 민족들과 백성들을 그의 통치에 복종하며, 최선의 방법으로 우리를 대하실 권한을 획득하셨습니다. 왜냐하면 우리는 그분의 독특한 기업이며 그분 자신의 특별한 소유이기 때문입니다.

높이 하늘에 오르시어 성부의 우편에 앉으신 우리 왕이시여, 우리가 빠져 있는 죄악으로부터 우리를 건져내어 주시고 우리를 위협하고 있는 재난들과 불행들을 당신의 긍휼과 능력으로 우리의 목에서 들어올려 주시기를 우리가 감히 간청합니다. 그리하여 오직 당신만이 우리의 마음을 다스리시고, 이 땅의 일들에 대한 권세를 가지고 있는 모든 왕들과 귀족들과 군주들이 그들의 합법적이고 참되신 하나님이신 당신에게 떨어질 수 없을 정도로 매달리게 하옵소서. 우리 주 예수 그리스도로 말미암아 기도합니다. 아멘.

시편 48편에서

I. 오 위대하고 선하신 하나님,

당신의 위대하심과 탁월하게 뛰어나신 영예는 특히 교회에서 화려하게 나타납니다. 왜냐하면 당신은 그 교회를 말씀과 성령으로 가장 강력하게 당신의 뜻대로 다스리기 때문입니다. 그러나 당신이 그토록 놀라운 방식으로 찬양받으시는 곳은 단지 교회뿐이 아닙니다. 오히려 온 세상에서 모든 영예와 확고한 기쁨이 [51v] 의심할 여지없이 교회로부터 나옵니다. 그리고 다른 어떤 곳보다도 교회에서 당신이 한층 더 잘 인정 받으시므로, 교회에서 당신은 신실한 자들을 위한 안전한 피난처이자 요새화된 성채가 되십니다.

그러므로 이 세상의 왕들과 군주들이 모여 그들이 원하였던 대로 교회를 공격할 음모를 꾸며왔습니다. 그러므로 당신의 능력과 권세의 현존을 체험할 때, 그들이 애써 시도하였던 일들을 두려움과 공포에 사로잡혀 떨며 그만두게 하시고, 그들이 시작했던 바를 멈추지 않을 수 없게 하소서. 당신이 두려움으로 치신 자들은 마치 여인들이 해산할 때와 같은 고통에 사로잡힙니다.

그러므로, 오 하나님, 우리의 죄악이 당신의 선하심을 꺾지 않게 하옵소서. 실로 우리는 심각하게 범죄하였고, 그것을 부인하지 않습니다. 그러나 우리 자신의 죄악과 더불어 우리는 당신의 친절하심을 인정하며 그것을 간구하오니, 우리의 공로가 아니라 당신의 아드님의 선하심과 은총과 은혜 덕분에 우리가 마침내 당신과 화목하게 되게 하옵소서. 마치 바다 한 가운데 있는 배들이 예측할 수 없이 휘갈기듯 치는 바람에 의하여 종종 엄청난 충격으로 부딪히듯이, 부디 교회의 원수들도 다 흩어져 버리게 해 주옵소서. 그러면, 당신의 풍성한 약속들이 선포된 것을 우리가 성경에서 우리 귀로 들었던 것처럼, 그것들이 실제로 일어나는 것을 우리 눈으로 볼 수 있게 하옵소서.

당신의 말씀이 우리에게 제시한 일들을 우리는 이미 소망하며 믿기 시작하였습니다. [52r] 우리가 당신에게 간구합니다. 이런 사건들이 일어나게 하사, 우리가 받은 은덕들을 커다란 소리로 환호하며 감사드리는 일이 당신의 이름과 선하심을 설교하는 일과 연결되게 하옵소서. 그리고 당신으로부터 나오는 모든 것이 순전한 공의라고 사람들이 모든 곳에서 인정하게 하옵소서. 우리가 이곳에 사는 동안 그리고 영원까지 당신이 우리의 하나님, 다시 말하여, 우리의 하나님이기를 원합니다. 우리 주 예수 그리스도로 말미암아 기도합니다. 아멘.

II. 오 위대하시고 선하신 하나님,

모든 피조물이 당신의 선하심을 밝히 증거하고 있습니다. 그러나 교회는 당신을 독특하게 찬양하고 영광 돌리는 당신의 특별한 작품입니다. 왜냐하면 당신이 인정 받으시며 우리는 천국으로 부름받는 바로 그 교회에서 참된 교리가 발견되기 때문입니다. 땅 위에서 발견되는 모든 즐겁고 행복하며 복된 것들이 교회 안에서 번영합니다.

따라서 적대적인 세력들이 위협적이고 분노와 증오에 찬 공격을 교회에 가하는 것은 전혀 놀라운 일이 아닙니다. 만일 당신이 교회를 지원하고 보호하고 지지하시면, 이 세상의 지배자들과 어둠의 군주들은 원하든 원치 않든 혼란에 빠질 수밖에 없으며, 허둥지둥 도망할 수밖에 없으며, [52v] 완전히 공포 상태에 빠지지 않을 수 없습니다. 당신의 능력이 그들의 무력한 분노를 강타할 것이며, 그때 당신의 신실한 자들은 슬픈 염려들로부터 구원받을 것입니다.

때때로 우리는 이런 은덕들을 깨닫지 못합니다. 왜냐하면 부분적으로는 연약함 때문에 부분적으로는 무지 때문에 우리가 다양하고 많은 죄악에 휩쓸려 악하고 난처한 삶을 살아가기 때문입니다. 그래서, 당신의 집의 커다란 영예 때문에 우리가 당신에 대항하여 저질렀던 모든 일들을 깨끗이 씻어주시기를 우리가 간청합니다. 그리하여 당신이 친히 바로 그 교회 안에서 당신의 이름을 찬양하도록 우리를 통치하고 다스려 주시길 바랍니다. 우리 주 예수 그리스도로 말미암아 기도합니다. 아멘.

시편 49편에서

I. 오 전능하신 하나님,

우리의 원수들의 사악함 때문에 우리가 곤경을 당할 때, 그 원수들이 얼마나 그들이 누리는 재산과 행운에 의지하고 있는지를, 성령의 가르치심과 결합된 믿음으로써 우리가 내면적으로 묵상할 수 있게 해 주시기를 당신에게 기도합니다. 그들을 죽음과 영원한 저주에서 구속하기 위하여 사용할 수 있는 재산은 이 세상에는 아무것도 없다는 사실을 그들은 깨닫지 못합니다. 우리가 일시적인 것들에 매달리지 않도록 우리의 애착들을 억제하여 주옵소서. 무작위로 우리에게 몰래 다가오는 바로 그 죽음에 의하여 모든 인류를 휩쓸어 가는, 우리의 공통적인 연약함과 비참에 관하여 우리에게 경고해 주옵소서. [53ㄱ] 사람들이 얼마나 영리하든지 아니면 우둔하든지 간에, 그들은 죽음을 피할 수 없으며 그들이 만들어낸 재물들을 영원히 누릴 수는 없습니다.

우리도 여기서 자주 넘겼다는 사실을 공개적으로 고백합니다. 왜냐하면 세상의 세력들을 의지함으로써, 마치 우리의 이름들이 무한히 찬양되어야 한다는 듯이, 우리는 경이로운 승리들과 승리에 도취한 예식들을 꿈꾸었기 때문입니다. 육신이 좋아하는 성공들과 행운이 얼마나 일시적인지, 그리고 그것들을 의지하는 모든 자들이 결국 가축과 같이 죽을 것이며, 지옥으로 인도되어 들어가 영원한 어둠에 짓눌려버릴 것이라는 사실을 우리는 똑똑히 주목하지 않았습니다. 오 하나님, 우리의 이 죄를 용서해 주소서. 그리고 우리가 세상의 자원들에 대한 이 근거 없는 희망을 치워버린 후에, 우리를 다시 받아주소서. 우리는 당신이 지옥과 죽음으로부터 구원하신 자들입니다. 자신들을 위하여 재산과

명예와 주택을 크게 증대시키는 자들을 전혀 두려워하지 않게 해 주옵소서. 이 모든 것들은 단지 이 세상에서만 그들에게 위로를 줄 수 있을 뿐이며, 그 결과 그들은 육신에 속한 것들에 자신의 재능을 더 쏟을 뿐입니다.

오 하나님, 끝으로 당신에게 간구합니다. 당신의 교회를 그런 원수들로부터 해방시켜 주옵소서. 그들은 하나님이 그들에게 내려주신 영예와 권위를 인정하지 않습니다. 그들은 가축같이 죽을 뿐 아니라 죽은 후에 현세에서 그들이 소유한 모든 재산들을 박탈당한 후에, [53v] 영원한 형벌을 받을 자들입니다. 우리 주 예수 그리스도로 말미암아 기도합니다. 아멘.

II. 오 전능하신 하나님,

당신이 황송하게도 성경에서 말씀하신 거룩한 교리에 관한 그 유명한 계시를 우리는 열렬한 마음으로 귀 기울여 들어야 합니다. 유명한 사람이든 미천한 사람이든 당신이 말씀하신 바에 온전히 주목하지 않아도 될 사람은 아무도 없습니다. 무엇보다도 당신은 우리가 마땅히 당신에게만 돌려드려야할 신뢰를 헛되고 일시적인 이 세상의 재물들에 두지 말아야 한다고 경고하십니다. 인간의 부와 힘과 화려함과 영예는 우리를 죽음에서 구속할 수 없습니다. 이런 것들은 신속히 변하고 한 순간에 사라진다는 사실, 그리고 그런 것들에 의지하는 그 누구도 그의 탁월함을 오랫동안 유지하지 못한다는 것이 인류의 운명입니다. 그들이 쇠약해지고 죽을 때, 그의 빛 바랜 영광 역시 시들어 없어집니다.

그러므로, 선한 아버지시여, 우리가 이제껏 이런 재물들을 끈질기고 완강하게 집착하였던 것에 대하여 당신의 용서하심을 구합니다. 우리의 마음을 그런 것에서 멀어지게 하시고, 가능한 한 당신과 당신의 말씀에 가까이 다가가게 하셔서, 당신을 뒤따르는 일과 당신의 명령을 [54r] 열렬히 수행하는 것보다 더 매력적인 일이 없다는 것을 발견하게 하옵소서. 우리가 황소같이 되지 않게 하시고 말 못하는 동물들처럼 죽지 않게 하옵소서. 우리 주 예수 그리스도로 말미암아 기도합니다. 아멘.

시편 50편에서

I. 오 강력하고 선하신 하나님,

당신은 긍휼하시게도 시온 산 위의 당신의 아드님의 강력한 영의 은사를 받은 그 사도들로부터 시작하여 세상의 모든 땅끝으로부터 우리를 당신에게 모으셨습니다. 그런 경이로운 방식으로 당신의 택함받은 선한 백성을 모으길 원하셨던 유일한 이유는, 하나님을 참되게 예배하는 방식이 모든 민족들 가운데 공공연하게 받아들여지길 원하셨던 것이며 - 바로 그 예배에 신자들의 견고한 완전함이 뿌리내리고 있다는 사실은 의심할 여지가 없습니다 - 그리고 경건은 외형적인 예전과 귀먹은 예식들에만 있는 것이 아니라는 사실을 우리가 배울 수 있게 하신 것입니다. 이런 예전들이 신앙에 대한 증언들이라면 당신을 기쁘시게 하였을 것이지만, 그것들은 믿음이 완전히 결여된 것들로서 당신에게 가증하고 완전히 혐오할 만한 것들입니다. 우리의 말과 생각에서뿐 아니라 우리 생활의 모든 행위에서도 당신의 이름을 찬양하고 영광스럽게 하는 이것이 당신이 다른 무엇보다도 먼저 구하는 것입니다. [54v] 우리가 당신에게 약속한 일들은, 그것들이 당신의 말씀에 일치하고 또한 경건을 증진한다고 우리가 확신한다면, 무엇이나 선한 믿음으로 수행하기를 당신은 원합니다. 더구나, 우리가 역경들에 짓밟힐 때 당신에게 기도하기를 요구하시며 그 곤경들에서 구원받았을 때는 응당 당신께 감사하기를 원하십니다. 당신은 이런 행위들을 우리의 경건의 주요 원리들로 요구하십니다.

그러나, 오 하나님, 우리는 매우 슬프고도 불행하게 죄를 저질러 왔습니다. 왜냐하면 우리의 예전들과 예식들에 믿음을 거의 연결시키지 않았으며, 일반적으로 적대적인 마음으로 성경을 그런 예전들과는 먼 것으로 대하였기 때문입니다. 우리는 권징에 저항하였고 우리의 악한 욕망들을 따르기 위하여 당신의 계명들을 이리저리 무시하였습니다. 그러나 이제 당신의 다함이 없는 친절하심과 선하심으로써 우리의 이 모든 악행들을 용서하소서! 또한, 당신의 이름을 훼방하며 당신의 교회와 복음에 대하여 악담하는 저 약탈과 부정함에 싸여 있는 자들의 악한 행위들에서 우리를 구원하소서! 그들에게 보복하는 대신 끈기 있게 그들을 참아주시는 것 같으므로, 그들은 자기들이 저지르는 무도한 짓들을 당신이 잊어버렸다고 생각합니다. 우리를 구원할 자가 아무도 없는 것 같으니, 이번에는 당신의 눈길을 그들에게 돌리셔서 그들이 우리를 약탈하는 짓을 허용하지 마옵소서. 우리 주 예수 그리스도로 말미암아 기도합니다. 아멘.

II. [55r] 오 선하시고 위대하신 하나님,

죽을 우리 인생에 일어나는 사건들이 어떻게 당신의 지고한 법정에서 판결되는지 당신의 엄중한 판결로써 우리에게 보여주시며, 따라서 제물들이나 외적인 제사들에 관하여 논란을 벌이는 것을 당신은 원치 않으십니다. 왜냐하면 송아지들, 염소들, 야생 짐승들, 그리고 궁극적으로 온 세상의 모든 동물들이 항상 당신의 권한 아래 있기 때문입니다. 또한 당신은 믿음과 신앙심과 내면적인 경건이 분명하게 표현되지 않는 한 이런 동물들을 당신에게 바치기를 원하지도 않았습니다. 무엇보다도 당신은 모든 인류에게 이것을 요구하셨습니다: 그들이 받은 유익들에 대하여 감사를 올리기를, 그들이 누리는 모든 좋은 선물들이 당신 덕분이라고 인정하도록, 그렇게 하겠다고 약속한 대로 그들이 시도하고 계획하는 모든 것에서 당신의 이름의 영광을 돌리기 위하여 진지하게 노력하기를, 그리고 곤경과 재난에 처했을 때 오직 당신의 이름만을 의지하도록.

오 하나님, 당신이 아시다시피, 우리는 이런 일을 행하는데 크게 미치지 못합니다. 그러므로 우리는 당신에게 간청합니다. 당신의 선하심으로써 이제 껏 우리가 초래한 모든 형벌들을 용서하시고 간과해 주옵소서. 우리가 당신의 말씀들을 우리의 정죄에 사용하지 않게 하옵소서. 우리가 당신의 선고로써 거만하고 탐욕스러우며 저주받았다고 정죄되지 않게 하시고, 오히려 찬양의 제사를 성실하게 당신에게 바치게 하시고, [55v] 우리의 삶이 당신의 계명들의 척도에 일치하게 하옵소서. 우리 주 예수 그리스도로 말미암아 기도합니다. 아멘.

시편 51편에서

I. 오 위대하시고 선하신 하나님,

우리의 불법과 범죄와 수치스러운 일로부터 우리가 정결해지고, 씻겨지고, 깨끗이 닦여지도록, 우리가 기도로 하나가 되어 당신의 긍휼을 구합니다. 지금껏 우리가 당신 앞에서 얼마나 큰 악을 저질렀는지 인정하며 고백합니다. 그리고 우리의 죄악들을 생각하면 당신은 결코 불의하지 않으시며 불신실하지도 않습니다. 당신이 우리에게 주신 빛나고 풍성한 약속들을 다 이루어 달라고 할 자격이 우리에겐 없습니다. 그러나 지금 당신의 신뢰성과 일관되심에 의지하여 우리를 구원해 주시길 바랍니다. 예전에 우리는 죄악들 가운데 잉태되었기 때문에, 태어날 때부터 부패하며 악한 우리가 어떻게 그 빛으로 들어갔는지 당신은 아십니다. 우리의 마음을 깨끗하게 해 주시고, 당신이 받아주실 그런 광채로 우리의 마음을 장식해 주시길 감히 바랍니다. 우리에게 정결한 마음과 올곧은 정신, 거룩하고 기꺼운 마음을 주셔서, 당신이 우리를 악한 자로 내치지 마시고 우리가 참된 기쁨과 든든한 행복을 얻을 수 있게 하소서. 우리를 영원한 죽음의 죄책으로 고소할 그 죄악들로부터 우리를 자유롭게 해 주시면, [56ᴿ] 우리의 입술은 갑자기 자유롭게 되어 당신을 찬양할 것입니다. 당신이 기뻐하는 그 제사, 곧 참회하는 정신과 겸비하고 깨어진 마음으로 드리는 제사로써 당신에게 나아갈 수 있게 해 주시기를 우리가 기도합니다. 그러면 현재 우리의 어려움들이 경감될 것이며, 당신께 영광 돌리는 우리의 찬양들은 당신에게 달갑게 받아들여질 것입니다.

시온, 곧 당신의 교회를 향한 당신의 선한 뜻을 선포하소서. 당신의 교회가 얼마나 많은 위험들로 시달리고 있는지, 안팎으로 얼마나 시험을 당하고 있는지 아십니다. 외부의 대적들로부터 교회를 구원해 주실 뿐만 아니라 교회를 개혁하고 회복시켜 주셔서, 당신에게 걸맞지 않는 그 교회를 당신의 신부로 삼아주소서. 우리 주 예수 그리스도로 말미암아 기도합니다. 아멘.

Ⅱ. 오 전능하신 하나님,

우리의 영혼을 오염시켰던 그 죄악들에 얼마나 치명적으로 우리가 빠져들었는지 우리가 인정합니다. 그것은 우리에게 무거운 짐이며 우리를 심히 고통스럽게 하지만, 우리 자신의 힘으로도 혹은 어떤 종류의 선행으로도 우리가 물든 오염들을 씻어 없앨 수 없습니다. 우리의 피난처는 오직 하나만 남아 있습니다: 긍휼의 원천이신 당신에게로 가서 우리를 긍휼히 여기시고, [56v] 그 잘못들을 씻어 주시고, 그 부정을 정결케 하시고, 우리의 죄를 없애 주시고, 우리가 잉태되고 출생할 때부터 우리를 오염시켰던 그 악덕들을 정결케 해 주시기를 구하는 것입니다.

만일 우리를 무겁게 누르고 있는 악한 행위들과 범죄들을 당신이 관대하게도 용서해주신다면, 실로 당신은 약속하신 바에 신실하며 온전히 일관된 분으로 드러나게 될 것입니다. 당신의 독생자의 피를 우리에게 뿌려주시기를 감히 구합니다. 왜냐하면 오직 그것에 의해서만 우리의 몸과 영혼이 영원한 행복을 누릴 수 있기 때문입니다. 우리 속에 새로운 마음이 창조되고 새로운 영이 우리에게 부여되어, 강압에 의해서가 아니라 자유롭고 아주 기꺼운 마음으로 우리가 당신에게 상한 심령과 겸비한 마음의 제사를 드릴 수 있기를 원합니다. 그 제사를 당신은 결코 멸시하지 않으십니다. 그렇게 당신의 호의와 긍휼로써 화해를 얻은 다음에, 우리가 항상 당신께 찬양의 제사를 올리게 해 주옵소서.

우리 주님이신 바로 그 예수 그리스도로 말미암아 기도합니다. 아멘.

시편 52편에서

I. 악한 노력들에서 성공을 누리고 범죄들로써 권력을 획득한 자들은 그것을 오만하게 자랑하는 경향이 있습니다. 그들은 항상 저주하는 일로 스스로 즐거워하며, 뒤에서 헐뜯고, 거짓말하며, 속이는 이야기를 가장 세련된 즐거움으로 여깁니다. [57r] 그런 동안에 이 비참한 사람들은 그들의 행운이 얼마나 예기치 않게 갑작스레 뒤집힐 것인지 그리고 이런 종류의 사라져 버릴 것들과 영원한 구원을 빼앗기게 될 것인지 깨닫지 못합니다. 그 결과 그들은 살아 있는 자의 땅에서 아무런 자리도 발견하지 못할 것입니다.

오 위대하시고 선하신 하나님, 우리는 무엇보다도 당신의 긍휼하심과 선하심에 의지합니다. 그리고 인간적 연약 때문에 우리가 그토록 자주 빠져들었던 죄악들을 이제 당신이 씻어 없애주셨으므로, 우리가 겸비한 마음으로 살 수 있기를 간구합니다. 우리가 당신의 선물들 중 그 어느 것도 오만하게 대하지 않게 하시고, 오히려 하나님이 아니라 부와 세상적 성공을 자신의 힘과 기초로 삼았던 교만한 자들의 멸망과 몰락에서 우리가 지혜를 얻게 하옵소서. 당신의 친절하심과 아버지와 같은 사랑으로써 우리에게 이것을 허락하시기를 간구합니다: 우리가 오직 당신만을 굳게 붙잡게 하시고, 당신의 교회 안에서 무성하게 자라는 푸른 올리브 나무들처럼 풍성한 열매를 맺는 삶을 살게 하시고, 당신의 백성에게 아낌없이 풍성하게 주시는 당신에게 합당한 찬송을 바칠 수 있게 하옵소서. 우리 주 예수 그리스도로 말미암아 기도합니다. 아멘.

시편 53편에서

I. 악한 자들은, 하나님이 존재하지 않는다고 스스로 확신하면서, 맹렬한 불경건으로 완전히 타락한 삶에 탐닉하며 [57v] 도처에서 저주받을 관습들과 더러운 행위로써 그 자신을 더럽히는, 이런 미친 짓을 쏟아내었습니다. 그들은 누구에게도 선을 행하지 않을 뿐만 아니라, 또한 도처에서 다른 사람들을 희생시켜 그들 자신의 이익을 추구합니다.

그러나, 그들이 무시하는 하나님은 그들의 행위를 모르지 않습니다. 하나님은 그 장엄하심으로 하늘을 채우며 또한 인류의 행위를 관찰하십니다. 아, 그러나 하나님은 의로움과 신실함과 공의를 추구하는 일에 헌신한 사람을 단한 명도 발견하지 못합니다. 모든 사람들이 올바른 길에서 벗어났습니다. 그들은 약한 자를 압제하며, 하나님을 올바르게 경배하지 않으며, 하나님에게 간구하지 않습니다. 그러나 지금 그토록 안전한 자들이 강력한 두려움으로 뒤흔들릴 때가 올 것입니다. 그 사악함으로 행복을 성취한 것같이 보이는 자들은 진노하신 하나님을 만나게 될 때 결국 그 모든 좋은 것들을 빼앗기게 될 것입니다.

그러므로, 오 하늘에 계신 아버지여, 우리가 기도합니다: 당신에게 피난처를 찾는 우리에게 호의를 베풀어 주옵시고, 우리를 단단히 얽어 매고 있는 죄악의 사슬을 풀어주셔서, 우리가 당신 앞에서 지속적인 행복을 누릴 수 있게 하시고 당신과 함께 영원한 축복을 즐기게 하옵소서. 우리 주 예수 그리스도로 말미암아 기도합니다. 아멘.

시편 54편에서

I. [*58r*] 오 위대하고 선하신 하나님,

불행이 당신의 백성을 이리저리 흔들어버릴 때, 그리고 그들의 영혼이 무거운 근심에 잠길 때, 그들은 인간적인 수단들을 옆으로 치워버립니다. 왜냐하면 그것들은 실로 무가치하며, 그것들에 희망을 두지 말라고 당신이 가르치신 것들이기 때문입니다. 그들은 당신을 그들의 확고한 힘으로 여기고 당신에게 나아오며, 그 누구도 당할 수 없는 당신의 이름을 부릅니다. 이런 부름은 성도들의 마음 밑바닥으로부터 올라오며, 사납고 거칠고 잔인한 자들 곧 당신이 친히 택하셔서 당신의 왕국을 기업으로 물려받도록 하신 성도들을 공격하려고 일어나는 자들로부터 당신이 그들을 구원하실 수 있게 합니다. 악한 자들은 결코 경외하는 마음으로 당신에게 그 눈길을 돌리지 않기 때문에, 한층 더 잔인해진 흉악한 일들을 당신의 백성들에 대하여 궁리합니다.

그러나 우리가 저지른 죄악들 때문에 이미 우리는 정당한 보응과 무거운 처벌의 위협을 느끼고 있습니다. 당신을 거슬렸던 일을 뉘우치고 탄원하는 자들에게 그 처벌을 면하게 해주시기를 우리가 간구합니다. 분노하는 원수들이 우리를 공격할 때, 긍휼을 베푸셔서 우리 곁에 서 주시옵소서. 비록 우리의 공로에 의지해서는 그렇게 간구할 자격이 전혀 없지만, 그래도 당신의 신실하심과 진리와 약속들이 우리에게 보호의 확신을 줍니다. 우리의 기도에 응답하실 때, 우리는 함께 모여 진지하게 당신을 찬양하는 노래를 드릴 것이며, 경건한 자의 기쁨에 찬 모임에서 감사로 가득한 우리의 마음을 분명하게 나타내 보일 것입니다.[*58v*] 우리 주 예수 그리스도로 말미암아 기도합니다. 아멘.

II. 오 전능하신 하나님,

우리는 당신의 이름을 중단없이 부릅니다. 왜냐하면 수난을 당하는 당신의 교회가 극도로 고민하고 있을 때, 당신은 언제든지 도움을 주신다는 것을 우리가 체험하고 있기 때문입니다. 당신이 가지고 계신 그 힘과 무적의 능력으로 이제 불경건한 자들로부터 우리를 보호하실 필요가 있습니다.

비록 이제껏 부패한 행위와 악한 생활을 계속해 온 우리는 그것을 받을 자격이 없지만, 그럼에도 우리는 당신에게 피난처를 찾는 자들을, 그들이 아무리 비참하고 무가치하다고 하더라도, 내쫓지 않으시는 당신의 긍휼하심을 알고 있습니다. 그러므로, 오 하나님, 우리의 선한 행위가 아니라 (왜냐하면 우리에게는 선행이 없고 우리는 그것을 자랑할 수 없으므로) 당신의 긍휼하심에 의하여 우리의 기도를 들어주시고, 우리가 함께 기도드릴 때 당신 앞에 쏟아놓는 말에 귀기울여 주옵소서.

당신으로부터 멀어진 자들이 어떻게 당신에게 대항하며 음모를 꾸미고 있는지 당신은 알고 있습니다. 당신과 당신의 말씀에 주목하지 않으므로 그들은 온갖 노력을 다해 당신의 교회를 전복하려고 애쓰고 있습니다.

우리가 기도합니다: 당신이 우리를 돕는 분이 되시고, 당신의 종들의 영혼을 굳건하게 하시며, 사악한 자들이 마땅히 받아야 할 재난을 그들에게 돌리셔서, [59r] 우리로 하여금 당신의 이름을 열렬하게 고백하게 하시고 도처에서 당신의 선하심을 높이 칭송하게 하옵소서. 왜냐하면 우리는 모든 압제로부터 해방되었기 때문이며 또한 모든 신실한 자들이 당신의 원수들에게 일어나기를 소원하였던 모든 일을 그들이 겪을 것을 보게 될 것이기 때문입니다. 우리 주 예수 그리스도로 말미암아 기도합니다. 아멘.

시편 55편에서

I. 오 위대하고 선하신 하나님,

교회의 극도로 다급한 필요에 의하여 우리는 날마다 당신에게 외칠 수밖에 없나이다. 복음에 해악을 끼치기를 원하며, 또한 당신을 믿는 백성들을 파멸시키기 위하여 그토록 열정적으로 일하는 자들을 목도하고 체험할 때, 우리의 영혼은 평안을 누릴 수 없습니다. 우리는 두려워하며 근심하며 전율합니다. 비둘기처럼 날개를 가지고 있다면 이런 악으로부터 멀리 피해 날아가, 마침내 당신 안에서 안식과 평안을 발견하기만을 바랄 뿐입니다.

그러나 이런 고난은 우리가 저지른 죄악의 댓가입니다. 우리는 오랫동안 심각하게 그런 죄악으로써 당신을 진노하게 하였습니다. 그런 죄악들이 이런 악을 우리에게 가져왔다는 것은 의심할 여지가 없습니다. 그러나, 선한 아버지시여, 우리가 감당할 수 없을 정도로 우리의 죄악과 범죄에 주목하지 마시기를 엎드려 빕니다. 당신의 긍휼하심으로써 기만적이고 잘못 인도하는 선언들과 제안들로부터 우리를 구하여 주옵소서. [59v] 때때로 교회의 자녀들인 것처럼 보이는 자들 그리고 우리와 함께 당신의 성례들의 달콤한 양육을 교회 안에서 함께 누렸던 자들로부터 오는 그 역병을 교회가 받아들이지 않도록 지켜보아 주옵소서.

이제 우리가 당신에게 부르짖으며, 끈덕진 간청으로 촉구하오니, 때때로 여러가지 방법으로 당신의 백성을 놀랍게 도우셨던 것처럼, 이제도 우리를 파멸로부터 기꺼이 건져주옵소서. 당신의 평화를 사랑하는 백성들과 더불어 맺으신 언약이 침해되는 것을 허락하지 마옵소서. 실로 우리는 모든 짐과 무거운 염려를 다 당신 앞에 내려놓았습니다. 황송하게도 우리와 함께 그것들을 모두 당신의 능력으로 받아주옵소서. 그렇지 않으면 그 무게로 우리는 실신하고 신음하오니, 부디 우리의 연약한 소원들을 당신의 즉각적인 도움으로 돌아보아 주시고 자라게 해 주옵소서. 우리 주 예수 그리스도로 말미암아 기도합니다. 아멘.

Ⅱ. 오 전능하신 하나님,

우리는 심각한 불행을 겪고 있으며, 그 때문에 우리는 끊임없이 당신의 도움을 엎드려 간구합니다. 우리는 세상과 육신과 마귀와 진리의 대적들과 그리고 불행들에 의하여 끊임없이 고통을 당하고 있습니다. 그 때문에 우리는 비둘기의 날개와 깃털이 우리에게도 주어져서 이곳으로부터 멀리 날아가 최대한 신속하게 당신에게 갈 수 있기를 거듭 강력하게 소망합니다. 여기서 우리는 당신 외에는 이 커다란 악에서 우리를 구원할 자가 아무도 없습니다. [60r] 최악의 원수들이 다름 아니라 나의 친절에 가장 크게 빚진 자라고 여겼던 사람이라는 사실을 깨달을 때, 인간에 대한 소망은 참으로 믿을 수 없는 것입니다. 도처에서 독이 든 혀들이 경건한 자들을 몹시 괴롭히고 있으며, 폭력과 말다툼과 불공정과 압제와 사기와 협잡이 도처에 잠복하고 있습니다.

이러므로 우리는 온 마음을 다하여 당신에게 부르짖습니다: 우리의 영혼을 정결케 해 주시고, 그렇게 슬프게도 우리를 오염시키고 있는 죄악들을 깨끗이 씻어 없애 주시고, 오직 당신만을 신뢰하는 우리를 당신에게로 받아주시는 친절을 베풀어 주옵소서. 우리의 짐과 고민을 당신에게 내려놓습니다. 그 아래에서 우리는 거의 무너질 지경이므로, 우리가 당신에게 두고 있는 소망이 약하여지고 무너지지 않도록, 당신의 선하심과 능력으로 우리를 지탱해 주시기를 기도합니다. 오히려 그 소망이 날마다 점점 더 강해지고 견고해지게 하옵소서.
우리 주 예수 그리스도로 말미암아 기도합니다. 아멘.

시편 56편에서

I. 오 위대하시고 선하신 하나님,

악한 자들이 우리를 삼키려 하고 있습니다. 그들은 온 힘을 다하여 우리를 공격하며 습격합니다. 그러나 당신의 능력은 땅의 모든 군주들과 왕들의 능력보다 뛰어나므로, 그리고 우리는 오직 당신만을 신뢰하므로, 이제 우리를 불쌍히 여겨 주시옵소서.

우리의 죄 때문에 우리가 당신을 심각하게 불쾌하게 하였다는 사실을 고백합니다. [60v] 우리에게 제시하신 그 율법과 복음의 가르침을 우리가 그토록 비참하게 경멸하였으며, 그래서 우리는 이제껏 그 가르침을 지속적으로 불명예스럽게 하였습니다. 이제 이 사실이 우리를 고통스럽게 하므로, 당신의 아들이자 우리의 구세주이신 예수 그리스도의 죽음과 피에 의지하여 우리의 모든 죄악을 당신이 용서해주시기를 열렬하고 진지한 기도로 탄원합니다. 당신이 우리를 은혜로 받아주셨으므로, 우리는 육체가 우리를 대항하는 일에 조금도 두려워하지 않을 것입니다. 당신은 당신의 대의명분을 지지하실 것이며, 악한 자들이 당신을 향한 경건과 예배를 하루 종일 비방하며, 당신의 백성을 대항하여 끊임없이 악한 짓을 계획하고 있는 것을 당신은 보실 것입니다. 당신이 구속하신 사람들을 그들이 그토록 악하게 대할 때, 그들이 어떻게 당신의 진노를 피할 수 있겠습니까? 당신의 대적들에 대하여 분기하여 일어나실 때, 당신은 그들을 땅에 던지실 것입니다. 당신의 가난한 백성들의 한숨과 눈물을 무시하지 않으시는 것이 당신의 관습입니다.

오 하나님, 우리의 모든 기도들이 이미 당신의 섭리의 책에 기록되어 있습니다. 하늘의 아버지시여, 그 기도들에 귀를 기울이소서. 당신의 성령이 우리를 자극하시고 촉구하심에 따라 우리가 부르짖으니, 당신의 원수들을 내몰아 쫓아 주옵소서. 당신의 군대를 위하여 일어서시사 그들을 보호하시고 강하게 하시고 굳게 하옵소서! 당신이 우리를 위하시면, 인간이 우리에 대항하는 일을 두려워하지 않을 것입니다. [61r] 당신이 우리를 구원하신 후에 우리는 당신의 약속과 말씀에 영원히 영광을 돌릴 것입니다. 오 하나님, 평화와 안정이 회복된 후에 우리가 끊임없이 당신의 존전에 거하며 당신의 얼굴 빛으로 늘 인도받는 그 일을 이루어주옵소서. 우리 주 예수 그리스도로 말미암아 기도합니다. 아멘.

Ⅱ. 오 전능하신 하나님,

이곳에 사는 동안 우리의 죄악의 무거운 짐 때문에 우리는 어떤 평화도 얻을 수 없습니다. 우리는 적대적인 세력들의 치명적인 습격으로 사방에서 공격을 당하고 있기 때문입니다. 당신이 우리와 함께 하지 않으시면, 참으로 우리는 즉각 그들에게 삼키워질 것 같습니다. 우리의 소심한 영혼이 엄청난 공포로 시달릴 때마다, 당신의 긍휼로써 우리를 보호해 주시기를 간절히 기도합니다. 당신의 긍휼하심이 빛을 발하고 널리 비추어 주시므로, 우리가 다시 용기를 얻고 당신의 말씀과 약속을 굳게 신뢰하게 됩니다. 그 말씀과 약속으로 우리가 굳세어지면, 우리에게 일어나는 모든 슬프고 두렵고 불유쾌하며 어려운 일들을 굳센 마음으로 극복할 것입니다.

오 선하신 아버지, 우리의 눈물을 당신이 모두 모으시고 기록하신 것처럼, 당신의 백성이 당신을 부를 때에 그들을 모든 사슬과 곤경의 족쇄에서 풀어주옵소서. [61v] 당신은 선하시므로 우리의 모든 죄책을 깨끗이 씻어 주시고, 악한 자들의 어떤 권세도 우리를 두렵게 할 수 없다고 믿는 굳센 믿음과 넉넉한 힘을 우리에게 허락 하소서. 무엇보다도 영원한 죽음으로부터 우리를 구출해 주시면, 우리는 당신의 이름을 영원히 찬양할 것이라는 서원을 이루어드릴 수 있나이다. 우리 주 예수 그리스도로 말미암아 기도합니다. 아멘.

Ⅲ. 오 전능하신 하나님,

교회를 삼키려고 하는 자들이 다양한 방법을 동원하여 교회를 공격하기를 결코 멈추지 않는 이 때, 우리는 매일 당신의 긍휼하심을 구하며 계속 기도합니다. 그들은 수가 많고 그 힘이 측정할 수 없을 정도로 커지고 있습니다.

우리 자신의 죄악들보다 더 우리를 두렵게 하는 것은 없습니다. 왜냐하면 그 죄악들로 우리는 당신을 심각하게 불쾌하게 만들었고, 우리 자신을 당신의 은총을 받기에 전혀 무가치한 자로 만들었기 때문입니다. 그러나 당신은 가장 친절하신 분이시므로 우리는 소망을 단념하지 않았습니다. 그러므로 우리는 당신의 약속들을 계속 주목하며, 그 말씀과 선언을 찬송하며, 그것에 동의하며 우리의 최대한의 믿음으로 그것을 포용합니다.

그러므로, 선하신 아버지시여, 우리의 육신이 우리를 대항하여 할 수 있는 것보다 더 우리를 두렵게 만들지 마옵소서. [62r] 악한 자들이 도처에서 우리에 관한 거짓된 이야기들을 퍼트리고 있으며, 거룩한 교리에 반대하여 그들의 모든 간계들을 동원하고 있다는 사실을 우리가 알고 있습니다. 그들은 교회를 파괴하기 위한 모든 기회를 엿보고 잡으려고 하고 있습니다. 오 하나님, 당신의 신실한 백성들의 기도와 탄식을 멸시하지 마옵소서. 우리를 강하게 하시고 굳건하게 하셔서, 사람들이 우리에게 하려고 하는 일에 의하여 우리가 결코 위축되지 않게 하소서. 죄와 파멸로부터 우리의 영혼을 구원하셔서 금생과 내생에서 우리가 당신의 즐겁고 복된 빛을 누릴 수 있게 허락해 주옵소서.

우리 주 예수 그리스도로 말미암아 기도합니다. 아멘.

시편 57편에서

Ⅰ. 오 위대하시고 선하신 하나님,

오직 당신 외에는 우리에게 어떤 다른 피난처도 없습니다. 우리의 구원 전체를 당신의 보호하심에 의탁하오니, 당신의 교회를 폭력에 시달리게 하는 자들의 분노가 가라앉을 때까지 우리를 보호해 주옵소서. 모든 경건한 자들에게 일어나는 모든 일들은 하나님의 능력과 허락 아래 있으므로, 우리는 당신의 이름을 의지합니다.

우리의 죄악이 당신의 선하심을 제한하지 않기를 기도합니다. 우리의 죄악이 무한하며 심히 무겁다는 사실을 고백합니다. 그래서 오직 한 분이신 우리의 중보자 예수 그리스도를 통해서만 그 죄악들이 사함을 받을 수 있다는 사실을 우리는 의심하지 않습니다. [62v] 그분의 은총으로 하늘과 땅의 모든 당신의 백성들이 구원을 얻습니다. 반대로, 당신의 신실한 백성들을 억압하려고 애쓰는 모든 자들은 당신의 신실하심과 선하심에 따라 결국 수치를 당하게 될 것입니다.

선하신 아버지시여, 그리스도의 교회가 어떻게 끊임없이 사자들과 화염들 속에, 강력한 무기들과 극도로 유독한 비난 가운데 처해 있는지 당신은 친히 보고 있습니다. 그러므로 교회의 구원을 위하여 당신의 능력을 보이시고 선포하셔서, 당신의 성도들을 사로잡기 위해 설치된 올무와 그물이 도리어 그것을 만든 자들에게 해가 되게 하옵소서. 당신을 고백하고 찬양하는 굳센 마음과 견고한 영을 우리에게 내려주소서. 당신의 선하심은 너무나 커서 단지 목소리뿐 아니라 비파와 수금으로, 갖가지 방식의 찬양으로 영광을 돌려야 마땅하다는 사실을 우리로 알고 인정하게 하옵소서. 당신의 선하심은 구름을 지나 높이 하늘에까지 미치며, 매일매일 점점 더 커지며 더 잘 알려지므로, 우리들의 시대에도 그 선하심으로 스스로 높이시며 우리를 보호하시는 당신의 능력을 나타내 보이소서. 우리 주 예수 그리스도로 말미암아 기도합니다. 아멘.

Ⅱ. [63r] 오 거룩하시고 선하신 하나님,

곤경과 극도의 재난 속에서 당신의 선하심을 신뢰의 닻으로 여기고 가능한 한 가장 단단히 붙잡는 것보다 더 우리의 영혼을 위로하고 북돋아주는 것은 달리 없습니다. 그러므로, 우리가 악덕으로 끓어오르고 불타오를 때, 당신에게로 나아가는 것은 합당합니다. 그래서, 우리가 죄짐으로 무겁게 짓눌릴 때 우리는 날마다 당신의 이름을 부릅니다. 우리를 도울 손길을 하늘로부터 내려 보내주시기를 간구합니다. 그렇지 않으면, 사자들과 창들과 투창들과 배반하는 혀와 같이, 사탄이 당신의 교회를 공격하기 위하여 기이한 방법으로 이용하는 것들로부터 우리는 안전하게 살아남지 못할 것입니다. 당신 자신을 보여주시고 당신의 무한한 능력을 나타내시어 우리를 구출하소서. 그리하면, 구름보다 하늘보다 더 높은 당신의 선하심과 신실하심의 그 엄청난 위대함이 뚜렷하게 드러날 것입니다. 당신이 구원하신 사실에 마땅히 돌려드려야 할 감사를 우리는 기쁨으로 돌릴 것이며, 당신의 이름을 더욱더 높이며 영원히 찬양할 것입니다. 우리 주 예수 그리스도로 말미암아 기도합니다. 아멘.

Ⅲ. 오 전능하신 하나님,

당신의 이름과 교훈을 대적하는 자들에 의하여 교회가 억압당하고 있는 동안, [63v] 우리는 오직 당신을 신뢰하며 당신의 보호하시는 날개 아래에서 피난처를 구합니다. 오직 당신만이 우리의 대의명분을 진전시킬 수 있으므로 우리는 쉼 없이 당신에게 부르짖어야 한다는 것을 우리는 인정합니다.

우리의 공로가 얼마나 악한지, 그래서 우리는 현재의 재난들에 의하여 마땅히 멸망당할 수밖에 없다는 점을 부인하지 않습니다. 우리가 말로 고백하고 행실로 드러내었던 것들 가운데 그 어떤 것도 우리의 선한 믿음으로 내세울 수 없습니다. 그러나 당신은 선하심과 긍휼 그 자체이시므로, 당신에게 피난처를 찾는 자들을 거절하시는 것은 있을 수 없는 일입니다. 하늘로부터 보호하시는 손길을 내려보내주셔서, 악한 자들의 모욕으로부터 당신을 믿는 자들을 건져주소서. 적그리스도들이 당신의 교회를 대항하여 울부짖는 사자처럼 포효하며, 당신의 말씀에 대한 적대감으로 날마다 더 거세게 불타오릅니다.

그러므로, 선하신 아버지시여, 당신을 나타내 보이소서. 당신은 다른 모든 것들보다 뛰어나게 영광스러우시니, 당신의 영광을 뚜렷하게 드러내 보이소서. 함정들을 분쇄하시고, 구덩이들을 막으시고, 그들이 당신의 복음에 대항하여 만든 계략들을 아무 쓸모없게 만드소서. 그리하여 날마다 점점 더 우리의 영혼이 강해져서 다른 그 무엇보다 당신을 고백하고 영광돌리고 높이 찬양하게 하옵소서. 우리 주 예수 그리스도로 말미암아 기도합니다. 아멘.

시편 58편에서

I. [*64r*] 오 전능하신 하나님,

이 세상의 군주들이 사악하게 교회를 공격하고 있습니다. 왜냐하면 그들은 신적이고 천상적인 일들에 관하여 올바르게 판단하지 못하기 때문입니다. 그들은 끊임없이 그 마음 속에 악을 궁리하고 당신의 택한 자들에 대한 폭력 행위들만을 꾸미고 있습니다. 그들이 달리 무엇을 하려 하겠습니까? 그들은 태어날 때부터 악하였으며, 마치 독사와 같이 본성적으로 치명적인 독이 그들에게 주입되었습니다. 하나님의 모든 권고와 말씀에도 불구하고 이 독은 결코 그들로부터 제거될 수 없었습니다. 마술사의 주문을 회피하지 못하는 독사들과는 달리, 그들은 하나님의 말씀과 권고를 버렸기 때문입니다.

우리는 죄악이 가득하여, 당신에 대한 믿음과 당신의 가르침에 맹렬하게 적대하는 자들에게 우리가 고통을 당하는 것은 마땅합니다. 이제 우리가 죄를 고백하며 당신의 긍휼로써 죄사함 받기를 기도합니다. 그런 다음 우리는 당신에게 이것을 간구합니다: 당신이 친히 그 사자들의 이빨을 부수고 멸하시길 원합니다. 그들이 물처럼 흘러가버리기를, 부러진 화살처럼, 그 껍질로 덮인 달팽이처럼, 더 이상 그들이 당신의 신실한 자들에게 해를 끼치지 못하기를 바랍니다. 그들이 만삭되지 못하고 출생한 아이처럼 쇠약해지게 하시고, [*64v*] 가시나무에 붙은 불이 쉽사리 꺼지는 것처럼 그들의 공격들도 결국 빨리 소멸되게 하옵소서.

그러나, 오 하나님, 당신의 의로운 자들을 기쁘게 만드시고, 당신의 종교의 원수들로부터 당신이 친히 이끌어내신 엄중한 보응들을 목도함으로써 당신의 신실한 자들을 위하여 예비해 두신 보상을 그들로 하여금 보게 하옵소서. 당신이 땅에 대하여 엄격한 심판을 내리신다는 사실을 그들이 깨달아서, 그들의 덕이 더 굳건해지게 하옵소서. 우리 주 예수 그리스도로 말미암아 기도합니다. 아멘.

II. 오 위대하시고 선하신 하나님,

적그리스도와 그 모든 앞잡이들은 이제 당신의 교회에 대항하는 마음으로 오로지 불법과 불의한 계획만을 갈망하고 있습니다. 그들은 경건과 종교에 관한 공의회26가 열리기를 원하는 체 하지만, 그러나 사실상 그들은 거짓말에만 몰두하고 있습니다. 그들은 어린 시절부터 당신을 멀리 떠났으며 이제까지 늘 그들이 빠져 있는 오류들을 기뻐해 왔습니다. 마치 독사처럼 그들이 계속하여 준비해 온 독을 이제 그들은 마침내 토해내기를 원합니다. 왜냐하면 그들은 당신의 거룩한 성경의 말씀으로 길들여져서 그들의 악한 노력들을 억제하기를 원할 수 없기 때문입니다.

하늘 아버지시여, 악한 행위들 때문에 그들에게 멸망당하는 것이 마땅한 자들은 우리가 아닙니다. [65r] 왜냐하면 우리는 진리와 생명의 길, 곧 당신의 긍휼을 소유하고 있으며 잘 알고 있기 때문입니다. 비록 우리가 항상 그것에서 벗어나 악한 욕망들에 기울어졌지만, 당신의 영광에 따라 그리고 당신의 이름의 위엄에 따라 우리를 다루어 주옵소서. 우리 자신이 마땅히 받아야 할 바에

---

26 신성로마제국의 황제 카알 5세와 교황 파울루스 3세의 대리인들은 한편으로는 제1차 쉬말칼덴 전쟁을 준비하면서 1545년 5월과 6월에 트렌트 공의회를 위한 계획안을 마련하였다. 트렌트 공의회는 12월 18일에 개최되었다. 1546년 6월 12일 레겐스부르크 국회는 그 공의회를 받아들였으나, 그 다음 날 개신교 영방들은 그것을 거부하였다. 1546년 6월 16일 카알 5세는 개신교도들을 반역자라고 선포하였고, 제1차 쉬말칼덴 전쟁이 시작되었다. 그는 1547년 4월 24일 뮐베르크 전투에서 개신교 세력들에 대하여 결정적인 승리를 거두었다.

따라 우리에게 갚지 마시고, 당신의 약속들로 우리에게 선포하신 바에 따라 갚으소서. 당신의 이름과 당신의 가르침을 적대하는 자들의 노력과 권세와 힘을 산산조각으로 부수어 주옵소서. 그들을 멸하시고 그들을 완전히 무능력하게 만드셔서, 의로운 자들로 하여금 당신이 그들의 명분을 편들어 주시는 것을 볼 때 견고한 기쁨을 얻게 해 주옵소서. 당신이 이 의로운 심판을 실행하실 때, 공의가 보상받는다는 사실을 그들이 체험하게 해 주옵소서. 우리 주 예수 그리스도로 말미암아 기도합니다. 아멘.

Ⅲ. 오 전능하신 하나님,

악한 자들의 행위는 너무나 부패하고 방탕하여 그들을 심판할 때 건전한 것이란 거의, 아니 전혀 남아 있지 않습니다. 그들은 음모를 꾸미며, 폭력을 행사하며, 이미 어린 시절부터 계속하여 그들은 당신을 저버렸으며, 뿌리깊은 악행들에 빠져 살아왔습니다. 그들의 잔인한 행위들은 [65ᵥ] 독사와 사자 그리고 그 마음이 가혹하고 맹렬한 분노와 길들여지지 않은 잔인함을 가지고 있는 모든 종류의 사나운 동물들에 비유됩니다. 그러므로, 비록 우리의 죄악의 마땅한 응보이지만, 우리가 그런 것들을 신뢰하고 의지하며, 모든 좋은 것의 원천이며 근원이신 당신을 저버리는 그런 미친 짓에 빠지도록 내버려두지 마시기를 당신에게 간구합니다. 우리가 그들의 판단과 태도를 따른다면 그것은 똑같이 파멸적일 것입니다.

우리가 그들과는 정반대로 생각하게 해 주시기를 엎드려 빕니다. 그리고 그런 동안에 해악을 끼치는 그들의 능력이 쇠약해지게 하셔서, 해를 끼치기를 원하는 욕망은 잃지 않았으나 무장을 해제당한 사람들처럼, 그들의 능력과 계획이 격노와 무능으로 축소되게 하옵소서. 그들의 노력이 순식간에 쇠하게 하옵시고, 공의의 열매로 의로운 자를 당신이 보답하시며 악한 자들이 그들의 악 때문에 응당 받아야 할 처벌을 받게 하시는 것을 교회가 깨달을 때, 경건한 자들의 교회가 즐거워하게 하옵소서. 우리 주 예수 그리스도로 말미암아 기도합니다. 아멘.

시편 59편에서

I. 오 전능하신 하나님,

당신의 교훈과 종교를 적대하는 원수들로부터 우리가 심하게 억눌리고 있사오니, 우리를 구원해주시기를 간구합니다. 악한 자들, 곧 살육을 열렬히 갈망하면서 [66r] 커다란 음모들을 따라 그들의 힘과 능력을 증대하여, 이 땅 위에서 당신의 성도들을 완전히 끝장내려고 하는 악한 자들로부터 우리를 보호해주시는 것이 이제 당신의 과업입니다. 우리가 범하였다고 고백하는 죄와 나쁜 짓들 때문에 그들이 우리를 공격하는 것이 아니라, 오로지 경건과 종교에 대한 그들의 증오심으로 그들은 우리에게 달려들어 공격합니다.

그러나, 오 하나님, 모든 피조물을 주장하시는 당신이 우선 당신에 대항하여 우리가 행한 모든 일을 용서해 주시길 원합니다. 그런 다음 한 걸음 더 나아가사 마침내 경건한 자들의 대의명분을 생각해 주옵소서. 우리의 잔인한 원수들이 마치 으르렁거리는 개들처럼 돌아다니며 사방으로 두루 다닙니다. 그들은 우리의 대의명분들을 오직 무기와 칼로만 대합니다.

그러나, 오 하나님, 그들을 비웃으시고 그들을 공공연히 조롱하옵소서. 당신은 우리의 성채이자 강력한 요새이므로, 우리는 오직 당신에게만 도움을 구합니다. 교회로 하여금 당신의 놀라운 선하심에 참여하게 하사 경건의 원수들에 대항하는 교회의 소원들이 성취되는 것을 볼 수 있게 하옵소서. 일반적인 방법이 아니라 사람들이 쉽게 잊을 수 없는 일종의 처벌로서 그들을 멸망시키소서. 그들의 증오할만한 짓과 거짓말, 그리고 그들이 관여한 거짓 맹세들로 인하여 그들이 거지처럼 영원히 방황하게 만드소서. 마침내 그들을 산산이 부수어서,

거듭 말씀하오니, [66v] 그들을 부수시어 그들을 평범한 사람들의 웃음거리가 되게 하시고, 참으로 당신이 교회의 하나님이심을 모든 사람들로 알게 하옵소서. 그 교회 안에서 진정한 믿음으로 당신의 이름을 부르는 모든 사람들에게 당신은 굳건한 힘과 안전한 요새로 경이롭게 높이 찬양됩니다. 우리 주 예수 그리스도로 말미암아 기도합니다. 아멘.

Ⅱ. 오 전능하신 하나님,

우리는 인간적 연약함으로 둘러싸여 있으며 무거운 죄악의 사슬로 우리 영혼이 제약되어 있기 때문에, 날마다 당신의 긍휼을 엎드려 비오니 우리의 죄를 사하시고 돌이켜 우리에게 귀기울여 주옵소서. 우리를 적대하는 세력들이 우리를 시험하고 맹렬하게 비난하고 놀라운 방법들로 공격하며, 또한 우리가 여기서 가지고 있는 타고난 능력은 전적으로 쇠퇴하고 있으며 아무런 쓸모도 없다는 점이 입증되었으므로, 오 하나님, 당신이 일어나사 우리의 구원을 방해하는 모든 것을 당신의 능력으로 내던져 버리시길 감히 구합니다. 당신의 뜻에 순응하기보다 오히려 거스르는 일에 빠져들기로 결정한 자가 그에 합당하게 결국 모욕과 조롱을 당하게 하옵소서.

당신은 우리에게 선하신 분이라는 사실을 우리가 전혀 의심하지 않으므로, 우리를 안전하게 지켜줄 능력을 우리는 오직 당신에게만 두었습니다. 그러므로, 당신의 이름의 원수들이 우리를 에워싸고 있으며 눈을 멀게 하는 어두움으로 주위에 온통 퍼져 우리를 포위하고 있다고 할지라도, [67r] 우리는 당신의 선하심에 의지하며, 그들의 악의가 우리에게가 아니라 오히려 그들 자신에게 떨어질 것이라고 믿고 있습니다. 그때 우리가 희망하는 대로, 당신의 선하심이 성채와 피난처와 요새로서 우리를 위할 것이며, 우리는 당신의 탁월한 영예와 뛰어난 친절하심을 기념하며 높이 찬양하기를 열렬하게 원할 것입니다. 우리 주 예수 그리스도로 말미암아 기도합니다. 아멘.

시편 60편에서

I. 오 위대하시고 선하신 하나님,

때때로 당신은 자녀들을 아버지와 같은 엄격함으로 징계하셔서, 그들이 어려운 시기로 겸손해지며 곤경들로 마음이 상할 때 마침내 자신이 범죄하였다는 사실을 깨달을 수 있게 하십니다. 그러면 그들은 당신을 열망하면서 이전에 그들을 삼켜버렸던 악덕에서 벗어나기를 소원하게 될 것입니다. 당신은 선하시며 무한하게 사랑받으셔야 마땅하므로, 그들이 당신을 사랑할 때 마침내 당신은 완전히 부드러운 마음과 은혜로우심을 그들에게 보여주십니다.

그러므로, 하늘 아버지시여, 바로 이 오래 지속되는 관습을 지켜주시고, 당신에게 탄원하는 자들을 우리의 죄악이 날마다 우리에게 안겨주는 슬픔과 비통한 곤경에서 건져주시길 간구합니다. 우리는 그 일이 일어날 것을 의심하지 않습니다. 왜냐하면 당신이 신자들에게 약속하신 바가 우리의 주목을 벗어난 일이 거의 없기 때문입니다. 그 사실이 우리의 영혼을 붙잡습니다. 우리는 그것을 즐거워하며, [67v] 비록 한때 우리가 당신에게 거절당하였다고 여겨질 수 있었지만, 당신의 은총으로 다시 받아들여졌다는 것을 우리는 그 사실로써 참되고 확고하게 확신할 수 있습니다. 계속 우리를 도우셔서 우리가 당신의 보호하심을 의지하면서 우리가 당신의 이름에 영광이 되도록 우리의 일들을 용감하게 수행할 수 있게 해주소서. 우리 주 예수 그리스도로 말미암아 기도합니다. 아멘.

II. 오 위대하고 선하신 하나님,

당신은 왕왕 신실한 당신의 백성들에게 극도로 진노하신 것처럼 그들을 당신에게서 물리치시고 먼 곳으로 흩어버리시는 것 같습니다. 그러나 당신은 다시 그들을 되찾으시고, 당신의 선하심으로 그들에게 호의와 친절을 다시 베풀어주십니다. 이것은 우리에게 확신을 불러일으킵니다: 지금 당신은 새롭고 보기 드문 공포로 이 땅을 치시며 그 주민들을 멸망시키고 있는 것처럼 보이지만, 그 상처들을 치유하기 위하여 다시 오실 것입니다. 마치 독이 든 잔을 마시도록 주는 것처럼, 때때로 당신은 가혹하고 쓰라린 불행들로써 당신의 백성을 시험하길 원하시는 것처럼 보이지만, 여전히 당신을 존경하는 자들에게 예상치 못한 구원의 깃발을 들어올리셔서 당신의 약속들을 성취하실 때, 그들은 당신의 존전에서 행복하게 살게 될 것입니다.

우리가 사악하고 그릇되게 행하였다는 사실을 부인할 수 없사오니, 이제 우리가 저지른 죄악들에서 당신의 눈을 돌려주소서. [68r] 그러나 당신에게 의지하는 자를 당신은 용서하시므로 당신의 교회를 끝내 지탱해주시고, 늘 그러하셨던 것처럼 당신의 오른손으로 교회를 구원해 주옵소서. 오 하나님, 지금 당장에는 당신이 우리를 거절하신 것처럼 보입니다. 그러나 이제 나오소서. 일어나사 우리를 도우소서. 우리가 당신의 도움을 엎드려 간구하는 것은 틀린 일이 아닙니다. 왜냐하면 인간적 세력들은 쓸모없다는 사실을 우리가 경험으로 알고 있기 때문입니다. 당신에게 소망을 둔 자들을 지원하소서. 그들이 용감하게 행하도록 도우셔서, 당신으로 말미암아 그들이 원수들에게 승리를 거둘 수 있게 하옵소서. 우리 주 예수 그리스도로 말미암아 기도합니다. 아멘.

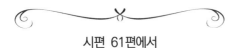

시편 61편에서

I. 오 위대하시고 선하신 하나님,

우리가 겪고 있는 심각한 유혹들에 대한 극심한 불안이 우리를 괴롭히고 있으므로, 당신에게 우리의 기도를 쏟아냅니다. 당신은 보기 드물게 부성적이시며 또한 아버지와 같은 경이로운 돌보심에서 탁월하시므로, 우리의 기도를 들어주시기를 소원합니다. 당신의 가족이 비참하게 죽도록 내버려두지 마옵소서. 비록 마귀가 분주하게 그들에게 주신 당신의 은혜를 꺾어버리려 하고, 당신이 주신 은사들을 파묻어버리려고 하더라도 말입니다. 당신 곁에 요새와 안전한 피난처를 그들에게 공급해 주시고, 우리 자신의 힘으로 거기에 올라갈 수 없을 때 우리를 지탱해주셔서 당신 곁으로 이끌어주소서. 그러면 우리는 당신의 날개 아래 보호받으며 당신이 계시는 장막으로 이끌려갈 것이며, [68v] 그럼으로써 사망의 문턱과 절박한 위기에서 건짐을 받을 것입니다.

우리는 참으로 당신의 율법을 어겼으며 우리의 죄악으로 당신의 몸된 거룩한 교회를 더럽혔지만, 우리가 이것을 고백하고 당신의 긍휼을 간구할 때 커다란 안도감을 체험합니다. 이제 당신의 선하심에 의지하므로 우리는 어떤 쓰라린 불행들도 두려워할 필요가 없습니다. 오히려 우리의 영혼은 당신을 영화롭게 하고 또 우리가 고백한 바 때문에 당신에게 빚진 모든 것에 대하여 풍성한 보답을 하려는 불타는 열망으로 타오릅니다. 우리 주 예수 그리스도로 말미암아 기도합니다. 아멘.

시편 62편에서

I. 오 위대하시고 선하신 하나님,

당신이 우리의 요새, 성채, 아성, 그리고 구원이신 줄 우리가 확신하므로, 우리는 심지어 역경 속에서도 영혼의 고요와 평안을 유지합니다. 원수들이 우리를 잡으려고 설치한 모든 올무들에도 불구하고 당신이 마귀와 그 앞잡이들이 성공을 거두지 못하도록 만드실 것을 우리는 확신합니다. 당신을 대적하는 모든 자들은 살아남을 수 없으며, 그들의 희망은 결국 그 자신을 속일 것입니다.

그러므로 우리가 당신에게 엎드려 구합니다: 우리의 죄를 깨끗이 씻어주신 다음에, 당신이 이제껏 해오신 것처럼 계속하여 우리를 보호해 주시옵소서. 우리의 연약함 때문에 우리가 아주 자주 범죄하였던 것을 부인하지 않습니다. [69r] 그러나 당신은 우리를 도우시는 분이므로, 우리는 세상 사람들에 대한 우리의 모든 두려움을 떨쳐버립니다. 그들은 공허한 과시, 곧 너무나 텅 비어서 저울에 달아보면 공허 그 자체보다도 더 공허하다고 드러날 존재에 불과하다는 것을 우리는 깨닫습니다. 우리가 그들을 두려워하지 않는 것처럼, 또한 우리의 모든 신뢰가 부정하게 얻은 재산과 헛되게 지나갈 소유에 휩쓸려 가지 않기를 당신에게 구합니다. 공의롭고 친절하시며 무적의 능력을 가지신 당신을 항상 우리 눈 앞에 두고 살아가게 하옵소서. 우리 주 예수 그리스도로 말미암아 기도합니다. 아멘.

시편 63편에서

I. 오 위대하시고 선하신 하나님,

온갖 가혹하고 두렵고 또한 고통스러운 체험들을 실제로 겪고 있는 이 세상에서 우리는 오직 당신을 찾고 소망하며 그리고 열렬히 갈망합니다. 우리는 당신의 탁월한 능력과 경이로운 아름다움을 곧바로 보기를 원합니다. 왜냐하면 죽을 우리 인생은 당신에 관한 그 지식보다 더 복되고 더 즐거우며 더 달콤한 것을 만날 수 없기 때문입니다.

오 하늘에 계신 아버지시여, 우리에게 내려주신 은덕들에 대하여 당신에게 감사드리는 동안, 우리가 당신의 이름을 지치지 않고 선포하게 허락하시고, 또한 끊임없는 열렬한 기도와 간구로 [69v] 당신의 영광과 우리의 구원에 이바지하는 것들을 구하도록 허락해 주옵소서. 실로 이런 것들이 신실한 자들의 기쁨입니다. 거기서 우리 영혼이 참되고 영속적인 행복으로 힘을 얻는데, 왜냐하면 한밤중에 침상에 있을 때에도 우리 영혼은 당신의 선하심을 잊지 않기 때문입니다.

우리의 연약함과 무지 때문에 우리가 이끌려 들어간 죄악들이 이 좋은 것을 우리 앞에서 가로막고 서 있습니다. 우리가 엎드려 보오니, 당신의 긍휼하심으로 우리의 죄악을 깨끗이 씻어주옵소서. 당신이 이미 시작하신 것처럼, 우리를 돕는 자가 되옵소서. 우리를 당신의 은총의 날개 아래에서 보호하옵소서. 우리의 마음을 영원히 당신에게 연합시키소서. 고집스럽게 지속적으로 당신의 영광에 저항하는 자들로 하여금 바닥이 없는 사망의 소용돌이 속으로 곤두박이로 가라앉게 하시고, 반면에 우리는 영원히 당신의 위로와 도움 안에서 기뻐하며 영광을 돌리게 하옵소서. 우리 주 예수 그리스도로 말미암아 기도합니다. 아멘.

시편 64편에서

I. 하늘 아버지시여,

열의가 없으며 완전히 어리석은 자가 아니라면, 우리는 매일 기도로써 당신을 부르도록 자극을 받을 것입니다. 사탄과 그 종자들은 밤낮으로 우리의 멸망을 재촉하고 있으며, 우리의 불순한 육신도 끊임없이 우리를 몰아대어 당신의 계명을 어기는 짓을 저지르게 합니다. 우리의 영혼은 거짓말하는 혀와 속이는 말과 날카로운 말뚝과 치명적인 화살로 완전히 찢기고 있으며, [70r] 우리의 힘은 완전히 소진되고 기력이 쇠하고 있기 때문에, 우리의 참된 안전한 항구이신 당신에게 우리는 날아갑니다.

우리가 저지른 죄악과 오류 때문에 사악하고 고생스러운 짐에 우리가 짓눌려 있다는 것을 당신이 알고 계시지만, 우리에게 달라붙어 있는 모든 오염과 죄책을 당신의 긍휼로써 용서하시고 잊어주시기를 우리가 기도합니다. 우리를 보호하시고 지켜주셔서, 우리를 그토록 무겁게 짓누르고 있는 모든 짐들을 다 당신에게 넘겨드릴 수 있게 하옵소서. 그리하면 우리가 의롭게 기뻐할 것이며, 아무런 후회 없이 우리의 존재 전부를 당신의 신실하심에 의탁한 것을 당신의 영광으로 돌릴 것입니다. 우리 예수 그리스도로 말미암아 기도합니다. 아멘.

시편 65편에서

I. 오 위대하시고 선하신 하나님,

죽을 수밖에 없는 운명의 모든 인간들에게 베푸신 당신의 무수하고 위대한 친절하심에 대하여 모든 사람이 도처에서 당신의 이름에 영광과 찬양과 존경을 바쳐야 마땅합니다. 곤경 중에 당신을 불러 의지하는 자들에게 그 구하는 바를 당신이 기꺼이 주신다는 사실을 듣는 것보다 더 즐거운 일이 무엇이겠습니까? 당신이 스스로 만족하시며, 우리의 사악함에도 불구하고 놀랍게도 관대하시다는 사실보다도 우리에게 더 큰 기쁨을 줄 수 있는 다른 어떤 선한 것이 있겠습니까? [70v] 거룩한 성회에서 우리를 당신에게 연합하시고 신령한 선물들과 하늘의 기쁨으로 우리를 먹이실 때, 우리가 왜 행복하지 않겠습니까?

당신은 택하신 자들을 위하여 모든 피조물들을 친절하게 대하십니다. 산들을 지탱하시고, 바다의 물결을 잔잔케 하시고, 열국의 소요들을 진정시키시며, 땅을 경작하는 사람들을 하늘의 광명들의 밝은 빛으로 기운나게 하시고, 커다란 기쁨으로 빛을 비추십니다. 땅을 비옥하게 만드는 풍성한 비를 때를 따라 내리시고, 각종 열매들로 들판을 가득 덮어주셔서, 사람과 동물이 모두 넉넉하게 양식을 먹게 하옵소서. 당신은 그토록 풍성한 은혜를 내려주시는 분이며, 또한 우리에게 이것도 주십니다: 곧 우리가 마땅히 드려야 할 감사를 드릴 수 있게 하시며, 또한 우리의 구원을 위하여 주신 것들을 우리가 사용하게 하십니다. 우리 주 예수 그리스도로 말미암아 기도합니다. 아멘.

시편 66편에서

I. 오 위대하시고 선하신 하나님,

당신의 힘과 무적의 능력은 대단히 크기 때문에, 당신의 이름과 영광을 대적한 원수들이 아무리 열심히 그 미친 열정으로 당신을 반대하려고 노력한다고 하더라도, 당신이 늘 그러하듯 결국에는 그들을 다 굴복시키십니다. 경건한 자들이 마음으로 이 사실을 묵상하며, 당신을 존경하며, 목소리 높여 당신을 찬양하며, 당신의 탁월하심을 신실하게 경배합니다.

[71r] 예전에 이스라엘 자손을 위하여 바다를 열어 주셨던 것처럼, 평소처럼 흐르고 있던 요단 강의 물을 끊어버리셨던 것처럼, 그리고 정복할 수 없어 보였던 그 대적들을 그 조상대대의 땅에서 쫓아내셨던 것처럼, 이제 당신이 아끼는 자들을 위하여 일어나 기꺼이 행동해 주시기를 우리가 기도합니다.

그들이 하늘로부터 내려주신 선물들을 즐길 수 있게 하시고, 유혹으로 시험 당할 때 약해지지 않게 하시고, 오히려 불행들에 의하여 시험당하고 정련되고 그리고 정결하게 되어서 아름다운 덕목들을 밝히 비추게 하옵소서. 그들의 아버지이시며 창조주이신 당신이 그들을 위하여 예비하셨던 역경과 영혼의 동요를 겪은 후에 그들에게 원기를 회복시켜 주셔서, 그들이 결국에는 찬양의 기도와 축하의 노래를 당신께 올려드릴 수 있게 하옵소서.

우리가 분발하여 당신을 예배하고 경배하기를 기도합니다. 그 선하심으로 우리에게 주신 당신의 은택들을 가장 주의 깊은 마음으로 언급하여 우리가 당신에게 드리는 감사에 당신의 마음이 움직여, 이후로는 우리의 기도를 더 큰 친절하심과 기꺼운 마음으로 들어주시옵소서. 우리 주 예수 그리스도로 말미암아 기도합니다. 아멘.

시편 67편에서

I. 오 전능하신 하나님,

죽을 우리 인생들은 두 가지 일을 열렬하게 원하는데, 그것은 곧 당신의 신성의 은총을 누리는 것과 당신의 얼굴의 빛이 우리를 비추어주는 것입니다. 그것들이 우리에게는 없다는 사실을 깨닫는데, 그것은 우리가 저지른 죄악의 결과입니다. [71v]

그러므로 우리가 기도하오니, 당신의 긍휼이라는 치료약으로 우리의 상처를 치유하시고, 당신의 친절하심으로 우리가 저지른 죄악들을 용서하시며, 당신의 즐거운 빛으로 우리가 스스로 자초한 그 어두운 구름을 흩어버리소서. 이 목적을 이룬다면, 비록 우리가 이 죽을 인생의 어둠에 휩싸여 있다고 하더라도, 당신이 모든 것을 무한하신 선하심과 신실하심으로 통치하시고 보호하시고 지키시며 경이롭게 살펴보시는 그 뜻과 섭리와 계획을 우리가 쉽사리 인식할 수 있습니다.

이런 일들을 우리가 주목하고 주의깊게 묵상할 때, 우리는 모든 나라들과 함께 당신을 영화롭게 할 것입니다. 당신이 모든 나라들과 지방들과 왕국들은 올바른 판단과 절묘한 공의로 다스리시므로, 우리는 달콤한 행복으로 넘치게 되길 기원합니다. 모든 사람들이 그 간단한 사실을 다 인식한다면, 그들은 모두 당신에게 보편적인 찬양을 드릴 것입니다.

선한 아버지여, 우리가 이 두 가지를 구하고 얻을 수 있게 허락하옵소서. 그것에 덧붙여 이 땅에서 행복한 결실을 주시는 데 지체하지 마옵소서. 당신의 친애하는 백성들에게 점점 더 관대하실수록, 온 세상에서 당신이 더욱 더 경외함을 얻으시고 더욱 더 진지하게 영광을 얻으실 것입니다. 우리 주 예수 그리스도로 말미암아 기도합니다. 아멘.

시편 68편에서

I. [*72r*] 오 선하시고 위대하신 하나님,

당신은 모든 좋은 것의 원천이며 근원이시며, 우리의 구원뿐 아니라 삶의 모든 즐거운 것들이 다 당신에게서 흘러나옵니다. 당신은 셀 수 없을 정도로 많은 은덕들을 당신의 백성에게 수여하시고 그들 위에 쌓아주십니다. 첫번째로 우리는 당신이 직접 죄와 죽음과 마귀와 모든 악에 대항하는 우리의 전쟁을 기쁘게 그리고 호의적으로 수행하셨는지에 관하여 침묵할 수가 없습니다. 그 결과, 당신이 우리의 구원의 주된 대적자들을 정복하시고 쳐부수시고 그들로부터 처벌을 이끌어 내셨을 때, 그들은 당신의 임재를 느꼈습니다.

그러므로 우리는 시편과 찬미와 경건한 찬양과 모든 종류의 노래로써 진지하게 당신에게 감사드려야 마땅합니다. 우리가 그렇게 감사하지 않는 것은 짓궂은 마음이지만, 그러나 육신의 욕망들로부터 깨끗하고 정결해진 영혼으로 우리가 당신에게 기도하오니, 무지의 어두움이나 영혼의 연약함으로 말미암아 우리가 행한 바를 용서해 주시옵소서. 이제껏 계속하여 당신의 백성을 보호하셨던 것처럼, 적대적인 세력들의 속임수와 협잡으로부터 우리를 계속 보호해주셔서, 신자들을 그토록 사랑하사 그들에게 불굴의 용기와 힘을 충족하게 공급해주신 당신의 일이 보편적으로 인정받으소서. 우리 주 예수 그리스도로 말미암아 기도합니다.

II. [*72v*] 오 위대하시고 선하신 하나님,

아무리 강력한 원수들이라도 당신을 거스려 일어설 수 없을 정도로 당신의 권세는 막강하므로, 당신의 긍휼하심으로 말미암아 그 모든 권세로 일어나사 우리를 도우시기를 우리가 간절히 빕니다. 이스라엘의 자손들은 당신의 구원하시는 현존을 체험하였는데, 그들이 원수들과 충돌해야 했을 때마다, 심지어 왕들과 숙련된 군대들이 그들을 대항하여 일어났을 때에도, 당신은 항상 구원의 임재하심으로 그들과 함께 하였습니다. 당신의 힘과 권능을 높이 드실 때, 사탄과 육신과 그 정욕들에 대항하여 투쟁하고 있는 우리를 향하여 당신의 얼굴을 비추어주시는 것을 잊지 마시길 우리가 기도합니다.

우리의 구원은 오직 당신 덕분이라는 사실을 우리가 참으로 인정합니다. 그처럼 우리는 모든 선의 원천이자 뿌리이신 당신에게서 피난처를 찾습니다. 그리고 우리를 둘러싼 악한 자들로부터 건짐을 받은 후에 당신의 이름에 마땅히 돌려야 할 찬양을 차례로 올려드릴 수 있기를 기도합니다. 우리 주 예수 그리스도로 말미암아 기도합니다. 아멘.

Ⅲ. 오 위대하시고 선하신 하나님,

당신의 능력과 권세는 그토록 위대하여, 증오심으로 당신의 이름과 당신의 나라를 공격하는 모든 자들에 대항하여 일어나 싸우시면, [73r] 그들은 곧장 뿔뿔이 흩어져 도망합니다. 그러므로, 사방에서 우리를 계속하여 공격하고 있는 사탄과 그의 앞잡이들의 세력이 마치 연기처럼 사라지며 안개처럼 증발해버릴 것을 이제 우리는 의심하지 않습니다. 따라서 커다란 기쁨과 지극한 행복이 신자들을 기다립니다. 우리가 그것들에 도달할 수 있도록, 그리하여 우리를 대단히 무겁게 짓누르고 있는 죄의 짐으로부터 당신이 우리를 풀어주실 수 있도록, 우리가 간절히 기도합니다. 우리를 당신과 화목하게 해 주시고 성령으로 풍성하게 우리를 채워주옵소서. 당신은 고아들의 아버지이시며 가혹하게 고통받는 자들을 위하여 보복하는 분이므로, 우리들로 죄의 사슬에서 건져주시길 감히 원하옵니다. 광야에서 이스라엘 자손들을 보호하셨던 일에 못지 않게 우리를 보호하소서. 당신이 보시듯이, 우리는 죄에 의하여 아주 심각하게 손상되었으니, 당신의 은혜와 은총의 광채가 우리에게 임하여 우리 영혼이 개혁되게 하시고 또한 지극한 행복으로 반짝반짝 빛나게 하옵소서. 우리 주 예수 그리스도로 말미암아 기도합니다. 아멘.

Ⅳ. 오 위대하시고 선하신 하나님,

당신의 지혜는 너무나 탁월하여, 무수한 방법과 무한한 방식으로 당신의 백성을 구원하시며 [73v] 또한 악한 자를 파멸시키나이다. 그에 따라, 죄와 사탄에 의하여 억압받는 당신의 백성을 회복시키실 때, 당신은 또한 철저하고 영광스러운 승리를 거두십니다. 그런 승리들은 의문의 여지없이 자연적으로 그리고 합당하게 이스라엘에게 속한 모든 자들로 하여금 마땅히 찬양을 당신에게 올리게 하며 또한 엄청난 기쁨으로 즐거워하게 합니다. 당신의 특별하고 탁월한 능력을 사용하셔서, 이미 우리에게 주시기 시작한 그 구원의 선물들을 즐거운 승리와 함께 날마다 점점 더 증가시켜 주시기를 우리가 요청합니다. 고귀한 승리로 모든 하늘들 위에 높이 오르신 당신에게, 우리는 그런 선물들로써 짐승을 제물로 드리는 것이 아니라 우리 자신을 흠 없는 번제로 기꺼이 바칠 것입니다. 그럼으로써 택한 자들을 그들이 소망하는 행복으로 인도하신 지고한 능력과 무한한 위엄이 오직 당신에게 속하였다는 사실이 우리와 모든 사람들에게 증거될 것입니다. 우리 주 예수 그리스도로 말미암아 기도합니다. 아멘.

시편 69편에서

I. 오 전능하신 하나님,

우리 인간의 연약한 본성은 날마다 무수한 곤경들에 의하여 이리저리 흔들립니다. [74r] 신실하게 당신을 경배하는 사람들이 이 보편적인 불행 속에서 다른 사람들보다 더 시달리고 고통을 당하고 있다고 보이지 않는다면, 그것은 그다지 비탄할 만한 일이 아닐 것입니다. 그러나 실상은 그렇습니다. 폭풍치는 바다, 끈적끈적한 진창, 그리고 거대한 폭풍 같은 유혹의 물결들은 모두 다 당신을 믿고 신뢰하는 사람들을 압박하고 있습니다. 인내하며 견인불발의 마음으로 그들이 이런 일들을 감내하는 방식은, 그들 자신의 유익에 관한 한 분명히 도움이 되지만, 무슨 일이 일어나는지 보고 있는 연약한 심령들의 구원에는 별로 도움이 되지 않습니다. 만일 당신에게 있는 선하심과 친절하심을 발휘하여 그들을 신속히 도와주시지 않는다면 말입니다. 연약한 자들을 낙심시켰던 것처럼 보이는 그것이 경이롭게도 그들을 새롭게 할 것입니다. 우리가 신뢰하는 대로 당신이 우리의 기도를 들으시고, 또 우리가 간구하는 대로 당신이 우리를 이런 커다란 위험들로부터 건져내시면, 그때 이런 환란들은 결코 적지 않은 열매를 맺을 것입니다.

선하신 아버지여, 우리가 간구하오니, 당신의 영광을 위한 열정으로 지금 거의 소진되고 있는 사람들에게 그들이 간구하는 바를 당신에게서 얻을 수 있게 해 주옵소서. 곧 당신의 나라가 확장되며 그 나라를 위하여 싸우는 자들의 구원을 허락하옵소서. 우리 주 예수 그리스도로 말미암아 기도합니다. 아멘.

Ⅱ. [*74v*] 오 위대하시고 선하신 하나님,

인간을 향한 당신의 친절하심과 선하심은 지극하사, 당신의 아들이자 우리의 주님이신 예수 그리스도로 하여금 극심한 모욕과 지독한 조롱을 당하게 하시되, 심지어 그 마지막 순간에 엄청난 갈증을 느끼셨을 때에도 신 포도주 외에는 한 모금도 마실 수 없을 정도였습니다. 만일 우리가 이런 일들을 잊어버린다면, 그것은 우리가 신앙을 잃었거나 아니면 가장 혐오할 만한 배은망덕의 죄를 저지르고 있다는 사실을 보여줍니다.

당신의 사랑하는 아들에 대하여 그토록 맹렬하게 분노를 떠트렸던 그 사악한 자들에게 당신이 마침내 갚아주신 그 엄중한 처벌을 우리가 늘 주목하게 해주시길 원합니다. 그 모범이 우리를 움직여서 우리가 죄악된 행위들과 악한 생활을 삼가게 하옵소서. 우리에게는 주님이 그때와 비교하여 한층 더 유명하며 높아지셨는데, 왜냐하면 우리 때문에 그분이 지금 한층 더 상처와 모욕으로 고통을 당하고 있기 때문입니다. 그러므로 우리가 엎드려 구하며 간청하오니, 당신의 이름을 고백하고 당신을 경배하는 우리 안에 좀더 건전한 생각과 더 나은 것들을 향한 열정을 키워주시길 원합니다. 바로 그 예수 그리스도, 우리 주님으로 말미암아 기도합니다. 아멘.

시편 70편에서

I. [*75r*] 오 위대하시고 선하신 하나님,

우리가 매일 드리는 기도를 통하여 우리는 당신의 긍휼하심과 확고부동하심으로 날아갑니다. 왜냐하면 이 세상에서 위험이 없는 것은 하나도 없고 우리의 구원의 원수들로부터 안전한 것도 전혀 없다는 것을 우리가 알기 때문입니다. 그들의 적대감과 속임과 잔인함 때문에, 우리는 모든 것을 위험하고 적대적이고 부담스럽게 경험합니다.

우리 자신의 잘못이 가볍지 않다는 것을 우리가 의식하고 있기 때문에, 우리의 죄에 대한 당신의 공의로운 처벌을 우리가 받고 있다는 사실을 모르지 않기 때문에, 우리가 기도합니다. 당신은 선하시니 우리가 저지른 수치스러운 일들을 용서해 주시고, 우리가 합당하게 마땅히 받아야 할 그 처벌을 당신의 친절하심과 상냥하심으로 경감해 주시거나 아예 없애주시길 원합니다.

그렇게 당신이 우리를 도우실 때, 우리가 고백하는 바 당신께 드리는 경배를 반대하는 모든 자들이 얼굴을 붉히고 수치스럽게 될 것입니다. 그와는 정반대로 당신의 이름을 열망하는 사람들은 기뻐하며 즐거워할 것입니다. 그러므로, 악한 자들이 거듭 반복하여 그들이 준비한 비난들을 우리에게 던지지 못하도록, 우리를 도우시는 일을 더 이상 미루지 마옵소서. 우리 주 예수 그리스도로 말미암아 기도합니다. 아멘.

시편 71편에서

I. [75v] 오 전능하신 하나님,

우리의 모든 신뢰를 오직 당신에게 둡니다. 왜냐하면 당신의 보호하심에서 피난처를 구하는 사람들에게 즉각적이고 준비된 지원이 항상 제공된다는 사실이 우리에게는 명백하기 때문입니다. 바로 그분, 곧 우리가 도움을 구할 수 있는 그 분에게 우리의 신뢰와 소망이 간절하게 향하게 하옵소서. 당신은 그 초창기 시절부터 당신을 경배하는 사람들을 도우시고, 양육하시고, 이롭게 하셨으므로, 때때로 당신이 그들을 저버리신 것처럼 보이는 것은 특별한 일로 여겨지곤 합니다. 우리가 모태에서 잉태된 때부터 당신은 항상 우리 가까이 계셨으므로, 우리가 연로한 나이에 이르고 마지막 날들을 맞이할 때에도 우리에게서 멀리 계시지 않으리라고 우리는 신뢰합니다.

그러므로 우리는 날마다 당신에게 마땅히 드려야 할 찬양과 감사를 올려드립니다. 우리가 영원히 그렇게 하기를 소망하는데, 왜냐하면 우리를 향한 당신의 관대하심이 셀 수 없을 정도이기 때문입니다. 더구나, 당신의 선하심과 위대하심을 점점 더 영화롭게 하면, 그 선하심과 위대하심이 모든 찬양의 힘을 훨씬 더 초월한다는 사실을 깨닫게 됩니다. 당신의 다른 은덕들에 이것을 덧붙여 주시길 우리는 여전히 간구합니다: 때때로 당신의 백성들이 쓰라린 역경을 겪게 하시는 것처럼, 황송하지만 또한 그들을 위로하시고 회복시켜 주옵소서. 우리 주 예수 그리스도로 말미암아 기도합니다. 아멘.

시편 72편에서

I. [*76r*] 우리 주 예수 그리스도를 우리의 가장 의로우신 재판장으로 우리가 모시게 될 것이므로, 항상 그분을 두려워하며 공경하는 것은 옳은 일입니다. 이제 성부로부터 지고한 권세를 받으셨으므로, 의로운 자가 힘을 얻고 또 그에게 드리는 예배가 가능한 한 확산되기를 그분은 아주 주의 깊게 지켜보고 계십니다.

그러므로, 하늘의 아버지시여, 우리가 기도하오니, 우리가 그분의 법정 앞에 나아가 재판받기 전에 우리가 저지른 그 유죄한 죄악들부터 구속받기를 원합니다. 우리가 그의 성령으로 거듭나고 선한 일들에 풍성하여 우리의 악행 때문에 정죄되지 않기를 기원합니다. 강하고 굳센 믿음으로써 이 일을 달성하였다고 우리가 인식한다면, 그로 인하여 우리는 자신이 참으로 축복받았으며 지속적으로 행복하다고 여길 것입니다. 그리고 우리는 당신의 이름을 높이며 찬양하고 가장 높은 찬송들로 영광을 돌릴 것입니다. 그리하여, 만일 가능하다면, 온 땅이 당신을 아는 지식으로 가득하게 될 것입니다. 우리 주 예수 그리스도로 말미암아 기도합니다. 아멘.

시편 73편에서

I. [*76v*] 오 위대하시고 선하신 하나님,

올곧은 마음과 진정한 헌신으로 당신을 경외하는 자들을 향하여 당신은 매우 크신 선하심을 보여주십니다. 그러나 인간의 연약함으로 말미암아, 악한 자들의 행복이 당신의 택함받은 백성의 눈에 두드러질 때가 훨씬 많습니다. 하나님의 율법과 사람의 법률을 모두 경멸하며 경건으로부터 멀어진 자들이 그 모든 노력과 소망을 얼마나 성공적으로 이루는지 볼 때에, 그들은 당신이 우리를 더 이상 전혀 돌보시지 않는다고 생각하며 뻔뻔스럽게 주장합니다.

우리가 믿음에서 비틀거리며 넘어지지 않도록 지켜주시기를 엎드려 구합니다. 우리가 미끄러질 때에 당신의 손으로 우리를 붙잡아 주옵소서. 우리의 생각과 입을 단단히 죄어주셔서, 당신께 예배드리는 우리의 모든 노력들이 헛된 낭비였다고 생각하지 않게 하옵소서. 우리를 강하게 하셔서, 우리가 인내심과 그리스도인의 관용을 가지고 우리의 믿음의 결과와 마지막 성공을 기다릴 수 있게 하옵소서.

당신의 최후 심판날이 시작될 그 때, 당신이 얼마나 모든 것을 공의롭게 다스리는지 나타날 것입니다. 그 동안에는 우리의 영혼이 끊을 수 없는 띠로 당신에게 연결되고 묶여 있는, 그 무엇보다도 더 큰 열망에 우리가 단단히 잡혀 있게 하옵소서. 우리 주 예수 그리스도로 말미암아 기도합니다. 아멘.

시편 74편에서

I. [*77r*] 오 전능하신 하나님,

의심할 수 없이 자주 일어나는 그 일, 곧 우리가 저지른 죄악들 때문에 우리에 대한 당신의 진노를 촉발하며 우리를 징계하는 무거운 채찍을 자초하는 일이 일어난다면, 당신도 아시듯이 우리가 믿음으로 붙잡고 있는 바 당신의 선하심과 그 약속들을 기억해주시기를 탄원합니다. 당신의 영광과 우리의 구원을 반대하는 자들의 손에 우리의 영혼을 넘겨주지 마옵소서. 그들은 오로지 당신의 하신 일들을 파괴하고 그것들을 쓸모없게 만들며, 당신의 긍휼로써 획득하신 인류의 구원을 무로 돌리려고 노력할 따름입니다. 그들의 모든 노력은 결국 당신의 이름을 모독하고 더럽히는 것을 겨냥하고 있습니다. 당신이 얼마나 고귀하게 우리에게 은덕들을 내려주셨는지 기억해달라고 우리는 간청합니다. 우리 안에서 이미 시작하신 그 구속의 사역을 끝장내지 마옵소서.

오 하나님, 일어나소서. 그리고 당신에게 의지하는 자들을 도우시사, 악한 자들의 계획들이 당신의 영광을 거슬려 혹은 우리의 구원을 거슬려 승리를 누리지 못하게 하옵소서. 우리 주 예수 그리스도로 말미암아 기도합니다. 아멘.

시편 75편에서

I. [*77v*] 오 전능하신 하나님,

우리는 당신의 이름과 당신의 경이로운 행동들에 영광을 돌리길 원합니다. 그러므로 위험한 일들이 일어나면, 당신의 백성들이 소멸되지 않도록 당신이 이런 무서운 위험들에서 당신의 백성을 보호해주시기를 우리가 온 힘으로 당신에게 간청합니다.

우리의 죄악을 주목하지 마옵소서. 우리를 당신께로 부르셔서 참된 경건의 프로그램을 제안하시고 당신의 말씀과 우리의 기독교적 고백에 따라 살아갈 자유를 우리 각 사람에게 주셨을 때, 우리 자신은 냉담한 마음으로 행하였을 뿐만 아니라, 감사하지 않는 자들처럼 우리에게 주신 그 신앙에 걸맞는 규율과 삶을 내다 버렸습니다. 무엇보다도, 이런 사실을 우리의 탓으로 돌리지 마옵소서. 그러므로 우리가 얼마나 많이 범죄하였는지, 혹은 우리가 받을 자격이 있는지, 혹은 당신의 공의에 따라 얼마나 우리에게 합당하게 요구하실 수 있는지 등에 주목하지 마옵소서.

당신의 사랑하시는 아들이신 우리의 상냥하신 주님 예수 그리스도의 호의로 말미암아 우리에게 은혜롭게 대하소서. 분노한 우리의 잠재적인 원수들과 우리 사이에 친히 개입하소서. 적절한 때, 당신의 공정하고 의로운 심판을 그들에게 내리소서. 당신은 땅과 온 우주를 지탱하시며 모든 피조물이 당신을 간절히 바라오니, 만일 당신이 우리를 위하시면 그 어떤 것도 [*78r*] 우리의 구원을 성취하는 것을 반대하여 설 수가 없을 것입니다.

어리석고 사악한 적그리스도들이 그들의 뿔을 높이 들었을 뿐만 아니라 우리를 대항한 무서운 분노와 강포에 빠져들었나이다. 그들은 당신에 대하여 말로 표현할 수 없는 신성모독을 입밖에 내었으며, 그들의 목이 꺾인 후에는 당신의 말씀의 멍에를 모조리 벗어 던졌습니다. 오 하나님, 우리는 동이든 서이든 어떤 방향에서도 견고한 도움을 그 어디서도 찾을 수 없습니다. 당신이 우리의 재판장이시므로, 당신의 원하시는 때에 따라 우리를 높이시든지 혹은 던져버리시든지 그것은 오직 당신에게 속한 일입니다. 그 잔이 당신의 수중에 있으니, 그들로 하여금 한 방울도 남김없이 마시게 하옵소서. 그로 인하여 그들이 정신이 혼미하여 당신의 교회에 대항하여 세운 그들의 계획을 수행하지 못하게 하옵소서. 그러면 우리는 당신을 영원히 선포할 것이며 당신의 이름을 높이는 시편들을 찬송할 것입니다. 왜냐하면 악한 자들의 뿔이 부러져 땅에 떨어질 것이며, 의로운 자들은 당신 안에 고요하게 거하도록 허락받을 것이기 때문입니다. 우리 주 예수 그리스도로 말미암아 기도합니다. 아멘.

Ⅱ. 전능하신 하나님,

우리는 당신을 찬양하고 영화롭게 하기로 결심하였습니다. 왜냐하면 진지한 믿음으로 당신을 부르는 사람들에게 당신은 항상 임재하시기 때문이며, 또한 그들에게 탁월한 은사들을 주심으로써 당신의 임재를 명백히 나타내시기 때문입니다. 특히 우리가 감사드리는 까닭은, 황송하게도 당신이 우리 무리로부터 [78v] 교회를 불러 당신에게로 모아주셨기 때문입니다. 교회 안에서 당신이 다스리시고 당신의 권능을 선포하는 것이 합당하므로, 당신이 거기에서 불경건을 쳐부수실 뿐만 아니라 순결과 경건을 떠받쳐 주시기를 우리는 절박하게 간구합니다. 세상 혹은 육신으로부터 나오는 모든 지상적인 일들이 신속히 녹아 없어지길 기원합니다. 하늘로부터 오시는 당신의 성령에 의하여 우리가 거듭날 때 우리에게 주신 모든 것들은 강화되기를 기원합니다. 선택된 의인들이 강력한 기둥들처럼 강해지게 하시고, 지상적이며 당신의 이름과 교훈에 거슬러 싸우는 자들은 구부러지고 붕괴하게 하옵소서.

선하신 아버지여, 어리석은 자들이 그들의 어리석음을 적절한 때에 중단하도록, 그리고 불의한 자들이 당신의 거룩한 교회와 경건에 반대하기 위하여 끌어들인 세력들을 남용하는 짓을 결국 그치도록, 당신이 특별히 살펴보아 주시도록 우리가 엎드려 간청합니다. 그들의 거친 장광설, 격노한 모욕들, 반역적인 신성모독들이 그치게 하옵소서.

오 하나님, 여기서 우리의 죄로 인하여 마땅히 받아야 할 바에 관심을 기울이지 마옵소서. 우리의 죄악은 심각하며, 우리가 그것을 피할 수 없다는 사실을 부인하지 않습니다. 당신의 긍휼로써 그것을 깨끗이 씻어주시옵소서. 그렇지 않으면 그 죄악 때문에 우리는 당신의 진노의 쓴 잔을 다 마실 수밖에 없습니다. 불의를 찾아다니는 모든 자들로 하여금 그 마지막 한 방울까지 말끔히 다 마시게 하셔서 교회로 하여금 당신의 심판을 끊임없이 기억하게 하시고, [*79r*] 악한 자들의 뿔이 부러지는 것을 볼 때 그리고 자신을 온전히 정의와 경건에 헌신한 사람들이 어떻게 올곧고 안전하게 서는지 볼 때, 당신께 진지한 찬양을 드리게 하옵소서. 우리 주 예수 그리스도로 말미암아 기도합니다. 아멘.

시편 76편에서

I. 오 전능하신 하나님,

당신의 말씀이 우리 가운데 알려지고 또 당신의 아들의 거룩한 복음이 우리 가운데 선포된 것은 당신의 선하심에 따라 이루어진 것이지, 우리의 공로 때문에 요청된 것이 아닙니다. 비록 우리 자신의 사악함으로 우리가 심하게 억눌리고 있다는 사실을 인정하지만, 그럼에도 우리는 이것을 탁월하고 놀라운 선물로 인식합니다.

우리가 당신에 대하여 수치스러울 정도로 감사하지 않은 태도로 행동하였다는 사실은 물어볼 필요도 없습니다. 왜냐하면 당신의 말씀과 교훈에 대한 우리의 지식에도 전혀 미치지 못하는 삶을 우리가 살아왔기 때문입니다. 우리의 사악한 행위들을 회개하며 우리의 잘못들을 바로잡기를 원하므로, 넘어진 자들을 여전히 도와주시고, 당신에게 의지하는 자들에게 손을 내밀어 주시며, 당신을 진노하게 만든 일을 비통하게 후회하는 우리를 용서해 주시기를 계속 당신에게 간청합니다.

당신의 약속들에 따르면, 우리는 당신의 장막이며 거처인데, 악한 자들이 우리를 대항하여 진영을 이루어 우리를 완전히 그리고 철저히 파멸시키려고 합니다. 그들의 창과 활을 꺾으시고, 그들의 방패와 칼과 무기를 내던져 버리소서. [79v] 당신의 능력은 죽을 수밖에 없는 모든 인간 통치자들보다 훨씬 더 찬란하고 장엄하므로, 이런 일을 손쉽게 하실 수 있습니다. 당신의 능력으로 그들을 탈취하고 약탈하소서. 당신의 꾸지람으로 그들의 보병과 기병을 망연자실하게 만드소서. 그 자신의 능력을 지나치게 자랑하는 자들이 그 자신의 꿈

속에 빠져들어갈 때, 그들이 스스로 돕거나 기쁨을 줄 수 있는 것이 그들의 수중에 전혀 없다는 사실을 발견하게 하소서. 우리는 당신이 얼마나 두려우시며, 당신의 진노가 불타오를 때 그 앞에 설 수 있는 자가 아무도 없다는 사실을 알고 있습니다.

그러므로 우리는 당신이 일어나사 당신의 유순한 백성들을 구원하시길 간청합니다. 당신에게 반역을 일으킨 원수들의 분노가 당신에 대한 찬송에 자리를 내어주길 기원합니다. 당신은 군주들의 정신과 잔인성을 억제하실 수 있으니, 그들의 손에 우리가 떨어지지 않게 하옵소서. 우리가 승리를 거둘 때, 우리가 당신에게 마땅히 이루어야 할 맹세들을 열렬한 마음과 기꺼운 의지로 성취할 수 있도록 우리 곁에 계시옵소서. 우리 주 예수 그리스도로 말미암아 기도합니다. 아멘.

II. 오 전능하신 하나님,

당신의 교회 안에 당신 자신을 위한 집과 거처를 선택하셔서, 그곳에서 우리가 당신을 인정하고 당신의 이름을 크게 높여 영광돌릴 수 있게 하셨습니다. 당신의 가르침을 반대하는 자들과 당신이 세워놓으신 경건을 적대하는 원수들이 만들어 둔 [80r] 모든 수치스러운 창과 활과 칼과 방패와 모든 전쟁 도구들과 군사 기계들을 당신은 교회에서 몰아내셨습니다. 이런 이유로 당신은 이 세상의 모든 도적들과 폭군들 앞에서 영광과 찬사를 받으실 만합니다.

찬양할 만하며 영광스러운 당신의 위엄 있는 관습에서 우리의 죄악들 때문에 당신이 떠나지 않으시기를 우리는 기원합니다. 참으로 우리가 당해야 마땅한 대로, 잠시 동안 당신의 교회는 괴롭힘을 당하며 심하게 구박받았습니다. 그러나 당신의 이름의 영광을 위하여 교회와 당신을 적대하는 저 강한 자들을 마치 잠든 자들처럼 연약하게 만드시길 소원합니다. 그들이 그 힘을 잘못 사용하려고 할 때, 그 힘이 그들을 실패하게 만드시길 원합니다. 당신이 꾸지람으로 그들의 보병과 기병을 쓸모없게 만드소서.

오 하나님, 우리가 알고 있듯이 오직 당신만이 우리가 두려워해야 할 분이며 그 누구도 당신의 진노 아래 견딜 수가 없습니다. 그러므로, 일어나사 당신의 교회의 명분을 판단하셔서 딩신의 도움이 교회의 친절한 시민들을 안전하게 지킬 수 있게 하시고, 오만한 원수들이 교회를 대항하여 고안한 모든 것이 오히려 당신에 대한 찬양으로 바뀌게 하옵소서. 땅의 모든 군왕들이 당신 앞에서 얼마나 두려워하며 또한 이 세상의 군주들의 정신을 당신이 얼마나 혼미하게 하셨는지 우리는 이해합니다. 그러므로, 오 하나님, 그런 커다란 축복에 대하여 우리가 약속드렸던 감사의 일들을 지극한 열심과 진심어린 기쁨으로 우리가 이행할 수 있게 허락해 주옵소서.[80v] 우리 주 예수 그리스도로 말미암아 기도합니다. 아멘.

시편 77편에서

I. 오 전능하신 하나님,

현재 우리의 곤경 속에서도 당신은 우리의 사정을 들어주시는 우리 하나님이므로, 충만한 신뢰를 가지고 우리의 마음과 목소리로 당신에게 호소합니다. 사방을 둘러싼 곤경들과 역경들에 억압당하는 동안에 우리는 회개와 기도로 당신에게 호소합니다. 달리 아무런 확실하고 견고한 위로를 우리는 갖고 있지 않습니다. 근심스러운 영혼과 불안한 마음으로, 슬픔과 비탄이 우리를 무겁게 짓누르고 있는 동안에, 당신에게 호소하는 것 외에 우리에게 달리 무엇이 남겨져 있습니까? 무엇보다도 우리의 죄악이 우리를 억누르고 있습니다. 그 죄악으로써 우리가 당신을 거스렸다는 사실을 알고 있습니다. 따라서 우리는 상처를 입고 고통하는 양심을 느끼고 체험하고 있습니다. 우리의 영혼은 슬픔과 고통을 감내하고 있으며, 우리는 두려움과 슬픔에 빠져듭니다. 우리의 모든 힘이 썰물처럼 빠져나갑니다. 우리의 눈은 계속 당신을 바라보며, 괴로운 생각과 우울한 마음으로 당신의 긍휼을 엎드려 구합니다.

아! 하나님이시며 선하신 아버지시여, 우리의 죄악들 때문에 영원히 우리에게서 멀리 떨어져 계실 것입니까? 우리를 대할 때 보여주셨던 그 상냥하시고 친절하신 모습을 이제 중단하실 것입니까? 그러나 당신은 본성상 인내하시고 참을성이 많으시니, [81r] 당신의 무한하신 긍휼과 선하심이 우리를 떠나지 않게 하옵소서. 오 하나님, 당신은 긍휼의 아버지이시니, 긍휼하심을 잊지 마시길 바랍니다. 우리가 낭비한 삶 때문에 우리는 당신의 진노를 받아 마땅하지만, 그러나 높이 드신 오른손으로 당신은 쉽사리 우리의 삶을 고쳐주시고 우리의 죄악을 무시하실 수 있습니다. 당신의 사역을 회상할 때, 우리는 당신이 그렇게 하실 것이라고 자신할 수 있습니다. 당신의 백성을 구원하시는 일에서 경이로운 일들을 보여주시는데 점점 더 익숙해지셨으니, 이제 기만적인 속임수들과 호전적인 잔인한 일들로 당신의 양떼인 우리를 공격하고 있는 사악한 자들에 대항하여 당신의 용기를 사용하옵소서.

옛적에 행하셨던 대로 그들을 대하소서. 이스라엘을 이집트인들에게서 구속하실 때 사용하셨던 그 능력을 우리는 알고 있습니다. 물과 바다와 구름과 천둥과 번개와 모든 피조물들이 당신의 명령에 따라 [이스라엘 사람들의] 구원에 기여하였고, 당신은 모세와 아론을 통하여 그 백성들을 인도하여 당신이 원하신 곳으로 인도하셨습니다.[27] 그러하므로, 오 하나님이며 선하신 아버지시여, 당신의 군대를 도우사 우리의 원수들로부터 우리를 구원하셔서, 우리가 믿음과 순전한 삶으로써 우리의 행복이자 소망이신 당신에게 다가갈 수 있게 하옵소서. 우리 주 예수 그리스도로 말미암아 기도합니다. 아멘.

II. [81v] 오 전능하신 하나님,

이런 어려운 시절에 우리는 계속 당신을 바라봅니다. 교회가 그토록 큰 위험에 직면해 있는 동안에, 성가실 정도로 우리는 날마다 열렬한 기도와 약속을 당신에게 올려드리며 우리의 유일한 구원이신 당신에게로 날아갑니다. 지난 시절들을 기억할 때 우리의 슬픔과 비애가 적지 않게 증가하며 자라납니다. 그때에는 우리가 마음의 안녕과 영혼의 무사함 속에서 평화롭고 고요하게 당신의 가르침과 당신의 이름을 찬양하는 일에 헌신할 수 있었습니다. 그러나 우리가 그와 같은 풍성한 안전과 심원한 고요함이라는 선물을 심각하게 오용하였기

---

[27] 출 12:51; 사 63:11-14.

때문에, 우리가 당신의 엄중하고 공의로운 손길을 체험하는 것은 올바르고 공의로운 일입니다.

그러나, 선하신 아버지여, 이제 우리가 기도하오니, 우리가 당신을 거스려 저질렀던 모든 죄를 용서해 주옵소서. 왜냐하면 당신이 우리를 영원히 버리지 않으신다면, 당신의 백성을 얼마나 크신 긍휼로 불쌍히 여기시는지 우리는 잊을 수 없기 때문입니다. 당신의 약속들은 언젠가는 실현될 것이므로, 당신의 긍휼을 우리에게서 거두어가지 마옵소서.

과거에 이스라엘 사람들을 이집트로부터 구원하셨을 때 당신이 보여주신 일들을 우리는 잘 기억하고 있습니다. 당신의 능력을 목도하였을 때, 바다의 물이 일어나 [82r] 경이로운 방식으로 움직였습니다. 악한 자들에 대항하여 당신은 짙은 구름과 천둥과 번개와 바람과 캄캄한 폭풍으로 싸우셨습니다. 그때 당신의 백성 이스라엘을 건져내신 것처럼, 이제도 그렇게 교회를 사탄의 분노와 그의 앞잡이들의 공격으로부터 구원하옵소서. 우리 주 예수 그리스도로 말미암아 기도합니다. 아멘.

Ⅲ. 오 위대하시고 선하신 하나님,

우리가 여러 고난들에 심하게 짓눌리는 정도와 똑같이, 열렬한 기도로써 우리가 당신 앞으로 나아가는 일에 익숙해졌습니다. 그러므로, 이제 교회가 잔인한 방식들로 고문당하며 고통받고 있는 것을 우리가 날마다 느끼며 점점 더 체험하고 있을 때, 교회의 초창기에 당신이 거듭 반복하여 베풀어주셨던 것과 똑같이, 기꺼이 교회를 도와주시는 당신의 친절하심을 보여주시기를 엎드려 빕니다. 당신이 소중하게 여기셨던 자들에게 항상 친절하셨기에, 이제 당신의 선하심을 그들로부터 거두어가시는 일을 결코 원하시지 않는다는 사실을 우리는 당신의 올곧은 본성과 탁월한 확고부동하심에 근거하여 결코 의심하지 않습니다.

그러므로, 예전에 이스라엘 사람들을 이집트의 속박에서 자유롭게 하셨을 때 당신의 무적의 권능을 나타내 보이셨던 그 예전의 방식대로 우리를 보존해 주시기를 간절히 원합니다. [82ʋ] 이제 바로 그 능력을 발휘하셔서 교회를 들어올리시고, 양육하시고, 회복해 주소서. 교회를 위한 당신의 돌보심이 커질수록, 교회가 마귀와 죄악과 죽음으로부터 강력하게 구원을 받는다는 사실이 그런 방식으로 한층 더 명백하게 드러날 것입니다. 우리 주 예수 그리스도로 말미암아 기도합니다. 아멘.

시편 78편에서

I. 오 전능하신 하나님,

당신의 자녀를 이집트에서 자유롭게 하시려고 당신이 행하신 일들이 얼마나 강력하였는지 성경에 기록되어 우리에게 주의깊게 전해져 왔습니다. 그 거룩한 말씀들에 적혀 있는 모든 것이 우리에게 커다란 위로가 된다는 사실 또한 우리가 잘 알고 있었습니다. 지금 우리가 겪고 있는 재난들 아래서 우리로 하여금 그런 일들을 기억하도록 당신의 성령으로 말미암아 진지하게 우리를 불러 주셔서, 그것들로 용기를 얻어서 우리의 신뢰를 오직 당신에게만 둘 수 있게 해 주시도록 간절히 원합니다. 당신은 파라오에게 무시무시한 기적들을 행하심으로써 이스라엘 자손들을 이집트로부터 인도하여 내셨습니다. 바다가 갈라졌고, 구름이 그들을 보호하였으며, 불이 그들의 여행의 길잡이가 되었으며, 바위에서 물이 흘러나왔고, 하늘에서 만나와 고기를 내려주었습니다. 황송하게도 당신이 시내산에서 모세를 통하여 율법을 그들에게 내려주셨을 때, 당신의 모습을 그들에게 나타내셨습니다. 그들을 위해 그토록 많은 위대한 일들을 행하셨으니, 우리를 저버리지 마시고 [83r] 마귀과 적그리스도가 당신의 양떼를 흩어 버리지 못하게 하소서.

실로 우리는 당신에게 거슬러 자주 그리고 심각하게 죄를 지었습니다. 그러나 이스라엘 백성도 광야에서 여러 차례 당신에 대항하여 반역하였으며, 당신의 말씀을 합당할 정도로 바르게 믿지 않음으로써 당신을 부정하였습니다. 거기서 그들을 심하게 벌하셨으나, 여전히 당신은 당신의 기업이 파멸되는 것을 허용하지 않았습니다. 왜냐하면 그들은 육체이며 영적으로는 무가치한 자들이라는 사실을 당신은 충분히 알고 계셨기 때문입니다. 당신이 긍휼하신 마음을 가지사 그들을 그 곤경들로부터 구원하셨던 까닭이 바로 그것입니다. 오 하나님, 이제 그와 동일한 방식으로 당신의 교회를 대해주시기를 간절히 바랍니다. 여러 번 징계하신 후에, 과거의 그 사람들과 똑같이 교회를 구원하시고 보호해 주시옵소서. 우리 주 예수 그리스도로 말미암아 기도합니다. 아멘.

Ⅱ. 오 위대하시고 선하신 하나님,

우리의 행위들에서 분명하게 나타나듯이, 인류가 얼마나 감사에 극도로 인색한 자들인지 우리가 인정합니다. 그러나 개개인들은 쉽사리 그 자신을 알지 못할 수 있으므로, 그 사실은 우리를 위하여 신실하게 성경에 기록된 고대의 선조들의 역사에서 한층 더 분명하게 나타납니다. 이스라엘 백성을 이집트에서 인도하여 내셨을 때 기적같은 놀라운 일들로 그들을 해방시키셨으며, 광야에서 그들을 인도하셨고, 그들을 보호하셨고, [83v] 그보다 더 큰 일을 상상할 수 없을 정도의 열정과 염려로 그들을 가르치셨다는 사실을 우리가 성경에서 듣습니다. 그러나 바로 그 백성이 그들의 창조자이며 구속자이며 인도자이신 하나님에게 얼마나 감사하지 않았으며 또한 그런 은택들에 관하여 하나님께 계속하여 불평하였는지 역시 성경에 기록되어 있습니다. 그들이 그 죄에 결코 결백하지 못하였다는 것은 분명합니다.

그러므로 우리는 아버지들 가운데 최상의 아버지이신 당신에게 요청합니다: 당신의 긍휼로써 우리를 선택하셨고 당신의 은혜로써 우리에게 최상의 장식품들을 내려주셨으니, 우리로 하여금 결코 그것들을 잊지 않게 하옵소서. 오히려 그것들에 관하여 당신에게 감사할 수 있도록 당신의 성령으로 우리를 끊임없이 감동시켜 주옵소서. 그 감사들이 당신을 영화롭게 할 것이며 또한 우리가 선한 삶을 살아가도록 강력하게 격려해줄 것입니다. 우리 주 예수 그리스도로 말미암아 기도합니다. 아멘.

III. 오 위대하시고 선하신 하나님,

황송하게도 당신은 경이로운 기적들로써 구약 시대의 선조들을 자주 보호하시고 지켜주셨습니다. 당신은 그 후손들이 이용할 수 있도록 바로 이런 놀라운 일들을 이야기할 뿐만 아니라 영원히 기억되도록 기록하라고 명하셔서, 믿음으로 그 일들에 관하여 배우는 사람들이 옛 사람들에 대한 당신의 선하심을 찬탄하게 하시고 또한 당신이 그와 동일한 상냥함과 신실하심과 친절하심으로 그들에게 대하실 것을 굳세게 소망하게 하셨습니다. [84r] 따라서, 그 선조들이 어떻게 당신의 엄중한 공의에 따라 처벌받았는지 그들이 배우게 되면, 자신들의 악한 행위들로써 당신의 진노를 불러일으키는 일을 지속할 때 그들도 처벌을 면할 수 없을 것이라는 사실을 알고 스스로 경계하게 될 것입니다.

그러므로, 하늘에 계신 아버지시여, 우리가 기도하오니, 그런 일들이 우리에게 자세하게 이야기되어 열매를 맺게 하소서. 그들이 이집트에서 구원받았던 것처럼, 우리 역시 당신의 은총으로 말미암아 영원한 파멸에서 구원받았습니다. 더구나, 광야에서 당신의 선하심에 관하여 불평하였던 사람들과는 달리, 우리의 욕심들에 격동되어 당신의 진노를 격발하여 멸망에 이르지 않게 되기를 우리는 거듭 반복하여 소망합니다. 우리 주 예수 그리스도로 말미암아 기도합니다. 아멘.

IV. 오 위대하시고 선하신 하나님,

죄악된 쾌락들을 갈망하는 것이 얼마나 해로운지 우리는 충분히 이해할 수 있습니다. 그것들은 우리를 자극하여 지극히 선하신 당신에게 대하여 불평불만을 쏟아내게 만들 뿐만 아니라, 우리의 마음의 욕망이 그것들에 탐닉하여 당신의 공의에 따른 가혹한 처벌을 불러일으키게 하기 때문입니다. 이제 성령께서 광야에서 이스라엘 자손들에게 이 모든 일들이 어떻게 일어났는지 우리에게 시의적절하게 상기시킵니다. 그리하여 우리는 또 다른 위험으로 교훈을 받았으며, [84v] 그와 유사한 재난들에 빠지는 운명에 사로잡히지 않도록 좀더 주의하게 되었습니다.

그에 따라, 우리가 끊임없이 당신을 기억할 수 있게 해 달라고 간청하는 우리의 기도들을 당신이 들어주시길 간구합니다. 최상의 진리이신 당신이 우리를 잘못 인도하였다는 그런 생각이 우리의 마음에서나 우리의 말에서나 결코 일어나지 않기를 원합니다. 그러나 우리의 연약함으로 인하여 실족할 때, 우리가 부서지기 쉬운 육신일 뿐만 아니라 극도로 연약한 영혼들인 것을 아시오니, 우리를 불쌍히 여기소서. 당신의 긍휼하심에 따라, 한편으로 우리가 넘어진 후에 다시 우리를 일으켜주시며 또 한편으로 우리가 영원한 파멸로 던져지지 않도록 우리에게 힘을 주옵소서. 우리 주 예수 그리스도로 말미암아 기도합니다.

시편 79편에서

I. 오 전능하신 하나님,

당신은 우리를 당신의 기업으로 택하셨고, 우리를 도우시고 향상시키시고 행복하게 만드시는데 기여할 무슨 일에서든 실패하지 않으실 것이라는 점은 의심할 여지가 없습니다. 당신은 우리에게 거룩한 성경과 복음의 설교와 성례들의 집행과 그리고 당신의 이 기업을 발전시키기 위해 덧붙여진 무수한 다른 일들을 우리에게 주셨습니다.

아, 그러나 우리는 이 모든 찬란하고 탁월한 선물들에 대하여 감사하지 않았으며, [85r] 우리에게 요구하신 일들도 전혀 수행하지 않았습니다. 그리하여 사악한 열방들이 당신의 진노로 말미암아 교회를 공격하도록 부추김을 받은 것이나, 당신의 백성의 피와 당신의 기업을 물과 같이 쏟아 붓는 것도 아주 당연합니다. 그들은 우리를 농담과 조롱거리로 간주하는데, 한층 더 가련한 일은, 그들이 우리를 박해하는 바는 우리의 죄악들이 아니라, 당신 자신과 당신의 거룩한 복음과 그리고 순전한 예배와 경건이라는 사실입니다.

그러므로, 선한 하나님 아버지시여, 당신의 목장에 있는 양떼에게 영원히 노하지 마시기를 우리가 당신에게 기도합니다. 우리의 죄악들이 우리 자신에 대하여 불타오르게 만들었던 당신의 이런 진노를 우리를 알지 못하였던 열방들에게 쏟아부으소서. 악한 자들이 당신의 교회를 삼키도록 허락하지 마옵소서. 우리의 옛 죄악들을 더 이상 기억하지 마시도록 당신의 긍휼하심에 의지하여 그리고 당신의 사랑하시는 아들, 우리 주님의 중보에 의지하여 탄원합니다. 우리의 구원은 오직 당신에게 의지하고 있으므로, 최소한 당신의 이름의 영광을 위해서라도, 당신의 이름을 부르는 자들을 도우시고 자유롭게 해 주옵소서. 우리의 죄악들에 긍휼을 베풀어 주옵소서. 그렇지 않으면 당신이 당신 자신의 대의명분에 등을 돌렸다고 사악한 자들이 말할 것입니다. 고통당하는 자들의 신음과 눈물을 당신의 면전에서 물리치지 마소서. 당신을 거스린 우리의 죄악들을 용서하시고, 우리를 위하여 당신의 능력 있는 도우심을 감히 보여주셔서, [85v] 우리 곧 당신의 기업이자 당신의 백성이며 당신의 목장의 양떼인 우리가 영원히 당신을 고백하며 앞으로 올 모든 세대들이 계속하여 당신을 찬양하며 기념할 수 있게 하옵소서. 우리 주 예수 그리스도로 말미암아 기도합니다. 아멘.

II. 전능하신 하나님,

당신이 어떻게 이스라엘 왕국을 전복시키셨으며 당신에게 반역하던 그 백성들로 하여금 학살과 약탈과 노략질과 불과 포로와 각종 슬픈 일을 당하게 하셨는지, 당신의 엄중하심을 보여주는 두드러진 사례들에서 우리가 건전한 경고를 얻을 수 있도록 기도합니다. 그럼으로써 우리가 열렬한 마음으로 회개할 수 있고, 그 회개로 말미암아 우리의 무수한 죄악들에 의하여 온당하게 받아야 마땅한 무거운 처벌로부터 우리가 건짐을 받을 수 있을 것입니다. 당신의 지극히 거룩한 이름을 고려하시는 것이 옳습니다: 왜냐하면, 만일 당신의 진노를 우리에게 다 쏟아부으시면, 당신에게 예배하며 당신의 이름을 부르는 자들에게 당신은 도움을 주시길 원하지 않았다고 악한 자들이 생각하게 될 것이기 때문입니다. 교회에 어떤 역경이나 재난이 찾아올 때마다 그들은 무례한 비웃음을 날리는데 점점 더 익숙해졌으며, "이제 그들의 하나님이 어디 있느냐?" "그들의 경건이 그들에게 무슨 유익이 되느냐?" 하고 말합니다. 이런 종류의 모욕이 당신에게로, 당신의 가르침에게로, 그리고 거룩한 복음에게로 되돌아갑니다. [*86r*] 그러므로 당신의 목장의 양떼들을 생각하셔서 우리를 보호하고 지켜주셔서 우리가 어느 곳에서든 끊임없이 당신을 찬양하고 선포할 수 있게 해주시기를 우리가 기도합니다. 우리 주 예수 그리스도로 말미암아 기도합니다. 아멘.

시편 80편에서

I. 오 전능하신 하나님,

당신은 목자와 같이 당신의 백성들 옆에 계시고, 그들을 양떼와 같이 인도하여 당신의 보호 아래 두신 것은 이제껏 당신이 늘 하시던 일이었습니다. 이제 우리가 간청드리오니, 이런 커다란 위험들 속에서 당신의 능력을 발휘하여 주옵소서. 당신의 얼굴 빛을 우리에게 비추어 주옵소서. 일어나사 우리를 구하러 오소서.

우리가 당신을 거스려 저지른 악행들과 심각한 죄악들 때문에, 우리를 향한 당신의 진노가 이유 없는 것이 아니라는 사실을 우리는 인정합니다. 지금 당신의 교회를 짓누르고 있는 이런 거대한 재해들이 교회를 압도하였을 때, 당신의 공의가 실현되었다고 우리는 고백합니다. 그러나 이제 우리가 당신을 거스려 저지른 모든 죄악들을 깊이 뉘우치며 당신의 친절하심과 긍휼하심을 애원하고 있는데, 왜 여전히 우리에게 진노하시겠습니까? 악하고 어그러진 자들이 우리를 통하여 당신을 공격하는데 이용하는 그 논쟁들과 모욕들과 무도한 행위들을 언제까지 참으시겠습니까? [86v]

선하신 아버지여, 이 어려운 시절에 당신의 그 선하심의 상냥하고 평온한 표정을 우리에게 보여주옵소서. 당신의 교회에 내려주셨던 그 탁월한 은덕들을 생각하옵소서. 당신은 끊임없이 성령의 풍성한 선물들로써 교회를 기르셨고, 갖추어 주셨고, 고상하게 하셨습니다. 이제 교회를 사악한 야만인들과 잔인한 적그리스도들에게 약탈당하도록 넘겨주지 마옵소서. 높이 드신 당신의 권능의 오른손으로 친히 심으셨고 가꾸어오신 그토록 우아하고 훌륭한 포도원이 수치스럽고 슬프게 난도질당하고 불타 없어지고 뿌리채 뽑혀 버리는 것을 허락하지 마옵소서. 하늘에서 내려다보시고 우리가 당신에게 부르짖는 것을 보옵소서.

악한 자들이 당신의 언짢은 꾸지람에 멸망당하게 하옵소서. 왜냐하면 그들은 끊임없이 당신의 이름과, 당신의 복음과, 우리가 당신에게 드리는 거룩한 예배를 불경스럽게 모독하기 때문입니다. 당신의 오른손이 이룬 작품인 우리는 당신한테서 나오는 구원과 도움을 느낍니다. 우리가 당신의 이름을 부를 때, 당신은 우리를 소생시키며 강하게 하셔서, 그 결과 우리가 결코 당신을 저버릴 수 없으며 오히려 우리의 모든 행위들에서 항상 당신의 얼굴에서 나오는 그 밝은 빛으로 인도받을 것입니다. 우리 주 예수 그리스도로 말미암아 기도합니다. 아멘.

Ⅱ. [87r] 오 전능하신 하나님,

당신의 긍휼하심으로 그동안 당신은 신실한 자들의 목자이며 또 목자라고 일컬어지는 것을 기뻐하셨습니다. 그룹들(cherubim)과 모든 하늘의 권세들 위에 당신이 앉아 계신 그 높이 들린 보좌로부터, 우리가 기도하오니, 우리를 구원할 당신의 권능과 구원의 능력을 발휘하소서.

때때로 당신은 신실한 자들에게 진노하시는 것처럼 보이며, 이런저런 방식으로 그들이 악한자들의 조롱과 웃음거리가 되게 하시지만, 그러나 이제 마침내 당신의 은혜로운 얼굴과 은총을 그들에게로 돌려주시옵소서.

놀라운 선견지명으로 당신이 심으시고 가꾸어오신 포도원인 교회가 야만적인 불신자들에 의하여 짓밟히고 찢기도록 허용하지 마소서. 다시 교회를 세워주시고 회복시켜 주셔서 위선적인 도적질에 의하여 낮아졌던 것을 다시 높이시고, 폭군들의 방화로 파괴된 것을 대체하여 주시고, 절뚝거리고 불구가 된 것을 마침내 온전하게 해 주시기를 우리가 간구합니다. 당신의 손길이 즉각적으로 기꺼이 우리를 보호하셔서, 다시 생명으로 회복시켜 주신 우리가 당신의 이름을 부를 수 있게 하시고, 또한 당신의 긍휼하신 모습으로 빛을 얻은 우리가 오직 당신을 위하여 안전하고 든든하게 살아갈 수 있게 하소서. 우리 주 예수 그리스도로 말미암아 기도합니다. 아멘.

시편 81편에서

I. [*87v*] 오 위대하시고 선하신 하나님,

우리가 기쁘고 즐거운 마음으로 당신을 찬양하며 기념하는 데에는 결코 적지 않은 이유가 있습니다. 왜냐하면 당신의 선하심으로 우리를 죄의 노예상태와 마귀의 폭정으로부터 자유롭게 하셨기 때문입니다. 우리가 당신을 우리의 하나 님으로 고백하므로, 우리가 오직 당신에게만 귀를 기울이고 경배하며, 다른 그 어떤 것도 당신과 동등하거나 더 낮게 여기지 않도록 기쁘게 허락하여 주시 기를 기도합니다.

때때로 우리가 감히 그런 일을 저질렀을 때, 우리는 결코 가볍지 않은 혹은 범상치 않은 처벌을 받아야만 했습니다. 왜냐하면, 참된 하나님이신 당신 없이 우리 자신만 남겨졌을 때, 우리는 음란한 욕망들에 빠져들어 천박한 욕정들을 따라갔기 때문입니다. 그 역병보다 인간에게 닥칠 더 큰 재난이 없을 것이라고 이제 우리가 생각합니다. 그것이 우리로 하여금 당신의 말씀을 듣고 그런 다음 에 당신의 길을 따라가도록 거듭 반복하여 요청하게 합니다. 그 일이 이루어지 면, 당신의 약속들을 실천하셔서 우리의 구원의 원수들을 억제하시고 마침내 우리를 형용할 수 없는 달콤한 즐거움들에 영원히 참여하게 하실 것을 우리가 확실히 압니다. 우리 주 예수 그리스도로 말미암아 기도합니다. 아멘.

II. [*88r*] 오 전능하신 하나님,

당신의 최상의 은덕들 때문에, 우리는 열렬하게, 우리의 목소리뿐 아니라 악기를 동원하여, 감사와 찬송을 당신께 드려 당신의 이름을 영화롭게 해야 마땅합니다. 우리의 잘못된 행실들 때문에 교회가 극도의 위험에 둘러싸여 있는 것을 우리가 목도합니다. 이것이 우리를 몰아붙여 당신 앞에서 우리의 죄악을 고백하고 통곡하게 만듭니다. 당신의 선하심으로써 우리가 적그리스도의 폭군적인 노예상태로부터 자유롭게 되기를 당신은 오랫동안 원하셨지만, 비참한 우리들은 그 자유와 평화의 선물을 수치스럽게 남용하였습니다.

여러 번에 걸쳐 당신은 거룩한 말씀을 통하여 그리고 당신의 말씀의 사역자들을 통하여 마치 이스라엘 사람들처럼 우리를 심판대로 소환하셨습니다. "내 백성들아 내 말을 들으라, 그리고 나를 너희 하나님으로 인정하라"라고, 말로만 아니라, 마음으로, 행위로, 그리고 진정한 예배로 그렇게 하라고 말씀하십니다. 아, 그러나 우리는 당신의 말씀에서 우리의 마음을 돌려버렸고, 그 결과 우리의 죄악은 측량할 수 없을 정도로 계속 늘어만 갔습니다. 우리가 당신을 신뢰하였다면 의심할 여지없이 타도되었을, 그 교회의 원수들이 이제 우리를 두렵게 하고 있습니다. 평화롭고 고요하게 당신의 달콤한 선물들을 누릴 수 있었던 우리는 [88v] 이제 매일 더 큰 재난들로 고통받고 있습니다.

그러나, 그토록 많은 고난들에 둘러싸여 있는 교회를 저버리지 마시기를, 당신의 탁월한 친절하심에 호소하여, 우리는 요청합니다. 마침내 교회 곁에 기꺼이 서주셔서, 교회로 하여금 당신이 수여하신 그 가르침과 예배를 영원히 유지하며 굳게 붙들 수 있게 해 주옵소서. 우리 주 예수 그리스도로 말미암아 기도합니다. 아멘.

시편 82편에서

I. 위대하시고 선하신 하나님,

당신은 모든 왕국들과 지상의 모든 권세들을 다스리십니다. 당신의 성령께서 그들을 인도하시고 세워주지 않으면, 그들은 백성들에게 정의도 공평함도 베풀 수 없습니다. 그러므로, 이미 충분하고도 남을 정도로 환란을 겪어온, 이생의 여러 문제들을 당신이 기꺼이 도와주시길 우리가 부탁드립니다. 선한 군주들을 보전하여 주시고 악하고 폭력적인 군주들을 책망하여 주셔서, 그들이 가난한 자들을 위한 정의를 베푸는데 실패하지 않게 하시고, 억압받는 자가 풀려나게 하시고, 특히 경건한 자들이 번영하고 자라날 수 있게 하소서. 우리의 관리들과 군주들과 왕을 당신의 신성한 이름으로 계몽해 주신 일을 이제껏 기뻐하셨던 것처럼, 우리 역시 기도하오니, 그들의 수고와 사역으로써 신실한 자들이 이 땅에서 사는 동안 당신에게 영광을 돌리며 거룩한 삶을 살아가게 하셔서 [89r] 그들을 다스리는 통치자들과 더불어 왕중의 왕이며 주들의 주이신 당신에게 이끌려 갈 수 있도록, 당신의 선하심으로써 섭리해 주옵소서. 거기에서 그들이 모두 영원한 축복들과 최선의 행복을 맛보게 될 것입니다. 우리 주 예수 그리스도로 말미암아 기도합니다. 아멘.

II. 전능하신 하나님,

당신에게 순종하지 않았던 당신의 백성들이 종종 악한 권세들과 믿음 없는 군주들에게 어쩔 수 없이 복종해야 할 때가 있다는 사실을 우리가 고백합니다. 우리가 그토록 심각하게 그리고 완고하게 당신을 거스려 죄를 저질러왔기 때문에 이런 처벌들뿐 아니라 그보다 한층 더 엄한 처벌들을 받아야 마땅하므로, 이것은 마치 우리가 입은 상처에 대하여 불평하듯이 우리가 불평할 수 있는 일이 아닙니다.

그럼에도, 당신의 말씀과 약속에 의지하여, 이런 어려운 시기에 당신의 교회를 도와주시기를 거듭 반복하여 진지하게 엎드려 간구합니다. 황송하게도 당신께서 높은 권력자들과 관리들은 신들의 이름과 신분으로 존중해주셨으니, 그들 자신의 욕망과 음탕함에 빠져들지 않도록 기꺼이 그들의 모임을 당신의 공의로 지도하시고 그들 중에서 재판장으로 행하소서. 그렇지 않으면 우리의 타락한 인간 본성에 사로잡혀 그들은 죄악되게 교회를 억압하고 적절하지 않은 불경건에 굴복할 것입니다.

선한 아버지여, 당신이 그들의 통치에 관여하시길 우리가 기도하였으므로, [89v] 당신의 도움으로 인하여 가난한 자들과 고아들과 고통받는 자들과 억압당하는 자들을 그들의 심중하고 격심한 위험으로부터 건져주실 자유가 있을 것이라고 우리는 또한 의심하지 않습니다. 그들의 의무를 이해하지 못하는 까닭에, 어둠 속에 살아가며 모든 올바르고 의롭고 경건한 것을 전복시키려고 노력하는 자들의 세력에 교회를 넘겨주지 마시기를 간구합니다. 그들이 신들로서 그리고 고상한 자들로 불리도록 높여진 것은 당신의 행하신 일이라는 사실을 깨닫지 못하기 때문에, 그들은 마땅히 최악의 인간들처럼 내버려지고 파멸당하는 것이 마땅합니다.

오 하나님, 교회는 당신의 기업이니, 교회를 도우시고 그 대의명분을 친히 당신의 돌보심 아래 두셔서 판단하옵소서. 우리 주 예수 그리스도로 말미암아 기도합니다. 아멘.

시편 83편에서

I. 전능하신 하나님,

우리의 구원의 원수들의 적대감과 군대들과 매복과 치명적인 계획들이 날마다 점점 더 커져서, 우리는 끊임없이 큰 소리로 부르짖을 수밖에 없습니다. 그들의 모든 노력은 이 한 가지 목적 밖에 없습니다: 우리가 당신에게서 찢겨나가고 그리하여 당신을 신뢰하거나 혹은 당신의 이름을, 마땅히 그래야 하듯이, 순전하고 합당하게 부르는 자가 아무도 없게 만들려는 것입니다. 우리 자신의 육신과 우리의 감각들과 그리고 악한 자들이 함께 연합하여 [*90r*] 당신의 교회를 대적하는 이 어둠의 주관자들과 더불어 음모를 꾸몄으며, 마침내 우리의 모든 지상적이고 세상적인 감정들과 기능들이 교회를 대항하여 일어났습니다.

그러므로 당신이 침묵하지도 마옵시고, 그대로 계시지도 마옵시고, 계속 평안하게 지내지도 마시길 우리가 기도합니다. 과거에 이집트인들과 미디안 사람들과 가나안 사람들과 블레셋 사람들을 타도하심으로써 이스라엘 백성들을 구하였던 것처럼, 오늘날에도 온 몸과 마음으로 당신을 신뢰하며 그 보호하심에 자신을 맡기는 자들, 그 힘과 능력과 안전이 오직 당신 안에 감추어져 있는 자들을 구하여 주옵소서. 당신과 우리를 적대하는 자들의 오만에 제약을 가하셔서, 당신만이 우리가 경건하게 예배드려야 할 하나님이시며 모든 미신들을 옆으로 던져버리고 정숙하게 기원을 드려야 할 분이라는 사실을 모든 사람들이 이해할 수 있게 하옵소서. 우리 주 예수 그리스도로 말미암아 기도합니다. 아멘.

시편 84편에서

I. 오 전능하신 하나님,

옛 선진들은 그 시절 당신의 장막을 위하여 지정해 두셨던 그 장소에 나아가려는 소망을 단단히 붙잡고 있었습니다. 우리 역시 그와 똑같은 열망으로 나아갑니다. 곧 교회가 회복되는 것을 우리가 볼 수 있기를, 그리고 경건한 회중들이 합법적으로 모여 당신을 높이는 찬송을 올려드리며, [*90v*] 거룩한 교리를 귀기울여 듣고, 성례들을 올바르게 받을 수 있도록 당신이 허용해 주시기를 소망합니다.

우리의 왕, 우리의 하나님이시여, 언젠가 우리가 마침내 그곳에서 기뻐할 수 있게 되기를 원하므로 우리가 당신에게 기도합니다. 왜냐하면 그곳의 행복이 무엇이든지 이생에서는 오직 경건한 자의 거룩한 모임에서만 발견할 수 있다는 것을 우리가 의심하지 않기 때문입니다. 그러므로, 선하신 아버지시여, 우리의 기도를 들으시고 당신이 원하셨던 바로 그 모습대로 우리가 당신의 집을 만들 수 있도록 허락해 주옵소서. 악한 자의 장막에서 오랫동안 거하는 것보다 혹은 이 세상의 온갖 쾌락들로 가득차 있지만 불법적으로 소집된 곳에서 머물러 있는 것보다, 당신의 집에서 단 하루를 사는 것이 우리에게는 한층 더 행복할 것입니다. 당신은 우리의 빛이며 성채이시니, 땅 위에서 당신을 영화롭게 하도록 우리를 모아주셔서, 마침내 하늘의 영원한 장막들에서 당신에게 가까이 갈 수 있으리라는 우리의 소망이 자라게 해 주옵소서. 우리 주 예수 그리스도로 말미암아 기도합니다. 아멘.

시편 85편에서

I. 전능하신 하나님,

당신의 영화롭고 장엄한 긍휼하심으로 인하여 당신의 교회에 대하여 당신의 호의를 보여주시어, 우리가 끔찍한 죄의 노예에서 자유롭게 됩니다. 이제껏 우리는 [*91r*] 육신의 노예들이었고 마귀의 비참한 포로들이었으나, 황공하게도 당신이 우리의 모든 죄악들을 용서하셨고 우리의 모든 죄를 덮어 주셨습니다. 그리하여 이제, 비록 우리가 감사하지 않는 자들이며 당신의 은덕들을 받을 자격이 없는 자들이지만, 당신의 진노와 노여움을 거두어주시길 우리가 간구합니다. 우리에 대하여 진노하시는 것은 합당하지만, 당신의 이름을 위하여 우리의 죄악들에 의하여 촉발된 이 노여움을 억제해 주시길 원합니다.

우리를 다시 구원의 길로 돌아오게 하옵소서. 왜냐하면 우리에게 영원히 진노하시거나 혹은 당신의 분노와 진노를 여러 세대들을 통하여 지속하는 것은 당신의 친절하심과 양립할 수 없기 때문입니다. 우리의 공로가 아니라, 평소에 당신이 행하시는 방식을 따라 우리를 대하소서. 우리의 원수들을 흩어버리시고 도망가게 하셔서, 우리의 죄악에 대한 당신의 진노를 바로 그들로부터 우리가 체험하게 하옵소서. 오만하게 당신에게 반역하였던 우리를, 이제부터는 당신이 우리에게 말씀하시고 명령하시는 바에 귀기울여 듣고 순종하는 자로 만드소서. 당신의 긍휼과 진리가 우리 안에서 어우러지고, 당신의 평화와 공의가 우리의 마음 속에서 깨어질 수 없는 빗장으로 간직되어서, 우리를 그 야만적인 적그리스도와 그의 잔인한 앞잡이들로부터 구출하실 때 [*91v*] 우리가 공의와 거룩의 풍성한 열매를 맺을 수 있게 해주시길 원합니다. 우리 주 예수 그리스도로 말미암아 기도합니다. 아멘.

II. 오 위대하시고 선하신 하나님,

우리는 당신의 양떼이며, 당신의 백성이며, 당신의 기업이므로, 당신이 우리에게 은혜로우실 것을 우리는 온전히 믿습니다. 당신은 너무나 은혜로우셔서, 우리의 허물과 죄를 용서하시고 또한 우리가 마땅히 받아야 할 처벌들을 면제하여 주십니다. 우리가 촉발시킨 그 노여움을 당신의 아버지와 같은 염려로써 거두어 주시고, 우리 자신에 대하여 불러일으킨 그 진노를 해소하여 주시기를 우리가 간구합니다. 비록 우리의 죄악됨으로 인하여 우리가 받아 마땅하지만, 그러나 영원히 노여워하시거나 혹은 오랫동안 당신의 진노를 펼치시는 것은 당신의 본성이 아닙니다. 그와는 정반대입니다. 당신의 선하심을 나타내는 곳마다, 당신에게서 피난처를 구하는 모든 자들에게 당신은 늘 구원을 베풀어주십니다.

선하신 아버지여, 당신이 말씀하실 때 우리로 귀기울여 듣게 하옵소서. 왜냐하면 당신은 언제나 우리의 평화와 우리의 선을 위하여 말씀하시기 때문입니다. 그렇게 되면, 우리는 구원을 얻고 영예롭게 단장될 뿐만 아니라, 우리가 가진 모든 것이 선함과 진리와 공의와 평화로 가득하게 될 것입니다. 우리의 믿음이 풍성해질 것이며, 그로 말미암아 당신은 관대하신 마음으로 우리를 의롭게 하실 것입니다. [92r]

그러므로 우리가 기도하오니, 우리가 게으르거나 혹은 열매 맺지 못하는 종이 되지 않고 오히려 계속하여 당신 앞에서 거룩과 순결에서 전진하게 하옵소서. 우리 주 예수 그리스도로 말미암아 기도합니다. 아멘.

시편 86편에서

I. 전능하신 하나님,

우리의 가난과 비참이 참으로 크오니, 우리에게 가장 필요한 것은 당신의 구원입니다. 안전과 보호를 구하여 우리가 당신에게 날아갈 때, 우리는 우리 자신의 심각한 죄악들과 타락한 삶과 악한 습관들과 마주칩니다. 우리는 그것들을 당신 앞에서 감추지 않으며, 설령 감추려고 하더라도 그럴 수 없습니다. 당신은 우리의 모든 악행들을 보시며, 우리는 우리 자신이 저지른 그 죄악들을 당신에게 자백합니다. 우리는 잘못을 저질렀고, 불순종하고 오만하며 당신에게 반역하곤 하였습니다. 우리가 지금 겪고 있는 고난보다 훨씬 더 큰 재난을 당하여도 마땅합니다.

그러나 당신은 우리의 하나님이시며 사랑하시는 아버지이시므로, 귀를 기울여 우리의 말을 들어주옵소서. 날마다 당신에게 부르짖으며 이런 소망을 가지고 당신에게 마음과 눈을 향하는 우리를 이제 불쌍히 여기소서: 당신은 당신에게 호소하는 자들을 기꺼이 용서하시고 친절하심이 풍성하시며, 그 하시는 일들에서 모든 신들보다도 더 강력하신 분이시니, [92v] 큰 곤경과 시련에 처한 우리를 그대로 내버려두지 마옵소서.

당신은 위대하시며, 오직 당신이 놀라운 일들을 행하십니다. 그러므로 우리에게 당신의 길을 가르치시고, 우리로 하여금 당신의 진리 안에서 걸어가게 하옵소서. 방황하는 우리의 마음을 당신에게로 다시 불러주셔서 당신의 이름을 크게 경외하게 하옵소서. 당신의 긍휼하심을 우리에게도 크게 나누어주셨지만, 그러나 우리가 감사하지 않았기 때문에 악한 자들의 무장한 군대가 우리를 대항하여 일어났으며, 저주받은 자들의 전선이 우리를 공격하였습니다. 그들은 당신에게 전혀 주의를 기울이지 않으며 당신의 교훈과 이름을 전혀 개의치 않습니다. 그들은 그 수치스러운 기술들로 오직 한 가지만을 추구합니다: 그것은 하나의 같은 행동으로써 당신께 드리는 예배와 우리의 영혼을 멸망시키는 일입니다.

오 하나님, 당신은 긍휼하시며 오래 참으시며 사랑하시며 진실하시니, 당신의 언약들의 자녀들을 내려다보시고 불쌍히 여겨 주옵소서. 그들을 강하게 해 주시고 구원해 주옵소서. 구원의 깃발을 들고 진격하여 위의 원수들을 깨뜨리시고, 그리하여 모든 사람이 당신이 참으로 우리 하나님이심을 보고 깨닫게 하옵소서. 우리 주 예수 그리스도로 말미암아 기도합니다. 아멘.

Ⅱ. [93r] 오 전능하신 하나님,

우리는 힘과 계획이 부족하다는 사실을 주목할 때, 그렇지만 우리가 거룩한 자들이며 또한 당신에게 헌신하는 자들인 것을 전혀 의심하지 않을 때, 당신 앞에 우리의 기도와 탄원을 끊임없이 쏟아내지 않을 수 없으며 또한 우리의 모든 소망을 오직 당신에게 두지 않을 수 없습니다. 당신은 온유하시고 친절하시며, 풍성한 긍휼과 선하심을 가지고 계시오니, 당신을 부르는 자들 곁에서 주옵소서. 우리에게 당신의 계획을 지체없이 가르치사, 우리가 모든 협잡과 위선을 내버리고 당신의 계명들을 공공연하게 그리고 온전하게 순종하게 하소서. 당신의 이름에 필적할 수 있는 것은 아무것도 없사오니, 모든 인생들이 그 이름을 인정하고 예배하기를 우리가 소망합니다.

당신의 백성을 심각한 여러 위험에서 종종 구원하셨던 것처럼, 인간의 구원의 원수들이 우리를 대항하여 강력하게 일어난 지금도 우리를 주목하시고,

우리에게 힘을 주시고 또 참된 구원을 허락하시면, 그 일이 이루어질 것입니다. 당신이 이 빛나는 깃발을 펼치시길 우리가 간구합니다. 그러면 당신의 영광을 반대하는 자들이 그것을 주목한 후에 진지하게 당신께로 돌아올 수 있을 것입니다. 우리 주 예수 그리스도로 말미암아 기도합니다. 아멘.

시편 88편에서[28]

I. [*93v*] 오 전능하신 하나님,

우리의 구원은 당신의 것이며, 우리가 매일 당신에게 호소하오니, 우리의 기도에 귀를 기울여주시기를 우리가 간구합니다. 특히 그토록 많은 고난들이 우리에게 차고넘치는 이런 때, 우리의 기도들에 등을 돌리지 마시고 우리를 당신의 존전에 받아주시옵소서.

이 힘들고 소란스러운 시대는 부정의하게 혹은 부당하게 우리를 괴롭히는 것이 아닙니다. 왜냐하면 우리의 악한 일들로써 우리는 감사할 줄 모르게 행동하였고, 악하게 살았으며, 당신께 부주의하게 예배드렸기 때문입니다. 그 결과 당신은 이 모든 악한 일들로써 우리를 벌하셨습니다.

우리의 마음이 대단히 슬프며, 우리의 악행들에 따라 우리를 대하시지 말도록, 우리가 기도할 때마다 엎드려 간구합니다. 이미 무덤에 들어간 자들처럼 우리를 대하지 마옵시고, 우리를 그 구덩이로 빠져들어가는 자들처럼 여기지 마옵소서. 인간의 힘과 육체의 방어와 외적인 힘이 얼마나 무가치한지 보옵소서. 당신의 진노가 우리 위에 내리지 않게 하옵소서. 우리를 적그리스도의 사나운 폭풍 속에서 빠져 죽지 않게 하옵소서. 당신의 이름과 당신의 복음의

---

28 시편 87편에 근거하는 기도는 다섯 개의 라틴어판 『거룩한 기도들』어디에도 없다. 버미글리가 기도문을 남기지 않은 유일한 시편이 바로 이것인데, 이 시편이 버미글리로 하여금 기도문을 쓰지 않게 했을 만한 어떤 특별한 내용을 담고 있는 것도 아니다. 조시아 시믈러는 그의 서론적 편지에서 버미글리의 친필로 씌어진 작은 종이조각들을 발견하였다고 묘사하는데, 그것들 가운데 이 시편에서 이끌어 낸 기도들을 담고 있는 종이조각들이 산재해 있었다("caritas quasdam abiectas et dissipatas"). 그 원고의 묘사를 고려할 때, 한 페이지를 잘못된 곳에 두었거나 혹은 유실되었다고 해도 그리 놀라운 일이 아니다. 그러나, 버미글리의 1566년 영어판 『거룩한 기도들』에 실린 시편 87편을 기초로 한 기도는, 그 번역자인 찰스 글램헨(Charles Glemhan)이 단순히 그 빈 자리를 메우기 위하여 작성한 것이 거의 확실하다.

대적자들이 우리를 몹시 증오하며, 우리의 친구들과 지인들도 몰래 우리로부터 도망칩니다. [*94r*]

그러므로 우리는 당신에게 호소하며 우리의 팔을 당신을 향하여 펼칩니다. 우리가 기도하오니, 당신의 얼굴을 우리에게 숨기지 마옵소서. 그렇지 않으면 우리는 비참하게 죽을 것입니다. 우리는 당신의 두려운 공의를 감당할 수 없을 것입니다. 우리의 친구들과 친척들과 지인들이 우리에게서 거리를 둔다고 하더라도, 당신은 우리 곁에 계시며 우리를 도우심으로 우리 편을 들어주신다는 사실을 뚜렷하게 나타내 보여주소서. 그러면, 그토록 많은 위험들에서 구출된 후, 우리는 무덤이나 죽음 속에서가 아니라 살아 있는 자들 속에서 당신을 고백할 것입니다. 우리 주 예수 그리스도로 말미암아 기도합니다. 아멘.

II. 오 전능하신 하나님,

우리가 죽을 인생으로 이 곳에서 살고 있는 동안에, 자주 당신에게서 멀어지며 어둠이 우리의 마음을 가립니다. 당신의 길을 따라 앞으로 나아갔어야 했던 우리는 종종 넘어지거나 혹은 겁쟁이들처럼 납작 엎드립니다. 늘 당신의 은총으로 품어주셨던 자들을 당신은 그 질병이나 고난 속에서 당신의 선하심으로써 일으켜 세워주셔서, 그들의 어둠과 게으름을 물리쳐 주셨습니다. 이제 우리에게도 그렇게 하신다는 것을 우리가 느낍니다. 우리는 너무나 낙심한 상태이며 무거운 재난들에 짓눌려, 완전히 황폐하게 될 지경에 이렀습니다.

그러므로, 선한 아버지시여, 우리가 구하오니, 진노하심으로 우리를 꾸짖지 마옵소서. [*94v*] 당신의 진노를 터뜨려 그로 인하여 우리가 소멸되지 않게 하옵소서. 이제껏 일어난 일들이 우리의 회복에 기여하기를 원합니다. 이제 우리가 당신 앞에서 탄원과 신음을 쏟아내고 있는 것을 보옵소서. 우리의 친구들과 친척들이 사방으로 흩어지며, 우리의 구원의 원수들이 음모를 꾸미며 올무를 만들며 끊임없이 우리에 대한 속임과 협잡을 생각하기를 그치지 않는 것을 보옵소서.

오 하나님, 우리의 간구와 기도에 응답해 주시고, 당신의 이름의 원수들이 우리를 반대하여 즐거워하는 일을 우리로 경험하지 않게 하소서. 우리를 버리지 마시고, 우리에게서 멀리 계시지 마옵소서. 우리의 구원을 오직 당신께 의뢰하였사오니, 속히 우리를 도우소서. 우리 주 예수 그리스도로 말미암아 기도합니다. 아멘.

Ⅲ. 오 전능하신 하나님,

우리가 이 세상에 사는 동안에 사방으로 악덕에 포위되고, 가득한 재난들과 넘치는 곤경에 직면하여, 아직 살아 있지만 그러나 마치 죽음 한 가운데 걸어가는 것 같습니다. 그러므로 우리는 절박하고 쉼없는 기도로써, 우리가 유일한 구원으로 붙잡은 당신에게 나아갑니다. 우리가 우리의 죄악으로 인하여 소멸되어 왔으며, 이제는 완전한 파멸에 거의 삼켜져 버릴 지경인지 당신이 보시기를 엎드려 간구합니다. 우리의 죄악으로 촉발시킨 당신의 노와 분이 우리를 헤아릴 수 없을 정도로 걱정하게 하며 우리의 내면을 무섭게 찢어놓습니다. [95r] 우리의 친구들과 친척들 그리고 우리에게 복을 빌어주는 자들은 그런 무거운 고난들로부터 우리를 구출하는데 아무런 도움이 되지 못합니다.

그러므로, 선하신 아버지시여, 속히 우리를 도우시고, 긍휼을 베풀어 주셔서 당신에게 거스려 우리가 저지른 일을 용서해 주옵소서. 우리가 이 세상에 사는 동안에 그렇게 해 주시지 않으면, 우리는 최후의 심판과 정죄 후에는, 우리가 당신에게 지켜달라고 지금 간구하는, 그 어떤 자리도 발견할 수 없을 것입니다.

우리의 악한 탈선 때문에 그토록 오랫동안 당신이 합당하게 우리에게서 고개를 돌리고 계셨으나, 이제 다시 당신의 은혜로운 얼굴을 우리에게 보여주소서. 그렇지 않으면 우리는 더 이상 양심의 심각한 고통과 당신의 엄중한 손길을 견딜 수 없습니다. 우리 주 예수 그리스도로 말미암아 기도합니다. 아멘.

시편 89편에서

I. 오 전능하신 하나님,

당신의 긍휼하심은 널리 알려져 있습니다. 왜냐하면 모든 성도들이 그것을 찬미하였으며 또한 모든 세대들을 통하여 끊임없이 계시되었기 때문입니다. 그 긍휼하심으로써 당신은 택한 자들과 언약을 맺으셨는데, 그것은 그리스도와 그 후손의 나라인 교회가 영원히 지속되길 당신이 원하시기 때문입니다. 엄숙하고 굳게 약속하신 바를 당신이 수행할 힘이 없다고 걱정할 인생은 아무도 없습니다. [95v] 하늘과 땅과 세계와 바람과 바다와 모든 것을 당신이 창조하셨으므로, 당신이 양자로 삼으셨고 당신의 얼굴 빛 아래서 살아가는 자들을 구원하실 수 있다는 사실을 우리는 전혀 의심하지 않습니다.

특별히, 당신이 우리의 죄악을 기꺼이 용서해 주시는 일이 우리에게 꼭 필요합니다. 그 죄악들로써 우리가 당신의 마음을 심각하게 상하게 하였으며, 그 죄악들이 참으로 우리를 괴롭히며 그 무게로써 우리를 심각하게 억눌리고 있다는 사실을 고백합니다. 그러므로 당신에게 탄원하는 자들을 사면해주시고, 당신의 이름의 원수들에 대항하여 우리의 보호자가 되옵소서. 당신의 팔을 용감하게 들어올리소서. 당신의 팔을 강하게 하사 우리를 구원하시고, 이런 위험들 속에 처한 우리를 위하여 당신의 오른손에 무기를 잡으셔서, 악한 자들의 폭력이 우리를 이기지 못하게 하옵소서. 사악한 자들이 그 증오심으로 우리를 괴롭히는 일을 허용하지 마옵소서. 친히 그들을 치시고, 우리의 거룩한 복음을 반대하는 그들의 노력이 성공을 거두지 못하게 하옵소서.

우리 아버지 하나님, 우리의 구원으로서 당신에게 호소합니다. 그러므로 우리를 향한 당신의 긍휼을 계속 지켜 보호해 주시고 우리와 맺으신 당신의 언약을 약화시키지 마옵소서. 우리는 당신의 율법을 저버렸으며, [96r] 당신의 계명들을 따라 살지 않았으며, 당신의 거룩한 예전들을 더럽혔으며, 당신의 뜻에 순종하지 않았습니다. 당신의 막대기로 매맞거나 혹은 당신의 형벌의 채찍으로 벌받는 것에 우리가 반대하지 않습니다. 우리는 다만 이것을 구합니다: 우리에게서 당신의 긍휼과 선하심과 진리를 거두어 가지 마옵소서. 우리 주 예수 그리스도로 말미암아 기도합니다. 아멘.

Ⅱ. 오 전능하신 하나님,

만사가 그들의 뜻대로 흘러갈 때 당신의 긍휼하심과 선하심을 찬양하는 것이 경건한 자의 관심이라고 우리는 고백합니다. 만일 어려운 시절에 우리를 짓누르는 고난 속에서도 우리가 그와 같은 관습을 계속 지키며 또한 당신을 상냥하고 친절하신 분으로 계속하여 모든 세대에 선포한다면, 참으로 그것은 우리가 당신의 성령과 은혜를 받은 자라는 효력 있는 증거입니다.

그러므로 우리가 당신에게 간구하오니, 당신의 신실한 종 다윗과 더불어 맺기를 기뻐하셨던 그 약속들과 맹세들, 곧 모든 신실한 자들의 강력하고 영원한 왕이신 그리스도께서 다윗의 후손으로 오실 것이며 [96v] 또한 그의 보호 아래 보편 교회가 모든 적대적인 세력으로부터 보호되며 각종 좋은 것들을 받아 누리고 번성하게 될 것을 우리가 결코 잊지 않게 하옵소서.

그런 약속들을 변함없이 신실하게 지키신 것을 우리는 여러 차례 경험하였습니다. 오직 이런 연고로, 다른 아무런 이유 없이 당신은 당신의 백성들을 심각하고 두려운 위험들로부터 자유롭게 해 주셨습니다. 우리가 가장 큰 곤경 속에 처한 지금 이때에도, 바로 이 사실이 우리를 격려하여, 당신이 신실한 백성들을 위하여 늘 하셨던 것처럼 우리를 돌아보아 주시기를 요청하게 합니다. 우리 주 예수 그리스도로 말미암아 기도합니다. 아멘.

III. 오 전능하신 하나님,

당신은 우리 주 그리스도 예수 안에서 풍성한 은혜를 약속하셔서, 우리를 당신의 친밀한 벗들, 자녀들, 그리고 상속자들이 되게 하실 뿐만 아니라, 우리에게 넘치는 친절하심을 베풀어주시는 일을 이미 시작하셨습니다. 따라서, 우리의 연약함 때문에 우리가 죄악에 빠지더라도 당신은 아버지와 같은 마음으로 막대기와 긍휼하신 채찍으로써 우리의 허물들을 징계하실 것입니다. 그러나 당신의 친절하신 은총과 관대하신 마음을 결코 교회에서 거두어가지 않으실 것입니다.

그러므로, 하늘 아버지시여, 하늘과 해와 달보다도 더 굳건하다고 이전에 당신이 선포하셨던 이 언약을 기억하옵소서. [97r] 우리의 무거운 죄악들 때문에 당신의 진노가 적지 않게 불타오를 때, 그리고 마치 당신이 당신의 신실한 백성들의 대의명분을 저버리고 오히려 당신의 이름의 원수들에게 예외적인 은총을 베푸시는 것처럼 보일 때, 우리는 옛날 당신이 보여주신 긍휼들을 마침내 보여주시기를 간구합니다. 아무리 무가치한 존재라고 하더라도, 그리스도의 지체들인 우리가 영원히 불신자들의 농담거리와 조롱거리가 되도록 내버려두지 마옵소서. 동일하신 우리 주 예수 그리스도로 말미암아 기도합니다. 아멘.

시편 90편에서

I. 오 전능하신 하나님,

당신의 성막은 실제로는 그렇게 크지 않아서 당신의 무한하신 능력과 광대한 본성을 다 담을 수 없다는 사실을 우리가 알기를 원하셨습니다. 그러므로 우리는 오직 당신만이 유일한 장막이며 거처이며, 우리가 약할 때에 피난처가 되심을 이미 확실히 알고 있습니다. 우리는 당신이 신자들을 위한 새로운 거처라고 여기지 않습니다. 오히려 세상의 기초가 놓이기 전에 당신이 그들을 선택하신 이래로 당신은 그들의 영원한 거처가 되셨습니다. 우리를 에워싼 곤경과 재난이 우리의 거처이자 안전한 요새이신 당신에게로 우리를 몰아갑니다. 우리가 당신의 진노와 노하심에 소멸되며 지속적인 공포에 던져지면, 마치 잠에서 별안간 깨어나는 사람처럼 그리고 활짝 폈다가 곧 시들어버린 꽃과 같이, [97]우리는 확실히 어렵고 또한 마치 물이 흐르듯이 신속하게 지나가는 인생을 살아갑니다. 당신이 우리에게 마땅히 진노하실 그런 죄악들을 우리가 저질렀다는 사실을 인정합니다. 그리고 당신의 관심이 그 죄악들을 처벌하는 일에 고정되었다면, 우리는 참으로 당신의 불타는 노여움으로 멸망당하였을 것입니다.

그러므로, 오 하나님, 우리가 당신에게 대하여 저지른 죄악과 불법 행위들을 기꺼이 용서해주셔서, 우리를 영원한 저주에 처하도록 넘겨주지 마시기를 부탁드립니다. 오히려 우리가 현재 당하는 곤경들로부터 이런 열매를 이끌어내게 하옵소서: 당신의 진노의 능력과 효력을 인정하고 또한 우리의 삶의 헛되고 짧음을 인식하여, 한층 더 강한 열정으로 당신을 경외하게 하옵소서. 선하신 아버지시여, 다시 당신의 본래 모습을 보여주옵소서. 그러면, 당신의 사역이 우리에게 분명해질 때, 우리는 온전히 즐거워하며 기뻐할 것입니다. 성령께서 우리를 지도하셔서 당신의 영예와 영광과 광채가 우리와 우리의 모든 행위에서 빛을 발하게 해 주시기를 우리가 엎드려 빕니다. 우리 주 예수 그리스도로 말미암아 기도합니다. 아멘.

II. 오 전능하신 하나님,

당신의 넘치도록 풍성한 은총을 우리가 즐거워한다면 [98r] 그것은 세상의 기초들이 놓이기 전에 지고한 사랑으로 우리를 찾으시기를 당신이 선택하신 까닭입니다. 산맥들이 생겨나기 전에 혹은 땅이 조성되기 전에 당신은 우리를 당신의 영원한 선물들을 얻을 자로 예정하셨습니다. 우리의 연약한 본성과 죄로 인한 부패 때문에 그 선물들을 제외한다면 우리는 보잘것없는 존재라는 사실을 인식할 때, 우리의 기쁨은 배가(倍加)됩니다. 우리는 곧바로 멸망을 향하여 달려가며, 물처럼 흘러 지나가며, 꿈처럼 사라지며, 꽃과 같이 한 순간에 시들고 맙니다. 우리가 겪고 있는 어려움들을 마음으로 깊이 숙고할 때, 그것이 우리에게 지혜와 지식을 얻는 기회가 되어서, 우리가 스스로는 당신의 은총을 받기에 얼마나 무가치한 자들이며 그리고 그와는 대조적으로 우리를 향한 당신의 친절하심이 얼마나 큰지 이해할 수 있게 해주시기를 부탁드립니다. 그 친절하심으로 말미암아 우리에게 당신의 호의적인 얼굴을 보여주시고, 실로 우리가 그렇듯이, 우리를 당신의 작품이라고 불러주시기를 탄원합니다. 당신의 밝은 빛이 곧바로 우리 마음을 비추게 하셔서, 우리의 행위들이 결코 당신의 영광을 추구하는 길에서 벗어나지 않게 하옵소서. 우리 주 예수 그리스도로 말미암아 기도합니다. 아멘.

시편 91편에서

Ⅰ. 하나님을 그들의 견고한 요새와 성채로 삼기 위하여 그들 자신을 진정으로 하나님에게 헌신한 모든 사람들은 [98v] 어떤 재난이나 올무나 혹은 각종 파멸을 두려워할 필요가 전혀 없다는 사실을 깨닫습니다. 왜냐하면, 어미새가 그 새끼들을 날개로 보호하듯이 혹은 병사들의 전쟁 중에 방패와 손방패로 자신을 보호하듯이, 하나님은 그 자신의 백성을 보호하시기 때문입니다. 하나님을 진지하게 신뢰하는 자를 그 어떤 질병이나 전염병이나 재난이나 혹은 참화가 두렵게 만들 수 있겠습니까? 실로 그는 두려워할 이유를 전혀 찾지 못할 것입니다. 사탄과 모든 악한 자들이 그를 잡으려고 거대하고 치명적인 올무들을 놓는다고 하더라도, 저 옛날부터 하나님은 그의 안전을 많은 천사들에게 위탁하셨으며, 그가 곤경에 처하지 않도록 그 천사들의 도움으로 그를 지키며 그 천사들의 손과 어깨로 그를 늘 데려갈 것입니다. 가장 잔혹한 영혼들에게는 그가 분쇄하거나 발 아래 짓밟을 수 없는 그 어떤 능력도 없습니다. 그러므로, 우리가 지금 그 불의한 자들을 그토록 두려워한다면, 그것은 당신에 대한 우리의 신뢰가 아주 미약하다는 표시가 될 것입니다. 그 연약하고 작은 신앙이 우리를 무수한 죄악들에 굴복하게 하며, 그 죄악들로써 우리는 끊임없이 우리의 실패들에 대한 당신의 진노를 격발시킵니다.

그러므로 우리가 기도하오니, 당신은 선하시므로 우리가 당신을 거스려 저질렀던 짓을 기꺼이 용서해주옵시고, 이제부터 우리가 당신을 깊이 사랑하여 그 결과 믿음 안에서 우리가 당신의 이름과 위엄을 존중하게 하옵시며, 또한 그 결과 우리의 기도가 당신 앞에서 열매 맺을 수 있게 하옵소서. 우리의 기도에 응답해 주시고, [*99r*] 마침내 당신의 교회를 그 곤경에서 벗어나도록 기꺼이 도와주시기를 우리가 간청합니다. 우리 주 예수 그리스도로 말미암아 기도합니다. 아멘.

Ⅱ. 오 전능하신 하나님,

당신에게 소망을 둔 사람들은 그들 자신을 위하여 당신의 신실하심의 그늘과 당신의 보호하심의 견고한 성채를 선택하였습니다. 그곳에서 그들은 원수들의 올무에서 무사히 벗어나며 각종 치명적인 파멸로부터 안전하게 거할 수 있습니다. 실로 마귀의 지체들이자 졸개들인 악한 자들이 그들에 대하여 어떤 악을 계획할 때에도 그들은 하나님의 신실하신 도우심을 전혀 잃어버리지 않을 것인데, 왜냐하면 하나님께서 마치 견고한 방패처럼 신속하게 그들을 보호하실 것이기 때문입니다. 심각한 유혹들이 사방에서 창궐하는 것을 우리는 매일 체험합니다. 그리고 그런 유혹들 때문에 무수한 인생들이 영원한 저주에 빠져들어갑니다. 그러나 마음이 굳건하여 "당신은 나의 하나님이시며, 나는 오직 당신께만 내 소원을 두었습니다"라고 고백한 사람들을 악이 따라잡을 수 없습니다. 다른 사람들은 넘어지지만 그들은 견고하게 서게 될 것이며 두려워하지 않을 것입니다. 천사들의 돌봄으로써 그들이 재난에서 벗어날 뿐만 아니라, 그들을 해칠 어떤 유독하고 두려워할 만한 야수들도 없을 것입니다. [*99v*]

그러므로 우리가 부탁드리니, 선하신 아버지여, 그런 큰 은택들을 우리에게서 거두어가지 마옵소서. 우리가 당신을 너무나 사랑하며 우리 자신을 완전히 당신께 맡기게 하셔서 당신 외에는 우리를 위한 그 어떤 피난처도 택하지 않게 해 주옵소서. 우리 주 예수 그리스도로 말미암아 기도합니다. 아멘.

시편 92편에서

I. 오 전능하신 하나님,

우리 마음이 당신의 놀라운 일들에 집중하지 않을 때, 우리는 당신의 이름을 높이 칭송하는 일에 태만하게 됩니다. 왜냐하면, 그 놀라운 일들을 우리의 기억 속에서 주의깊게 돌이켜보고 자세히 주목하는 순간 그 일들은 우선 우리를 깊이 감동시키며, 그런 다음 우리로 하여금 힘차게 그리고 효과적으로 당신에 대한 찬송을 선포하게 만들기 때문입니다. 그 놀라운 일들에 주의를 기울이지 않거나 혹은 여전히 감동받지 못한 사람들은 참으로 어리석으며, 악한 자들이 오랫동안 성공을 거두며 형벌을 피하는 것을 그들이 주목할 때 그들은 아마도 어두움으로 눈이 먼 자들과 같습니다. 그러나 그들의 일이 갑작스럽고 예기치 못한 침체를 겪을 때 그리고 그 행복의 그늘이 지나간 후에 그들은 순수하고 단순한 재난 곧 영원한 재난에 빠져들어가는 반면에, 의로운 자들은 마치 삼목과 종려나무처럼 복된 하늘 집에서 영원하고 순수한 복락들을 누리게 될 그 때에, 그 악한 자들이 한층 더 깊이 슬퍼하게 하신 것이 당신의 뜻이라는 사실을 의로운 자들로 배우도록 하신 것이 이런 일들을 일으키신 당신의 뜻입니다. [100r]

선한 아버지여, 우리 안에 이 소망을 키워주시고 그 소망으로 우리를 위로해 주셔서, 당신이 의롭고 공평하신 분이심을 우리가 이해하게 하시고 당신의 판결에는 절대로 그 어떤 부정의도 없다는 사실을 모든 사람들에게 우리가 선포하게 해 주시길 간청합니다. 우리 주 예수 그리스도로 말미암아 기도합니다. 아멘.

시편 93편에서

I. 오 전능하신 하나님,

당신이 어떻게 땅의 기초를 놓으셨는지, 얼마나 그 땅이 여전히 견고하며 흔들리지 않는지, 얼마나 일관되며 질서 있게 작용하고 있는지 우리가 살펴볼 때, 그 속에서 당신의 능력과 권능과 높으심을 인식합니다. 그것으로부터 우리는 용기를 얻으며, 또한 당신의 왕국이 강력하고 흔들리지 않는다는 사실을 사물의 본성이 우리에게 가르치는 것과 똑같은 방식으로, 당신의 약속들이 선하고 진실되며 신뢰할 수 있다는 사실을 우리는 완전히 확신합니다.

우리의 구원의 원수들이 법석을 떨며, 의기양양하게 날뛰며, 진노와 유혹의 파도를 우리들에게 계속 쌓아두며, 마치 산더미같은 물결과 폭풍치는 바다와 같이 우리를 대적하여 일어난다고 하더라도, 당신의 능력과 권위로 우리를 보호하실 것을 우리는 완전히 신뢰합니다. [100v] 그러니, 이 신앙이 우리의 영혼 속에서 계속하여 자라가게 해 주실 뿐만 아니라, 당신의 교회에 대한 당신의 선하고 영광스러운 약속들도 실현되게 해 주옵소서. 지난 과거 시절들에 교회에 주셨던 약속들이 또한 계속하여 교회 안에 유지되게 해 주옵시고, 그럼으로써 당신의 선하심과 다함없는 친절하심이 점점 더 모든 사람들에게 선포되게 해 주옵소서. 우리 주 예수 그리스도로 말미암아 기도합니다. 아멘.

시편 94편에서

I. 오 전능하신 하나님,

죄인들의 오만함이 어마어마합니다. 그들은 연약한 자들을 짓밟으며 힘없는 자들을 해칠 뿐만 아니라, 그들의 사악함과 포악한 행위들이 당신에게 알려지지 않는다고 생각할 정도로 극도로 미쳐버렸습니다. 그러므로 우리가 요청하오니, 우리의 생각을 이런 종류의 어리석음으로부터 멀리 떨어지게 지켜주옵소서. 또한 인간의 귀를 창조하신 당신이 인간의 눈도 만드셨으며, 그 기관에 능력과 기능을 주셔서 땅 위에서 우리가 눈과 귀로 듣고 보는 모든 것을 당신이 모르지 않고 계시다는 것을 우리가 이해할 수 있게 해 주셨다고 확신하게 해 주옵소서.

그런 동안에 우리를 다스리시고 인도하셔서, 악한 자들을 위하여 예비된 영원한 악으로부터 우리가 피할 수 있게 해 주시고, 또한 당신의 백성에게 주시기로 작정하신 지고의 평화와 행복에 우리가 도달할 수 있게 해 주옵소서. 당신이 우리 곁에 계시지 않으면 [101r] 그리고 우리에 대한 보호를 제공하시고 또한 기꺼이 우리를 지켜주시지 않는다면, 우리는 쉽사리 우리를 위협하는 그 악한 일들에 빠지게 될 것입니다. 당신이 우리를 위한 성채, 성벽, 그리고 굳건한 방패가 되시길 우리가 간절히 구합니다. 그렇지 않으면 우리의 모든 소망을 당신에게 두는 것이 헛된 일로 보일 것입니다. 우리 주 예수 그리스도로 말미암아 기도합니다. 아멘.

시편 95편에서

I. 오 전능하신 하나님,

당신은 우리의 구원이며 힘이시므로, 우리의 온 힘을 다해 당신을 영화롭게 하는 것은 합당한 일입니다. 우리가 올바른 방식으로 그렇게 하길 원한다면, 먼저 당신 앞으로 나아가 우리의 죄악을 고백하는 것부터 시작해야 합니다. 우리의 그 어떠한 공로 때문이 아니라 당신의 선하심 덕분에, 당신은 우리를 당신의 목장의 양떼로 그리고 당신의 백성으로 선택하였습니다. 당신은 우리의 어떤 공헌도 없이 이 일을 하셨습니다. 왜냐하면 당신은 모든 신들 위에 있는 위대하신 왕이시며, 땅과 산의 봉우리들뿐 아니라 하늘과 모든 피조물들도 다 당신의 손 안에 있기 때문입니다.

우리는 끝없이 다양한 방식으로 당신을 거스렸고, 당신의 경고들에도 불구하고 우리의 마음을 완악하게 하였으며, 유혹에 속절없이 빠져들었고, 우리의 마음은 길을 잃고 방황하였으며, 우리의 죄와 악한 행위들 때문에 당신에게 무거운 짐이자 슬픔이 되었습니다. 바로 그 때문에 당신은 우리를 대항하여 그토록 교만하고 잔인한 원수들을 일으키셨는데, [101v] 그 원수들 때문에 우리는 큰 위기에 처하게 되었습니다. 그럼에도 불구하고 우리가 그동안 아주 사악하게 행동하였으며, 따라서 당신의 선하심과 긍휼 외에는 우리를 위한 어떤 변명거리도 발견할 수 없다는 사실을 인정합니다.

그러므로 우리가 멸망하기 전에 당신의 존전에 이런 기도들과 탄원들을 올리며, 당신의 진노로 우리를 멸하시지 않도록 엎드려 간구합니다. 우리와 우리의 조상들이 당신을 시험하고 노엽게 만들었던 죄악들을 깨끗이 씻어주시기를 엎드려 구합니다. 당신은 우리의 하나님시며 왕이시며 목자이심을 기억해 주옵소서. 당신이 우리 안에서 시작하신 당신의 두 손의 일들이 악한 자들의 잔인한 변덕에 의하여 파괴되지 않도록, 우리를 증오할 뿐 아니라 당신을 똑같이 증오하는 그들로부터 우리를 구하시고 보호하시고 지켜주옵소서. 우리 주 예수 그리스도로 말미암아 기도합니다. 아멘.

Ⅱ. 오 위대하시고 선하신 하나님,

당신의 위엄과 무적의 능력은 너무나 커서 모든 것 위에 우뚝 솟아 있으며 모든 곳에서 두드러집니다. 그것은 마땅한데, 왜냐하면 가장 낮은 것에서부터 가장 높은 것에 이르기까지 만물이 당신에 의하여 창조되었기 때문입니다. 당신이 창조하지 않은 것은 아무것도 없습니다. [102r] 그러므로 우리가 당신을 높이 칭송하길 원하는 것은 합당한 일입니다. 그 사실에 더하여, 당신은 우리의 유일한 보호이시며 우리는 육축과 양떼와 같이 당신의 소유물로서 오직 당신에게 속한 자들입니다.

그러므로 우리는 당신을 우리에게 가장 가까이 계신 신(Godhead)으로서 경배합니다. 우리는 당신에게 영예를 돌리며 찬미하며 당신의 이름을 부릅니다. 무엇보다도, 본성적으로 악한 우리의 마음이 당신의 경고의 말씀들에 대항하여 완고하게 되는 것을 허락하지 마시기를 구합니다. 은혜와 성령의 숨결로써 우리의 마음을 부드럽게 만드시고, 목이 곧은 유대인들이 그토록 자주 당신의 능력에 맞서는 위험을 무릅썼던 것처럼, 우리가 당신의 계명들을 남용하거나 그에 반하는 행동을 하도록 허용하지 마시길 간청합니다. 당신의 선하심을 보여주셔서, 그들에게는 일어나지 않았던 일 곧 약속의 땅을 우리에게는 허락해주셔서, 우리의 오랫동안 지속된 방황이 지난 후에 영원한 행복의 문으로 마침내 들어가는데 아무런 방해가 없도록 해 주옵소서. 우리 주 예수 그리스도로 말미암아 기도합니다. 아멘.

시편 96편에서

I. 오 전능하신 하나님,

우리가 하나님을 영화롭게 하고 당신의 거룩한 이름을 송축하도록 재촉하는 여러 가지 이유들이 있지만, 그러나 먼저 우리를 무겁게 짓누르고 있는 그 죄악들로부터 우리가 돌이키지 않는다면 [102v] 우리는 적절한 방식으로 당신을 영화롭게 하지 못할 것입니다. 우리는 당신에게서 구원이라는 고상한 선물을 복음을 통하여 받았습니다. 그러나 이제껏 우리는 그 복음을 우리의 삶으로 실천하는 일에 너무나 냉담했으며, 우리의 소명을 반대하였으며, 당신의 계명들에 대하여 부주의하고 오만한 태도를 보여왔습니다. 그 결과 우리의 죄악들을 직시하게 만드는 이런 재난들이 필요하게 되었습니다. 이런 심각한 위험들을 당신이 일으키셨고 우리의 죄악이 당신을 자극하여 우리에게 당신의 진노를 보여주었습니다.

오 하나님, 부디 우리가 마땅히 받아야 할 바에 주목하지 마시고, 당신의 영광이 얼마나 이방인들 속에서 열거되며 당신의 놀라운 일들이 모든 사람에 의하여 인식되는지 주목해 주옵소서. 당신의 원수들, 곧 우리의 원수들은 인간의 힘과 우상숭배를 신뢰하며, 그들이 적그리스도에게 바치는 경배를 우리에게도 강요하려고 합니다. 그들과는 반대로 우리는 당신만이 위대하신 주님이며 모든 신들 위에 뛰어난 분이신 것을 알고 있습니다. 그러므로 우리는 당신을 부르며 우리가 처한 이 시간에 당신에게서 피난처를 찾으며, 우리의 죄악을 용서하시고 우리의 원수들이 의지하는 신들이 얼마나 헛된 것인지 보여주시길 간청합니다.

오 하나님, 당신에게 드리는 예배를 반대하는 자들과 거룩한 복음의 원수들을 심판하사, 당신이 이방인들을 다스리고 주재하소서. 그것이 유일하게 합당한 일입니다. 우리를 구원하시는 일에서, 오 하나님, 당신의 능력과 영광과 위대하심을 펼쳐보이셔서 [103r] 우리가 그런 끔찍한 악에서 구출받아 당신에게 마땅히 드려야 할 찬양과 제사를 바치게 하옵소서. 당신의 이름의 영광이 모든 곳에서 송축되게 하시고, 모든 사람들이 순전한 예배로써 당신의 위엄을 기리고 존경하게 하옵소서. 우리 주 예수 그리스도로 말미암아 기도합니다. 아멘.

II. 오 전능하신 하나님,

우리에게 주신 당신의 은덕들은 끊임없이 계속 주어질 뿐만 아니라 계속하여 새롭고도 비범하게 솟아납니다. 그러므로, 우리가 감사할 줄 모르는 자가 되지 않으려면, 늘 새로운 찬양과 찬송으로 그것들을 널리 기리는 것이 마땅합니다. 당신의 위대하심과 능력, 당신의 아름다우심과 장엄하심은 인간이 당신의 신성과 하나님되심에 관하여 이제껏 생각해 내거나 상상할 수 있었던 모든 한계를 무한히 뛰어넘습니다.

그러므로, 우리가 당신을 공경하며 찬미하려 할 때, 열렬한 마음으로 우리의 존재 전부와 우리가 가진 모든 것을 드려 당신에게 풍성한 영광을 돌리게 하시고, 말로만 아니라 특히 우리의 올곧고 거룩한 행실로 당신의 나라를 모든 이방인들에게 선포하게 하셔서, 마치 우리와 온 세상이 당신에 의하여 창조된 것처럼 또한 우리가 만물과 함께 그렇게 회복될 것이라는 사실이 모든 곳에서 이해될 수 있게 해 주옵소서.[103v] 우리 주 예수 그리스도로 말미암아 기도합니다. 아멘.

시편 97편에서

I. 오 전능하신 하나님,

당신 자신이 완전한 행복과 참된 기쁨의 창조자이십니다. 당신은 지극한 엄격하심과 무서운 능력을 가지고 계시며, 그런 자질들로써 당신의 무한하신 공정함과 정의에 따라 사람들을 다루십니다. 그러므로 우리에 대한 당신의 진노의 불길을 타오르게 하는 일을 찾지 마시기를 기도합니다. 그렇지 않으면 우리는 죄악으로 인하여 가혹한 처벌을 받아 마땅할 것입니다. 당신의 긍휼하심으로 말미암아 그리고 당신의 독생자이신 우리 주님이자 구주이신 예수 그리스도의 공로로 말미암아, 우리가 저지른 악행들을 용서해 주옵소서. 그 대신 당신의 진노와 분개하심을 당신의 원수들에게 돌리소서. 그들이 불에 붙고 떨며 당신의 면전에서 왁스처럼 녹아버리길 원합니다.

우리는 당신의 성령으로 새로운 종류의 삶으로 참답게 회복되고 개혁되어서, 당신의 공의를 우리 안에서 체험하며 열방에 그것을 선포하여, 그들이 그것을 이해할 수 있게 되길 기원합니다. 비록 우리가 성경에 계시된 당신의 뜻에서 종종 멀리 떠나 방황하였지만, 그러나 우리는 우리의 악덕들을 뉘우치며 [104r] 당신의 영광을 명백하게 나타내 보이길 열렬하게 소원합니다. 이런 우리의 희망과 소원이 부족하게 되지 않게 해 주옵소서. 당신에게는 아무런 소망을 두지 않고 무수한 우상들을 소유하고 의지하며, 그것들을 경배하고 존경하며 예배하는 자들을 좌절하게 만드소서. 거듭나게 하시고 당신의 성령으로 다시 살게 하기를 당신이 기뻐하신 사람들 한 사람 한 사람에게, 죄악과 및 당신의 뜻과 상충되는 모든 것들을 온전한 혐오심을 가지고 공격하는 은사를 마침내 허락해 주옵소서. 그런 다음, 당신의 종들의 영혼을 불의한 자들의 수중에서 건져주셔서 우리가 그들로부터 피신한 후에 즐거워할 뿐만 아니라, 구원의 빛이 당신의 모든 백성들 위에 떠올라 그 빛으로 그들이 당신에게 돌아와 영원히 당신을 기념하며 찬송으로 영광을 돌리게 하옵소서. 우리 주이신 바로 그 예수 그리스도로 말미암아 기도합니다. 아멘.

Ⅱ. 오 전능하신 하나님,

모든 만물을 폭넓게 다스리고 통치하시는 분이 바로 당신이므로, 그 사실에 대하여 넘치도록 즐거워하지 않는 것은 이 세상에서 아무것도 없을 것입니다. 우리가 가장 바라 마지않는 것은, 당신의 나라가 정의와 공정함으로 빛나는 것처럼 또한 그 나라가 능력과 권능으로 충만하여, 그 어떤 계획이나 노력도 감히 그 나라에 맞설 수 없게 되는 것입니다. [104v] 오히려 당신의 의로운 계획과 탁월한 공의로써 결정된 모든 일이 선한 결과들을 맺습니다.

그러므로 우리는 간구합니다: 땅과 하늘과 온 우주가 당신의 공의와 지혜의 본보기들을 밝히 보여주고 있는 것처럼, 교회에서 당신에게 드리는 예배도 진리와 순전함으로 빛을 발하게 하옵소서. 그 교회에는 미신들과 부패한 예식들이 이제 사라지고 없으므로, 모든 사람들이 공통의 행복에 참여합니다. 이것이 실제로 그리고 진정으로 하나님을 사랑하는 자들이 기뻐할 이유가 되길 원합니다. 끝으로 우리가 간구합니다: 우리 속에서 마음의 빛이 자라나게 하시고, 성도들의 모임에서 우리가 하나님의 은사들에 대한 엄청난 열망으로 기뻐하게 하옵소서. 우리 주 예수 그리스도로 말미암아 기도합니다.

Ⅲ. 오 위대하시고 선하신 하나님,

당신의 모든 판단들이 극히 공정하고 정의롭게 빛나고 있으므로, 우리는 기뻐하고 크게 기뻐해야 할 절실한 필요가 있습니다. 당신의 백성이 이 세상에 살아갈 때 잠시 동안 고통을 당하도록 허용하시지만, 당신이 이 땅을 불로써 그리고 당신의 영광스럽고 명백한 위엄으로써 심판하실 날이 도래할 것이며 그 날에 당신은 각 사람을 그 행위에 따라 갚아주실 것입니다. 그때에는 심지어 하늘들도 [105r] 당신의 공의를 선포할 것이며, 원하든 원치않든, 모든 사람들이 당신이 가장 정의로우신 분이라고 고백하지 않을 수 없게 될 것입니다. 그때 당신의 교회는 참되고 지속적인 행복에 흠뻑 젖을 것입니다.

　이것이 참된 현실이므로, 우리가 당신에게서 멀리 떨어진 이 땅에서 순례의 삶을 살아가는 동안, 고결한 마음과 더불어 당신의 빛과 영적인 기쁨이 우리 속에 일어나게 하셔서, 우리로 하여금 올곧게 당신만을 기뻐하게 하시고 당신의 거룩함을 기억하도록 서로서로 끊임없이 일깨우게 하옵소서. 우리 주 예수 그리스도로 말미암아 기도합니다. 아멘.

시편 98편에서

I. 오 전능하신 하나님,

우리를 구원하시는 것은 오직 당신에게 속한 일이며 또한 그 일을 하실 때 당신은 어떤 피조물의 도움이나 조력도 필요하지 않다는 사실을 당신은 여러 번 선포하셨습니다. 우리의 선조들의 시대에 당신은 놀라운 일들을 행하셨으며, 오직 당신의 오른손과 거룩한 팔로써 자주 그들을 구원하셨습니다. 당신의 긍휼과 선하심이 모든 열방에 분명하게 드러나는 방식으로 당신은 그들을 향한 도우심을 뚜렷하게 나타내 보이셨습니다. 이제껏 당신은 당신의 백성에게 주신 맹세와 약속들을 결코 잊어버리지 않으셨으므로, 그들이 구원자를 필요로 했을 때 당신은 항상 경이로운 방법으로 그 백성들 옆에 서 계셨습니다. 그러므로 그들은 마음과 목소리와 뿔피리와 수금과 나팔과 여러 운율의 노래들로써 [105v] 당신의 이름을 높이 찬양하고 영광스럽게 할 모든 이유가 있다고 판단하였습니다.

이제 당신의 친 백성인 우리도 오늘날 그와 마찬가지로 당신이 우리에게서 떠나지 마시기를 간구할 이유를 가지고 있습니다. 지금 우리를 짓누르는 위험의 본질과 숫자를 당신은 틀림없이 알고 계실 것입니다. 그리고 우리가 마땅히 받아야 할 바를 고려하여 그 상황을 살펴볼 때, 그 위험들은 우리가 견딜 수 있는 것보다 훨씬 더 크고 더 어려운 것으로 보입니다. 우리는 당신을 거슬러 많은 죄악을 저질렀고, 아주 오만하게도 당신의 율법들을 깨뜨렸으며, 자주 당신에게 반역하였으므로, 만일 당신이 우리의 삶과 행위에 따라 우리를 대하길 원하신다면, 우리는 이미 우리의 구원을 잃어버린 자들처럼 보일 것입니다.

그러나 우리는 당신으로부터 이것을 얻으려고 노력합니다: 당신이 늘 하시던 대로 우리를 대해 주옵소서. 즉 회개하는 자들을 용서해 주옵시고, 당신에게 호소하는 자들의 범죄를 깨끗이 씻어 주시며, 당신을 신뢰하는 자들에게 도움을 제공하옵시고, 당신의 공정하심과 긍휼하심으로 말미암아 당신의 이름을 반대하는 잔혹한 원수들로부터 우리를 보호하시고 구출하시고 지켜 주옵소서. 우리 주 예수 그리스도로 말미암아 기도합니다. 아멘.

Ⅱ. 오 전능하신 하나님,

당신이 인류에게 내려주신 지고하고 무한한 은덕들 때문에, [106r] 특히 어떤 다른 피조물의 도움에 의해서가 아니라 당신의 사랑하는 독생자의 위대한 희생에 의하여 우리를 죽음에서 해방시키신 일로, 온 인류는 엄청난 찬양을 당신의 이름에 돌려야 마땅합니다. 우리는 오직 당신의 거룩하신 팔과 강한 오른손으로 구원을 받았다고 합당하게 말할 수 있습니다. 당신이 그 신실하심과 선하심을 얼마나 주의 깊게 지키시며 염두에 두고 계시는지 아주 진실되게 선포하셨으므로 땅의 모든 끝들과 모든 인생들이 그 사실을 우리의 구원에서 볼 수 있습니다.

그러나 우리는 너무나 둔감하고 무지하며 어리석어서, 당신의 관대하심을 깨닫는 지각을 다 잃어버렸습니다. 이것은 우리의 불법과 죄악 때문입니다. 그러므로 우리는 급박하게 당신의 긍휼을 애원합니다: 우리가 당신을 거스려 저지른 중대한 죄악들을 부디 우리에게서 제거해 주옵시고, 당신의 교회를 심각한 슬픔의 시절에서 자유롭게 해 주옵소서. 경건과 신앙이 그러한 위기에 휩싸여 있다는 사실을 우리가 알고 있는 동안에는 올바른 마음과 목소리로 당신을 찬양할 수 없으며 또한 기쁜 마음으로 모든 피조물들에게 기뻐하라고 촉구할 수도 없습니다. 이제 오셔서 당신의 신실한 자들의 상황을 당신 자신을 위하여 판단해 주시기를 우리가 간청합니다. 슬픔에 잠긴 자들을 당신의 판단으로 일으키시고 지탱해 주옵소서. 짓밟힌 자들이 원기를 회복하게 해 주셔서, 당신이 특별하게 뛰어난 그 공평함과 정의가 모든 백성들에게 가능한 한 널리 빛나게 하옵소서.[106v] 우리 주 예수 그리스도로 말미암아 기도합니다. 아멘.

시편 99편에서

I. 오 전능하신 하나님,

당신은 늘 당신의 왕국의 강력한 힘을 사용하셔서 신실한 자들을 보호하시고 원수들과 반역자들을 낮추십니다. 우리의 조상들은 이것을 아주 자주 경험하였습니다. 그러므로 당신이 당신의 백성의 요새가 되실 때 그들을 반대하는 자들은 그 땅과 마음과 힘이 흔들리는 것을 알게 되며, 반대로 당신의 백성들은 다시 보호를 받으며 용기를 얻는다는 사실을 우리는 올바르게 믿고 고백합니다. 교회 안에서 당신은 그토록 위대하시고 강력하시므로, 당신의 나라를 파멸시키길 원하는 모든 열방들을 당신의 권능으로 혼란에 빠지게 하시길 우리가 간청합니다. 그리고 당신은 모든 신들과 왕들보다 능력과 권세가 뛰어나시니, 이제 당신의 교회를 대신하여 두렵고도 무서운 모습을 나타내 보이소서.

참으로 우리는 당신이 재판을 사랑하시며 인간사를 정의로써 재판하신다는 사실을 알고 있습니다. 그러므로 우리는 당신에게 이런 요청을 드리길 원합니다: 우리가 저지른 불법행위들이 우리를 당신의 엄격한 심판으로 이끌어갈 때, 그런 일들에서 눈을 돌리시고 아론과 모세와 사무엘을 대신하여 우리의 참된 대제사장이 되신 우리의 구세주이신 예수 그리스도를 주목하옵소서. 그분이 십자가의 제단²⁹ 위에서 우리를 위하여 흘리신 [107r] 희생과 피와 기도와 눈물을 기억하옵소서. 우리의 공로는 가치 없으며 우리는 끝없이 죄악을 저질렀지만, 그분으로 말미암아 당신의 이름이 우리에게도 호소력 있게 되었다는 사실을 기억해 주옵소서. 그러니, 우리의 허물들을 용서하시고 넘어가주시고

---

29 여기서 '제단'(altar)이라는 번역은 1566년 독본의 *arca* (돈궤, money chest) 대신에 1604년 독본의 *ara* (제단)를 따른 것이다.

면하여 주옵소서. 이토록 큰 위험들로부터 지체하지 마시고 우리를 구원하셔서 우리의 영혼이 당신을 위하여 살아갈 수 있게 하시고, 마땅히 받으실 찬양으로 당신의 이름을 하늘에까지 높이 찬송하게 하옵소서. 우리 주 예수 그리스도로 말미암아 기도합니다. 아멘.

Ⅱ. 오 전능하신 하나님,

때때로 악한 자들이 그토록 분격하여 거듭 반복하여 거의 모든 일을 어지럽게 만들고 있지만, 그러나 신실한 자들을 실제로 두렵게 만들 것은 여전히 아무것도 없습니다. 왜냐하면 당신이 친히 지상의 일들에 관하여 지휘하시며, 당신의 지혜로 온 우주의 방향타를 조정하시기 때문입니다. 이런 확신을 굳게 잡고 있는 모든 사람들은 다른 이들을 두렵게 만들지만 그러나 그들 자신은 행복합니다. 왜냐하면, 그들은 굳건하고 순수한 기쁨으로 가득하여 그들이 할 수 있는 최대의 찬양으로 당신을 영화롭게 하며 온갖 방법으로 당신에게 찬송을 올려드리기 때문입니다.

우리도 열렬한 마음으로 우리의 노력을 그들과 연합하며, 열정적인 목소리로 겸비하게 당신에게 간구합니다: [107v] 모세와 아론과 사무엘 그리고 당신의 신실한 여러 제사장들이 당신의 이름을 부르며 호소하였을 때 은혜로우신 모습을 보이시고 그들의 말에 주목하셨던 것처럼, 지금도 우리에게 기꺼이 귀를 기울여 주셔서 이제 그 어느 때보다도 더 절박하게 당신의 보호하심을 필요로 하는 교회를 그때처럼 당신의 현존과 인도와 영과 은혜로써 흔쾌히 보호하여 주옵소서. 한때 바다와 광야에서 불기둥과 구름기둥으로 우리의 선조들을 도우셨던 바로 그런 방법으로 우리를 도우소서. 우리 주 예수 그리스도로 말미암아 기도합니다. 아멘.

시편 100편에서

I. 오 전능하신 하나님,

당신의 위엄과 또한 우리에게 내려주신 엄청난 선물들을 생각하면, 우리는 반드시 당신의 존전에 나아와 그에 합당한 감사를 드리며, 지고의 행복과 탁월한 기쁨으로 당신을 경배해야 마땅합니다. 그러나 두 가지 일들이 특히 우리를 방해하는 것 같으며, 그 결과로서 우리는 너무나 부족하게 감사와 경배를 올려드리고 있습니다. 첫째로 우리는 무수한 악덕들의 짐을 지고 있으며, 죄악에 의하여 너무나 심하게 짓눌리고 있는데, 감히 우리의 눈을 들어 당신을 쳐다볼 수도 없을 지경입니다. 더구나 우리의 범죄 때문에 우리는 적그리스도에 대한 걱정과 두려움에 휩싸이며 [*108r*] 우리를 삼킬 정도로 그 걱정과 두려움이 우리에게 가까이 접근하고 있습니다. 우리의 타락 때문에 그 적그리스도는 당신의 공의로써 우리를 심각하게 자극합니다. 따라서, 당신의 긍휼로써 우리를 지지해 주시지 않으면, 인간의 힘과 도움은 이곳에서 아무런 도움이 되지 못할 것이라는 사실을 우리가 체험적으로 배웁니다.

그러므로 우리는 특별히 당신에게 간구합니다: 그 악덕의 짐에서 당신의 종들을 자유롭게 해주시고, 우리에게 악하고 부패한 삶 대신에 순전하고 더럽혀지지 않은 삶을 기꺼이 내려주옵소서. 둘째로, 당신의 백성들을 잔인한 원수들의 아가리에서 건져주옵소서. 그들은 당신의 신실한 자들의 생명과 재산뿐 아니라 그들의 영혼까지 영원히 멸망시키려고 노력합니다. 이런 일이 일어나지 않도록 우리의 하나님이신 당신에게 간구합니다. 우리는 당신의 손으로 만드신 작품입니다. 당신이 친히 우리를 만드셨으며, 우리가 우리 자신을 만들지 않았습니다. 우리는 당신의 백성이며 당신의 목장의 가축이므로, 우리와 함께 하시고 우리를 안팎으로 도와주셔서 마침내 우리가 당신이 계신 넓은 홀로 들어가며 찬양과 찬미와 노래로써 당신의 선하심을 선포하게 하옵소서. 그리하여 우리로 말미암아 모든 열방과 모든 시대가 당신의 선하심을 믿을 수 있게 해 주옵소서. 우리 주 예수 그리스도로 말미암아 기도합니다. 아멘.

II. [*108v*] 오 위대하시고 선하신 하나님,

성경의 증언과 성령 하나님의 내적인 격려에 의하여, 우리와 우리의 일들을 위한 당신의 은혜와 호의를 우리가 가지고 있다고 확신합니다. 그 결과 우리는 기쁨에 흠뻑 젖어 의로운 즐거움을 누리고 있습니다. 당신이 우리를 만드신 분이며, 우리는 당신의 양떼이자 당신의 특별한 백성으로 창조되고 선택되었다는 사실을 믿음의 선물에 의하여 우리가 깨달았으므로, 당신이 마땅히 받으셔야 할 만큼의 감사를 결코 충분하게 드릴 수 없을 것이며 그 위대한 은덕들을 우리가 기억하는 일에도 결코 만족이 없을 것입니다.

그러므로 우리는 찬양과 기도로써 당신 앞에 나아오며, 우리의 모든 간구들로써 요청 드립니다: 당신의 이름을 모든 열방에 뚜렷하게 나타내 주옵소서. 그리고 교회에 그 적절한 행복을 회복시켜 주셔서, 그 결과 교회의 많은 사람들을 향한 당신의 긍휼하심을 모든 사람들에게 명백하게 보여 주옵소서. 그것은 교회의 가르침의 진리뿐 아니라 참되게 가르쳐진 그 일들에 온전히 일치하는 교회의 삶과 행실 때문입니다. 우리 주 예수 그리스도로 말미암아 기도합니다. 아멘.

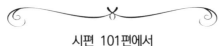

시편 101편에서

I. [*109r*] 오 위대하시고 선하신 하나님,

당신의 이름을 고백하며 당신에 대한 믿음을 고백하는 사람들이 완전한 공평과 정의 위에 그들의 삶을 건설하고 그 이웃들을 향하여 자비와 긍휼을 실천하는 것, 이것이야말로 다른 무엇보다도 당신이 그들의 삶에서 요구하시는 것입니다. 이런 덕목들을 성경이 도처에서 되풀이하여 가르치지만, 그러나 우리는 그것들을 실천하는 일을 소홀히 하였다는 사실을 고백하며, 당신 앞에서 우리의 불법30하고 사악한 행위들을 인정하며, 교회와 성도들을 향하여 냉냉한 마음을 드러내었다는 사실을 인정합니다. 이제껏 당신의 계명들에 거스려 우리가 저지른 불충하고 성급한 행위들을 기꺼이 용서해주시기를 기도합니다.

또한 우리가 당신의 성령의 지혜로써 인도받는 순결한 삶을 시작할 수 있도록 허락해주시기를 기도합니다. 악한 충고들이 우리의 마음 속에 전혀 자리잡을 수 없도록, 정의와 올곧은 삶에서 우리를 벗어나게 하는 모든 것들을 우리가 두려워하도록, 당신의 율법과 소원들에 반대되는 그 어느것도 우리의 마음이나 행동에 가까이 다가오지 못하기를 기원합니다.

하늘의 아버지시여, 거기에 덧붙여 우리의 이런 극도로 어려운 시절에 당신의 교회를 저버리지 마시기를 간청합니다. 적그리스도들이 얼마나 잔인하고 악의적이고 사악하게 교회를 공격하였는지 당신은 아십니다. 그들은 교만으로 가득하며 불같이 격분하여 [*109v*] 모든 신적인 권리들과 인간적인 권리들을 똑같은 교만한 경멸로써 마치 농담처럼 간주합니다. 그들은 인간성과 진실성의

---

30 여기서 '불법한 행위들'(injustices)로 번역한 것은 1566년판의 *iustitias*보다는 1604년판의 *iniustitias*를 따랐다.

흔적을 전혀 보이지 않은 채로 행동하며, 거짓말과 속임과 폭력으로 모든 것을 공격하러 달려듭니다. 그러므로, 오 하나님, 당신의 백성을 속히 도우시고, 우리의 평화와 평온을 반대할 뿐만 아니라 더욱 당신의 이름을 적대하는 이런 악한 자들을 당신의 능력과 권세로써 속히 파멸시키소서. 우리 주 예수 그리스도로 말미암아 기도합니다. 아멘.

Ⅱ. 오 전능하신 하나님,

각종 거룩하고 덕스러운 장식품이 당신의 집인 교회에 어울립니다. 그러나 이제 우리는 슬프게도 교회가 곤궁하게 된 것을 봅니다. 당신은 선하시며 모든 좋은 것을 교회에 주시길 원하시므로 (그 사실에 관하여 우리는 아무런 의심이 없습니다.) 그리고 당신의 약속들에 선언된 것처럼 당신은 교회에 대단한 호의를 베풀어 주시므로, 우리가 기도합니다: 교회가 다시 회복되어 교회 안의 모든 일이 영적인 지혜로 실천되게 하시고, 영원한 정죄를 받아 마땅한 잘못된 일들을 교회에서 제거해 주옵소서. 반역적으로 당신으로부터 떨어져 나간 자들과 고집스러운 완고함으로 당신의 율법을 거슬러 반역하는 자들이 다 떠나가게 하소서. 비방하는 자들이 교만한 자들과 함께 교회에서 완전히 쫓겨나게 하소서. [110r] 왜냐하면 그들은 그 오만함으로 자신들을 위해 주장하지 못할 것이 없는 자들이기 때문입니다.

그와는 대조적으로 교회는 진리를 찾는 자들에게 가장 큰 기회를 제공하는 곳이 되게 하옵소서. 왜냐하면 이 사람들은 당신 앞에서 당신에 관하여 묵상할 뿐만 아니라, 당신의 백성들이 지고한 순결과 신앙으로 양육하며, 구원으로 인도하는 모든 일에서 열정적으로 그들의 사역을 실행하기 때문입니다. 선한 아버지여, 모든 인간적인 속임수와 고통스러운 우상숭배를 교회로부터 멀리,

멀리 하소서. 온갖 종류의 사악함이 마침내 신자들의 회중에서 뿌리째 뽑혀 나가게 하옵소서. 우리 주 예수 그리스도로 말미암아 기도합니다. 아멘.

시편 102편에서

I. 오 전능하신 하나님,

우리는 당신의 계명들과 율법을 거스려 좌우로 치우쳤고 또한 복음과 우리의 소명에 전혀 걸맞지 않게 살아왔기 때문에, 우리 자신들로서는 감히 우리의 기도가 당신에게 상달하게 할 가치가 없는 자들입니다. 단지 당신의 친절하심을 보여주셔서, 우리의 기도와 간구에 당신의 낯을 가리지 말아 주옵소서. 우리는 극도로 위험한 일들로 심각하게 공격을 당하고 억눌려 있으니, 우리에게 귀를 기울이사 당신에게 호소하는 자들에게 즉시 그리고 호의를 가지고 들어 주옵소서.

우선 우리의 죄와 악에서 건져주시길 간청합니다. 그런 다음 우리의 연약한 마음을 굳건하게 하사 당신의 길로 가게 하시고, 당신의 성령으로 [110v] 우리의 고갈된 영혼의 힘을 새롭게 하셔서 우리로 하여금 당신을 위하여 살게 하옵소서. 우리가 회복되고 새로워진 후에, 당신의 이름이 호의적으로 선포되도록 우리가 행동하게 하옵소서. 둘째로, 당신의 아들의 이름과 그 교훈을 무수하게 중상모략하는 자들에게 당신의 능력과 권능을 행하옵소서. 지금은 주님이 교회에 은총을 베풀어 주실 때인 것 같으므로, 이제 시온 곧 당신의 교회를 불쌍히 여겨 주시기를 우리가 간구합니다. 우리의 곤경을 당신의 하늘 처소에서 굽어보시고, 당신의 이름으로 인하여 감옥에 갇히고 고문당하고 끔찍한 방법으로 살육당하는 자들의 신음에 귀 기울여 주시기를 우리가 간구합니다. 적그리스도가 정죄하여 죽이려 할 뿐만 아니라 지독한 저주를 퍼붓는 당신의 양떼를 이런 커다란 위험들로부터 구출해 주옵소서. 그리하면 당신의 자녀들이 마침내 당신 앞에서 평화롭고 고요한 삶을 살아갈 수 있을 것입니다. 우리 주 예수 그리스도로 말미암아 기도합니다. 아멘.

Ⅱ. 오 위대하시고 선하신 하나님,

믿는 자들의 무리가 당신의 도움을 간구합니다. 그들이 죄악의 폭정으로 심각하게 억압받고 있기 때문입니다. 교회 안에 있는 경건의 거룩한 수액이 거의 다 말라버렸나이다. 당신을 찬양하는 노래를 부르지 않으면 그들의 입이 막힙니다. 다른 성도를 도와줄 의무를 이룰 수 있는 성도가 교회 안에 거의 남아 있지 않습니다. [111r] 그러므로 분발하셔서 우리를 도와주옵소서. 왜냐하면 당신의 능력은 결코 줄어들지 않으며, 우리가 보기에는 그토록 많은 고난을 겪고 있는 당신의 교회를 도울 적절한 시기가 이미 이르렀기 때문입니다.

그러나 우리가 참으로 당신의 도움을 얻게되면, 당신의 이름을 두려워하는 마음과 진정한 경건이 가장 먼 변방까지 확산될 것이라는 사실을 우리는 의심하지 않습니다. 당신의 백성을 그런 끔찍한 악에서 건져주실 수 있다면, 당신의 신실하심이 견고하게 지속되며 영원히 흔들리지 않을 것이라고 당신이 가르치실 수 있을 것입니다. 심지어 하늘과 땅이 깜짝 놀랄 정도로 변하고 심하게 흔들려 사라진다고 하더라도 당신의 신실하심은 택한 자들에게 여전히 변함없습니다. 우리가 거듭 반복하여 엎드려 빕니다: 당신의 신실하심으로 우리를 구원하실 뿐만 아니라 회복시켜 주옵소서. 우리 자신의 능력이나 공로 때문이 아니라, 당신의 신실하심의 긍휼하고도 친절한 효력 때문에 그렇게 하옵소서. 우리 주 예수 그리스도로 말미암아 기도합니다. 아멘.

시편 103편에서

I. 오 전능하신 하나님,

이제껏 당신이 우리에게 주신 모든 것에 대하여 감사하지 않거나 혹은 수치스럽게 잊어버리기를 원치 않는다면, 우리를 향한 당신의 지고하신 친절하심 때문에 우리는 영혼과 마음과 온 힘을 다하여 끝임없이 당신을 선포하며 당신께 합당한 감사를 드려야 마땅합니다. [111v] 첫째, 당신은 우리에게 그리스도 안에서 우리의 죄를 사해 주시고 그의 피로 말미암은 중생을 거저 주셨습니다. 그런 다음, 당신의 가르침과 성례들과 육신의 생명과 그리고 우리의 겉사람과 속사람을 지키는데 기여하는 모든 것들을 주셨습니다.

그러나 당신의 이 모든 은덕들을 우리가 수치스럽게 남용하였다는 사실을 인정합니다. 우리의 소명에 온전히 일치하는 선한 믿음으로 행한 것이 우리에게는 아무것도 없습니다. 그래서 우리가 이제 겸비하게 요청드립니다: 우리의 잘못을 부디 용서하시고 이제껏 우리가 살아왔던 부패한 행실과 어리석은 삶을 고쳐주옵소서. 오 하나님, 우리의 죄에 따라 우리를 대하지 마시고, 우리의 악에 따라 우리에게 갚지 마옵소서. 지고한 선하심과 친절하심이 당신의 마음을 좌우한다는 사실을 고려할 때, 영원히 보복하시는 마음을 당신이 가지고 계시겠습니까? 혹은 우리를 진노하심으로 징계하시고 처벌하시겠습니까? 당신은 우리의 아버지이심을 기억하소서. 그러므로 당신에게 고백하는 자들에 대하여 아버지와 같은 애정으로 당신의 마음이 움직이기를 우리가 간구합니다.

당신의 선하심이 작용하지 않으면, 우리는 먼지이며 텅 빈 꿈과 같은 존재인 것을 당신은 아십니다. 우리는 풀이나 꽃보다 더 약한 존재입니다. 그러니,

우리의 죄악된 일탈을 주목하지 마옵시고, 우리와 맺으신 당신의 언약을 보옵소서. 당신의 원수들의 죄악되고 불경건한 손으로부터 당신의 백성을 구출하옵소서. [112r] 그리하여 우리가 천사들과 하늘의 성도들과 더불어 당신의 행하신 바에 영광을 돌릴 수 있게 하옵소서. 우리 주 예수 그리스도로 말미암아 기도합니다. 아멘.

Ⅱ. 오 전능하신 하나님,

인간적 약점들로 말미암아 우리는 결코 당신이 마땅히 받으셔야 할 정도로 당신을 영화롭게 할 수 없습니다. 왜냐하면 우리가 생명을 얻고 유지하며 매일매일 살아갈 수 있도록 우리에게 베푸신 당신의 은덕들이 있을 뿐만 아니라, 또한 무엇보다 중요한 것으로서, 신실한 자들의 무겁고 끝이 없는 죄악들을 그리스도로 말미암아 당신이 용서해 주셨기 때문입니다. 이런 궁극적이고 가장 높은 은덕에 대하여 우리는 당신께 감사를 드립니다. 비록 우리가 드리는 감사는 마땅히 드려야 할 그 기준에 맞는 것이 아니라 우리가 드릴 수 있는 범위 내에서 드리는 것이지만 말입니다.

그 때문에 우리는 더욱 열정적으로 간구를 드리지 않을 수 없습니다. 선하신 아버지시여, 당신의 교회의 입에 순전한 교리의 말씀을 소개해주시고 끊임없이 유지해 주셔서 그 결과 묵은 누룩이 변하는 동안 마치 독수리들처럼 교회가 청춘으로 회복될 수 있게 해 주시기를 진심으로 간구합니다. 당신은 이스라엘 백성들의 죄악을 간과해 주셨고, 당신이 친히 가르치신 모세를 통하여 그들을 약속된 땅으로 인도해 주셨을 뿐만 아니라, 당신의 긍휼하심으로 끊임 없는 은덕들을 그들에게 내려 주심으로써 그들을 향한 당신의 선하심이 우뚝 솟아 있으며, 그들의 모든 죄악들을 아득히 뛰어넘되 마치 하늘과 땅의 엄청난 거리처럼 구별된다는 사실을 보여주셨습니다. [112v] 당신이 오셔서 우리를 돕지 않으시면, 지금 당신의 자녀들인 우리가 어둠과 악에 의하여 파묻히고 있사오니, 우리 아버지시여 옛날과 동일한 방식으로 당신의 긍휼하신 마음으로 우리를 도우소서. 당신과 맺은 언약이 갱신되는 것을 우리가 체험하게 하시고, 그 언약이 다시 확립된 후에 우리로 하여금 당신의 계명들과 율법을 우리의 가장 거룩한 삶을 통하여 실천하는 일에 지극한 노력을 기울이게 하셔서, 우리를 구원하신 일에 대하여 당신의 선하심에 합당한 감사를 드리되 땅 위의 교회를 통해서뿐만 아니라 당신의 뜻을 가장 큰 열심으로 수행하는 천사들에 의해서도 드릴 수 있게 하옵소서. 우리 주 예수 그리스도로 말미암아 기도합니다. 아멘.

시편 104편에서

I. 오 전능하신 하나님,

만물이 그 모든 능력으로 당신에게 영예를 돌리며 당신의 말씀뿐 아니라 당신의 의향들에도 순종하는 것을 우리가 보듯이, 모든 피조물이 당신의 능력과 아름다우심과 영광을 풍성하게 증거합니다. 특히 당신이 우주를 창조하시되 우리가 사용하도록 또 우리의 편의를 위하여 만드셨기 때문에, 우리 역시 그와 같은 열정을 잃지 말아야 할 것입니다. 땅에서 식물들이 끊임없이 우리를 위하여 싹이 트며, 샘물들과 강들과 가축떼들과 비와 [113r] 풀과, 곡물과 포도주와 기름과 모든 종류의 음식들이 우리를 돕는 것을 우리는 깨닫고 있습니다. 그러나 우리의 본성은 너무나 눈이 멀고 저열하며 부패하여, 당신의 엄청난 은덕들을 우리가 점점 더 풍성히 누릴수록 오히려 우리는 점점 더 당신의 말씀과 소원에서 벗어납니다.

그러므로 우리가 기도합니다: 이제껏 우리가 당신을 거슬러 저질러 왔던 모든 죄악들을 당신의 긍휼하심으로써 깨끗이 씻어주시기를 바랍니다. 그리고 우리가 육신을 위한 양식을, 그것을 좋아하든 아니든 간에, 당신의 긍휼에 의존하고 있는 것처럼, 우리의 모든 감정들과 힘들과 계획들과 행위들이 오직 당신을 향하게 할 수 있도록 해 주옵소서. 더구나, 우리가 처한 이 시대에 당신의 얼굴을 우리에게서 결코 돌리지 마시기를 우리가 기도합니다. 그렇지 않으면 우리는 혼란에 빠지고 죽게 될 것이며 결국 무(無)로 돌아갈 것입니다.

오 하나님, 당신에게는 원수들을 파멸시킬 자원들과 수단들이 부족하지 않습니다. 당신은 격렬한 바람과 번개와 화염을 당신의 전령들로 가지고 계시며,

당신이 땅을 내려다보면 곧장 땅이 흔들립니다. 만일 당신이 산들을 만지시면, 그 산들은 즉각 연기를 내뿜을 것입니다. 그러므로31 사악한 적그리스도들이 파멸당하여 더 이상 존재하지 못하게 되길 기원합니다. 또한 교회는 평화와 고요함을 얻어 당신을 찬양하는 노래를 올려드리며 축하하길 원합니다. 우리 주 예수 그리스도로 말미암아 기도합니다. 아멘.

Ⅱ. [*113v*] 오 전능하신 하나님,

태초부터 당신은 모든 만물을 당신의 택한 자들을 위하여 창조하셨다는 사실을 신실한 자들은 결코 잊어버리지 않았습니다. 당신이 창조하신 온 세상이 놀랍고 아름다운 장식들로 얼마나 찬란하게 빛나고 있는지 우리가 보는 것처럼, 당신의 종들의 모임인 교회를 당신이 기꺼이 빛나고 아름답게 해주시기를 우리가 기도합니다. 그리하여 당신의 위엄이 우주에서 빛나는 것 못지 않게 교회 안에서 찬란하게 빛나게 하옵소서. 무엇보다도 당신의 말씀의 순전한 빛이 교회 안에서 빛을 발하게 하옵소서. 성령의 능력과 권세가 우리의 마음속에서 그 말씀들을 효력 있게 하옵소서. 신자들의 지조있는 믿음이 더욱 커져서 땅덩어리와 세상의 기초들과 기둥들보다 더욱 견고해지게 하옵소서. 당신의 능력있는 꾸중에 위험스러운 유혹들과 지옥의 형벌들과 어둠의 권세가 교회에서 쫓겨나게 하옵소서. 오히려 그것들 대신에 달콤한 당신의 성령의 영감이 생수의 근원같이 솟아나게 하시고, 우리의 연약함을 위한 음식을 공급하는 원천이 교회 안에 마르지 않게 하소서. 당신의 이름을 신뢰하는 우리의 믿음이 우리가 피할 수 있는 성채가 되게 하옵소서. 하늘의 별들이든 다양한 동물들이나 식물들 혹은 바위들이든, 당신의 피조물들 가운데 밝게 빛나지 않는 것은

---

31 이 번역은 1604년 역본의 *ergo*를 따랐다. 1566년 역본의 *ego*는 명백한 인쇄상의 오류이다.

아무것도 없는 것처럼, [*114r*] 교회도 그 모든 덕목들의 등불로써 더욱 빛을 발하기를 우리가 기도합니다. 우리 주 예수 그리스도로 말미암아 기도합니다. 아멘.

Ⅲ. 오 위대하시고 선하신 하나님,

당신이 창조하신 모든 것이 그 위대함과 절묘한 장식들로써 당신의 경이로운 지혜와 무한한 능력이 얼마나 풍성한지 증거합니다. 당신에게 의존하지 않는 것은 아무것도 없습니다. 모든 생물은 당신이 공급하시는 음식으로 양육받습니다. 당신의 성령을 거두어가시면 곧 파멸되므로, 당신이 얼굴을 가리는 대상은 그 무엇이든지 더 이상 존재할 수 없습니다.

그러므로, 선하신 아버지시여, 인간보다 훨씬 아래에 두신 것들에 관해서도 당신은 그토록 선하시고 강력하시므로, 당신의 교회에 대해서도 그 친절하심을 똑같이 베풀어주시기를 우리가 기도합니다. 교회는 참으로 당신의 작품입니다. 왜냐하면 당신은 교회를 기뻐하고 즐거워하시며 가장 민감한 섭리로써 교회를 돌보시므로, 교회 안에서 당신의 위엄이 가장 분명하게 드러나기 때문입니다. 바로 그렇게 우리는 당신의 뜻에 관하여 우리들 사이에서 즐거운 토론을 계속할 수 있으며, 교회에서 모든 사악함을 제거해주신 것을 끊임없는 찬송으로 즐거워할 수 있습니다. 우리 주 예수 그리스도로 말미암아 기도합니다. 아멘.

시편 105편에서

I. [*114v*] 오 하늘 아버지시여,

당신의 경이로운 일들과 당신의 계명들이 우리로 하여금 진지하게 당신의 얼굴을 찾도록, 즉 거룩한 모임들에서 순전한 예배와 굳건한 기도를 통하여 당신이 우리의 하나님, 곧 그리스도로 말미암아 우리를 참 이스라엘로 만드셨고 믿음으로 말미암아 당신의 탁월한 종 아브라함의 자녀로 만드신 분이라는 사실을 우리에게 상기시키도록 촉구하고 가르칩니다. 그러므로 우리의 죄악들과 모든 불순한 삶을 없애주시기를 탄원하면서 우리가 당신의 존전에 나아가는 것이 마땅합니다.

우리는 예전에 마음과 목소리로 심각하게 범죄하였음을 고백합니다. 당신이 서둘러 우리를 돕지 않으시면, 우리의 죄악이 우리를 깊은 구덩이로 끌어들일 것입니다. 왜냐하면, 우리가 주목하였듯이, 당신의 이름의 원수들이 일어나 우리를 압도하였으며, 날마다 당신의 아들이자 우리의 주님이자 구세주이신 그리스도를 대적하여 힘을 키우고 있기 때문입니다. 이제껏 우리가 당신의 이름과 우리의 소명에 합당하지 않은 삶을 살아왔기 때문에 이 모든 악한 일들을 당신의 교회에 초래하였다는 사실을 인정합니다.

그러나 우리가 당신의 기업을 위한 연결고리가 될 것이라고 약속하셨던 당신의 언약을 기억해주시길 호소합니다. [*115r*] 당신의 이 계약은 금방 사라져버릴 것이 아니라 영원한 것입니다. 예전에 당신은 늘 당신의 택한 자들을 해치려는 왕들을 책망하셨습니다. 이 땅에서 당신이 원하셨을 때마다 당신의 성도들을 지키고 보호하시는 일에 성공하셨습니다. 이집트에서는 하늘들과 자연의 힘들과 모든 피조물이 당신의 백성을 구원하시는 당신을 위하여 싸웠습니다. 그러므로, 그때 당신의 언약을 잊지 않으셨던 것처럼, 오늘날에도 그 언약을 기억하신다는 사실을 보여주소서. 악한 자들과 마귀와 적그리스도가 갖은 책략으로 우리를 삼키려고 애쓰고 있습니다.

오 하나님, 우리를 대신하여 당신의 경이로운 일들을 새롭게 하옵소서. 아무런 도움도 없으니, 우리를 당신의 날개 아래 우리를 보호하시고, 우리 위에 그 날개를 펼치사 우리를 지키시어, 우리가 안전하고 고요한 가운데 당신을 위하여 살아가게 허락해 주옵소서. 우리 주 예수 그리스도로 말미암아 기도합니다. 아멘.

II. 오 전능하신 하나님,

거룩한 사람들에게는 그 영혼으로 당신의 경이롭고 탁월한 행사를 자세히 열거하며, 말과 노래로 가능한 한 가장 빛나게 그 일을 영화롭게 하는 것보다 더 탁월하거나 더 고상한 소망은 없을 것입니다. 왜냐하면 그들은 이제 아브라함의 믿음을 뒤따르는 자들이며 거룩한 옛 선조들의 자손들로 합당한 자들이며, 그리스도의 지체들이기 때문입니다. [115v] 그리스도의 사도들의 교훈으로 가르침을 받아서, 우리는 당신이 당신의 교회와 맺은 언약의 시초부터 얼마나 헌신적으로 그 약속을 지키셨는지 우리의 기억을 되살립니다. 당신의 택한 자들이 당신에게 신뢰를 두었을 때마다, 당신은 언제나 그들을 위한 확실한 보호이자 견고한 방어가 되셨습니다. 그리고 당신이 그들을 보호하시는 동안에는 그 누구도 그들을 해칠 수 없었습니다. 더구나 당신의 엄격한 공의에 따라 땅을 어떤 재앙으로 치셨을 때 혹은 심각한 굶주림이나 음식의 결핍으로 괴롭히셨을 때, 그 모든 일은 그들의 구원을 위한 일이었고 궁극적으로는 이스라엘의 영광에 기여하였습니다.

이런 일들에 경고를 받아, 우리는 용기를 얻고 우리의 무릎으로 당신 앞으로 나아가, 예전과 마찬가지로 오늘날에도 당신의 교회에 관한 언약을 기꺼이 기억해 주시기를 간구합니다. 당신이 보시듯, 교회는 지금 많은 고난들에 의하여 사방으로 심하게 억압당하고 있사오니, 선하신 아버지시여, 이 모든 환란들을 명하여 떠나가게 하시든지 혹은 우리의 악한 짓들을 깨끗하게 씻을 힘을 그것들에 허락하시든지 해 주시기를, 유일하게 그것을 하실 수 있는 당신에게 우리가 간구합니다. 우리 주 예수 그리스도로 말미암아 기도합니다. 아멘.

III. 오 위대하시고 선하신 하나님,

당신의 자녀들의 회중이 그 수에서 늘어날 뿐 아니라 믿음에서도 더 자라나고 당신의 은혜의 모든 장식물들에서도 더 많아지는 것을 기쁘게 여기시길 우리가 소망합니다. 이스라엘 자손들이 무수한 수효의 민족으로 이미 성장하였을 때, 그들에게 아론을 신실한 목회자로 주셨던 것처럼, [116r] 이제 당신의 교회를 위하여 거룩하고 학식있고 현명한 목사들을 준비해주셔서, 그들의 사역으로써 우리의 이집트가 점점 더 희미해지게 하시고, 그들이 우리에게 교육하는 바 그 가르침이 날마다 우리를 열렬하게 불타오르게 하여 우리 각 사람이 아주 크게 성장하여 훌륭한 영적 열매들을 풍성히 맺게 하옵소서.

선한 아버지시여, 우리에게 당신의 성경의 빛과 성령의 인도하심을 박탈하지 마옵소서. 그렇지 않으면 우리는 이생의 사막을 떠돌며 비참하게 방황하다가 불쌍하게 죽고 말 것입니다. 엄청난 유혹들의 위험이 끊임없이 밀려와 당신의 신실한 백성들을 위협할 때, 그들이 당신의 은혜와 호의의 힘을 잃지 않게 하셔서, 그들이 여기 사는 동안에 많은 사람들에게 당신의 나라를 굳세게 전파하게 하시고, 결국에는 당신이 약속하신 그 영원한 행복의 처소에 이르게 하옵소서. 우리 주 예수 그리스도로 말미암아 기도합니다. 아멘.

IV. 하늘의 아버지시여,

이스라엘 자손들이 당신에게 감사하지 않고 오히려 당신을 거스려 반역한 것을 (왜냐하면 그들은 끊임없이 불평을 쏟아내어 하나님을 괴롭혔기 때문에) 성경은 올바르게 책망하고 있습니다. 그러므로, 말로 표현할 수 없는 당신의 긍휼하심과 아버지와 같은 친절하심으로 우리를 다스리고 통치해주셔서 [116v] 우리가 그들과 같은 자로 판명되지 않게 해주시길 기도합니다. 그들은 자신들을 자유롭게 해주신 당신의 사역들에 관하여 쉽사리 잊어버리고 낯선 신들에게 매달렸으며, 육체적 쾌락으로 스스로 더럽혔으며, 마침내 당신이 그들에게 약속하셨던 그 아름다운 땅을 걷어찼을 뿐만 아니라, 심각하고 수치스러운 죄악들로 그 땅을 더럽혔습니다. 이런 막대한 죄악들 때문에 당신은 아버지와 같은 권징으로 그들을 자주 벌하셨지만, 그러나 그들의 조상들과 맺으신 그 언약을 결코 잊어버리지 않으셨습니다. 왜냐하면 당신의 선하심이 그와 같았기 때문입니다.

오 하나님, 당신의 교회가 때때로 심각한 탈선을 저지를 때, 당신이 늘 보여주셨던 바로 그 너그러움으로 당신의 교회를 바로잡아 주시길 우리가 기도합니다. 그리하여, 당신의 독생자이신 우리 주 예수 그리스도의 죽음으로 말미암아 우리와 더불어 새롭게 하신 당신의 영원한 계약이 손상되지 않게 지켜주소서. 당신과 더불어 영원 무궁히 살아계시고 다스리시는 예수 그리스도로 말미암아 기도합니다. 아멘.

V. 오 전능하신 하나님,

당신의 신실한 백성들의 회중을 향한 당신의 선하심은 놀라워서, 만일 그들이 당신과 더불어 맺은 언약 안에 머물러 있다면 그들로 하여금 과거에 당신의 백성을 자유롭게 풀어주었을 때 행하셨던 당신의 그 일들을 이제 그들에게도 똑같이 행하실 것이라고 소원하며, 스스로 약속할 정도입니다. [117r] 당신의 이스라엘 백성들을 박해하였던 자들을 당신의 능력으로 괴롭히고 분쇄하셨던 것처럼, 당신의 교회와 진리에 반대하는 모든 자들도, 당신이 보시기에 적절한 때에, 성령의 능력으로 멸하여 주옵소서.

그러므로 이제 우리는 당신에게 이것을 특별히 요청합니다: 우리가 이생에서 당신으로부터 멀리 떨어져 순례자로 지내는 동안 그리고 끝없는 위험들에 의하여 사면으로 우겨쌈을 당하고 있는 동안, 당신의 성령의 빛과 불로써 우리의 어두운 밤을 밝혀주옵소서. 당신의 은혜의 달콤한 구름으로써 다방면의 유혹들의 선동들을 누그러뜨려 주셔서, 우리가 이생의 사막을 통과하는 여행을 안전하고 온전하게 성취할 수 있게 하옵시고, 마침내 우리의 영혼을 깨끗하게 한 후에 영원한 그 장막들에서 당신에게 나아갈 수 있는 기쁨을 누릴 수 있게 하옵소서. 우리 주 예수 그리스도로 말미암아 기도합니다. 아멘.

VI. 오 위대하시고 선하신 하나님,

우리의 신앙이 마땅히 그래야 하는 것보다 훨씬 더 연약하고 보잘것없습니다. 우리의 마음이 당신의 약속들에 신실하게 매달리지 못하는 동안에 우리의 선조들처럼 우리도 범죄하는 까닭이 바로 그것입니다. 그러나 당신은 선하십니다. 왜냐하면, 이스라엘 자손들을 그들의 불신실한 행위들에 따라 다루지 않으시고 당신의 강한 팔과 막강한 권세로 이집트인의 노예상태에서 그들을 건져주셨던 것처럼 [117v] 이제 우리 곁에 계시고, 마치 이집트인들을 홍해바다 바닥에 수장시키셨던 것처럼 우리를 포로상태로 이끌어 들인 그 죄악들을 극복하고 타도해주시길 우리가 엎드려 빕니다. 그렇게, 당신의 선하심을 깨달음으로써 깊이 감동을 받은 후에, 우리가 한층 더 견고한 신앙과 지조를 갖게 하시고, 이 광야같은 세상에서 우리의 정욕들에 탐닉하지 않게 하옵소서. 그렇지 않으면, 마치 이스라엘 사람들이 그 다양한 욕망들에 의하여 당신의 진노를 촉발하였던 것처럼, 우리 역시 당신의 진노를 불러일으키게 될 것입니다.

그들의 수난과 처벌을 우리 목전에 늘 항상 주목할 수 있도록 우리가 기도합니다. 그리하여 다른 이의 위험과 악으로 경고를 받아, 우리가 당신의 집인 교회에서 좀더 주의하고 신중하게 처신할 수 있기를 소원합니다. 우리 주 예수 그리스도로 말미암아 기도합니다. 아멘.

시편 106편에서

I. 선하신 아버지시여,

당신의 지고한 선하심과 영원한 긍휼하심 때문에, 우리 모두는 온 힘을 다하여 당신의 이름을 영화롭게 하지 않을 수 없습니다. 왜냐하면 경건한 자들을 구원하신 일에서 당신의 무한한 능력과 권세를 아주 자주 드러내 보여주셨기 때문입니다. 그와 동일한 능력으로 당신의 교회를 방문해주시고 위로해주시기를 이제 우리가 당신에게 요청합니다. 그렇게 해주시면 교회가 적그리스도의 분노와 악한 자들의 간계에 의하여 그토록 심하게 박해받지는 않을 것입니다. [118r] 교회는 당신의 기업이므로, 우리는 교회의 평화와 기쁨과 행복을 무척이나 보고 싶습니다.

오 하나님, 우리 역시 우리의 선조들처럼 악하게 행하였고 심각하게 범죄하였으며, 우리의 극도의 곤경 속에서 당신을 저버렸다는 사실을 아주 잘 알고 있으며 솔직하게 고백합니다. 그러나 그 사실에도 불구하고, 옛날 당신의 백성들을 다루셨을 때 항상 믿을 수 없을 만큼 많은 은덕들을 그들에게 쌓아두신 당신의 모습을 보여주신 것을 우리가 알기 때문에, 우리는 낙심하지 않습니다. 그들이 거듭하여 그 은덕들을 잊어버리고 우상들과 사악함에 빠져들었을 때, 당신은 그들을 완전히 멸망시키지 않으셨을 뿐만 아니라, 그들을 아버지와 같은 절제된 방식으로 징계하신 후에 그들이 당신의 길로 돌아온 다음에는 그 원래의 평온함을 회복시켜 주셨습니다.

오 대단히 복되신 하나님, 결코 우리 자신의 어떤 공로 때문이 아니라 당신의 이름 때문에 우리를 부디 구원해주소서. 우리가 다양한 민족들로부터 모였던 것처럼, 그토록 큰 위험들로부터 우리를 구원하셨던 것에 관하여 우리가 당신을 고백하며 찬송하게 하시고 당신의 영예를 선포하게 하옵소서. 우리 주 예수 그리스도로 말미암아 기도합니다. 아멘.

Ⅱ. 오 위대하시고 선하신 하나님,

당신의 친절하심과 경이로운 선하심을 당신의 하신 일들에서 우리가 깨달을수록, [118v] 올바르고 정당하게 그 일들을 찬양하고 높이는 것은 한층 더 어렵게 보입니다. 그러나 지켜보는 자들의 마음에 당신의 선하심에 관하여 계속 절실하게 다가오는 것은, 정의롭고 올곧게 행하는 자들은 복된 자들인 반면에 그 삶과 행실에서 당신의 율법을 멀리 떠나 방황하는 자들은 반대로 불행한 자들이라는 사실입니다.

따라서 우리가 당신에게 요청드립니다: 우리 주 예수 그리스도의 은혜와 호의로써 우리가 당신의 거룩한 뜻을 계속 순종하도록 지켜주시며 우리의 무수한 심각한 죄악들로부터 다시 우리를 불러주옵소서. 끝으로 당신의 교회를 기꺼이 구원해주시되, 그 공로 때문이 아니라 당신의 이름의 위엄 때문에 구원해주시기를 기원합니다. 그렇지 않으면 당신의 은덕들을 망각하는 일이 계속 교회 안에 숨어 들어올 것입니다. 만일 우리가 당신의 축복들을 계속 우리의 목전에 두지 않는다면, 우리는 쉽사리 세상적이고 육체적인 욕망들에 굴복할 것입니다. 마귀의 간교함으로 때때로 당신의 신실한 목회자들을 억압하기 일쑤인 파당들과 시기를 교회로부터 멀리해 주옵소서. 그리고 오래 전에 모세의 기도들이 당신을 움직여 당신이 쓸어버리려고 결심하셨던 그 백성을 살려두게 한 것처럼, 우리의 모든 잘못과 허물들에도 불구하고 우리를 용서해주시길 원합니다. 우리 주 예수 그리스도로 말미암아 기도합니다. 아멘.

Ⅲ. [*119r*] 오 전능하신 하나님,

광야의 선조들은 우리에게 본보기가 됩니다. 그들은 당신을 너무나 소홀하게 대하였고 너무나 불손하게 대하여서, 거의 계속적으로 혹은 시간적으로 중단되는 일이 별로 없이 늘 당신의 화를 돋구었습니다. 그들은 당신을 시험하거나 불평함으로써, 그리고 악한 징조들로 말미암아 당신에게 등을 돌림으로써 그렇게 하였습니다. 그러므로 당신은 올바르고 합당하게 그들에게 진노하셨으며, 때로는 그 진노하심이 심각하여 그들을 그 원수들에게 넘겨 아주 심한 처벌을 당하게 할 정도였습니다. 이런 사건들은 마땅히 우리를 위한 교훈이 되었습니다. 그 결과 무엇보다도 그들을 당신으로부터 멀어지게 한 책임이 있는 죄악들이라고 우리가 알고 있는 그 죄악들을 피할 수 있을 것입니다. 그러나 우리도 그들처럼 연약하고 악에 기울어지는 자들이므로, 바로 그 죄악들로 우리 자신을 심각하게 더럽혔습니다. 당신은 의로우시므로, 우리를 어떻게 우리 자신의 욕망들에 의하여 고통을 당하도록 내어주셨는지 우리는 여러 차례 느꼈습니다.

그러나 이제 우리가 이미 충분한 처벌을 받았다고 생각하므로, 당신에게 엎드려 간구합니다: 이스라엘 백성이 환란의 폭풍 속에서 당신에게 돌아왔을 때 그리고 당신이 그들과 맺으신 언약을 잊지 않았을 때 그들에게 도움을 주셨던 것처럼, 이제도 또한 기꺼이 우리 옆에 오셔서 우리를 죄의 노예상태와 오류로부터 건져주셔서 우리 주님이자 당신의 아들이신 예수 그리스도의 은혜 안으로 들어가게 하옵소서. [*119v*] 그는 당신과 더불어 살아계시며 영원무궁히 다스리는 분입니다. 아멘.

시편 107편에서

I. 오 전능하신 하나님,

엄청난 폭풍우와 광풍으로 일어난 파도들에 무섭게 흔들릴 때, 당신의 즉각적인 도움으로 구원받은 선원들은 믿음으로 당신에게 의지하였기 때문에 당신의 친철하심에 큰 빚을 지고 있습니다. 모래로 덮인 메마른 땅에 생명을 주는 풍성한 물을 공급하시는 일에도 그에 못지 않는 능력을 보여주옵소서. 불모의 땅을 변화시키셔서 열매맺는 땅으로 바꾸어 주옵소서. 인간의 죄악들 때문에 마땅히 받을 보응대로 한다면, 당신은 눈에 두드러진 변화로써 즐겁고 비옥한 땅을 그 정반대인 불모와 열매맺지 못하는 사막으로 만드십니다. 그리하여 마침내 당신이 인정받으시며, 죽을 인생들이 당신의 지극히 높은 능력을 식별할 것입니다. 당신은 위대한 왕들과 군주들로 하여금 경멸과 수치스런 조롱거리가 되게 하시며, 가난하고 약한 자들을 강력한 왕국들로 들어올리십니다.

그러므로, 이런 일들을 생각할 때 우리가 둔해지지 않게 해 주시길 당신에게 간청합니다. 실로, 이 한 가지 일을 허락해 주옵소서. 이런 사건들에서 교훈을 받아, 우리의 전부를 당신의 선하심에 맡겨 도움을 얻게 하시고 또한 당신의 율법에 맡겨 인도를 구하게 하옵소서. 바로 그렇게, 당신을 인도자로 모시고 우리는 세상의 파도로부터 헤엄쳐 나올 것입니다. [120r] 이제껏 선한 일에서는 불모지와 같았던 우리 영혼들이 그때에는 아주 풍성한 열매를 맺게 될 것입니다. 그리고 이제껏 수고하였으나 극도로 부족하게 선한 열매를 내어놓았던 우리는 당신의 인도하심을 받아 당신이 만드신 그 하늘 나라의 풍성함으로 인도받을 것입니다. 우리 주 예수 그리스도로 말미암아 기도합니다. 아멘.

Ⅱ. 오 위대하시고 선하신 하나님,

무서운 위험들에서 당신이 건져내신 사람들이 당신을 찬양하는 노래를 부르며 당신이 합당히 받으실 감사를 드리는 것은 올바른 일입니다. 그들은 당신의 긍휼하심을 매일 체험하는데, 그들의 여정은 맹목적인 길을 따라 줄곧 빗나가며 외지고 황량한 장소들을 통과하여 야수들과 도적떼의 위험 속으로 돌진합니다. 그러나 그들이 진지한 기도를 당신 앞에 쏟아낼 때, 당신은 결코 그들에 대한 도움을 거절하지 않습니다. 당신은 또한 포로로 잡힌 자들, 쇠사슬에 매인 자들, 어두운 지하감옥에 갇혀 억압당하는 자들의 곁에 계십니다. 당신은 치명적인 질병으로 거의 죽게 된 자들도 저버리지 않는데, 왜냐하면 당신의 도움을 마음으로부터 간절히 구하는 자들은 결코 헛되지 않을 것이라고 이미 당신이 결정하셨기 때문입니다.

그러므로, 오래 전에 경건하고 거룩한 삶의 길에서 멀리 떠나 방황하였던 우리는 이제 당신 안에서 피난처를 구합니다. 죄의 폭군과 같은 노예 상태로 그토록 무섭게 억압당한 우리는 당신에게 호소하며 또한 마침내 우리의 모든 기도들에서 절박하게 간구합니다: 부디 우리의 영혼의 질병을 기꺼이 치료해주셔서 [120v] 우리가 영원히 당신을 위하여 살아가게 하시고 그리하여 당신이 영원히 찬송받게 하옵소서. 우리 주 예수 그리스도로 말미암아 기도합니다. 아멘.

시편 108편에서

I. 오 전능하신 하나님,

당신의 성령으로 우리의 마음과 영혼을 가르치시고 강하게 하셔서, 우리가 어떠한 재난들을 만나더라도 혹은 신앙과 경건의 원수들에 대한 두려움과 공포에 흔들리더라도, 그들로 하여금 당신을 찬양하는 노래들을 부르기를 그만두지 않게 하옵소서. 선한 아버지시여, 우리 안에서 당신의 선하심을 올바르게 이해하며 당신의 약속들은 흔들림 없이 신뢰할 수 있다는 사실을 인식하게 해주는 은사와 사고와 지성을 일깨워주소서. 이 두 가지 일들은 당신에 관하여 너무나 두드러진 것으로서, 그 위대함에서 하늘의 가장 높은 구름들을 넘어설 뿐만 아니라 그 광대한 거리에서 그 하늘들 자체를 뛰어넘어갑니다.

그에 따라, 우리가 감히 당신에게 구하며 요청드립니다: 우리의 무수한 죄악들을 용서해주신 다음에, 부디 교회를 적그리스도의 아가리에서 구해주심으로써 당신의 영예를 다시 주장하시고 당신의 영광을 세상에 보여주옵소서. 비록 우리의 불법한 행위들 때문에 때때로 당신이 교회를 저버리신 것처럼 보일지라도 혹은 교회가 당신의 보호하심에서 배제된 것처럼 보일지라도, 교회는 당신의 기업이며 당신이 택하신 소유라는 사실을 기억해 주옵소서. [121r] 당신의 선하심과 신실하심을 고려할 때, 당신이 실제로 교회를 잊어버리셨다는 것은 거의 불가능합니다.

그러므로 우리는 오직 당신만을 신뢰합니다. 왜냐하면 인간의 도움이 얼마나 쓸모없는지 우리는 이미 아주 잘 깨달았기 때문입니다. 그러니, 우리 곁에서 주시고, 우리가 당신의 이름과 당신의 거룩한 복음을 위하여 견인불발의 용기를 가지고 행할 수 있게 해 주옵소서. 우리 주 예수 그리스도로 말미암아 기도합니다. 아멘.

Ⅱ. 오 전능하신 하나님,

우리가 당신의 보배로운 약속들을 우리의 기억과 마음으로 곰곰이 묵상할 때, 우리는 당신의 이름을 영화롭게 하려는 마음으로 놀랍게 감동받습니다. 당신이 주실 것이라고 약속하셨던 것을 아주 신실하게 이행하셨다는 사실을 우리가 경험으로 알게 될 때, 그런 열성은 한층 더 강력해집니다. 이제껏 당신은 우리에게 많은 것을 주셨으며, 심지어 우리가 받을 자격이 없는 것들도 주셨습니다. 그러나 우리가 거듭하여 기도하면서 좀더 신속하게 일어나길 바라는 것들이 여전히 남아 있습니다. 당신은 우리의 원수들로부터 우리를 구출하는 일을 이미 시작하셨습니다: 그런 선한 시작들이 계속 진행되어 그 결론에 이르길 기원합니다. 이제 우리는 우리의 죄악들로부터 자유롭게 되었으며, 그 결과 우리가 실제로 당신을 신뢰하는 한, 그 죄악들이 우리를 사망에 이르도록 정죄하지 않을 것입니다. 그러나 그 죄악들은 여전히 우리를 무겁게 짓누르고 있습니다. [121v] 그러므로 우리가 날마다 당신의 도움을 힘입어 그 멍에를 점점 더 벗어버리게 하옵소서. 당신은 참된 다윗이신 당신의 아들의 왕국의 창건자이므로, 그 나라를 확산시키고 빛나게 하셔서 만방의 이방인들 사이에서뿐 아니라 우리들 속에서도 그 나라가 영예를 얻고 정숙하고 거룩한 방식으로 거론되도록 당신이 관심을 기울여 주시길 우리가 기도합니다. 그 결과 당신의 교회가 당신의 영광을 위하여 탁월한 일들을 수행하게 하시고, 경건의 원수들에 의하여 올바른 신앙의 길에서 탈선하지 않게 하옵소서. 우리 주 예수 그리스도로 말미암아 기도합니다. 아멘.

시편 109편에서

I. 오 전능하신 하나님,

우리가 가진 모든 것의 원천으로 우리가 인정하고 고백하는 분은 오직 당신입니다. 우리는 당신의 돌보심 아래 경건하게 살아가는 것을 가장 높은 행복으로 여깁니다. 당신의 이름을 찬양하고 기념하는 일에 헌신하는 것보다 우리에게 더 소중하고 중요한 일은 달리 없습니다. 이때, 당신의 교회의 사악하고 기만적인 원수들에 대하여 침묵하시거나 유보하시지 마옵소서. 그들이 당신을 거스려 반역하는 것은 거짓일뿐만 아니라 신성모독입니다. 왜냐하면 그들은 맹렬한 증오와 야만적인 잔인함으로 우리에게 전쟁을 걸어오며 인간성과 경건에 관한 모든 것을 망각하기 때문입니다.

오 하나님, 우리가 이제껏 그들에 대하여 얼마나 평화애호적인 태도를 취했는지 당신은 아십니다. [122r] 우리는 그들을 마음으로부터 사랑하였고 공사 간에 그들을 위하여 진지하게 기도하였습니다. 이제 그들은 이런 지극히 높은 은덕들에 대하여 무서운 역경과 상해로 우리에게 되갚습니다. 그러므로, 오 하늘의 아버지시여, 그들을 대항하여 일어나소서. 그들이 끊임없이 내뱉었던 저주들과 신성모독의 말들이 그들을 덮치고 그들에게 떨어져서 그들을 분쇄하게 하옵소서. 그들이 특히 당신에 대하여 그리고 당신의 백성인 우리에 대하여 가졌던 그 증오와 상해에 대하여 합당한 보응을 받게 하옵소서.

친절하신 아버지시여, 우리의 죄악으로 우리가 마땅히 받아야 할 것으로써 우리를 대하지 마옵소서. 우리는 너무나 심각하게 범죄하였고 당신이 보시기에 너무나 악하게 행하였으므로, 그 어떤 무거운 처벌이라고 하더라도 우리가 마땅히 받아야 할 정도를 넘어서지 않습니다. 그러나 우리를 주목하지 마시고 당신의 이름의 영광을 보옵소서. 우리는 불쌍하고 고통을 받고 있으니, 당신의 선하심으로 우리를 도우시고 건져주소서. 적그리스도들이 수치를 당하게 하시고 부끄러움으로 옷입게 하소서. 조롱이 그들의 매일 입는 옷이 되게 하옵소서. 당신의 도움으로 우리 곁에 가까이 계시고, 당신의 신실한 백성의 영혼을 구하소서. 우리 주 예수 그리스도로 말미암아 기도합니다. 아멘.

Ⅱ. 하늘 아버지시여,

당신은 우리가 우리의 하나님으로 영광을 돌리는 분이시므로, 당신의 교회가 그토록 억압받을 때 침묵하시거나 묵인하지 마옵소서. 반면에, 당신과 당신의 가르침과 당신의 백성에 대하여 [122v] 오로지 신성모독하는 말들이 도처에서 들려오는데, 주로 교회가 그 구원을 위하여 끊임없이 당신에게 기도해왔던 바로 그런 자들로부터 나옵니다! 얼마나 우리가 항상 평화를 갈망하였고 우리의 원수들을 위해서도 모든 축복을 바랐는지 당신은 알고 계십니다. 그러나 이제 그들은 모두 열정적으로 우쭐거리고 있습니다. 왜냐하면 당신의 기업을 뒤엎어버릴 적절한 기회를 잡았다고 그들이 생각하기 때문입니다. 그러므로 그들은 그 악한 행위들에 대한 당신의 의롭고 적절한 처벌과, 우리가 방금 들었던 것처럼 당신의 성령이 완고하고 고칠 수 없는 죄인들에 대하여 위협하신 바 모든 것들을 받아 마땅합니다.

그러나 우리의 삶도 당신과 당신의 가르침에 비추어 완전히 자격없는 것이었으므로, 우리의 양심 역시 죄책을 가지고 있습니다. 그러므로 첫째, 우리의 죄악이 중대하다는 것을 우리가 고백합니다. 그런 다음, 당신의 긍휼로써 우리의 죄악들을 기꺼이 용서해주시기를 감히 기도합니다. 끝으로, 고통을 당하는 당신의 백성들을 기꺼이 도와주셔서, 우리가 많은 경건한 회중들 속에서 당신을 고백하고 영광을 돌릴 수 있게 하옵소서. 왜냐하면 당신은 가련한 자들과 거의 멸망당한 자들의 우편에 기꺼이 서 주시는 보호자가 될 책임을 자임하셨기 때문이며, 또한 이제 적그리스도가 그들을 희생시켜 모든 것을 부당하게 요구하며 그 자신을 위하여 취하려는 것 같은 그 사람들의 생명을 보존하시고 적그리스도의 힘과 분노로부터 신앙을 지켜주시기 때문입니다. 우리 주 예수 그리스도로 말미암아 기도합니다. 아멘.

III. [*123r*] 오 위대하시고 선하신 하나님,

당신은 교회가 쏟아내는 모든 찬양들을 받으시기에 넘치도록 합당하신 대상입니다. 거짓말하는 자들과 속이는 자들이 매일 교회에 대항하여 음모를 꾸미고 있는지 당신은 잘 알고 계십니다. 교회는 친절하므로, 그들을 어머니와 같은 사랑으로 사랑하며 자주 열렬한 기도로써 그들의 구원을 당신에게 간구하고 있습니다. 그러나 이 사람들은 좋은 방향으로 변화하지 않고 오히려 점점 더 완고하게 되며 그들의 악한 길에 집착하므로, 결국 당신이 그들의 분노를 억제해주시며 당신의 종들의 고통에 적절한 한계를 두시고 끝나게 해 주시기를 우리가 간청합니다. 이미 모든 일이 극도로 악해져서 당신에게 드리는 예배가 더렵혀지고 수치스럽게 부패한 것 외에는 아무것도 남지 않았다는 사실을 당신은 알고 계십니다.

속히 우리를 도우셔서, 당신의 백성을 구출할 능력과 지혜가 부족하지 않다는 사실을 우리가 이해할 수 있게 해 주옵소서. 그러면 우리가 당신의 이름을 널리 알리고 찬송하는 데 놀랍게 도움이 될 것입니다. 당신의 교회가 이미 심각할 정도로 영적인 선물과 능력을 잃어버렸으므로, 당신의 빛과 교리, 당신

의 은혜와 선물들의 풍성하고 넘치는 보화들로써 그 부족을 채워주옵소서. 우리 주 예수 그리스도로 말미암아 기도합니다. 아멘.

시편 110편에서

I. [*123v*] 오 전능하신 하나님,

당신의 사랑하는 아들, 곧 우리 주님이자 구세주이신 예수 그리스도에게 당신의 우편에 앉아 충만한 우주적 권세를 갖추고 모든 일들을 주재하고 명령하게 하셨습니다. 하나님은 장차 그를 대적하는 그 어떤 자도 결국 그의 발등상이 되도록 하실 것입니다. 그러므로 우리는 탄원합니다: 요즈음 악하고 잔인한 적그리스도들이 흥분하여 일어나 감히 공공연하게 그리스도에 대하여 말하기를 "우리는 이 자가 우리를 다스리기를 원하지 않는다"고 말하는 현실을 살펴주시기를 간구합니다. 그들은 만족할 줄 모르고 계속하여 그리스도와 우리에 대한 치명적인 증오를 선포합니다. 그러니, 오 하나님, 하늘로부터 당신의 능력의 규를 내려주시고 당신의 진노의 회초리를 그들에게 내리사, 성령과 복음을 통하여 당신의 아들이 그 원수들을 다스리게 하옵소서. 자유롭게 그리고 자원하는 마음으로 그들이 그리스도의 백성이 되게 하시고, 서로 연합하여 큰 무리를 이루어서 그리스도의 거룩한 나라를 그들의 기도와 모든 자원을 동원하여 지키게 하옵소서.

우리는 실로 우리 죄 때문에 그토록 큰 축복을 받을 가치가 없는 자들입니다. 왜냐하면 오랫동안 우리는 너무나 연약한 믿음을 갖고 있었기 때문입니다. 그러나, 오 하늘에 계신 아버지, 우리를 당신의 목전에 두지 마시고, 교회를 구원하기 위하여 당신의 아들을 왕과 제사장으로 당신의 교회 안에 세우셨던 당신의 맹세를 보시길 원합니다. [*124r*] 그러므로 이 시대에 교회를 대적하여 무수하게 일어선 군주들, 왕들, 이 세상의 세력들이 당신의 불 같은 진노에 의해 분쇄되기를 원합니다. 저 불손하고 타락한 원수들에게 심판을 내리셔서 이 복음의 거룩한 나라가 세상의 모든 곳으로 확장되게 하시고, 그리하여 한때 우리 안에서 핍박을 당하시는 것처럼 보이는 당신의 아들인 예수 그리스도께서 영광과 광채로 그 머리를 들어올리시는 것이 인정되게 하옵소서.

당신과 더불어 영원무궁토록 살아계시고 통치하시는 바로 그분으로 말미암아 우리가 이 모든 것들을 간구합니다. 아멘.

II. 오 위대하시고 선하신 하나님,

당신은 당신의 아들이자 우리의 구세주이신 예수 그리스도에게 모든 피조물에 대한 가장 높은 권세를 발휘하도록 허락하셨습니다. 따라서 그분은 당신의 우편에 앉아 있으며, 종국에는 모든 적대적인 세력들이 그분의 발등상처럼 그에게 복종하게 될 것입니다. 이제 교회가 큰 곤경에 빠져 있을 때, 그분이 손을 뻗쳐 그 능력을 발휘해 주시기를 우리가 기도합니다. 그분의 위엄에 대한 열정과 존경으로 불타오르는, 준비되고 자원하는 협력자들을 그토록 놀랍고 현저하며 유용한 과업을 위하여 일으키셔서, 참된 교리를 떠받치고 의로운 행위를 회복하며, 그분의 신실한 백성들 속에서 정직하고 성실한 삶을 다시 확립하게 하옵소서. [124v]

우리가 무수하게 많은 종류의 심각한 범죄에 오염되었고 부패해졌음을 인정하고 고백하므로, 중보자이자 제사장이신 그리스도의 속죄에 의하여 우리의 죄책에서 벗어나기를 간구합니다. 멜기세덱의 반차를 따라 우리의 제사장으로 세워진 그리스도께서 우리의 죄책을 면제해 주시지 않는다면, 우리가 사죄를 얻을 다른 길은 전혀 없습니다. 그분으로 말미암아 우리의 죄가 다 씻겨진 다음에, 당신의 진노를 우리에게서 거두셔서 저 완고하고 반역하는 신앙의 원수들에게 터뜨려 주옵소서. 불경건한 나라들을 심판하셔서 당신의 엄하심을 보이시고 깨닫게 하시고 분명하게 드러내심으로써 모든 사람들의 공통된 찬양으로 높임 받으시길 원합니다. 그것은 주께서 마땅히 받으실 찬양입니다. 우리 주님이신 바로 그 예수 그리스도로 말미암아 기도합니다. 아멘.

Ⅲ. 오 전능하신 하나님,

이 세상의 종말이 아주 오랫동안 연기되었고, 우리 주님이자 당신의 사랑하는 아들이신 예수 그리스도께서 우리의 시야를 벗어나 당신의 우편에 앉으신 것은 오직 이런 이유 말고는 없는 줄 알고 있습니다: 그 동안에 (승천과 재림 동안에) 복음의 원수들이 그분의 발 앞에 엎드려지고, [125r] 성령의 역사하심으로 말미암아 시온 산으로부터 온 세계에 두루 퍼져나간 그분의 가르침이 널리 선전될 뿐만 아니라 열매를 맺어, 그 결과 당신은 이제 억압되고 강제되었던 백성들이 아니라 자발적인 예배자들을 얻게 되셨습니다.

참된 예배자들은 자신이 가진 모든 것과 심지어 자신의 생명조차도 진리를 위하여 내거는 것을 축복으로 여길 것입니다. 선한 아버지이신 당신이 이런 일들을 실제로 이루실 것이며 또 그렇게 하시리라고 맹세까지 더해 주신 것을 우리가 알기 때문에, 이제 우리는 당신의 신실함에 호소하여 기도하오니, 최대한 빨리 그것들을 실행해 주소서. 어둠의 군주에 의하여 그토록 오랫동안 그토록 심하게 공격을 당하고 있는 당신의 교회를 대신하여 간구하오니, 선고를 내려주옵소서. 사단의 도구들과 또 교회를 포위하고 있는 어둠의 세력의 저 맹렬한 힘을 쳐부수어 주셔서, 그리스도께서 어느 순간 우리 가운데서 그 눈부신 머리를 들게 해 주옵소서. 그리스도는 성령과 일치되시며 당신과 더불어 영원무궁토록 살아계시고 다스립니다. 아멘.

시편 111편에서

I. 오 전능하신 하나님,

당신이 행하신 모든 일들은 위대하고 경이롭습니다. 믿음과 헌신으로 우리가 그 일들을 살펴본다면, 그 속에서 우리의 영혼을 지극한 만족으로 채울 것들만을 발견할 것입니다. [125v] 아, 그러나 우리의 부패한 삶과 너무나 많은 죄악들에 비추어 볼 때, 우리는 당신의 사역들에 계시된 그 위대함과 공의로움을 진지하고 경건하게 묵상하는 일에 헌신할 수 없습니다. 그렇지만 우리와 우리의 선조들을 위하여 당신이 행하셨던 은혜로운 일들을 우리가 기억하며 돌아볼 때, 당신은 관대하시며 긍휼하시다고 우리가 말하지 않을 수 없습니다.

당신의 백성들에게 음식을 제공하셨고 또한 약속하신 대로 이방인들의 기업을 그들에게 주셔서, 그들과 맺으신 당신의 언약이 철폐되지 않게 하셨으므로, 이제도 당신의 긍휼로써 우리를 잊지말고 기억해 주옵소서. 오히려 진리와 심판을 사랑하는 분으로 자신을 보여주시고, 당신의 뜻의 공정함과 정의와 올곧음을 명백히 보여주옵소서. 우리가 원수들로부터 그토록 괴롭힘을 당하는 이유가 무엇인지, 즉 그들이 경건과 신앙과 당신의 이름을 순전하게 부르는 것을 얼마나 적대시하며 증오하였는지, 당신은 아주 잘 알고 계십니다. 그들은 복음이 우리의 교회들에서 번성하는 것을 참지 못합니다. 바로 그 때문에 그들은 우리를 삼키려고 열렬히 노력합니다. 당신의 백성에게 구속을 베풀어주옵소서. 교회와 세우신 당신의 언약이 거룩하고 영속되길 기원합니다. 그 언약의 이름으로 우리는 당신이 우리를 구출하셔서 모든 사람들이 당신의 선하심과 두려우심을 인식할 수 있게 되기를 [*126r*] 간구하며, 당신의 위엄 앞에 서서 영원히 당신을 찬양하는 노래를 부를 수 있기를 원합니다. 우리 주 예수 그리스도로 말미암아 기도합니다. 아멘.

Ⅱ. 오 전능하신 하나님,

우리가 당신의 사역들을 열심히 살펴보면, 온 맘으로 그 공의와 의로움을 고백하지 않을 수 없습니다. 왜냐하면, 우리가 피조물들에서 발견하는 것은 오로지 굉장히 멋지고 절묘하며 더할 나위 없이 뛰어난 것들이기 때문입니다. 더구나 당신이 나타내 보이셨던, 사람들을 향한 당신의 선하심의 증거들은 영원히 기억되기에 합당하며, 다가오는 여러 세기에서도 결코 망각되어서는 안될 것입니다. 당신은 신실한 자들과 맺은 언약을 항상 온 마음으로 생각하고 계셨으므로, 이제껏 당신이 그들을 저버리는 일은 결코 일어나지 않게 하셨습니다. 당신은 육신의 건강을 위하여 필요한 것을 충분히 공급해 주십니다. 또한 당신은 그들에게 엄청난 기업을 허락하시며 유익한 교훈들과 가르침을 공급하십니다. 게다가, 당신의 견인불발의 진실하심으로 뒷받침되는 엄청난 약속들을 덧붙여 주시며, 마침내 당신이 늘 그렇게 하셨듯이 그들을 노예상태와 억압에서 구원해주십니다.

이런 주장들에 근거하여, 이제 우리는 겸비하게 당신 앞으로 나아가며, 우리가 당신을 거스려 저질렀던 심각한 죄악들을 부디 용서해주시고 또한 우리를 위협하는 악에서 우리를 건져주시기를 간구합니다. 그리하여 우리를 두려움에서 자유롭게 하시고, 악한 자들로부터 건지시고, 지혜의 시작인 당신을 경외하는 마음을 가지기에 합당하게 하시고, 당신의 율법을 올바르게 이해하게 하옵소서. 우리 주 예수 그리스도로 말미암아 기도합니다. 아멘.

Ⅲ. [*126v*] 오 위대하시고 선하신 하나님,

우리는 공적으로나 사적으로나 우리의 마음에서 솟아나오는 거짓없이 진실한 찬양을 당신에게 올려드려야 할 의무가 있습니다. 왜냐하면 당신의 영광을 위하여 우리를 보존하시기 위하여 행하신 일들이 세상 모든 사람들의 찬탄을 받을 만하기 때문에, 경건한 사람들이 그 일들을 살펴볼 때마다 지극히 높은 기쁨을 느끼지 않을 수 없습니다. 당신은 여전히 우리의 구원을 위하여 그런 일들, 곧 우리의 기억에 거룩한 것으로 영원히 기억될 만한 일들을 행하실 준비가 되어 있다는 사실을 우리는 의심하지 않습니다. 신자들과 더불어 기꺼이 여러 차례 맺으셨던 그 언약을 당신이 잊어버릴 수 있을 것이라는 의심을 우리는 조금도 품고 있지 않습니다. 당신이 얼마나 확고부동한 모습으로 계속 당신의 헌신들을 뒷받침하였는지, 성경은 계속 우리 눈 앞에 증거하며 자주 우리를 일깨워줍니다. 당신은 우리의 선조들을 이집트에서 인도하여 내셨을 뿐만 아니라, 놀라운 친절하심으로 광야에서 그들에게 음식을 공급하셨으며, 약속하셨던 대로 그들을 가나안 땅에 굳건히 세워주셨습니다.

그러므로, 선한 아버지시여, 우리를 향한 당신의 긍휼과 진리도 그에 못지 않게 명백하게 나타나기를 우리가 기도합니다. 당신의 말씀의 강한 능력을 보여주셔서 교회에서 당신의 이름을 높이는 예배가 오류와 어둠에서 벗어날 수 있게 하옵소서. 그리고, 당신에 대한 올바른 예배가 모든 지혜의 시작이자 기둥이므로, 마침내 거기에 도달하는 것이 우리의 행복한 운명이 되게 하소서. [*127r*] 우리 주 예수 그리스도로 말미암아 기도합니다. 아멘.

시편 112편에서

Ⅰ. 선하신 아버지시여,

우리가 적절한 열정으로 당신을 경배하지 않았고 마땅히 해야 했던 바대로 당신의 계명들에 순종하지 않았기 때문에, 이런 적대적이고 어려운 시절이 이제 우리에게 닥쳐왔습니다. 당신의 말씀의 규례에 따라 당신을 순종하고 사랑하고 숭배하였던 사람들은 참으로 행복한 삶을 살아가며, 어둠 속으로 돌진하지 않으며, 공의에서 점점 더 강해지며, 그들의 모든 일들을 정하는 데에서 좋은 판단을 내립니다.

오 전능하신 하나님, 우리의 죄책이 찢어놓은 것을 당신의 긍휼로써 다시 꿰매어 붙여 주옵소서. 첫째로 이것을 우리에게 허락하소서: 이후로는 우리가 당신이 제시하신 그 길로부터 조금도 벗어나지 않게 하소서. 둘째로, 우리의 영혼과 심령을 강하게 하사, 우리에게 닥친 악한 일들을 필요 이상으로 두려워하지 않게 하소서. 우리의 연약한 마음을 지탱해주시고 오직 당신만을 의지할 수 있게 하옵소서. 이 위험하고 격렬한 전쟁에서 당신의 백성의 뿔이 높이 들려 승리하게 하옵소서. 우리의 사악하고 저주받은 원수들이 얼마나 우리에게 격노하는지 당신은 아십니다. 만일 그들이 그렇게 할 능력을 가지고 있다면, 우리뿐 아니라 우리의 모든 소유를 파괴할 것이며, 또한 우리의 교회에서 당신에 대한 모든 경배와 경건과 신앙 또한 파괴하고 제거하려고 할 것입니다. [127v] 그들은 그 잔인성의 이빨을 드러내었으며, 그들의 잔인한 무기들로써 그 무자비한 분노를 터트리고 있습니다. 그러므로, 당신의 무적의 능력과 지고한 힘으로써 그들을 허망하게 만들어주옵소서. 그들의 노력을 멸하셔서 그들이 빈손으로 사라지게 하시고, 당신의 이름의 영광과 찬양을 위하여 그들의 모든 저주스러운 욕망들을 사라지게 하옵소서. 우리 주 예수 그리스도로 말미암아 기도합니다. 아멘.

Ⅱ. 오 전능하신 하나님,

당신을 경외하는 것, 곧 타고난 경건이 당신의 뜻을 즉각 실행하는 것 외에는 아무런 걱정도 하지 않는 사람들을 참으로 행복하게 만듭니다. 그러므로 우리는 당신의 긍휼하심으로써 황폐해진 당신의 교회를 부디 회복하게 해 주시기를 당신에게 요청하게 됩니다. 왜냐하면 교회의 후예들, 곧 당신의 후예들이 화려하게 혹은 강력하게 일어날 수 있는 다른 어떤 방법이 없기 때문입니다. 풍성한 영적인 선물들을 기대할 수 있는 다른 어떤 원천도 없으며, 오류들과 어두운 재난들 속에서 갑자기 빛이 비추어질 다른 어떤 방법도 없기 때문입니다. 게다가, 우리가 기도할 때, 경건이 다시 교회 안에서 소생하며, 우리의 이웃들에게 자비를 베풀어야 하는 우리의 진지한 의무들이 실패하지 않고 실천될 것이기 때문입니다. 각 사람들이 자기 자신 대신에 그의 형제들을 돌보게 될 것입니다. 각 사람이 그 자신의 행위들을 우연이나 충동에 의해서가 아니라 영적인 기준에 따라 결정할 것입니다. [128r]

그러므로 우리는 이것을 주된 우선순위로 요청합니다: 당신에 대한 우리의 신뢰를 굳건하게 만들어 주셔서, 고난의 폭풍들도 혹은 행운의 즐거움도 우리를 결코 떼어놓지 못하게 하옵소서. 우리 주 예수 그리스도로 말미암아 기도합니다. 아멘.

Ⅲ. 오 전능하신 하나님,

참된 경건과 당신의 계명들을 순종하는 일에 온 힘을 다해 분투하는 사람들은 모두 행복하게 살아갑니다. 우리가 이 어려운 시절에 괴롭힘을 당하고 있는 것이 어떻게 당신의 공의와 아주 일관된 일인지 그 이유를 그와 유사한 방법으로 우리가 알 수 있기를 기원합니다. 왜냐하면 이제껏 우리는 당신께 드리는 예배에 헌신하는 일에 미적지근하였으며, 당신의 율법을 적절하게 순종하는 일에 부주의하였기 때문입니다.

오 하나님, 긍휼하신 마음으로, 마땅히 받아야 할 바에 따라 우리의 죄악을 처벌하지 마옵시고, 이런 어둡고 깊은 위험들 속에서 당신의 빛이 우리에게 비추게 하셔서, 그로 인하여 당신의 교회에 경건이 회복되고 거룩한 신앙이 번성할 수 있게 해 주옵소서. 거기에 더하여, 당신의 말씀과 약속들로써 우리의 마음을 강하게 해주셔서, 우리 머리 위에 드리워져 있는 심각하게 악한 일들에 관하여 우리가 듣게 되더라도, 여전히 우리가 흔들리거나 비틀거리지 않게 하옵소서. 친히 우리를 지지해 주시고, 이런 두려움 속에서도 우리가 온전히 당신만을 굳건하게 의지할 수 있게 해 주옵소서. [128v] 적그리스도는 거기에 대하여 분노하여 그 이를 갈 것이고, 당신의 이름의 원수들은 기운을 잃게 될 것입니다. 그러나 당신의 긍휼하심을 찬양하고 영광을 돌리는 일은 빛을 발할 것이며 모든 사람들에게 분명하게 나타날 것입니다. 우리 주 예수 그리스도로 말미암아 기도합니다. 아멘.

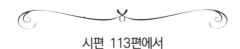

시편 113편에서

I. 오 위대하시고 선하신 하나님,

우리는 마땅히 우리의 온 힘과 노력을 다하여 당신의 이름을 영화롭게 해야 하지만, 이제껏 우리는 그런 삶을 살지 못하였으며 당신을 찬양하는 일에도 마땅한 진보를 보이지 못하였습니다. 그와는 정반대로 당신의 진리와 거룩한 복음이 우리의 잘못과 사악함 때문에 나쁜 평판을 얻게 되었고, 모든 민족들 가운데 높이 존중되었어야 마땅한 것이 우리의 결함 때문에 일반적으로 경멸당하였습니다. 그러므로, 우리가 당신의 공의와 심판을 인정하도록 하기 위하여 당신이 우리에게 고통을 겪게 하시고 억압하신다는 사실을 우리가 인정하고 고백합니다.

그럼에도 불구하고 당신이 마침내 우리를 도우시러 오시길 기도합니다. 왜냐하면 선하심과 친절하심에서 당신과 견줄 수 있는 분은 아무도 없기 때문입니다. 당신의 무한한 위대하심 덕분에, 하늘에 있는 일들을 살펴보실 뿐만 아니라 스스로 낮추어 땅위에서 일어나는 일들도 검토하시는 것이 당신이 늘 하시던 일이었습니다. 당신의 교회가 당하고 있는 곤경을 보시고 [129r] 당신의 백성들이 당하는 압제를 주목하옵소서. 여지껏 우리는 우리의 더러운 죄악의 진창에 빠져 있었기 때문에, 이제 우리의 원수들의 무거운 압제로 짓밟히고 있습니다. 그것은 우리가 마땅히 받아야 할 벌입니다. 그렇지만 당신은 늘 가난한 자들을 먼지로부터 일으키시고 궁핍한 자들을 누추한 곳에서 일으켜 세우시는 분이십니다. 그러므로 당신의 도우시는 손길을 우리의 군주들과 군대에 펼치사 당신의 교회를 도와주셔서, 교회가 완전히 메말라버리지 않게 하옵소서. 언젠가는 교회가 다시 평화와 안정 속에서 기뻐할 수 있게 해 주옵소서. 당신의 말씀과 성령으로 말미암아 교회가 많은 자녀들의 어머니가 되게 하셔서, 끊임없는 찬송으로 당신의 이름에 합당한 영광을 돌리게 하옵소서. 우리 주 예수 그리스도로 말미암아 기도합니다. 아멘.

II. 오 전능하신 하나님,

믿음과 진실된 헌신으로 당신에게 드리는 예배에 헌신하는 모든 사람들은 마땅히 당신의 이름을 영원히 찬양해야 할 빚이 있습니다. 그 찬양들은 그들이 모든 장소에서 끊임없이 모든 해와 날과 시간을 일관하여 당신에게 드려야 할 일입니다. 그렇게 하여 당신의 위대하신 선하심이 우리들 가운데 선포되며, 그 결과 모든 사람들이 당신의 친절하심은 당신의 무적이심과 견주어 전혀 떨어지지 않는다고 마땅히 고백할 것입니다. [129v] 당신은 하늘의 가장 높은 곳 위에 당신의 궁전을 세우셨다고 일컬어지지만, 그럼에도 불구하고 이 아래 땅의 갈라진 틈 속에서 일어나는 모든 낮은 일들에도 당신의 섭리가 미치므로, 하늘에서든 땅에서든 당신이 명백하고 분명하게 보지 못한 채로 일어나는 일은 아무것도 없습니다.

그러므로, 당신이 우리의 행위를 모르시지 않으며 또한 궁핍하고 연약한 자들을, 그들이 당신을 신뢰하는 한, 그 더럽고 누추한 진토에서 들어올리셔서 고상하고 영광스러운 나라들로 인도하시며, 또한 자식이 없는 불임의 여성들에게 종종 대가족을 허락하시는 것이 당신의 항구적인 관습임을 우리가 알기 때문에, 교회가 당하고 있는 고난을 불쌍히 여겨 주셔서 당신으로 말미암아 교회가 마침내 밝게 빛나고 영광스럽게 될 수 있게 해 주시기를 우리가 겸비하게 당신에게 탄원합니다. 왜냐하면 지금 교회는 더러운 먼지로 뒤덮여 있기 때문입니다. 해산의 고통을 통과한 것 같은 교회가 그 자녀들에게서 굳건하고 올바른 기쁨을 찾을 수 있게 해 주옵소서. 우리 주 예수 그리스도로 말미암아 기도합니다. 아멘.

시편 114편에서

I. 오 가장 긍휼하신 하나님,

무적의 능력으로 이스라엘 백성을 이집트의 노예생활에서 이끌어내시고, 이집트인들에게 그 잔인하고 완고한 마음에 대한 충분히 무거운 보응을 내리셨을 때, 당신은 아버지와 같은 성실하심과 특출난 연민을 가지고 유대 민족을 돌보셨습니다. [130r] 경이로운 표현들과 넘치는 호의로써 당신은 그들에게 당신을 공공연하게 계시하셨습니다: 홍해를 가르신 일과 시내산의 놀라운 지진과, 요단 강물이 물러선 일과 바위에서 경이롭게도 물이 흘러나온 일들이 있었습니다. 이런 일들로부터 우리는 모든 것들이 당신에게 순종하며 또한 그것들이 모두 성인들의 이름을 기록한 책에 당신이 기꺼이 적어두셨던 그 사람들을 위하여 유익하였다고 분명히 이해할 수 있습니다.

이 사실은 우리 속에 생생한 희망을 불러 일으킵니다. 왜냐하면, 우리도 의심할 여지 없이 신앙의 입양을 통하여 당신의 백성에 속한 자들이므로, 우리가 당신의 은혜로써 영원한 죽음의 재앙으로부터 이미 건짐을 받은 것과 마찬가지로, 모든 피조물들 또한, 그것이 호의적으로 보이든 혹은 적대적으로 보이든 간에, 결국 당신의 거룩한 교회의 구원에 즐겁게 기여할 것이라는 사실이 아주 명백하게 나타날 것이기 때문입니다. 우리의 죄악들로 인하여 그 성취가 크게 늦어진 것이 올바르고 공정하다고 우리가 느끼는 것과 마찬가지로, 또한 우리는 당신의 긍휼과 약속하신 호의 덕분에 그것이 영광스럽게 성취되도록 기도합니다. 그리고 이것이 당신의 아들 우리 주 예수 그리스도의 이름으로 이루어지기를 기도합니다. 그분은 당신과 더불어 영원히 살아계시고 통치하시는 분입니다. 아멘.

시편 115편에서

I. 오 전능하신 하나님,

당신의 긍휼하심에 호소하여 우리를 심각한 환란들로부터 건져주시기를 기도할 때, [130v] 당신이 우리를 회복시키시고 우리에게 은덕을 베풀어주시도록 간구할 뿐만 아니라, 우리의 구원으로 당신의 이름이 눈부시게 드러나도록 우리가 기도합니다. 만일 당신의 백성이 엎드려진 채 있도록 허용하신다면, 장차 이 세상의 자녀들이 오직 당신만을 신뢰하는 것은 쓸모 없었다고 당신의 백성들을 쉽사리 비난할 것입니다. 우리로 말하자면, 당신의 은혜로써 우리는 계몽되었으며 그래서 잘 알고 있습니다: 이 세상의 모든 좋은 것들, 곧 불신자들이 그들 자신을 위하여 본떠 우상을 만들어내는 것들은, 비록 그들이 그것들을 숭배하고 존경한다고 하더라도 사람들을 행복하게 만들어줄 어떤 힘과 능력도 갖고 있지 않습니다.

그러므로 우리에게는 다만 이것이 남아 있다는 것을 이해합니다: 당신을 경외하는 마음을 부여받은 모든 사람들 그리고 영적인 이스라엘에 속한 모든 사람들 그리고 그리스도와 왕국과 제사장직에 접붙여진 모든 사람들은 오직 당신만을 그들의 보호자이자 도움으로 삼아야 한다는 것입니다. 그들이 마땅히 해야 할 일을 하게 될 때, 그들은 매일 참된 축복에서 더 큰 진보를 이루게 될 것입니다.

그에 따라 우리는 당신에게 진지하게 간청합니다: 우리가 이생에서 살아가는 동안에 땅에서 거하도록 결정하신 하늘에 계신 하나님이, 당신의 축일들에서 침묵을 지키는 그 죽은 자들과는 정반대로 우리가 처신하도록 허락해주시고 그런 방식으로 살아갈 수 있게 해 주옵소서. 오히려 우리는 영원히 당신의 찬송들을 말과 거룩한 예전들로써 선포하기를 원합니다. [*131r*] 우리 주 예수 그리스도로 말미암아 기도합니다. 아멘.

시편 116편에서

Ⅰ. 오 전능하신 하나님,

불행 속에서 당신의 도우심을 구하는 자들을 도와주실 때 경건한 자들을 위한 당신의 사랑이 가장 잘 나타납니다. 당신이 그들을 구출하신 그 곤경들이 더욱 심각할수록, 당신의 선하심의 증거는 그들에게 더욱 크게 나타날 것이며 모든 심령들이 더욱 뜨겁게 타오르게 될 것입니다. 그 결과 어려운 시절이 찾아올 때 그들은 당신에게서 피난처를 찾을 것입니다.

견딜 수 없는 죄의 짐 때문에 완전히 낙담하고 짓눌렸던 우리는 겸비하게 당신에게 호소합니다. 우리는 인간이 얼마나 거짓말쟁이이며 피조물에 두었던 모든 희망들이 얼마나 공허한 것인지 체험하였습니다. 우리가 모을 수 있는 모든 긴박한 마음으로 당신에게 요청합니다: 우리가 저질렀던 터무니없고 수치스러운 행위들을 용서해주시고, 당신의 교회가 우리의 죄악으로 말미암아 초래된 그 처벌을 벗어나게 해주셔서, 당신 앞에서 도움을 받고 기쁨으로 가득한 마음으로 감사의 잔을 우리로 마시게 해주시고 모든 사람들에게 우리를 향한 당신의 탁월한 아버지와 같은 돌보심을 우리가 증거하게 해 주옵소서. 처음부터 당신은 언제나 성도의 죽음을 돌아보셨을 뿐만 아니라 그들의 고난과 한숨도 돌아보셨던 것처럼, [131v] 이제 실신하여 거의 멸망당하고 있는 당신의 교회를 불쌍히 여겨주시기를 우리가 기도합니다. 우리 주 예수 그리스도로 말미암아 기도합니다. 아멘.

시편 117편에서

I. 오 전능하신 하나님,

당신은 인류를 창시하셔서 모든 열방들이 다 함께 모여 당신의 이름을 찬양하는 일에 하나가 되도록 하셨습니다. 이 일을 이루기 위하여, 지난 세대에서 당신은 족장들과 선지자들과 사도들이 이 과업을 하도록 예정하셨고, 모든 것이 어둠과 남용과 신성모독으로 흉하게 손상된 지금에는 우리를 교회로 모으셔서 바로 그 일을 하게 하셨습니다.

가능한 한 그 일을 부드럽고 기술적으로 수행할 수 있도록, 우리의 악한 행위들과 죄악들이 우리의 길을 가로막지 않도록 기도합니다. 우리의 죄악이 무수하며 심각하다는 사실을 우리가 고백하는 것처럼, 또한 우리는 당신이 그것들을 용서하시고 깨끗이 씻어주실 것을 겸비한 마음으로 간절히 요청합니다. 당신이 보시듯이, 우리는 이미 여러 위험으로 에워싸여 있으며 분쇄당하기 직전이므로, 오직 당신만을 우리의 유일한 피난처로 붙잡았습니다.

당신의 성령으로 우리의 신앙이 지탱되도록 돌아보아 주시길 당신에게 간구합니다. 그렇지 않으면 이런 환란들 속에서 우리의 믿음이 허물어질 것입니다. 경건한 자들에게 당신이 항상 내려주셨던 그 선하심을 우리 눈 앞에 두시기를 우리가 기도합니다. [132r] 그리하여 우리가 그것을 충만하고 분명하게 깨달아, 지금도 역시 당신은 교회의 신뢰할 만한 보호자가 되신다는 사실을 전혀 의심하지 않게 하옵소서. 우리 주 예수 그리스도로 말미암아 기도합니다. 아멘.

II. 오 위대하시고 선하신 하나님,

인류가 완전히 눈이 멀고 또 끊임없는 불행들에 압도당하였을 때, 당신의 형용할 수 없는 친절하심이 그들을 지탱해주었습니다. 그 친절하심 때문에 당신은 황공하게도 세상의 구원을 위하여 당신의 독생자를 내어주셨습니다. 그러므로 우리는 당신에게 영속적인 감사의 빚을 지고 있습니다. 왜냐하면 우리가 구원을 받은 것은 우리의 공로에 의한 것이 전혀 아니며, 당신의 순전하고 굳건한 선하심에 의한 것이기 때문입니다.

당신은 약속하신 바에 그토록 굳건하며 신뢰할만한 분이심을 우리가 체험하였기 때문에, 아직도 성취되지 않은 몇 가지 일들도 당신의 지고한 긍휼과 다함 없는 선하심으로 말미암아 당신이 예정하신 때에 일어날 것을 우리가 의심하지 않는 것이 옳습니다. 그에 따라 우리는 당신이 우리의 마음을 믿음의 영으로 강하게 해주셔서 우리가 일말의 의심도 없이 믿을 수 있게 해주시기를 요청합니다. 우리에게 제공하시는 좋은 일들을 우리가 굳게 붙잡을 뿐만 아니라, 모든 열방과 백성들과 더불어 교회 안에서 당신의 모든 관대하심에 대하여 마땅히 돌려드려야 할 감사를 당신에게 드릴 수 있게 하옵소서. [132v] 우리 주 예수 그리스도로 말미암아 기도합니다. 아멘.

시편 118편에서

I. 하나님을 경외하는 모든 사람들은 그리스도에게 접붙임 받았으며, 신앙적 열정으로 가득하며, 그 이름을 영화롭게 하는 새로운 이유들과 무한한 축복으로써 날마다 격려를 받으며 그렇게 하도록 초청됩니다. 그들이 하나님의 선하심의 능력이 얼마나 크신지 깨달을 때, 또한 모든 위험과 불안에서 건져주시도록 그의 선하심에 호소하는 자들을 돕는 일에 얼마나 즉각적인지 그들이 깨달을 때, 인간들의 세력이 그 얼마나 강력하다고 하더라도 그것들을 전혀 두려워하지 않는 그런 수준의 안정과 신뢰의 자리로 인도됩니다. 오 전능하신 하나님, 그것이 바로 지금 우리가 느끼는 것이므로, 우리는 오직 당신에게 우리의 구원을 의뢰합니다. 그리고 무서운 위험들로 이미 사방으로 포위당하고 에워싸여 있는 교회를 기꺼이 보호해주시기를 간구합니다.

우리의 악한 행위들은 이것보다 더 나쁜 일들을 겪어 마땅합니다. 오 하나님, 당신을 거스린 우리의 슬프고도 심각한 범죄들을 고백합니다. 그러나 당신의 긍휼하심이 우리의 악한 행위들을 극복할 수 있도록, 지금 여기에 당신의 특별한 친절하심이 필요합니다. 우리가 불순종하고 반역적인 아들들처럼 당신에게 징계를 받은 다음에 멸망과 죽음에 넘겨지지 않게 해 주옵소서. [133r] 그렇지 않으면, 우리는 당신의 나라의 문 안에서 의로운 자들이 함께 모여 당신의 일들을 기념하고 찬양하며 크게 높이지 못할 것이기 때문입니다. 이제 책망받고 거절당하며 모든 사람들의 조롱거리가 되어버린 우리가 공의와 거룩과 올곧은 삶의 높은 수준으로 높여져서, 우리가 지금 신앙으로 애쓰고 있는 바 혹은 이제껏 애써온 바가 사람들의 일이 아니라 당신이 친히 하시는 사역임을 모든 사람들이 깨달을 수 있게 하옵소서. 우리 주 예수 그리스도로 말미암아 기도합니다. 아멘.

Ⅱ. 오 전능하신 하나님,

우리는 너무나 무거운 고난의 폭풍으로 끊임없이 시달리고 있으므로, 그 폭풍을 피할 수 있게 하시는 당신의 긍휼에만 의지해야 할 필요가 있습니다. 그러나 이제 우리는 구원을 위하여 당신이 예정하신 자들을 억압하려는 인간적 권력들은 아무런 일도 할 수 없다는 사실을 참으로 깨달았습니다. 그러므로 인간들에게 신뢰를 두는 사람들이 어떻게 거짓된 희망으로 만족하고 있는지 우리가 깨달을 때, 경건한 사람들의 지고의 지혜는 결코 다시는 그들의 신뢰를 죽을 인생들에게 두지 않는 것이며 오직 당신에게 그들의 소망을 두는 것이라고 결론을 내립니다.

그러므로, 선한 아버지시여, 우리가 기도합니다: 때때로 당신은 우리의 죄악들에 대하여 진노하시며, 또한 그것은 합당한 일이지만, 우리의 완고함을 응징하시고 맹렬하게 질책하시지만, [133v] 우리가 당신에게서 떨어져 나가는 것은 여전히 허용하지 않습니다. 황공하게도 당신이 우리를 그 굳건한 기초석, 곧 사람들에 의하여 조롱당하고 거절당하였으나 당신이 친히 영광의 최고 정점까지 높여 주신 그분 위에 건축해 주실 때, 이 일은 참으로 일어날 것입니다. 당신의 아들, 곧 당신과 함께 영원히 살아계시며 다스리시는 우리 주 예수 그리스도로 말미암아 기도합니다. 아멘.

시편 119편에서[32]

I. 오 위대하시고 선하시고 영원하신 하나님,

당신은 우리를 위하여 형용할 수 없는 친절하심과 지극하고 풍성한 은덕들로써 끝임없이 노력해 오셨는데, 완전한 헌신으로 당신의 계명을 수행했어야 하는 우리는 그와는 대조적으로 슬프게도 그 계명들을 위반하였으며, 우리를 억압하는 바로 그 해악들을 우리 자신에게 쌓아왔습니다. 그러니, 우리가 온전히 받아야 할 보응보다 적그리스도와 그의 신봉자들에게서 더 나쁜 취급을 당하였다고 우리가 불평하는 것은 합당하지 않습니다. 당신의 진노하심으로 우리를 징계하신 것이 아니라 아버지와 같은 긍휼로써 징계하신 것을 우리는 체험하였습니다. 그러므로 우리를 치시는 당신에게 날아가 이런 일들을 우리가 요청드립니다: 당신의 치료하는 광선으로 우리의 마음의 눈을 열어주셔서, 우리가 당신의 경이로운 일들에 눈감지 않게 해 주옵시고, 또한 우리가 이 세상에서 순례자로 살아가는 동안 [134r] 당신의 계명들이 우리에게 감추어지지 않게 하옵소서. 우리의 가슴이 당신이 명하신 바를 향한 열렬한 갈망으로 끊임 없이 불타오르게 하옵소서. 이제부터는 우리가 저 타락한 자들과 나란히 조롱의 대상이 되거나 혹은 당신의 교훈들에서 멀리 벗어났기 때문에 여러 가지 저주들로 정죄받기에 마땅한 자가 되지 않게 해 주옵소서.

---

32 이 시편은 176행으로 구성된, 단연 가장 긴 시편이다. 또한 버미글리의 『거룩한 기도들』에서 가장 긴 기도문의 토대를 제공한다. 히브리어에서 시 119편은 대걸작인데, 왜냐하면 이 시편은 히브리어 알파벳의 각 문자에 따라 한 단락씩 구성되어 있는 이합체(離合體, acrostic) 시로 구성되어 있으며, 각 단락의 매 첫 구절은 바로 그 알파벳으로 시작되는 단어이다. 버미글리는 이 시편에 근거한 자신의 기도들을 그 히브리어 알파벳 순서에 따른 한 쌍의 문자들로 구분하여 작성하였다.

우리의 원수들이 닥치는 대로 우리에게 쌓아 놓은 비난과 모욕을 당신은 아십니다. 그리고 이 세상의 군주들과 통치자들이 우리를 반대하여 음모를 꾸민 다음 말 뿐이 아니라 전면적인 노력으로 우리를 물을 타지 않은 당신의 온전한 말씀에서, 거룩한 예배에서, 그리고 당신의 순전한 예전들에서 벗어나게 만들려고 노력하고 있는지 당신은 아십니다. 그러므로, 당신의 능력으로 우리를 소생시키시고 확고하게 세워주셔서, 당신의 약속들이 참되며 확실하다는 사실을 우리로 체험하게 해 주옵소서. 우리 주 예수 그리스도로 말미암아 기도합니다. 아멘.

알렙, 벳 (Aleph Beth)

전능하신 하나님,

주님은 이제껏 당신의 종들을 늘 은혜롭게 대하여 주셨습니다. 특히 주님의 크신 긍휼로 말미암아 우리를 복음에 대한 지식으로 인도하여 주셔서, 우리는 주님의 은혜로운 일들을 각별하게 체험하였습니다. 그러나 우리는 주님의 그 은혜를 죄악으로 더럽혔다는 사실을 정직하게 고백하고 인정하지 않을 수 없습니다. 그런 죄악들로 우리 자신을 타락시켰을 뿐만 아니라, 불신자들 속에서 당신의 이름과 당신의 아들의 가르침을 욕되게 하였습니다. 그래서 많은 사람들이 우리의 잘못 때문에 진리의 길에서 벗어나고 말았습니다.

그래서 이제 우리는 주님께 간구합니다. 하늘에 계신 아버지시여, 우리로 하여금 당신을 올바르게 깨닫고 이해하게 하셔서, 전혀 흔들림 없이 당신의 말씀과 교훈들에 매달릴 수 있게 해 주시옵소서. 우리가 당하고 있는 고난들은 우리를 당신의 길로 돌아가도록 만드는 효과적인 자극입니다. 주님은 모든 사람들에게 선하시고 관대하시니, 그리스도로 말미암아 당신의 자녀들로 삼은 자들이 수치스런 삶에 빠지지 않게 해 주시옵소서. 적그리스도인 악마와 그의 부하들이 우리를 당신에게서 떨어지게 만들려고 최선의 노력을 다할수록 주님이 그들에 대항하여 역사하셔서 우리가 전심으로 당신의 계명들을 지킬 수 있도록 해 주시길 간구합니다. 이런 불경건한 자들에 의하여 핍박당한다는 사실이 당신의 교회에 선이 된다는 사실이 입증되기를 바랍니다. 우리의 마음을 부드럽게 하셔서 - 그렇지 않으면 우리 마음은 나태하고 둔합니다 - 우리로 하여금 당신의 말씀들과 율법을 풍성하게 이해하게 하시어, 교회가 그 말씀들과 율법을 금이나 은이나 세상의 어떤 보화들보다도 더 소중하게 여길 수 있게 해 주옵소서.

오 하나님, 당신의 손으로 하신 일, 곧 당신이 친히 만드시고 아름답게 장식하신 그 일을 저버리지 마소서. 비뚤어진 열정으로 당신의 길을 파괴하려고 하는 악한 자들이 수치를 당하게 하옵소서. 그러나 당신을 예배하고 당신의 약속들을 선한 믿음으로 받아들이는 자들은 마침내 당신 안에서 기뻐하게 하옵소서. 그들이 당신의 선하심을 맛보게 하시고 영원히 당신을 위하여 살게 하옵소서. 우리 주 예수 그리스도의 이름으로 기도합니다. 아멘.

김멜, 달렛 (Gimel Daleth)

위대하시고 선하신 하나님,

우리의 힘은 당신에게 의존하고 있으며 당신의 도움이 없으면 우리는 당신을 기쁘게 하는 그 어떤 일도 이룰 수 없으므로, 당신의 은혜로운 도움으로 우리가 실로 우리의 모든 행위들을 당신의 율법에 일치시킬 수 있으려면 당신에게 피난처를 찾는 것이 옳습니다. 악한 욕망들이 건전한 가르침과 우리를 갈라놓기 위하여 쳐 놓은 장막을 우리의 눈에서 제거해 주시지 않는다면, 그런 일은 결코 일어나지 않을 것입니다. 그 결과 우리는 그 가르침이 우리에게 하도록 명하는 유익한 일들에 전혀 주목하지 않습니다.

우리가 또한 기도합니다: [135r] 거만하게 부풀어진 마음과 득의만면한 심정을 우리가 멀리 하게 해 주옵소서. 그것들로 인하여 우리는 때때로 인간의 제도들과 발명품들을 과대평가하는 경향에 기울어져서, 그 결과 그것들에 비교할 때 당신의 제도들이 우리에게 시시하게 보이게 합니다. 이 세상의 위대한 인물들의 경멸과 증오를 받는 것을 우리가 두려워할 때 대체로 이런 일이 일어납니다. 그러므로, 우리의 마음이 서로 반대되는 둘 사이에서 나누어질 때, 오 하나님, 부디 당신의 말씀으로 우리를 새롭게 해 주시고 영적인 안정으로써 우리의 마음의 염려들과 지나친 불안을 가라앉혀 주옵시고, 이 세상의 거짓말들에 속아넘어가지 않도록 지켜주옵소서. 그렇지 않으면 그 거짓말들은 너무나 유혹적입니다. 우리의 불안에 찬 마음을 당신의 성령으로 한 번 넓혀주신다면, 우리가 가능한 한 신속하게 당신의 명령들을 수행하는 일을 가로막을 것은 아무것도 없을 것입니다. 마침내 우리가 이것에 달성할 수 있게 해 주시기를, 가능한 모든 열심을 다해 우리가 당신에게 간구합니다. 우리 주 예수 그리스도로 말미암아 기도합니다. 아멘.

헤, 와우 (He Vau)

오 전능하신 하나님,

우리의 능력이 얼마나 미약한지 생각할 때, 그리고 그 반대로 당신의 율법을 완벽하게 이루려면 무엇이 필요한지 고려할 때, 그 율법에 순종하려면 당신의 능력있는 도우심이 절대적으로 필요하다는 사실을 우리는 분명하게 깨닫습니다. [135v] 그러니, 부디 친히 우리에게 당신의 계명들의 참된 이유들을 먼저 가르쳐 주옵시고, 그런 다음 우리에게 가르치신 것들을 우리가 이해할 수 있도록 우리의 지성과 생각을 밝혀주옵소서. 그런 다음, 당신으로부터 배운 바를 우리가 수행할 능력과 능숙함을 우리에게 부여해주실 필요가 있습니다. 그렇지 않으면, 최소한 순종의 시초들이라도 우리에게 공급되지 않으면, 그 지식이 우리에게 별로 도움이 되지 않거나 혹은 전혀 선하지 못할 것이기 때문입니다. 우리 마음의 악한 경향이 그것을 크게 방해하며, 마침내 우리의 느낌들과 왜곡된 감정이 그것을 반대합니다.

그러므로 우리는 기도합니다: 당신이 친히 그 은혜와 관대하신 은총으로 우리를 도우셔서 우리의 모든 불법과 당신의 율법을 거슬러 날마다 저지르는 죄악들을 용서하여 주시고, 그것들을 우리의 영원한 죽음에 이르는 것으로 간주하지 마옵소서. 그런 동안에, 오 하나님, 당신의 긍휼하심이 교회를 구원하시고 보호하시는 일에서 뚜렷하게 나타나기를 기원합니다. 교회가 위험들과 비난들과 많은 곤경들에 의하여 얼마나 괴롭힘을 당하고 있는지 당신은 아십니다. 교회가 당신의 손에서 강탈당하도록, 당신의 말씀과 올바르고 거룩하고 진정한 예배를 박탈당하도록 내버려두지 마옵소서. 우리 주 예수 그리스도로 말미암아 기도합니다. 아멘.

자인, 헷 (Zayin Cheth)

오 전능하신 하나님,

우리의 죄악된 행위들 때문에 당신의 교회가 크게 시련을 당하는 모습을 보고 있는 이런 어려운 시기에, 우리는 당신에게 피난처를 찾습니다. [136] 우리는 당신을 거슬러 범죄하였고, 악하게 행하였으며, 무수한 방법으로 당신의 율법을 위반하였습니다. 이런 곤경들 속에서 우리의 소망을 높여주고 우리에게 큰 위로를 제공해주는 것은 오직 하나입니다: 당신의 종들에 관한 약속들을 당신은 잊지않고 충분히 마음에 두고 계신다는 사실을 우리가 알고 있기 때문입니다.

우리의 죄악과 우리의 예전 생활이 고통스럽게 우리를 고발합니다. 그러므로 우리는, 성경에 기록된 약속들 가운데 우리에게 제공된 것으로 우리가 깨닫는 바, 당신의 긍휼로써 우리를 소생시켜주시고 일으켜 세워주시길 간구합니다. 황송하게도 당신이 우리에게 제안해주셨던 그 율법으로부터 우리가 돌이키지 않도록 우리를 지켜주시기를 간청합니다. 악한 자들이 아무리 우리를 괴롭히고 조롱하더라도, 우리는 결코 분리되지 않고 꼭 당신에게 매달리길 원합니다. 재난들이 당신의 종들을 거의 삼켜버렸던 많은 경우들에서, 당신은 당신의 종들의 대의명분과 입장을 지지해 주셨습니다.

그러므로 이제도 당신에게 호소하는 사람들을 저버리지 마옵소서. 당신의 교회로부터 거룩한 성경과 예전들과 모든 순전한 예배를 빼앗아가는 것 외에 당신의 원수들이 달리 바라는 것은 없습니다. 당신만이 우리의 운명이므로, 우리는 온 마음을 다해 당신의 얼굴을 바라봅니다. 사악한 자들과 범죄자들의 무리가 우리를 삼켜버리기 전에, 당신의 선하심으로 오셔서 우리를 구원해 주옵소서. 그리하여 우리가 밤낮으로 당신의 공의로운 판단들 때문에 당신을 영화롭게 하는 일에 헌신할 수 있게 해 주옵소서. 우리 주 예수 그리스도로 말미암아 기도합니다. 아멘.

자인, 헷 (Zayin Cheth) [*136v*]

오 전능하신 하나님,

당신의 신실하신 약속들 외에는 다른 어떤 구원의 소망도 우리는 생각하지 않았습니다. 육신과 인간의 이성과 마귀와 혹은 불경건한 자들이 잔인하게 우리를 모욕할 때마다, 우리는 오직 그 약속들로부터 확고한 위로를 얻습니다. 당신은 약속하셨던 모든 것을 끝까지 지켜 행하실 것이라는 사실에서, 우리는 그 모든 대적들에 대항하여 용기를 얻습니다. 왜냐하면, 그 옛날 초창기 이래로 당신의 신실하심에 관하여 우리가 곰곰이 생각하면, 당신은 결코 누구도 속이지 않으셨다는 사실이 분명하기 때문입니다. 그러므로, 우리가 밤낮으로 이 견고한 반석 위에, 난공불락의 요새에, 그리고 잘 내려진 닻에 흔들림 없이 의지할 수 있게 해 주옵소서. 완성에 이르기까지 당신의 역할을 하실 것을 우리는 전혀 의심하지 않으므로, 남은 모든 일은 우리에게 주어진 과업을 완전한 헌신으로 수행하여 당신의 율법을 실행하는 일에서 우리의 보폭이 빨라지고 최고의 속력에 이르는 것뿐입니다.

선한 아버지시여, 우리가 지체하는 것을 그만두게 해 주시기를 간청합니다. 항상 우리 앞에 장애물을 세워놓는 모든 불경건한 자들의 소원과는 무관하게, 우리로 하여금 당신의 계명들에 부응하게 하시고, 순전한 예배를 당신에게 올려드리는 모든 사람들을 우리의 동맹자들로 삼게 하셔서, [137r] 온 땅이 당신의 선한 것들로 도처에 가득한 것처럼, 날마다 당신에게 호소하는 사람들의 수가 점점 더 증가하게 하옵소서. 우리 주 예수 그리스도로 말미암아 기도합니다. 아멘.

테트, 요드 (Teth Yodh)

전능하신 하나님,

주님은 이제껏 당신의 종들을 늘 은혜롭게 대하여 주셨습니다. 특히 주님의 크신 긍휼로 말미암아 우리를 복음에 대한 지식으로 인도하여 주셔서, 우리는 주님의 은혜로운 일들을 각별하게 체험하였습니다. 그러나 우리는 주님의 그 은혜를 죄악으로 더럽혔다는 사실을 정직하게 고백하고 인정하지 않을 수 없습니다. 그런 죄악들로 우리 자신을 타락시켰을 뿐만 아니라, 불신자들 속에서 당신의 이름과 당신의 아들의 가르침을 욕되게 하였습니다. 그래서 많은 사람들이 우리의 잘못 때문에 진리의 길에서 벗어나고 말았습니다.

그래서 이제 우리는 주님께 간구합니다. 하늘에 계신 아버지시여, 우리로 하여금 당신을 올바르게 깨닫고 이해하게 하셔서, 전혀 흔들림 없이 당신의 말씀과 교훈들에 매달릴 수 있게 해 주옵소서. 우리가 당하고 있는 고난들은 우리를 당신의 길로 돌아가도록 만드는 효과적인 자극입니다. 주님은 모든 사람들에게 선하시고 관대하시니, 그리스도로 말미암아 당신의 자녀들로 삼은 자들이 수치스런 삶에 빠지지 않게 해 주옵소서. 적그리스도인 악마와 그의 부하들이 우리를 당신에게서 떨어지게 만들려고 최선의 노력을 다할수록 [137v] 주님께서 그들에 대항하여 역사하셔서 우리가 전심으로 당신의 계명들을 지킬 수 있도록 해 주시길 간구합니다. 이런 불경건한 자들에 의하여 핍박당한다는 사실이 당신의 교회에 선이 된다는 사실이 입증되기를 바랍니다. 우리의 마음을 부드럽게 하셔서 - 그렇지 않으면 우리 마음은 나태하고 둔합니다 - 우리로 하여금 당신의 말씀들과 율법을 풍성하게 이해하게 하사, 교회가 그 말씀들과 율법을 금이나 은이나 세상의 어떤 보화들보다도 더 소중하게 여길 수 있게 해 주옵소서.

오 하나님, 당신의 손으로 하신 일, 곧 당신이 친히 만드시고 아름답게 장식하신 그 일을 저버리지 마옵소서. 비뚤어진 열정으로 당신의 길을 파괴하려고 하는 악한 자들이 수치를 당하게 하옵소서. 그러나 당신을 예배하고 당신의 약속들을 선한 믿음으로 받아들이는 자들은 마침내 당신 안에서 기뻐하게 하소서. 그들이 당신의 선하심을 맛보게 하시고 영원히 당신을 위하여 살게 하옵소서. 우리 주 예수 그리스도의 이름으로 기도합니다. 아멘.

테트, 요드 (Teth Yodh)

오 위대하시고 선하신 하나님,

당신이 선언하신 바를 그 올바른 의미대로 이해하는 은사를 받는 것보다 우리가 더 오랫동안 그리고 더 열렬하게 소망하였던 것은 달리 아무 것도 없습니다. 우리는 그것을 너무나 원하므로 그것을 얻기 위해서라면 어떤 수고도 마다하지 않고 기꺼이 치를 준비도 되어 있습니다. 그러므로, 만일 불운이나 불행들로서 당신의 택한 자들을 치셔서 다시 돌아오게 하는 것이 옳다고 여겨진다면, 최선으로 여겨지는 수단들을 사용하셔서 그들이 온 마음으로 당신의 율법에 헌신할 수 있게 하옵소서. [138r] 황공하게도 당신은 우리가 모태에 있을 때부터 당신의 손으로 우리를 조성해주셨으니, 다시 한 번 그런 은총을 보여주시고 빛을 비추어 주셔서 우리가 당신의 진리의 말씀들에 눈먼 자들이 되지 않게 하옵소서.

선한 아버지시여, 우리가 이런 요청들을 드리는 동안, 우리 자신의 위안을 구하는 것이 아니라 오히려 당신의 율법과 진리를 중요하게 여기는 모든 사람들의 위로를 열렬히 구하고 있습니다. 우리 모두가 진지한 마음으로 당신에게 매달리는 것을 그들이 본다면, 그들은 경이롭게 기쁨에 넘칠 것입니다. 그러므로, 성경에서 우리에게 선포하셨던 당신의 뜻이 우리에게 금보다도 더 귀하고 모든 재물보다도 더 바람직한 것이 되어 우리의 온 마음으로 그것을 받아들일 수 있게 하옵시고, 우리가 착수하는 그 어떤 일도 우리에게 혹은 교회에 불명예를 가져다주지 않게 해 주시기를 우리가 진지하게 요청드립니다. 우리 주 예수 그리스도로 말미암아 기도합니다. 아멘.

카프, 라메드 (Caph Lamedh)

오 전능하신 하나님,

구원이 우리의 목전에서 사라져버리는 것 같은 우리가 처한 이 시대에, 우리는 당신의 약속들을 특별히 존중하며 또한 우리의 마음은 당신의 도움을 기다리느라 거의 무너졌으므로, 우리는 당신의 도우심과 위로하심이 필요합니다. 당신의 이름을 수치스럽게 만들었고 또 당신의 거룩한 복음에 나쁜 평판을 초래한 우리의 연약한 믿음, 악덕, 그리고 악한 행실들에 주목하지 마시길 간구합니다. [138v] 오 하나님, 그 모든 것을 우리의 생애 남은 시간들 속에서 경건하고 신앙적인 행위들로 우리가 보상할 수 있게 해 주시옵소서. 그 요청의 응답을 우리가 얻을 수 있다면, 우리를 그토록 쓰라리게 박해하는 원수들에게 내려질 당신의 심판에 관하여 우리는 의심하지 않을 것이기 때문입니다.

그것이 얼마나 부당한지 당신은 알고 계십니다. 왜냐하면, 우리가 아주 심각하게 범죄하였고 그 결과 지금 당하는 것보다 훨씬 더 가혹한 처벌들을 응당 받아야 하지만, 그럼에도 우리의 원수들이 우리를 이런 궁지에 빠지게 한 것은 우리의 죄악들 때문이 거의 아니며, 그들이 우리를 박해하는 것은 부분적으로는 개혁된 신앙 때문이며 또한 당신에게 드리는 예배가 회복된 까닭이기 때문입니다. 실로 그들은 우리가 죽임을 당하길 원합니다.

선한 아버지시여, 당신의 선하심으로 우리를 격려하시고 힘있게 하옵소서. 당신의 말씀이 영원히 교회 안에 거하도록 허락해 주옵시고, 우리가 이 고통 속에서 소멸되지 않도록, 우리가 그 안에서 즐거워하며 원기를 회복하게 하옵소서. 우리는 당신에게 속해 있으며, 인간의 도움에는 실망할 뿐이므로, 친히 우리를 구원하시고 험악한 위험들로부터 우리를 보호하옵소서. 우리 주 예수 그리스도로 말미암아 기도합니다. 아멘.

카프, 라메드 (Caph Lamedh)

오 위대하시고 선하신 하나님,

우리가 오직 당신으로부터 도움과 구원을 바라고 있는 동안, 우리의 영혼은 이미 간절한 열망으로 숨이 막힐 지경이 되었습니다. [139r] 말하자면, 밤낮으로 우리는 당신을 바라보면서 당신의 종들이 소망하였던 그 약속들을 마침내 누릴 수 있는 그 어느 날을 고대하였습니다. 그런 동안에, 곤경 속에 있는 우리를 돕는 일을 당신이 미루고 있을 때에도 우리가 당신의 율법을 결코 잊지 않게 해 주시기를 바랍니다. 아름답게 장식된 하늘에서 당신의 율법이 여전히 변함없는 것과 마찬가지로, 그리고 당신의 율법은 흔들림 없는 안전감으로 땅을 다스리며, 경이롭고 유익한 계절의 변화가 계속 지속되고 있는 것처럼, 시간의 흐름이 우리의 마음과 가슴 속에서 당신의 율법을 쇠퇴하게 하지 않기를 우리가 기도합니다. 왜냐하면 우리가 끊임없이 그것을 계속 묵상하지 않으면, 우리는 쉽사리 우리의 고통 속에서 소멸될 것이기 때문입니다. 우리에게 생명을 주는 것은 당신의 말씀입니다. 왜냐하면 우리가 그 말씀을 신뢰한다면, 우리는 구원과 공의에 이를 것이며 우리의 원수들이 끼치는 해악들에 크게 동요하지 않을 것입니다.

선한 아버지시여, 우리에게 이것을 허락하옵소서: 당신의 말씀이 사라지거나 혹은 교회에서 말끔히 씻겨져 나가는 일을 우리가 보기 전에 종말이 오는 것을 보는 것 이외에 다른 그 무엇도 우리의 마음에 결코 일어나지 않게 하시고 또한 우리가 더 선호하지 않게 하옵소서. 우리 주 예수 그리스도로 말미암아

기도합니다. 아멘.

라메드, 멤 (Lamedh Mem)

오 위대하시고 선하신 하나님,

당신의 말씀에 헌신하는 사람들은 결국에는 그 말씀으로부터 적지 않은 열매를 거둡니다. 왜냐하면 [*139v*] 그들은 천상의 일들에 관한 이해와 지식에서 그 원수들을 능가할 뿐만 아니라, 커다란 학식과 오랜 인생의 경험에서 위대한 명성을 얻은 자들까지 앞지르기 때문입니다. 우리는 죄의 방탕함을 배격하고 오직 당신의 말씀에서 모든 즐거움보다 더 뛰어난 우리의 즐거움을 찾을 수 있도록 기도합니다. 그리하여 우리가 속임을 당하여 그런 이점들을 놓치지 않게 해 주옵소서. 우리의 이 삶은 눈을 멀게하는 어둠으로 사방이 둘러싸여 있으므로, 우리의 마음에 빛을 주시는 당신의 선포들보다 더 나은 등불을 우리는 가질 수 없습니다. 그 말씀들은 아주 순수한 빛처럼 우리 인생의 여정을 지도해야 합니다.

이것은 이런 상황에서 특별히 옳습니다. 즉, 우리 각 사람이 무서운 위험들 때문에 끊임없이 우리의 생명을 그분의 손에 맡겨야 하는 형편을 현재의 상황 자체가 지적해주는 이런 때에 그렇습니다. 우리의 구원을 가로막는 무수한 함정을 파고 있는 적대적인 세력의 앞잡이들이 어디서나 부족하지 않게 나타납니다. 그러므로 우리는 할 수 있는 한 가장 진지하게 당신에게 요청합니다: 우리의 마음을 깊이 감동시키셔서 당신의 교훈들, 곧 경이로운 약속들과 함께 당신이 기꺼이 우리에게 부여하셨던 그 교훈들을 우리가 다 이룰 수 있게 해 주옵소서. 우리 주 예수 그리스도로 말미암아 기도합니다. 아멘.

멤, 눈 (Mem Nun)

오 전능하신 하나님,

당신의 율법과 당신의 말씀의 능력은 놀라와, 그것들을 사랑하며 끊임없이 묵상하는 사람들은 날마다 더 지혜롭게 되며, 그 지혜에 있어서 다른 모든 죽을 인생들, 심지어 학식 있고 또 나이가 많은 사람들까지 능가합니다. [140ㄴ] 이런 종류의 연구는 우리의 발걸음을 타락의 길에서 돌이키도록 경이로운 방식으로 도우며, 또한 당신의 말씀을 벗어나 죄악된 길로 가지 않도록 우리의 굳세지 못한 진행을 굳세게 해 줍니다.

예전에 우리는 비참하게 타락하였으며 수치스럽게 범죄하였으므로, 우리가 당신의 의로운 말씀들과 약속들과 예전들과 당신의 율법 전체를 얼마나 무시하였는가 하는 것은 너무나도 명백합니다. 따라서 지금 당신이 우리를 부당하게 괴롭히고 있다고 불평하거나 혹은 이상하게 여길 어떤 이유도 우리에게는 없습니다: 우리의 명백하게 타락하고 부패한 행위 때문에 악하고 잔인한 우리의 대적들이 그렇게 일어나 우리를 대적하였습니다. 만일 우리가 당신의 계명들과 말씀들을 우리의 발에 등불로서 계속하여 사용했다면, 그런 일은 틀림없이 우리에게 일어나지 않았을 것입니다.

그러나, 오 하나님, 이제 우리가 당신에게 간청합니다. 당신의 무한하신 긍휼로써 우리의 영혼이 빠져들어간 그 무서운 위기를 기꺼이 살펴보아 주시기를 원합니다. 우리의 죄악을 용서해주시고, 우리의 마음이 기꺼이 당신의 계명들을 수행할 수 있도록 바꾸어 주시며, 당신의 거룩한 이름의 원수들이 우리 앞에 설치해 놓은 올무로부터 우리를 구출해 주시기를 기도합니다. 당신 자신의 소유로서 영원한 기업으로 삼으시려고 선택해두신 사람들이 멸망과 재난스런 죽음에 처하도록 허용하지 마옵소서. 우리 주 예수 그리스도로 말미암아

기도합니다. 아멘.

사멕, 아인 (Samekh Ain) [*140v*]

오 전능하신 하나님,

당신의 성령으로 비췸을 받은 사람들은 허물과 죄에 빠지는 것을 모두 극도로 혐오하며 공격합니다. 그러므로 그들은 당신을 자기들의 피난처이자 방패로 삼았습니다. 당신의 힘과 능력으로 강하게 해주며 또한 당신이 지지해주시고 은총을 베풀어 주시는 사람들이 만족하며 행복하게 살아가는 것을 그들이 분명하게 보기 때문에, 그들은 가장 심각한 위험 속에서도 구원을 받았습니다. 그와는 정반대로, 당신을 떠나고 당신의 계명들을 저버리는 모든 자들은 끔찍한 형벌을 겪습니다. 그에 따라 우리가 기도하오니, 바로 그 증거에 의하여 인도함을 받는 우리가 오직 당신에게만 매달리며 당신의 계명들에 아주 주의할 수 있게 해 주옵소서.

적대적인 육신의 세력들은 우리에게 끊임없는 복수를 자행하고 있습니다. 우리가 그들의 손에 넘겨져 멸망당하도록 허락하지 마옵시고, 오히려 우리가 당신의 말씀들에 주목하도록 지켜주시고 그 말씀들을 가장 큰 기쁨으로 누릴 수 있게 해 주옵소서. 그렇게 되려면, 당신의 것인 긍휼을 당신이 우리에게 가르쳐주셔야 할 필요가 있습니다. 당신의 성령 없이는 신적인 것들을 이해하는 것을 우리는 결코 터득할 수 없습니다. 당신의 율법을 가능한 한 가장 올바르게 판단할 수 있도록 친히 우리를 도우소서. 우리 주 예수 그리스도로 말미암아 기도합니다. 아멘.

아인, 페 (Ain Fe) [*141r*]

오 전능하신 하나님,

당신의 말씀은 모든 곳에서 찬탄을 받을 가치가 있으며, 그 결과 그 말씀들이 경건한 자에게 중요한 관심사가 되지 않았던 때는 한 번도 없습니다. 그러므로, 당신은 긍휼과 선하심으로 충만하시므로 깊은 만족으로 우리를 내려다보아 주시고, 또한 우리의 생각과 행위들을 주조(鑄造)하여 주셔서, 우리가 다른 그 무엇보다도 쓸데없는 불경건에 조금도 주목하지 않도록 해주시길 요청합니다.

우리는 인간이며 따라서 우리의 육신의 무게로 둘러싸여 있으므로, 그 무게에 우리가 분쇄되도록 허용하지 마옵시고, 오히려 회개의 영을 불어넣어 주셔서 우리가 도처에서 저질렀던 잘못들에 대하여 넘쳐 흐르는 눈물의 강을 쏟아 낼 수 있게 해 주옵소서. 당신은 우리의 공의로운 재판장으로서, 죄악을 묵인하시거나 혹은 처벌받지 않고 지나가게 하지 않으시며, 당신의 판결들과 율법들은 너무나도 공의로워서 그 어떤 피조물이라도 그 속에서 결함을 발견할 수 없습니다. 주의 깊게 불로 연단된 금과 은도 당신의 판결들의 순수함에 견줄 수 없으므로, 우리는 거듭하여 다시 당신에게 간청하오니, 우리로 하여금 그것들을 알게 해 주실 뿐만 아니라 우리의 연약함을 고려하셔서 우리가 가능한 한 최대로 그것들을 순종하게 해 주옵소서. 우리 주 예수 그리스도로 말미암아 기도합니다. 아멘.

페, 차데 (Pe Zade) [141r]

오 위대하시고 선하신 하나님,

우리가 물려받은 재난 때문에 우리의 마음은 짙은 어두움으로 흐릿하게 되었습니다. 그렇지 않았다면 우리는 당신의 계명들을 또렷하게 이해할 수 있을 것입니다. 우리는 타고난 욕망들에 의하여 너무나 강력하게 기울어져서 당신을 불쾌하게 만드는 것들에 극도로 이끌리며, 당신을 섬기려는 마음을 품을 때 악한자들이 우리에게 던지는 모욕들을 견뎌낼 수 없습니다.

그러므로 우리가 당신에게 요청하오니, 우리의 마음을 밝혀주시고, 우리의 악한 정욕들을 억제해주시며, 우리를 강하게 하사 당신의 복음 때문에 당하는 어떠한 치욕도 우리를 위협하지 못하게 하셔서, 우리가 굳건한 마음으로 그 복음을 받아들이게 하옵소서. 당신의 약속들에 대한 굳건한 소망과 견고한 믿음을 가지고, 우리를 조롱하는 자들에게 저항하게 하시고 당신의 진리의 능력이 저 사악하고 비뚤어진 욕망들을 산산조각내 버리게 하옵소서.

선한 아버지여, 이 세상의 권세가 아무리 화려하고 장엄하다고 하더라도, 우리가 모든 사람들 앞에서 당신의 규례를 용감하게 옹호하는 일을 단념하게 만들지 않게 하옵소서. 엎드려 간구하오니, 당신의 규례들이 우리에게 너무나 달콤하고 즐겁게 해 주셔서, 인생에서 그것들보다 더 우선될 것은 아무것도 없다고 우리가 결론짓게 해 주옵소서. 우리가 완전한 열정을 가지고 온 맘으로 그 규례들을 실행하는 일에 헌신하는 것을 그 무엇도 막지 못하게 하옵소서. 우리 주 예수 그리스도로 말미암아 기도합니다. 아멘.

코프, 레스 (Coph Res) [142r]

오 전능하신 하나님,

우리의 온 맘으로 그리고 흔들리지 않는 신뢰로 당신에게 겸비하게 엎드려 간구하오니, 당신의 율법과 계명을 순종하는 일에 관하여 우리가 가능한 한 최대한 주의를 기울이게 해 주옵소서. 육신과 우리의 타락한 본성의 사나움과 우리 마음 속에 깊이 자리잡은 죄의 충동들이 우리로 하여금 당신의 계명들을 위반하도록 강력하게 몰아갑니다. 우리가 너무나도 많은 심각하고 수치스러운 죄악에 빠져들어 있으므로, 당신의 백성에 대하여 당신이 공의와 엄중한 손을 드신 까닭에 적그리스도와 그의 무뢰한들이 우리를 괴롭히고 공포에 질리게 만들도록 허락하신 것도 전혀 놀랍지 않습니다.

그러나 이제 당신의 선하심과 긍휼하심을 위하여 우리가 기도하오니, 당신에 대항한 우리의 모든 죄악들을 용서하시고 당신의 부드러운 눈길과 얼굴을 사실상 누더기 상태가 된 당신의 교회의 상황으로 돌려주옵소서. 예전에도 종종 그렇게 하셨던 것처럼, 교회를 위협하는 위기들로부터 건져주옵소서. 왜냐하면 오직 당신의 인도하심과 다스리심만이 교회를 구할 수 있기 때문입니다. 사악한 자들은 구원에서 아주 멀어지게 하옵소서. 그것이 정당한 일인데, 왜냐하면 그들은 당신의 말씀과 율법과 계명들을 완전히 무시하였기 때문입니다. 당신에게 소망을 두고 있는 사람들의 경우는 그와 정반대입니다: 그들은 구원에 관한 가장 높고 가장 완전한 진리를 모두 포함하고 있는 당신의 약속들을 가지고 있습니다. 그 결과 당신의 진리는 아무런 손상도 없이 잘 보존될 수 있으므로 친히 우리를 구원하소서. 왜냐하면 우리가 이런 많은 위험 속에 처한 것은 당신의 이름을 위한 일이기 때문입니다. [142v] 우리 주 예수 그리스도로 말미암아 기도합니다. 아멘.

코프, 레스 (Coph Res)

오 위대하시고 선하신 하나님,

당신의 율법을 대체하려는 모든 것들이 쾌락적인 매력으로 말미암아 우리에게 더 유혹적으로 다가오기 때문에, 날마다 우리는 당신의 성령으로 우리를 인도하셔서 당신의 율법을 준수하게 해 달라는 기도로 당신에게 날아가 피난처를 찾습니다. 우리의 부르짖음이 헛되지 않도록 우리의 심령을 부드럽게 하시고 우리의 영혼을 굽히셔서 모든 일에서 당신을 순종하는 것보다 더 큰 관심사가 없게 하옵소서. 우리로 하여금 밤 동안과 동틀 때의 파수에서도 오직 이것을 묵상하게 하셔서, 심지어 온갖 일들이 우리를 다른 방향으로 끌어당길 때조차도 당신의 보호하심으로 우리가 굳건하게 보호되게 하옵소서. 당신의 규례들이 확실하고 견고한 것처럼, 우리도 그것들에 확고하게 매달립니다.

그 규례들을 떠나 다른 방향으로 나아가는 자는 누구든지 구원에서 아주 멀리 벗어나 방황합니다. 우리가 연약하기 때문에 혹시 그런 일이 우리에게 일어나면, 속히 우리를 도우소서. 넘어진 자들을 일으켜 세우소서. 비록 우리에게는 당신의 보호하심을 주장할 권리가 없지만, 우리를 보호해주소서. 선하신 아버지시여, 얼마나 많은 자들이 우리를 죽이려고 하는지 당신은 알고 계시니, 신속하게 즉각적인 도움을 베풀어주시고 당신에게 호소하는 사람들 속에서 당신의 약속들에 대한 신뢰를 크게 강화시켜 주옵소서. [143r] 우리 주 예수 그리스도로 말미암아 기도합니다. 아멘.

신, 타우 (Sin Tav)

오 전능하신 하나님,

마귀와 적그리스도와 이 세상의 군주들이 아무런 합당한 이유도 없이 당신의 교회를 박해하고 있으며, 자만심에 가득차 경건에 대항하여 분노하고 있으므로, 신실한 자들은 당연히 크게 두려워하고 있습니다. 오직 당신의 말씀만이 그들을 새롭게 하고 그들의 행복을 회복시킬 수 있으므로, 당신의 성령으로 우리를 감동시켜 주셔서 우리가 항상 그 말씀에 극도로 헌신할 수 있게 하옵소서. 당신의 율법을 사랑하는 사람들에게는 평화가 일어나며 증가하며 또 지속되므로 그 무엇도 실제로 그들을 해치지 못한다는 사실을 우리는 알고 있습니다.

현재 우리가 이 참된 평화와 위로가 우리 심령에 부족하다면, 그것은 의심할 여지없이 우리가 당신의 말씀을 무시하였고 당신의 율법에 부족하게 순종한 결과입니다. 용서하옵소서, 우리가 당신에게 기도하오니, 당신을 거스려 우리가 저질렀던 모든 악하고 죄악된 행위들을 용서하옵소서. 그리하여 이제부터는 우리가 더 이상 당신의 계명들의 공의로부터 멀어지지 않게 하옵소서. 그러므로 우리 자신을 위하여 참되고 지속적인 기쁨을 요청드립니다. 그 속에서 우리의 심령이 살 수 있고 또 생생하게 살아서 당신을 찬송하는 일에 우리의 온 힘을 다하여 애쓸 수 있도록 하옵소서.

선한 아버지여, 이제껏 우리는 마치 들짐승들처럼 이리저리 방황하였습니다. [143v] 당신이 우리의 유일한 구원이시니, 우리의 방황과 죄악으로부터 다시 돌아오도록 불러주셔서 우리 모두가 온전히 당신의 뜻에 헌신할 수 있도록 지켜주옵소서. 우리 주 예수 그리스도로 말미암아 기도합니다. 아멘.

쉰, 타우 (Shin Tav)

오 전능하신 하나님,

끊임없이 당신의 뜻을 적대하는 이 세상 사람들의 증오와 속임이 우리의 연약한 정신에 거세고 강력하게 닥쳐온다고 하더라도, 다른 한편에서는 당신의 말씀들이 우리에게 주시는 즐거움이 너무나 크기 때문에, 경건한 자들에게는 그것이 가장 풍성한 전리품이나 최상의 약탈물보다 더 소중합니다. 그 말씀들이 우리에게 하루도 빠짐없이 매일 당신에게 가능한 한 자주 감사를 드리도록 격려합니다.

오직 한 가지 남은 일은, 우리가 속아넘어가서 우리가 기대하면서 기다리고 있는 그 구원에서 벗어나지 않도록 해 달라는 것입니다. 이런 이유로 우리가 기도하오니, 우리의 기도에 기꺼이 귀기울여 주셔서 (당신의 율법의 공의가 도처에서 그토록 진실하며 견고한 것처럼) 우리에게 당신의 성령을 풍성하게 보내어주셔서 성령의 감동하심 아래 우리가 하기로 이미 선택한 바를 우리의 연약한 능력이 닿는 한 우리가 수행할 수 있게 해 주옵소서. 우리의 육신의 연약함이 우리를 실망시킬 때, 당신의 성령의 능력과 특별한 권능이 차이를 만들어내게 하옵소서. [*144r*]

　　어리석고 길을 잃은 어린 양처럼, 오 주님, 이제껏 우리는 여러 면에서 탈선하였습니다. 아버지 같은 목자로서 당신의 섭리하심으로 인하여 우리를 돌보아 주시지 않는다면, 우리는 쉽사리 우리의 악한 행실들 속에서 멸망할 것입니다. 그러므로 늑대들 사이에 우리 자신을 위험스럽게 만드는 어두움 속에서 방황하는 것을 더 이상 허용하지 마옵소서. 우리 주 예수 그리스도로 말미암아 기도합니다. 아멘.

시편 120편에서

I. 오 전능하신 하나님,

당신이 보시는 대로, 우리는 거칠고 치명적인 불행들로 괴롭힘을 당하고 쇠약해져서 날마다 당신에게로 날아갑니다. 당신이 마침내 우리의 기도를 들어 주셔서 당신의 교회가 적그리스도와 그 앞잡이들의 거짓과 속임과 사기에서 구출되기를 겸비하게 간청합니다. 당신의 거룩한 복음을 공격하고 찢어버리는 그 신성모독과 모욕과 책망은 치명적인 화살과 뜨겁게 달아오른 숯불에 비유될 수 있습니다. 그것들은 경건한 자들의 심령을 엄청난 고난으로 괴롭히며 당신의 이름의 영광을 위한 열정과 의로운 분노로 불타오르게 합니다.

우리가 당신과 당신의 율법을 거슬러 심각하게 범죄하였으므로, 이런 종류의 불결한 전염병과 창궐하는 역병으로 고통을 받는 것은 당연하고 마땅하다는 사실을 우리는 인정합니다. 그러나 당신이 타고난 그 본래의 친절하심에 근거하여 [144v] 우리가 기도하오니, 당신에게 예배드리고 영광을 돌리며 이름을 높일 참된 자유를 우리가 대단히 바라고 있으므로 언젠가 당신의 은총으로써 우리가 그 평화를 얻을 수 있게 하옵소서. 심지어 신자들의 평화와 안정을 극도로 증오하는 마음을 품고 있는 자들의 이빨에서조차 우리가 그 평화에 도달하게 하옵소서. 우리 주 예수 그리스도로 말미암아 기도합니다. 아멘.

II. 부패한 교리들의 거짓말들과 죄악들이 교회에 얼마나 시련과 곤경을 초래하는지 우리는 경험을 통하여 알고 있습니다. 그에 따라 우리는 교회를 이런 종류의 재난에서 구출해 주시기를 당신에게 간청합니다. 이제 우리는 적그리스도의 유혹들이 지금까지 얼마나 기만적이며 간교하였는지 마침내 이해하기 시작하였습니다. 이제 당신의 말씀의 능력과 날카로운 창들이 사탄의 모든 계략들을 무찌를 준비가 잘 되어 있기를 기원합니다. 아니 그보다도, 때때로 당신이 불경건에 대항하여 사용하셔서 그들의 모든 악의적인 함정들을 마치 불타는 석탄들처럼 태워버리셨던, 그 강력한 창을 던져 당신이 친히 이 역병을 꿰뚫어 버리길 기원합니다. 그렇지 않으면, 만일 당신이 강하고 능한 팔로 우리를 구원하지 않으시면, 악한 일들과 비참한 상태 속에서 우리의 순례는 끝없이 늘어날 것입니다. [145r] 왜냐하면 당신의 진리가 극도로 혐오받는 곳에서는 평화에 관한 아무런 소망이 없기 때문입니다. 실로, 당신의 교회가 더욱 더 그 평화를 사랑하고 추구할 때마다 교회를 위한 그 평화는 매일 더욱 더 멀어지는 것 같습니다. 그러므로, 선한 아버지시여, 영적인 사악함에 대항하여 싸우는 전쟁이 영속적으로 진행되는 곳에서 당신에게 호소하는 사람들에게 당신의 도움을 거절하지 마옵소서. 우리 주 예수 그리스도로 말미암아 기도합니다. 아멘.

시편 121편에서

I. 오 전능하신 하나님,

우리의 이 어려운 형편에서 당신의 도움을 기다리면서, 우리는 극도로 근심하고 있습니다. 그래서 우리는 눈을 들어 오직 당신만을 바라봅니다. 우리는 당신의 능력이 하늘과 땅을 창조하셨다는 사실을 알고 있으며, 따라서 우리는 그 능력이 현재의 위험들에서 우리를 구원하실 수 있다고 또한 믿습니다.

우리의 죄악이 너무나 컸으며 따라서 이런 곤경들로 처벌받는 것이 마땅하다고 우리는 고백합니다. 당신이 우리를 복음으로 부르셨을 때, 우리는 올바른 종류의 예배와 존경으로 반응하지 않았으며, 오히려 우리 자신의 노력들에만 배타적으로 집중하면서 슬프게도 당신의 영예와 영광을 두 번째 자리로 밀어내었습니다.

그런 연고로, 오 하나님, 부디 우리가 저지른 이런 배은망덕과 죄악들을 새롭게 살펴보지 마옵시고, 오히려 당신의 긍휼하심을 따라 우리의 발걸음이 실족하지 않게 해 주옵시고, [145v] 당신의 율법과 계명들 안에 굳게 서 있게 하셔서 그것들로부터 벗어나지 않게 해 주옵소서. 그뿐 아니라, 심하게 고통당하고 있는 당신의 교회를 지키시고 보호하시는 일에 졸거나 주무시는 것처럼 보이지 않게 하옵소서. 당신의 백성을 낮의 해로부터 그리고 밤의 달의 차가움으로부터 보호하시는 일에 익숙하셨던 것처럼, 적그리스도의 격심하고 거듭되는 분노와 격분으로 고생하고 있는 우리를 멸시하지 마옵소서. 그의 간계들로부터 우리의 영혼과 생명을 구하는데 그치지 마옵시고, 무엇보다도 그가 가장 강력하게 공격하고 있는 당신에 대한 경건을 보호해 주옵소서. 당신의 말씀의 좁은 길을 따르는 우리의 행위들을 시작과 끝을 지도하셔서, 그 곧은 길에 영원히 든든하게 머물러 있게 하옵소서. 우리 주 예수 그리스도로 말미암아 기도합니다. 아멘.

Ⅱ. 오 전능하신 하나님,

우리가 이런 슬프고 재난스런 시기에 고생하는 동안, 우리의 마음과 눈을 들어 모든 일에 대하여 최상의 권력을 가지고 계신 분으로 우리가 의심하지 않는 당신만을 바라봅니다. 그에 따라 우리는 긴급하고도 열렬하게 당신의 도우심을 탄원합니다. 당신은 이 탁월한 능력을 하늘과 땅을 창조하는 일에서 발휘하셨는데, 지금 우리가 처한 상황이 바로 그와 같은 능력으로 당신의 교회를 도우시는 것을 필요로 합니다. [146r] 왜냐하면 지금 교회는 잔인한 원수들의 입에 곧 삼켜질 위험에 처해 있기 때문입니다.

우리의 믿음의 발걸음이 미끄러지고 흔들리도록 내버려두지 마시도록 우리가 엎드려 빕니다. 왜냐하면 (우리가 온통 연약함으로 옷입고 있기 때문에) 믿음은 그 자체로는 연약하고 변덕스럽기 때문입니다. 우리는 애초에 당신을 저버렸고 또한 비참하게도 당신의 뜻에 따른 율법과 규례들로부터 멀어졌지만, 우리가 엎드려 비오니, 부디 우리의 모습대로 우리를 대하지 마옵시고 오히려 당신의 무한하신 선하심과 지극히 높으신 친절하심으로 우리를 다루어주시길 원합니다.

교회 주위에 주의깊게 울타리를 두르시고 당신의 보호하심으로 그 주위에 담을 쌓아주셔서 당신의 교회를 보호해 주옵소서. 왜냐하면 이스라엘의 수호자이기도 한 그 교회를 당신이 저버리신다면, 교회는 결코 설 수 없기 때문입니다. 교회가 당신의 보호하심을 잃어버리면, 누가 교회를 돌아보며 도와서 구원할 수 있겠습니까? 우리의 심령을 재조직하여 다시 당신에게 향하게 하셔서, 당신을 우리 자신과 우리의 모든 일들의 보호자로 삼을 수 있도록 허락해 주옵소서. 우리 주 예수 그리스도로 말미암아 기도합니다. 아멘.

Ⅲ. 오 전능하신 하나님,

우리가 이 땅에 사는 동안에는 끊임없이 여러 악덕들에 빠지기 쉬우므로, 우리의 눈을 들어 사방을 살피면서 우리에게 든든하고 확고한 지원을 제공해줄 수 있는 원천을 두루 찾습니다. 우리의 신앙이 만나는 대상은 무엇보다도 당신입니다. [146v] 왜냐하면 당신이 맨처음부터 모든 만물을 조성하였으며 또한 당신의 지속적인 선하심으로 하늘과 땅의 모든 존재하는 것들을 양육하신다는 사실을 우리가 알고 있기 때문입니다.

다른 모든 것들에 관한 당신의 지고하신 섭리가 결코 무너지지 않는 것처럼, 황송하게도 가장 잘 살펴주시는 목자로서 우리들도 역시 돌보아주시기를 우리가 기도합니다. 당신의 선한 뜻에 의하여 우리가 어디서나 보호받게 하셔서, 우리가 과도하고 악한 열망들로 불타지 않게 하시고, 또한 차갑고 불신실한 우리의 마음 때문에 우리의 이웃에 대한 사랑과 당신에 대한 우리의 헌신이 소멸되지 않게 해 주시길 우리가 엎드려 빕니다. 매일 드리는 우리의 기도와 간구를 통하여, 우리가 죄라는 질병으로부터 순수하게 보전되며 또한 들어가든지 나오든지 우리의 삶이 허물에서 깨끗해지고 덕으로 채워지는 열매를 당신으로부터 얻을 수 있게 하옵소서. 우리 주 예수 그리스도로 말미암아 기도합니다. 아멘.

시편 122편에서

I. 오 전능하신 하나님,

당신의 이름이 찬송들로 높이 송축되며 신실한 자들이 당신의 말씀으로 교훈을 받으며 성례들이 올바르게 베풀어지는 곳에서, 당신에게 거룩한 예배를 드리라는 놀라운 연설들로써 거룩한 백성들은 끊임없이 서로를 격려합니다.

그러나 이제, 너무나도 슬프게도, 이런 일이 적그리스도에 의하여 거의 막혀 버릴 지경에 이르러 있는 것을 우리는 깨닫습니다. [147r] 적그리스도는 타락하였고 저주받았으므로, 다른 어떤 일이 아니라 거룩한 도시 예루살렘의 유형을 반복하는 일에만 골몰하고 있습니다: 그 도시가 재건되고 다시 확립되기 시작할 때마다 결국에는 다시 무너지며 참으로 완전히 붕괴하여서 순전한 예배와 경건한 기도를 위한 장소가 더 이상 남아 있지 않게 됩니다. 선한 아버지여, 악당이 야기하고 일으키고 있는 환란이 얼마나 큰지 당신은 충분히 알고 계십니다.

불타는 심령과 강렬한 감정으로 우리가 요청드리오니, 우리의 죄악된 일들을 잠시 동안 옆으로 치워두시고, 당신의 거룩한 교회인 예루살렘의 평화에 이바지하는 것들을 얻는 일을 기뻐해주시기 원합니다. 당신의 율법들을 우리가 부끄럽게 위반하고 사악하게 깨뜨렸으므로, 우리에게 약속된 어떤 선한 것들을 합당하게 받을 자격이 없습니다. 그러나 우리가 당신의 이름의 영예를 주목할 때 우리의 자신감이 회복되며, 그래서 우리는 담대하게 기도합니다: 당신이 기꺼이 예수 그리스도의 이름으로 연합되어 바로 그 이름으로 당신에게 호소하는 사람들 편에 서 주셔서 우리를 적그리스도의 사납고 맹렬한 공격에서 구출하신 후에 언젠가 그 참된 예루살렘에서 우리가 안식을 찾을 수 있게 해 주옵소서. 교회에 속하여 당신의 거룩한 가르침을 믿는 모든 사람들이 당신의 친절하심으로 말미암아 서로 친구들이 되고 충실한 형제들이 되기를 소원합니다. 우리 주 예수 그리스도로 말미암아 기도합니다. 아멘.

II. [*147v*] 오 위대하시고 선하신 하나님,

하늘은 당신의 거하시는 처소라는 사실을 당신의 성경이 도처에서 우리에게 가르치지만, 그럼에도 불구하고 당신의 크나큰 선하심으로 말미암아 교회 역시 당신이 택하신 집이며 또한 그렇게 일컬어진다고 바로 그 성경이 말합니다. 그에 따라, 우리가 성도들의 모임으로 함께 모이려고 할 때, 즐겁고 열정적인 마음으로 모이도록 우리가 기도합니다. 더할 나위 없는 관대하심으로 당신은 당신의 교회에 훌륭하고 탁월한 은사들을 쏟아부어 주셨으며, 교회의 영적인 우아함이나 천상의 풍성한 은덕들을 더해주는데 그 어떤 것도 더 필요하지 않습니다. 당신이 교회를 아주 완벽하게 만드셨기 때문에, 오직 이것만이 남아 있습니다: 우리의 기도로써, 교회가 그 회원들을 영속적인 일치 안에 서로 연합되게 하도록 당신이 허락해 주시는 것입니다. 교회의 모임들이 당신에게 드리는 순전한 예배에 이바지하게 하시고, 성도들이 교회에서 성경에 관한 순전하고 진지한 결정들에 도달하게 하시며, 당신의 왕국이 날마다 그 영역을 확장하며, 이 모든 일들이 당신이 주시는 평화 안에서 그리고 성령이 주시는 평온함 속에서 굳건해지길 기원합니다. 교회를 위한 평화와 행복을 요청할 때, 우리로 하여금 당신의 집과 우리의 이웃을 위한 영속적이고 굳건한 선물들을 얻게 되기를 기원합니다. 우리 주 예수 그리스도로 말미암아 기도합니다. 아멘.

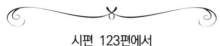

시편 123편에서

I. [*148r*] 오 전능하신 하나님,

하늘로부터 오는 도움 외에는 당신의 백성에게 아무런 도움도 남아 있지 않습니다. 왜냐하면 적그리스도의 세력들과 그의 호전적인 계획들이 아주 강력하게 자라나, 참된 경건과 올바른 예배가 폐지되고 완전히 멸망당하기 직전의 상황에 처하였기 때문입니다. 그러므로 우리는 하늘을 향하여 우리의 눈을 들어 당신을 바라보며, 당신의 도움이 우리를 소생시키고 우리가 이런 큰 위험들로부터 벗어날 수 있기를 기원합니다. 종들과 여종들처럼 우리도 간절한 눈빛으로 구원의 유일한 피난처이신 당신을 바라봅니다. 마치 그들이 오로지 그 상전이나 여주인에게만 의존하고 있는 것처럼, 당신이 우리를 불쌍히 여겨주실 때까지 우리도 날마다 당신에게 소리 높여 외칩니다. 우리를 모두 압도해 버렸던 우리의 잘못된 행실에 대하여 적대하시고 진노하심으로 인하여 당신의 이름과 영광과 관련된 것들을 고려하시는 것보다 그 악행들을 처벌하시는 것을 더 우선하지 마옵소서. 당신이 겸비한 종들을 용서하셔서 그 무엇도 우리를 당신의 긍휼과 지극한 선하심에서 제거할 수 없기를 우리가 기도합니다.

오 하나님, 이 때에 우리를 불쌍히 여기소서. 얼마나 많은 모욕과 책망이 당신의 교회에 대하여 도처에서 퍼부어지고 있는 현실을 모르지 않으시니, 우리를 불쌍히 여기소서. 사악한 자들의 오만과 경멸이 더 이상 커지는 것을 허락하지 마옵소서. 그들은 이미 거두어들인 성공으로 엄청나게 우쭐해져서 더 이상 인간의 힘으로는 억제될 수 없는 것 같습니다. [*148v*] 전능하시며 무적이신 당신이 그들의 분노를 억제하시고 종지부를 찍어주시길 기원합니다.

우리 주 예수 그리스도로 말미암아 기도합니다. 아멘.

Ⅱ. 오 위대하시고 선하신 하나님,

당신은 가장 높은 하늘에 당신의 처소를 마련해 두셨지만, 그럼에도 성령으로써 우리를 감동시키시는 일을 결코 중단하지 않습니다. 성령으로 말미암아 당신은 신자들의 심령을 가르치사, 우리가 시험과 환란과 위험에 직면하였을 때 끊임없는 간구와 기도를 통하여 오직 당신으로부터 도움을 얻는 일을 서두르게 합니다. 그에 따라, 하늘 아버지시여, 마치 종들이 그 주인의 손에 모든 주의를 집중하는 것처럼, 그리고 여종들이 그 여주인의 손을 바라보는 것처럼, 우리의 신앙의 눈은 이제 오직 당신만을 바라봅니다. 이후로는 우리의 눈이 어떻게 당신이 우리를 긍휼히 여기실 것인지 계속 주시할 것입니다.

엎드려 비오니, 당신의 긍휼하심에 걸맞게 우리에게 호의를 베풀어주시고, 우리로 하여금 적대적인 세력들의 조롱과 비웃음거리가 되지 않게 하옵소서. 이 세상의 부유하고 교만한 자들이 얼마나 오만하게 당신의 교회를 경멸하고 조롱하는지 당신이 잘 알고 계시다는 것을 우리는 의심하지 않습니다. 그러므로 우리는 거듭 반복하여 요청드립니다: 속히 우리를 도와주시고, 교회가 미신들과 오류들로 오염되도록 허락하지 마시며, 또한 사탄과 악한 자의 세력에 억압당하도록 내버려두시지 마옵소서. 우리 주 예수 그리스도로 말미암아 기도합니다. 아멘.

Ⅲ. 선한 아버지시여,

눈을 들어 오직 당신만을 바라보는 우리들을 하늘에서 내려다보시고, 지금 커다란 위험들에 심하게 억눌려 있는 우리들을 당신의 도움으로 보호하소서.

당신이 우리를 창조하셨으며 우리는 합당하게 당신의 법적인 소유이므로, 선한 주인으로 행동하시고 이런 위기 속에서 유일한 피난처로서 당신을 바라보는 종들을 무시하지 마옵소서.

우리가 죄악을 저질렀고 당신에게 거슬러 심각한 악행을 자행하였기 때문에, 우리는 지금 겪고 있는 환란들을 받아 마땅하다는 사실을 우리는 진정으로 인정합니다. 다시 말하거니와, 그것을 인정합니다. 그러나 당신의 종들을 향한 긍휼하심에 감동을 받아, 당신을 거스리는 모든 것을 당신의 친절하심과 선하심에 의하여 깨끗하게 씻어주시길 기도합니다. 오 하나님, 우리의 무가치함에 주목하지 마옵시고 우리 안에서 당신이 모욕당하신 그 비난들과 모욕적인 언동들을 보옵소서. 왜냐하면 원수들이 당신의 신실한 자들에게 모독적인 언동을 쏟아낼 때, 그들은 우리가 아니라 당신의 이름에 대하여 신성모독을 하고 있기 때문입니다. 그들이 무기를 들고 폭력적으로 난폭한 짓을 자행할 때, 그들은 주로 당신에게 드리는 예배와 경건과 당신의 말씀을 사냥하고 있기 때문입니다. 그 일을 성공하기 위하여 그들은 이것들을 파멸시키는 일에 지극히 노력하고 있습니다. [149v] 그들은 자기들이 점점 더 힘을 더해가며 그들의 계획을 수행하고 있는 것을 볼 때, 그들은 극도로 오만해집니다.

그러나 당신의 교회는, 그들로부터 극도로 수치스러운 취급을 받은 후에, 교회의 주님이신 당신 외에는 다른 누구에게서도 피난처를 찾을 수 없습니다. 그들이 교회에 가하고 있는 이런 상해들과 악행들을 몰아내어 주시기를 우리가 당신에게 탄원합니다. 이 일에서 우리는 다만 당신의 가르침과 당신의 거룩한 복음의 영예를 옹호해주시기만을 구합니다. 그렇지 않으면 악한 자들이 그것을 조롱거리로 삼을 것이기 때문입니다. 오 하나님, 그들이 당신의 진리의 능력을 경험할 때, 그들이 원하든 원하지 않든, 당신을 하나님을 인정하는 일이 일어나게 하옵소서. 우리 주 예수 그리스도로 말미암아 기도합니다. 아멘.

시편 124편에서

I. 오 전능하신 하나님,

당신이 기꺼이 우리를 당신의 도움과 능력으로 지탱해주지 않으신다면, 적그리스도들이 결연하게 일어나 당신의 백성을 대적하여 우리를 모두 산 채로 집어삼키는 것 외에 다른 어떤 것도 바라지 않는 것 같습니다. 그들은 격심한 분노에 타올라서, 만일 당신이 우리 옆에 계시지 않으면, 우리 모두를 먹어 삼키고 파멸시킬 것입니다.

우리가 우리 자신의 죄악들을 살펴보면, 그런 취급을 받을 수밖에 없다는 사실을 우리는 결코 부인할 수 없습니다. 우리가 당신에게 보였던 배은망덕을 고려할 때, 당신이 우리에게 부당하게 부과한 징계나 처벌로 간주할 수 있는 것들이 있을까요? [150r] 당신의 계명들을 우리가 위반한 것이 너무나 많기 때문에 그 어떤 심한 처벌이라고 하더라도 우리가 마땅히 받고 있거나 또 받아야 할 것입니다. 그러나, 우리를 위해서가 아니라고 하더라도 당신의 이름의 영광을 위하여, 부디 거룩한 교회를 도와주셔서 밀어닥치는 급류가 교회를 압도하여 그 홍수의 힘에 의하여 교회가 질식하지 않게 해 주옵소서.

우리가 엎드려 간구하오니, 그들이 당신의 성도들을 먹이로 삼아 찢어버리지 못하도록 그들의 입과 이빨을 돌리게 하옵소서. 그들이 만든 덫과 그들의 악한 기술들로 사냥하는 것은 다름 아니라 예배를 개혁하고 마음으로부터 나오는 경건에 스스로 헌신한 사람들을 올무로 사로잡고 그 악한 그물로 낚으려는 것입니다. 오 하나님, 서둘러 우리를 도우시고 그런 잔인한 사냥꾼들의 그물로부터 우리를 풀어주옵소서. 하늘과 땅을 만드신 당신에게 엎드려 비오니, 우리의 구원의 원인을 오로지 당신에게 돌리게 하옵소서. 우리 주 예수 그리스도로 말미암아 기도합니다. 아멘.

II. 위대하시고 선하신 하나님,

적그리스도들의 격분과 미친 짓을 지금 바로 당신이 친히 억제하시고 쳐부수지 않는다면, 그리하여 그들이 당신의 백성에 관하여 이미 계획하고 서로 상의한 일을 수행하지 못하게 하지 않는다면, [*150v*] 그들은 교회 전체를 산 채로 게걸스럽게 먹어치울 것입니다. 그들이 일어나 으르렁거리며 뛰쳐나오며 분노로 차올라서, 만일 당신이 신속하게 그 악한 폭풍과 마귀의 파도를 멈추고 뒤로 물리지 않으신다면, 당신의 신실한 자들은 이제 압도당하기 직전입니다.

우리가 엎드려 간구하오니, 하늘 아버지여, 당신의 진노를 우리에게서 돌려주옵시고, 우리가 당신을 거스려 저질렀던 혐오할만한 일들 때문에 우리가 받아 마땅한 대로 우리를 처벌하지 마옵소서. 우리가 이렇게 하는 것은 당신이 우리를 고려해주실 뿐만 아니라, 당신 자신의 이름과 가르침과 약속들이 땅에 떨어지도록 내버려두지 않으시길 위함입니다. 언젠가 우리가 이렇게 고백하게 하옵소서: "우리 하나님은 참으로 영광과 찬양을 받으셔야 합니다. 왜냐하면 그분은 자신의 교회가 악한 자들의 잔인한 분노에 의하여 흩어지는 것을 허락하지 않으셨고, 오히려 그의 영광스럽고 강력한 팔로 죄악된 음모자들의 올무와 아가리에서 그들을 구출하셨기 때문입니다." 오 하나님, 당신을 사랑하는 모든 사람들을 지금 극도의 공포로 위협하는 그들의 그물을 찢으시고, 그들의 계략을 좌절시키시며, 그들의 힘을 시들게 하옵소서. 우리가 도움을 바라는 대상은 오직 하늘과 땅을 창조하신 당신뿐입니다. 당신의 지극하신 선하심과 친절하심 때문에, 우리의 기도에 친히 호의를 보여주시기를 우리가 엎드려 빕니다. 우리 주 예수 그리스도로 말미암아 기도합니다. 아멘.

III. [*151r*] 오 전능하신 하나님,

당신의 기업에 속한 사람들과 참된 이스라엘 백성은 우리와 나란히 이렇게 증언합니다: 만일 당신의 호의와 강력한 지원으로 도움을 받지 않았다면, 그들은 우리 구원의 원수들에 의하여 삼켜지고 완전히 먹힌 후에 사라져버렸을 일이 한두 번이 아니라고 말입니다. 왜냐하면 우리를 보호하기 위하여 의지했던 다른 어떤 도움도 결국 아무런 힘이 없었다는 것을 우리가 체험으로 알게 되었기 때문입니다. 우리를 공격하는 자들의 충격과 사나움은 마치 갑작스럽게 온 들판을 침수시키는 폭풍우와 같습니다. 그들의 잔인함은 야수들의 흉포함과 견줄 수 있으며, 그들은 아주 간교하고 은밀한 올무들을 사용하고 있어서, 그들과 비교할 때 새잡이들과 사냥꾼들은 아무런 기술도 없는 자들처럼 보이며 오히려 완전한 멍청이들처럼 보일 것입니다.

그에 따라, 우리는 마땅히 당신에게 돌려야 할 모든 것, 곧 당신의 단순하고 의지할 데 없는 양떼를 이제껏 그토록 큰 위험으로부터 구출하신 일에 대하여 감사를 드립니다. 그리고 이후로부터는 바로 그 당신의 교회가 폭력에 의해서든 혹은 속임수에 의해서든 박해당하는 것을 허락하지 않으셔서 그 결과 우리가 매일 매일 오직 당신을 더욱 더 신뢰할 수 있게 해 주시기를 요청드립니다. 우리 주 예수 그리스도로 말미암아 기도합니다. 아멘.

시편 125편에서

I. [*151v*] 오 위대하시고 선하신 하나님,

인간의 도움은 연약하고 불확실하며 기만적이므로, 우리는 모든 신뢰를 오직 당신에게로 옮겨야 한다는 분명한 가르침을 받습니다. 왜냐하면 당신을 의지하는 사람들의 발걸음은 어긋나지도 않으며 불안정해지지도 않기 때문입니다. 시온산 곧 당신의 교회를 당신의 보호하심으로써 견고하게 만들어 그 대적자들의 모든 공격에 대하여 영원히 설 수 있도록 약속하신 분은 당신이므로, 우리가 탄원하오니 이 시절에 교회를 내려다보아 주시고 죄인들의 막대기가 교회에게 폭력적인 행위를 하도록 허용하지 마옵소서. 만일 교회가 어쩔 수 없이 당신의 원수들의 통제 아래 떨어지면, 심지어 의롭게 보이는 자들조차도 쉽사리 악에 굴복하고 말 것입니다.

오 하나님, 부디 다른 종류의 처벌로 우리의 죄악을 징계하옵소서. 왜냐하면 이제 우리는 다만 적그리스도에게 억압당하지 않기를 구합니다. 당신의 신실한 자들의 회중을 마치 산이 둘러친 것처럼 에워싸서 보호해주셔서, 당신의 이름을 대적하는 그 악한 원수들이 그들 마음대로 그들을 파괴하고 약탈하지 못하게 하옵소서. 현재로는, 도덕성과 정직함에 대한 열정을 어느 정도 가지고 있는 자들을 은혜롭고 친절하게 대해 주옵소서. 그러나 [*152r*] 그 마음에 사악함을 품고 말로 표현할 수 없는 범죄를 저지를 뿐만 아니라, 모든 노력을 다하여 당신의 말씀이 결코 열매 맺지 못하도록 그리고 참된 경건이 완전히 파괴되도록 그리고 당신의 이름을 신실하게 부르는 일이 완전히 뿌리뽑히도록 헌신하는 자들에 대해서는, 사악한 일꾼들이 응당 받게 되는 바를 마침내 느끼고 체험하게 하옵소서. 평화와 안정이 널리 퍼지고 당신의 이스라엘이 점점 더 당신과 연합되기를 기원합니다. 그리하여 교회가 당신을 찬양하는 일에 늘 헌신하게 되기를 기원합니다. 우리 주 예수 그리스도로 말미암아 기도합니다. 아멘.

Ⅱ. 전능하신 하나님,

그 영혼에 당신의 약속들에 대한 믿음이 심겨지고 새롭게 된 모든 사람들은 이 폭풍우치는 시절에도 가장 견고한 산맥들처럼 흔들리지 않고 남아 있습니다. 마치 예루살렘이 그 주위에 우뚝 솟아 있는 산들로써 방벽을 둘러친 것처럼, 그들은 당신의 보호와 방위로 무장되어 있음을 확신하고 있을 정도로 견고하고 불변합니다. 그러므로 이제 사악한 자들이 얼룩과 광채로 [152v] 교회를 흩어지게 하고 박해하는 일에 전적으로 집중하고 있을 때, 선한 아버지여, 교회 편에 서주시고 당신이 교회를 얼마나 특별하게 사랑하는지 보여주옵소서.

그러나 우리가 공적으로 진지하게 고백하는 우리의 끔찍한 죄악들 때문에 우리가 당신의 도움을 받을 자격을 박탈당하였고 적그리스도의 잔인하고 포악한 손에 넘겨진 처지를 자초하였다면, 부디 우리의 잘못된 행위들 때문에 마땅히 받아야 할 바를 고려하지 마시고, 오히려 우리가 그리스도 안에서 당신에게 위탁되고 맡겨졌다는 사실을 기억하옵소서. 사악한 자들의 폭정에 힘을 실어주셔서 그들이 신실한 사람들을 오랜 기간에 걸쳐 박해하는 것을 결코 허락하지 않으셨던 예전에 당신의 오랜 관습과 반대로, 우리를 진노하심으로 대하지 마옵소서. 만일 당신의 심판이 잠시 멈추지 않는다면, 흔히 일어나듯이, 공의에 몸담은 사람들도 감히 그 공의를 저버리고 타락에 빠져들 것입니다.

오 하나님, 그 심령에 경건에 대한 열정을 키우고 있는 사람들에게 선하심과 친절하심과 관용하심을 보여주시고, 오직 부도덕하고 더럽고 사악한 일들만 마음에 품고 또 행하는 자들에게 당신의 진노를 내려주옵소서. 당신의 긍휼하심으로써, 당신의 이스라엘에게 그들이 옛날에 누렸던 평화를 지켜주시고 증진해 주옵소서. 우리 주 예수 그리스도로 말미암아 기도합니다. 아멘.

Ⅲ. [*153r*] 오 전능하신 하나님,

마땅히 그래야 하듯이, 당신의 진리에 그 믿음을 두고 있는 모든 사람들은, 세상과 마귀가 아무리 유혹의 폭풍으로 그들을 흔들어 놓더라도, 마치 산들처럼 견고하고 바위처럼 강하게 굳건하게 서 있습니다. 마치 도시들이 해자(垓字)와 감시탑과 산맥들로 둘러싸여 방비되고 있는 것처럼, 하나님도 그의 사랑하는 자들과 택한 자의 명단에 기록해 두신 자들을 방패와 같이 보호하시며 강력한 보루처럼 지키십니다.

그러므로, 선한 아버지시여, 악한 자들이 그 폭정을 의로운 자들의 교회에까지 뻗치도록 허용하지 마시도록 우리가 당신에게 호소하는 것은 이유 없는 일이 아닙니다. 그렇지 않으면 신실한 자들 중에 다소간 연약한 사람들이 그 악한 자들의 번영하는 운명을 보고 잘못된 열정을 가지고 그들의 악한 행실과 죄악들을 모방하기 시작할 수 있기 때문입니다. 그 대신에, 성도들을 보호하시고 그들을 향상시켜 주옵소서. 전념하는 마음과 진정한 믿음으로 당신을 따르도록 이미 당신이 허락해 주셨던 사람들에게 친절한 도움을 주시옵소서. 그러나 경건과 당신의 이름의 영광을 반대하는 자들을 당신의 힘과 능력으로 억눌러 주셔서, 거룩한 이스라엘인 당신의 교회가 [*153v*] 그 기다리고 있는 구원에서 속아 벗어나지 않게 해 주옵소서. 우리 주 예수 그리스도로 말미암아 기도합니다. 아멘.

시편 126편에서

I. 오 위대하시고 선하신 하나님,

이제까지 당신의 교회는 적그리스도의 폭정 아래 철권통치로 신음하는 포로 상태보다 더 악한 형편이었습니다. 그럼에도 불구하고, 황송하게도 당신의 선하심으로 기꺼이 교회를 건져주셨는데, 그것이 우리에게 큰 기쁨이 되며 그리스도인의 자유를 위하여 여전히 분투하는 모든 사람들에게 크고 강렬한 희망이 됩니다. (마귀와 모든 원수들의 세력이 그들의 온 힘을 다 동원하고 그들의 모든 기술들을 사용하여 이미 시작된 선한 일을 방해하려고 노력하고 있는 것 같으므로) 당신의 교회의 포로 상태를 잊지 마시기를 이제 우리는 당신에게 간청합니다. 이미 당신은 어느 정도 교회를 재건하기 시작하셨습니다.

사실, 교회는 받은 은덕들을 그 참된 가치에 따라 바르게 평가하지 않음으로써 당신에게 아주 배은망덕하게 행동하였습니다. 그러나, 당신이 늘 보여주신 긍휼을 고려하셔서, 남아 있는 그 회복의 일을 갑자기 끝내지 마옵소서. 참으로, 한 낮의 바짝 마른 들판에 당신의 은혜의 갑작스런 강물처럼 당신의 성령의 넘쳐흐르는 물결과 같이, 황공하게도, 우리가 지금 눈물로 뿌리는 기도의 씨앗에서 결코 미약하지 않은 결실을 기쁨으로 추수할 수 있도록 허락해 주옵소서. 그렇게 함으로써, 아직 그 마음이 헌신되지 못한 이방인들이 [154r] 지금 당신의 이름의 원수들이 우리에게 끼치고 있는 환란을 목격하고 있지만, 결국에는 당신이 얼마나 경이로운 방법으로 우리를 대하셨는지 널리 선포하게 해 주옵소서. 그리하여, 이 슬픔들이 지난 후에, 우리가 바라는 그 행복을 얻을 뿐 아니라 구원의 행복도 누리게 하옵소서. 우리 주 예수 그리스도로 말미암아 기도합니다. 아멘.

Ⅱ. 오 전능하신 하나님,

당신에게 소망을 둔 사람들이 절박한 위기에 이미 빠져들었을 때, 독특하고도 경이로운 섭리로써 그들을 도우시는 것이 아주 옛날부터 당신의 관습인 것 같으므로, 예상할 수 없는 그런 구원을 그들에게 베풀어주실 때, 그들은 마치 현실이 아니라 꿈에서 일어난 일들을 체험하는 것 같습니다. 우리는 교회가 처한 애통할만한 상황에 대하여 결코 절망하지 않습니다. 왜냐하면 우리의 얼굴을 미소로 채우시고 우리의 혀를 기쁜 웃음으로 가득하게 하시는 일은 당신에게 쉬운, 아주 쉬운 일이며, 그 결과 우리의 원수들조차도 원하든 원치 않든 "그들의 하나님이 참으로 그들을 위하여 경이로운 일들을 일으키셨다. 그들의 희망을 훨씬 뛰어 넘어 그런 영광스러운 기쁨과 지고한 행복으로 그들을 데려가셨다." 하고 말하지 않을 수 없게 만든다는 사실을 우리는 아주 잘 알고 있기 때문입니다.

그러므로, 선한 아버지여, 우리가 당신에게 엎드려 비오니, 당신의 선하심과 긍휼로써 [154v] 우리의 분별없음과 연약함과 타고난 부패 때문에 우리가 완고하게 당신을 자극하였던 불법들을 용서하여 주옵소서. 우리가 원래 누렸던 당신의 은혜로 돌아온 다음에는, 찌는 듯한 남풍과 타는 듯한 정오의 햇볕으로 기진맥진한 다음에 예기치 못한 신선하고 풍성한 물로 넘쳐흐른 체험을 하였던 사람들에 결코 못지 않게 우리의 일들에서 변화를 체험할 수 있을 것입니다. 이제 우리가 눈물을 흘리며 뿌리는 씨앗을 언젠가 기쁨으로 거두게 하셔서, 우리가 매일 당신에게 겸비한 마음으로 쏟아붓는 기도에서 위로의 풍성한 열매들을 마침내 수확하게 허락해 주시기를 기도합니다. 우리 주 예수 그리스도로 말미암아 기도합니다. 아멘.

Ⅲ. 오 위대하시고 선하신 하나님,

교회가 당신의 특출한 친절하심으로 말미암아 마귀의 포로상태와 폭정에서 완전히 구원받을 때, 그리고 교회의 모든 회원들과 당신의 백성들이 오류와 어둠에서 완전히 자유롭게 된 것을 볼 때, 교회는 행복으로 넘쳐흘러 실제로 그것을 얻은 것이라기보다는 마치 꿈을 꾸는 것처럼 참으로 좋다고 생각할 때가 때때로 일어납니다. 그런 때에 교회는 스스로 행복하다고 말하는 것이 당연하며 그 굳건한 기쁨을 철저하게 즐깁니다. 교회는 당신에게 그치지 않는 감사로 보답할 뿐만 아니라, [155r] 교회를 위하여 당신이 행하신 일들이 얼마나 위대하며 선한지 보고 경이롭게 여기지 않을 사람은 아무도 없을 것입니다.

그러므로, 이제 마침내 이런 일들이 일어나도록 허락해 주옵시고, 아주 오래되고 비참했던 포로생활을 불쌍히 여겨 주시기를 우리가 당신에게 기도합니다. 당신의 백성을 어두운 감옥에서 건져내시고, 당신이 구속하신 아담의 자손들을 그토록 오랜 기간 결박하고 있었던 족쇄를 당신의 친절하심으로 풀어주옵소서. 굳어지고 메마른 우리 영혼의 토양을 당신이 은혜의 생명수로서 기쁘고 비옥하게 만들어주셔서, 경건한 자들이 그 포로 시절에 눈물로 씨뿌린 것이 언젠가 그들이 갈망하였던 기쁨으로 수확하게 해 주옵소서. 그리하여 이제껏 기도와 한숨으로 그 씨앗을 뿌렸던 슬프고 억압받는 사람들이 행복으로 수확하게 하시고 참된 헌신과 순전한 경건의 굳건한 열매들을 즐거워하게 하옵소서. 우리 주 예수 그리스도로 말미암아 기도합니다. 아멘.

시편 127편에서

I. 오 전능하신 하나님,

당신이 그 시작들을 촉진하시고 호의를 베풀어주시지 않으면, 한 가정이 세워지거나 혹은 나라(공동체)가 계속 진행할 수 없다는 것은 모든 경건한 사람들이 고수하는, 논박할 수 없을 정도로 확인된 원리입니다.[33] 교회가 이 세상의 어떤 존경받을 집이나 거대한 나라보다도 더 위에 서 있다는 사실을 모르지 않는 우리는 [155v] 특히 마귀와 적그리스도가 무수한 수단들을 동원하여 교회를 공격하고 있는 이런 때에, 당신의 지원이 없이는 교회가 계속 존속할 수 없다는 사실을 확실히 알고 있습니다.

그러므로, 선한 아버지여, 어떤 인간의 수고와 헌신과 노력으로도 이룰 수 없는 것을 우리가 지칠 줄 모르는 기도로써 당신에게 요구합니다. 왜냐하면, 만약 당신의 도움이 없었다면, 가장 어렵고 거의 불가능하였던 일들을 당신의 백성들에게 마치 꿈과 같이 허락해주시는 것이 당신의 관습이었기 때문입니다. 먼저, 현재 우리가 겪고 있는 결핍과 재난 속에서 당신의 도움을 전해주시는데 주된 장애물로 보이는 우리의 죄악들을 제거해 주옵소서. 왜냐하면 다름 아니라 바로 그 죄악들이 당신의 긍휼로부터 우리를 분리하여 멀리 떼어놓기 때문입니다. 우리가 진지하게 청원하는 것처럼, 당신이 그 죄악들을 용서하실 때, 교회를 무수한 자녀들로 넘쳐나게 하옵소서. 교회가 당신 및 당신의 성령에 어울리는 자녀들을 생산해낸다면, 그들은 경건과 복음적 가르침의 원수들에 대항하는 당신의 무적의 팔에서 나오는 화살들처럼 나타날 것입니다. 말씀과

---

[33] 미화 달러 지폐는 여전히 이 "Annuit coeptis"라는 모토를 인쇄하고 있다: 하나님께서 [미합중국의] 시초들을 축복하셨다.

행위로써 당신의 진리를 보호할 때 물러서지 않고 굴복하지도 않는 용기있는 사람들로 우리의 건전한 교회들과 신학교들을 가득 채우소서. 우리 주 예수 그리스도로 말미암아 기도합니다. 아멘.

Ⅱ. [*156r*] 오 전능하신 하나님,

당신의 선하신 뜻이 없으면 우리의 모든 힘과 노력들은 헛됩니다. 당신의 도움과 은총이 없이는 개인의 집도 어떤 도시도 건축될 수 없다면, 성령과 은혜로써 당신이 우리 곁에 아주 가까이 계시지 않는다면, 교회가 어떻게 회복되며 혹은 증대되며 혹은 지속될 수가 있겠습니까? 아침에 일찍 일어나 오랫동안 금식하며 수고와 노력으로 그 자신을 소모하지만 아무런 목적도 유익도 없이, 인간들은 헛되게 수고합니다. 그에 따라, 오 하나님, 우리가 진지하게 당신에게 간청하오니, 우리가 시작하는 모든 일에서 당신의 임재와 도움을 박탈하지 마옵소서. 분명히, 이제껏 교회의 무너진 잔해들로부터 모으고 회복된 것들은 당신이 없이는 그 무엇도 성공적이지 않았습니다. 오히려 당신이 동료 사역자들에게 이런 성취를 허락하였습니다: 마치 꿈과 같이, 당신은 감추어진 그리고 기적과도 같은 원리들에 근거하여 아주 위대한 계획을 완수하셨는데, 올바르게 판단한다면, 그것에 견주어 볼 때 인간의 세력들은 완전히 부적당한 것처럼 보입니다.

우리는 감사할 줄 몰랐으며 그토록 위대하고 경이로운 은덕들을 끔찍하게 남용하였으므로, 이제 우리를 그토록 엄청난 곤경들로 시험하시는 것은 합당하며, 인간의 노력과 창의력은 우리를 그런 곤경들에서 조금도 자유롭게 할 수 없습니다. [*156v*] 그러므로, 우리가 그것을 거의 기대하지 않을 때 혹은 우리가 많은 위험들에 노출되어 있다는 사실을 알지 못할 때, 늘 변함없는 당신의 긍휼에 근거하여, 당신에게서 피난처를 찾는 우리를 건져주셔서, 자유롭게 풀려난 우리가 당신을 참된 구원의 유일한 저자로서 인정할 수 있게 하옵소서. 우리 주 예수 그리스도로 말미암아 기도합니다. 아멘.

Ⅲ. 오 위대하시고 선하신 하나님,

당신의 도움과 은혜 없이 무슨 일에 열중하는 모든 사람들은 헛된 수고를 하며 자신을 허비하고 있습니다. 당신을 돕는 분으로 갖지 못한 모든 사람들을 그들의 대적들로부터 스스로 보호할 수 없습니다. 교회는 항상 세워지는 일이 필요하며 우리의 회중의 도시는 보호를 필요로 하므로, 우리의 건축자들에게 당신의 도움을 베푸시고 우리의 전사들에게 큰 도움을 주시기를 우리가 당신에게 호소합니다. 그리하여 우리가 이 일에 좀더 쉽게 도달하고, 당신의 교회의 후손들을 증대하여, 그들이 당신의 말씀으로 도처에서 교회를 떠받치는 화살들로 파송될 수 있게 하옵소서. 그들이 당신의 말씀을 다루는 일에 아주 능숙하게 훈련되어서, 그들이 자신의 소명을 수행할 때 결코 수치를 당하지 않게 하옵소서. 우리 주 예수 그리스도로 말미암아 기도합니다. 아멘.

시편 128편에서

I. [*157r*] 하나님을 경외하고 올곧은 삶으로 하나님의 계명들의 길을 따라 신실하게 걸어가는 사람들 외에는 아무런 기쁘고 선한 일이 일어날 수 없습니다. 그 사실은 이제 우리가 재난들을 겪고 있는 이유가 무엇인지 보여줍니다.

전능하신 하나님, 지고하신 긍휼로써 당신은 우리에게 유익한 가르침을 주셨지만, 그러나 우리가 도무지 실천하지 않았던 것은 올바른 방법으로 당신을 예배하는 일입니다. 우리는 당신의 이름을 경외하는 것보다 우리 자신의 욕망들을 앞세웠으며 당신의 계명들의 훈육을 저버렸습니다. 따라서 고난이 때로 불공정하게 우리에게 닥친다고 불평할 이유가 전혀 없습니다. 우리가 기도하오니, 우리의 부정하고 사악한 행위들을 제하시고, 당신의 긍휼로 말미암아 우리 안에 두려움과 헌신, 그리고 거룩한 행위를 다시 확립하옵소서. 마침내 시온으로부터, 즉 높고 범접할 수 없는 당신의 빛으로부터 고난 당하는 당신의 교회에 빛을 비추어 주시고, 교회가 그런 위험들에 포위되어 있을 때 구출하여 주옵소서. 당신은 교회를 믿음으로 말미암아 당신의 아내로 취하셨으니, 그 거룩한 자녀들로 풍성하여 교회가 증가하도록 허락해 주옵소서. 교회가 마치 포도덩굴처럼 널리 퍼져나길 기원하며, 또한 적그리스도가 교회를 당신에게서 잘라내려고 아무리 애쓴다 하더라도 결코 잘려 나가지 않기를 기원합니다. [*157v*]

선한 아버지여, 우리가 이것을 특히 당신으로부터 얻을 수 있기를 긴급하게 요청드립니다: 황송하게도, 당신의 예루살렘에 선하고 유익한 것들을 허락해 주옵시고, 참된 이스라엘에게 평화와 안녕을 보내주옵소서. 우리 주 예수 그리스도로 말미암아 기도합니다. 아멘.

Ⅱ. 오 위대하시고 선하신 하나님,

당신의 예언들은 오직 경건만이 사람을 행복하게 만든다고 우리에게 가르칩니다. 왜냐하면 경건한 자들이 당신을 경외하여 가지고 있는 두려움이 그들로 하여금 당신의 공의의 길로 올바르게 나아가도록 만드는 효과적인 재갈의 역할을 하기 때문입니다. 이 경건이 당신의 교회의 특징적인 장식물이므로, 교회 안에서 당신의 자녀들을 양육하는 교훈과 모범에 의한 지속적인 노력이 있게 하시고, 또 이런 노력들이 무익하거나 낭비되지 않도록 해 주시기를 우리가 당신에게 요청드립니다.

교회가 나날이 푸르른 올리브 나무와 비옥한 포도덩굴에 비유될 수 있는, 많은 자녀를 낳은 여인처럼 되기를 기원합니다. 저 높은 당신의 위엄의 처소에서 긍휼하신 눈으로 당신의 신실한 자들의 모임을 내려다보실 때, 이런 행복한 선물들이 마침내 우리에게 손쉽게 다가올 것을 우리는 의심하지 않습니다. 왜냐하면, 모든 참되고 지속적인 행복은 당신의 무한한 선하심으로부터 당신이 승인하신 결과로 흘러나오기 때문입니다. 이것은 당신의 이름의 영광에 기여하는 것이라는 점을 우리는 전혀 의심하지 않으므로, [158r] 즉 교회는 당신의 자녀들의 끊임없는 증식으로 증가하므로, 우리는 아주 열렬한 기도로써 교회가 평화를 누리며 그 찬송과 순결한 생활 모두에서 유명해지기를 소원합니다. 우리 주 예수 그리스도로 말미암아 기도합니다. 아멘.

시편 129편에서

I. 오 전능하신 하나님,

당신의 이름의 원수들이 얼마나 끊임없이 교회를 에워쌌는지 당신은 알고 계십니다. 그들은 교회의 어린 시절부터 늘 교회를 괴롭혀왔습니다. 그럼에도 불구하고 당신의 호의 때문에 그들은 결코 교회를 압도할 수 없었습니다. 종종 그들은 교회의 등에 아주 깊은 고통의 쟁기질을 하였고, 완고한 마음으로 그들은 교회에 가능한 한 가장 긴 밭고랑을 갈아두려고 결심하였습니다. 그러나, 오 하나님, 당신은 공의로우시므로 언제나 악한 자들의 줄을 끊으셨습니다.

이제 우리가 당신에게 요청하는 것은 우리의 악한 행실이 마땅히 받아야 할 바를 고려하지 마시고, 오히려 당신의 이름의 영광을 생각하시길 원합니다. 왜냐하면, 우리에게 어울리는 것으로 말하자면, 지금 우리에게 닥친 이런 재난들뿐만 아니라 그보다 훨씬 더 심한 재난을 당해도 마땅하기 때문입니다. 그러나 당신의 긍휼로써 당신의 진노를 우리가 아니라 악한 자들에게 쏟아부으소서. [158v] 악한 자들이 수치를 당하고 뒤로 물러서기를 기원하오며, 그들이 풀과 같이 신속하게 시들어 그들의 악한 노력들이 아무런 결과를 얻지 못하게 되기를 기원합니다. 그들의 노력하는 바들은 처음부터 악하므로, 그들이 즐거운 성공을 거두지 못하도록 우리가 기도하는 것이 그들에게는 마땅합니다. 그러나 당신의 신실한 자들의 교회는 이제 평화와 안녕의 축복으로 넘쳐나는 그런 일이 일어나게 해 주옵소서. 우리 주 예수 그리스도로 말미암아 기도합니다. 아멘.

Ⅱ. 오 하나님, 우리 하늘 아버지시여,

당신의 신실한 자들에 대한 공격이 잦을 뿐만 아니라, 그들이 끊임없이 시련과 공격을 당하여 완전히 파괴될지도 모를 지경에 이르렀습니다. 당신의 형상을 그 예정된 목적으로부터 벗어나게 만드는 것보다 마귀와 그 적대적인 세력들이 더 좋아할 것은 아무것도 없습니다. 그에 따라, 우리는 무한하신 긍휼과 함께 지고하신 공의를 가지신 당신에게 소리 높여 외칩니다: 함정을 파고 숨어 기다리는 저들의 유혹의 줄을 잘라주시고 그 올무들을 갈아엎어 주옵소서. 그렇게 하여 우리의 구원의 원수들이, 그 마땅히 받아야 할 바대로, 수치를 당하게 될 것입니다. 그리고 당신의 공의는 그들의 속임수와 함정들이 영원히 처벌받지 않은 채 지속되도록 허용하지 않는다는 사실을 모든 백성들이 이해할 수 있을 것입니다. [159r] 그리하여 당신의 택한 자들을 위하여 예정하신 그 축복이 방해받지 않을 것이며, 당신의 약속들에 의지하여 우리가 고대하고 있는 그 구원이 마귀들의 속임수나 간계의 어떤 세력에 의해서도 실패하지 않을 것입니다. 우리 주 예수 그리스도 말미암아 기도합니다. 아멘.

시편 130편에서

I. 오 전능하신 하나님,

당신은 신실한 당신의 종들을 종종 괴롭게 하셔서, 그들이 열렬하고 온전한 회개로 당신에게 돌아오게 하십니다. 바로 이것이 지금 우리가 이 고난으로 가득한 시대에 교회에서 겪고 있는 일입니다. 왜냐하면 이제껏 무수한 방법으로 당신에게 배은망덕하였고 또 당신의 계명들과 율법을 온통 위반하였던 우리는 마귀와 그 앞잡이들에게 셀 수 없을 정도로 괴롭힘을 당해 왔으며, 그 결과 우리의 불행의 가장 깊은 심연에서 우리 죄를 너무 심하게 처벌하지 마시도록 당신에게 부르짖지 않을 수 없습니다. 만일 당신이 우리의 공로에 따라 우리를 살피고 또 우리의 죄를 처벌하려고 결정하신다면, 우리 중 누가 당신의 공의 앞에 설 수 있을 만큼 깨끗하고 거룩하겠습니까?

그러나, 당신은 지고한 친절하심으로 두드러진 분이심을 우리가 알기 때문에 매일 아침과 저녁마다 우리는 당신을 바라보며 [159v] 도움을 기다립니다. 그러므로, 비록 우리의 허물이 무수하게 많다고 하더라도, 당신의 풍성한 선하심과 긍휼하심으로써 부디 우리를 그 모든 죄악에서 구속해 주소서. 그리하여 현재의 위험들과 내리누르는 곤경에서 우리를 해방해 주셔서, 참된 구원은 오직 당신 안에만 있다는 사실을 우리가 믿고 선포하게 해 주소서. 우리 주 예수 그리스도의 이름으로 기도합니다. 아멘.

II. 오 위대하시고 선하신 하나님,

우리가 유혹의 깊은 바다에서 끊임없이 이리저리 요동할 때 그 유혹들에 맞설 수 없으므로, 당신이 긍휼을 베푸셔서 우리의 상황을 바로잡아 주시기를 구하는 것은 아주 합당한 일입니다. 왜냐하면 당신은 우리의 심판자이시며 또한 우리의 일들에 대한 증인이시기 때문입니다. 만일 당신이 우리가 저지른 죄악된 행동들을 모두 다 검사하시고 엄중하게 처벌하길 원하신다면, 내가 묻기를, 과연 누가 당신의 법정에서 설 수 있을까요? 지고하신, 심지어 무한하신 친절하심을 당신 안에서 발견할 수 있으므로, 우리의 불법에서 구속하시기 위하여 오직 그 친절하심에만 의지할 수 있게 해 달라고 우리가 엎드려 빕니다.

매일 매시간 우리는 바로 그 탁월한 희망으로 양육을 받습니다. 당신은 결코 참된 이스라엘 곧 당신의 교회를 잊어버리지 않으실 것이라는 사실을 신뢰합니다. [*160r*] 그러므로, 이런 신뢰의 지속적이고 진정한 열매로서 우리의 죄악들에 대한 용서를 당신으로부터 얻을 수 있도록 허락해 주옵소서. 우리 주 예수 그리스도로 말미암아 기도합니다. 아멘.

시편 131편에서

I. 오 전능하신 하나님,

우리에게 내려주신 지고한 은덕들에 대하여 우리가 아주 배은망덕하였으며, 이제껏 당신의 거룩하심과 우리의 소명에 합당한 삶에서 멀리 떨어진 생활을 살아왔기 때문에, 우리의 심령이 의기양양할 이유가 전혀 없으며, 혹은 우리가 놀라운 일들을 경험하며 살아갈 이유도 마찬가지로 전혀 없습니다. 당신의 성령을 우리에게 주셔서 우리가 모든 오만함과 교만함을 벗어버리게 하시고 우리가 죄인이라는 그 단순한 진리를 인정하게 하옵소서. 그렇게 하여 우리가 참되고 진지한 회개를 통하여 당신으로부터 우리의 죄악에 대한 용서하심을 얻을 수 있습니다. 그러면 우리가 당신과의 관계를 바르게 하여, 마치 그를 먹여주고 안아주는 그 어머니를 끊임없이 바라보는 젖 뗀 아이처럼 될 수 있을 것입니다.

만일 당신이 우리를 도와주지 않으신다면 우리의 능력에 대하여, 그것이 우리를 곤경에 빠지게 하는 것 외에는, 우리가 어떻게 생각할 수 있으며 또 어떻게 생각해야만 할까요? 당신을 제외하고는 교회는 다른 어떤 피난처도 가지고 있지 않으므로, 그리고 인간의 도움은 완전히 제거되어 없으므로, [160v] 이제 교회는 마치 어린이와 같이 당신을 바라보며 당신이 교회를 저버리지 않고 오히려 당신의 선하심으로 구출하여 주셔서 당신의 이름을 부르며 그 이름을 찬송하는 일에 영원히 헌신할 수 있게 해 달라고 기도합니다. 우리 주 예수 그리스도로 말미암아 기도합니다. 아멘.

Ⅱ. 오 위대하시고 선하신 하나님,

당신만이 홀로 높임을 받으실 자격이 있고 탁월하시므로, 우리가 당신에게 기도합니다: 교만이 우리의 심령에 침입하는 것을 허락하지 마옵소서. 그렇지 않으면 우리의 마음은 아주 완고하고 반역적이 됩니다. 왜냐하면 인간의 모든 거만함과 자만심은 허영에 지나지 않으며, 그것은 어떤 실제적이거나 합당한 근거를 갖고 있지 못하기 때문입니다. 그러므로 우리는 눈을 내려 깔고, 우리의 소명의 한계와 수단을 넘어서는 계획들이나 노력들을 피할 수 있게 해 주시기를 겸비한 마음으로 간구합니다. 마치 아기들이 그 유모들의 젖에 의존하는 것처럼 우리의 영혼이 당신에 의존하게 해 주시기를 탄원합니다. 왜냐하면 당신의 교회가 그 소망을 자신에게 두는 것을 그만두고 오직 당신에게 모든 소망과 신뢰를 두지 않는다면, 교회가 결코 행복해질 수 없다는 사실을 우리가 알고 있기 때문입니다. 우리 주 예수 그리스도로 말미암아 기도합니다. 아멘.

시편 132편에서

I. [*162r*] 오 위대하시고 선하신 하나님,

그리스도 예수 안에서 우리와 더불어 맺으신 그 언약을 당신은 결코 잊지 않으신다는 사실을 우리는 잘 알고 있습니다. 그러나 우리 자신은 그런 아주 거룩한 약속들과 헌신들에 미치지 못하였음을 고백합니다. 우리는 오직 당신을 위하여 살아야 했으며 우리의 모든 행위들을 당신의 이름을 거룩하게 하는데 바쳐야 마땅했습니다. 그러나 우리는 정확하게 그 반대로 행하였습니다. 우리는 참되고 적절한 경건에 헌신하는 일에 아주 냉담했고 불타는 정열을 가지고 당신의 교회를 개혁하는 일을 실행하지도 않았습니다. 오 하나님, 부디 우리의 이런 악행들에 보복하지 마옵소서. 당신을 거스려 우리가 저지른 일 때문에 우리의 이런 기도들에서 귀를 돌리지 마옵소서.

우리의 모든 기도들에서 당신에게 탄원합니다: 언약궤가 있는 곳들, 곧 당신의 택함받은 신부인 교회가 마침내 조용하고 고요한 평화를 누릴 수 있게 해 주셔서, 당신의 왕국이 더 큰 행복으로 성장하게 하시고 당신의 이름의 영광이 한층 더 널리 퍼져 나갈 수 있게 하옵소서. 당신의 신실한 자들을 거룩과 구원으로 옷 입혀 주셔서, 당신이 약속하신 대로 참으로 당신이 당신의 교회 안에 거하신다는 사실을 뚜렷이 나타내 보여주시기를 우리가 간구합니다. 당신이 약속하신 대로, 당신의 백성들의 등불이 꺼지지 않게 하옵시고, [*161v*] 오히려 왕과 같은 영광과 위엄의 광채가 계속하여 교회 안에서 빛을 발하기를 기원합니다. 우리 주 예수 그리스도로 말미암아 기도합니다. 아멘.

Ⅱ. 오 위대하시고 선하신 하나님,

당신의 무한한 선하심으로써 당신은 신실한 자들의 무리, 곧 그리스도의 피로 구속받은 교회 안에 계속 거하실 것을 결정하셨기 때문에, 당신의 이 사랑의 약속을 결코 잊지 마옵시기를 우리가 탄원합니다. 우리 가운데 당신이 거하시는 장소가 있기를, 우리의 심령의 거처가 믿음으로 말미암아 거룩해지고 잘 구비되어 있는 것을 당신이 발견하시기를 우리가 진지하게 소망합니다. 이 언약이 굳건하게 깨어지지 않고 지속되기를 당신이 원하신다는 사실을 우리가 전혀 의심하지 않는 것처럼, 또한 우리가 간구하오니, 우리가 그 언약을 떠나는 것을 결코 허락하지 마옵시고 오히려 황공하게도 당신의 성경에서 우리에게 가르쳐 주신 바 당신의 뜻이 지시하는 바를 우리가 추구하고 실행하게 해 주옵소서. 그리하여 거룩한 예배를 맡은 목사들과 신실한 백성과 모든 계층의 택함받은 자들이 참된 헌신과 진정한 덕목들로써 당신의 이름의 영광을 눈부시게 비추게 하옵소서. 우리 주 예수 그리스도로 말미암아 기도합니다. 아멘.

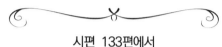

시편 133편에서

I. [*162r*] 오 전능하신 하나님,

당신의 이름으로 구별된 사람들이 가능한 최상의 조건으로 함께 어울려 지내며 당신에게 드릴 최선의 예배 방법을 함께 상의한다면, 그러면 당신의 교회는 날마다 더 영광스럽고 강력해질 것입니다. 그 반대로, 마땅히 자기와 같은 형제들과 함께 거해야 할 사람들이 의견불일치라는 심각한 궤양에 시달리고 여러 당파들로 분열되면, 교회는 심각하게 조각나고 약해질 것입니다. 당신의 친절하신 선물에 힘입어 우리가 다시 같은 몸, 즉 교회의 지체들로서 서로 연합할 수 있는 평화를 누릴 수 있기를 소원합니다. 그러나 우리의 무수한 죄악들이 그런 행복에 장애물로 서 있습니다. 당신의 뜻을 벗어난 죄인들이 어떻게 그들 사이에서 의견이 일치할 수 있을까요?

거듭하여 심각하게 당신을 진노하게 하였던 우리의 악행들을 십자가로 덮어 주셔서 우리가 다시 당신의 은혜 안에 받아들여질 수 있기를 간절하게 구합니다. 그리하여 당신의 친절하심과 긍휼하심으로 받아들여진 우리가 다시는 당신과 분리되지 않도록 당신에게 단단히 매달리기를 원합니다. 그것이 바로 우리의 영속적인 평화가 흘러나오는 원천이며, 교회가 모든 선한 일들로 부유해지고 윤택해지는 원천이며, 성령의 감추어진 비밀의 보화가 그 모습을 드러내는 원천이며, [*162v*] 공의와 경건의 향기가 온 세상으로 솔솔 불어 들어올 원천입니다.

그러므로, 선한 아버지시여, 겸비하게 당신에게 간구하는 자들에게 당신과의 화평을 누리도록 허락해 주옵시고, 또한 가능한 한 다른 모든 사람들과도 화평하게 해 주옵소서. 그러면 당신의 약속에 따라 그들이 당신의 이름으로 모여서 당신의 임재를 누리며 당신의 가장 풍성한 축복을 체험할 것이며, 마침내 영생에 이를 것입니다. 우리 주 예수 그리스도로 말미암아 기도합니다. 아멘.

Ⅱ. 오 위대하시고 선하신 하나님,

당신의 지고한 친절하심으로써 예수 그리스도를 믿는 믿음으로 말미암아 우리를 모두 당신의 아들로 입양하셨으므로, 우리가 서로 이방인들이 아니라 형제들로서 살아가는 것은 참으로 적절한 일이었을 것입니다. 경건한 자들이 하나님의 집에서 조화롭게 살아가는 것보다 그들에게 더 바람직하고 즐거운 일은 없을 것입니다. 그러므로, 탁월한 방식으로 계발되어야 하는 이 형제들의 연합이 도처에서 찢겨지고 더럽혀지는 것은 우리에게 결코 작지 않은 고통입니다. [163r] 그러나 우리들 자신이 이 고통과 재난의 명백한 원인을 제공하였다는 사실을 고백합니다. 우리는 전심으로 당신에게 연합하지 않았으며, 당신의 요구대로 모든 면에서 당신의 계명들을 순종하지도 않았습니다. 우리가 어떻게 우리의 이웃들과 좋은 친구들이 되며 공동상속자들이 될 수 있겠습니까?

그러므로, 오 하나님, 우리가 당신에게 기도합니다: 당신의 율법과 계명들에 반대하는 태도를 취한 다음에 우리가 이미 저질렀던 죄악들을 용서하여 주옵소서. 우리가 서로서로 견고한 사랑으로써 연합하여 당신의 거룩한 교회의 지체가 되게 하셔서, 서로간의 사랑과 같은 우리가 공유하는 확신의 달콤한 향기가 가능한 한 널리 퍼져가게 하옵시고, 또한 당신의 축복의 이슬로써 우리가 날마다 점점 더 경건한 일들에 풍성한 열매를 맺게 하옵소서. 당신의 친절한 선물들에 의하여 우리가 현재의 악덕들에서 풀려난 평화로운 삶에 이를 뿐 아니라 마침내 복된 영생에 이르게 하옵소서. 우리 주 예수 그리스도로 말미암아 기도합니다. 아멘.

Ⅲ. 오 위대하시고 선하신 하나님,

모든 신자들을 당신의 친절하심으로 말미암아 당신의 자녀들로 삼아주셨으므로, 우리가 거룩한 출생에 의하여 형제들이 된 것처럼 [163ν] 또한 우리가 사랑과 평화와 지속적인 자비로 서로 연합하게 하셔서, 이곳에 사는 동안 우리가 이 특별한 평화로부터 순수한 즐거움을 가질 수 있게 하옵시고, 당신에게서 멀리 떨어져 있는 다른 모든 사람들에게 우리가 영원한 삶을 향한 달콤한 향기가 되게 하옵소서.

하늘 아버지시여, 당신의 교회는 모든 죽을 인생들이 감탄할 이런 특별한 모범이 될 수 있습니다. 당신의 구원의 교리와 예배 안에서 친절하게 서로 협력하며 살아가는 모든 사람들에게 당신이 항상 얼마나 관대하게 축복을 부어주시는 분인지 우리는 실로 체험하였습니다. 그러므로 우리는 다른 모든 지상의 선물들과 부유함보다도 이것을 당신에게 요청드립니다. 우리 주 예수 그리스도로 말미암아 기도합니다. 아멘.

시편 134편에서

I. 오 전능하신 하나님,

우리가 끊임없이 당신을 찬양하며 쉼없이 당신의 경이로운 일들을 칭송하는 것은 실로 즐겁고 유쾌한 일일 것입니다. 그렇게 하려면 경건이 필요하며, 따라서 우리는 낮 시간에 그치지 않고 밤 시간에도 경건에 헌신합니다.

그럼에도 불구하고 우리의 죄악들과 반복되는 실패들 때문에 우리는 오히려 눈물을 흘리고 신음하며 탄식하면서 [164r] 이렇게 계속 당신 앞에 고백하지 않을 수 없습니다: "오 하나님, 우리는 몹시 심하게 범죄하였으며, 우리의 불법한 행위들은 바다의 모래와 하늘의 별보다도 더 많습니다. 그러나 이제 우리의 거룩한 성소, 곧 당신의 독생자이신 예수 그리스도를 향해 우리의 두 손을 들어올립니다. 그리고 우리는 우리 자신의 위엄이나 공로에 의해서는 얻을 수 없는 것을 그분의 중재와 은혜에 의하여 얻기를 애쓰고 있습니다."

선한 아버지여, 시온에 계신 당신에게, 즉 당신의 친철하심의 감추어진 보화에서 피난처를 구하는 사람들을 마침내 축복해 주시기를 우리가 긴급하게 간구합니다. 그들이 현재 겪고 있는 환란으로부터 구출하여 주소서. 그 결과, 황송하게도 당신의 이름의 지식으로 부름 받은 우리가 자유롭고 기쁜 마음으로 하늘과 땅을 창조하신 당신에게 풍성한 감사와 찬송의 목소리를 높일 수 있도록 허락해 주옵소서. 우리 주 예수 그리스도로 말미암아 기도합니다. 아멘.

II. 오 전능하신 하나님,

당신을 예배하기 위하여 모이는 모든 자들에게 당신은 한 가지 두드러진 약속을 하셨으며, 그 결과 당신은 그들과 함께 그곳에 계시기를 원하실 뿐만 아니라, 신앙과 헌신에 탁월한 모든 사람들을 위하여 특별한 유익들을 따로 준비하고 계시며, 당신의 거룩한 회중을 위하여 지극한 열정을 보여주셨으므로, 그들은 지금 거룩한 모임들에서 당신의 존전에 자주 모이는 것보다도 더 오랫동안 설 수 있기를 한층 더 진지하게 소원하는 것 말고는 [164v] 달리 바랄 것이 없습니다.

그러나 우리를 아주 무겁게 내리누르고 있는 심각한 죄악들로 말미암아 우리가 얼마나 더럽혀져 있는지 우리가 주목하기 때문에, 그리스도인으로서 마땅히 해야 할 정도로 당신을 영화롭게 하고 찬송하는 일을 우리가 감히 할 수 없습니다. 그러므로 우리는 당신의 긍휼과 선하심과 친절하심으로 황송하게도 우리를 용서해주시고 그 결과 적그리스도의 종들과 앞잡이들로부터 우리가 건짐을 받을 수 있게 해주시길 기도합니다.

적그리스도의 세력은 당신의 신실한 자들이 당신에게 순전하고 적절한 예배를 드리기 위하여 함께 모일 수 있는 기회나 장소를 더 이상 허용하지 않으려고 최선을 다하여 노력하고 있습니다. 순전한 의도로 두 손을 높이 들고 당신을 향하여 기도를 드리기를 그토록 진지하게 원하는 사람들을 당신을 위하여 아껴 두시길 우리가 간청합니다. 하늘로부터 그들을 도우시고, 소중히 돌보아 주시고, 보호해 주옵소서. 당신의 경이롭고 무적의 능력으로 볼 때 그것은 전혀 불가능한 일이 아닐 것입니다. 왜냐하면 땅과 그 안에 있는 모든 것을 창조하실 뿐만 아니라 또한 계속하여 유지하시는 일이 바로 당신의 능력에 의한 것이기 때문입니다. 우리 주 예수 그리스도로 말미암아 기도합니다. 아멘.

Ⅲ. [165r] 오 위대하시고 선하신 하나님,

당신의 선하심은 너무나 커서 영원히 영광을 받기에 합당합니다. 우리는 모든 곳에서 순전한 손을 높이 들어 당신을 기념하며 당신의 선함에 합당한 감사를 드리길 원합니다. 이런 일은 특히 거룩한 모임들에서 일어나야 마땅하므로, 당신이 그곳에서 우리와 함께 하시며 당신의 이스라엘에 풍성한 축복을 내려주시길 부탁합니다. 우리 주 예수 그리스도로 말미암아 기도합니다. 아멘.

시편 135편에서

I. 오 전능하신 하나님,

성령으로 자극을 받아 당신의 이름을 송축하기 위하여 함께 하나로 모인 모든 사람들은 그들 앞에 엄청난 크기의 축복을 쌓아 두었는데, 그것은 당신이 우리 인류에게 아주 풍성하게 수여하셨던 것입니다. 하늘과 땅에서 당신이 경이로운 지혜로 창조하신 모든 것을 당신은 계속하여 당신의 뜻의 결정에 따라 다스립니다. 구름과 비와 바람과 자연의 다른 모든 일들을 당신의 뜻대로 주관하셔서 [165v] 그것들이 모두 어우러져 인생에게 유리하게 아주 열심히 작용합니다. 왕들과 군주들의 영혼을 당신의 지배 아래 두셨으므로, 당신은 계속하여 그들로 하여금 당신의 신실한 자들의 구원을 위하여 필요한 일을 하게 하십니다.

이것은 이집트의 파라오와 가나안 땅의 강력한 왕이었던 시혼과 옥의 경우들에서 충분히 분명하게, 아니 그보다 훨씬 분명하게 알 수 있습니다.[34] 이것은 당신의 약속들에 대한 우리의 희망을 아주 강하게 해주고 더 크게 해주어서, 비록 교회가 끔찍한 위험으로 크게 억압당하는 것을 우리가 보고 있지만, 당신의 그 비밀스럽게 감추어진 긍휼을 보화로써 교회를 도우실 것을, 그 결과 무엇보다도 먼저 우리의 무수한 수치스러운 실패들에 의하여 우리 자신을 죄악되게 더럽혔던 모든 잘못을 용서해 주실 것을 우리는 여전히 확신합니다. 그렇게 하여 당신은 마귀와 그의 호위대들의 오만함을 깨뜨리시고 극복하시고 억제하실 것이며, 그 결과 우리는 그들의 강요에 의하여 다시 한 번 우상들을 숭배하

---

34 시 135:9-11; 신 2:24-3:13을 보라.

거나, 눈과 귀와 손과 턱이 있는 것 같아도 말하지 못하며 듣지도 못하고 숨쉬지도 못하는 조각상들을 공경하도록 강요당하지 않을 것입니다.

선한 아버지여, 모든 사람들이 시온으로부터, 즉 참된 교회로부터 나오는 원래의 아니 오히려 영구적인 평화와 고요함 속에서 당신의 이름을 계속하여 찬송하고 영광을 돌리도록 해 주시기를 우리가 간청합니다. 우리 주 예수 그리스도로 말미암아 기도합니다. 아멘.

Ⅱ. [*166r*] 오 전능하신 하나님,

당신은 칭찬받으실 많은 이유들이 있으며 또한 많은 이름들로써 찬송되어야 마땅합니다. 첫째로 당신은 선하시며, 당신의 이름은 즐겁고도 놀랍습니다. 둘째로, 당신은 우리를 당신의 특별한 백성, 즉 참된 이스라엘로 입양해 주셨습니다. 그리고 당신은 다른 어떤 피조물과도 비교할 수 없을 뿐만 아니라 심지어 다른 어떤 신들과도 비교할 수 없을 정도로 큰 능력을 가지신 분입니다. 하늘과 땅에서 그리고 바다와 심연에서 놀라운 일들을 행하시는 분은 오직 당신뿐입니다. 당신은 번개와 바람과 비와 파도와 폭풍을 불러 일으키시며, 당신이 정하신 명령에 따라 그들에게 비를 내리십니다. 당신이 친절하심으로 이스라엘 자손들에게 호의를 베푸시고 또 말로 표현할 수 없는 아버지와 같은 사랑과 긍휼로써 그들을 다스리셨을 때, 이집트인들과 아모리인들 그리고 가나안 사람들도 당신의 능력을 느꼈습니다. 당신은 경이로운 방법으로 자연의 질서를 인도하시고, 당신의 백성을 심판하시며, 또한 당신의 종들을 충분히 위로하시는데 익숙하시므로, 우리는 당신의 눈길을 돌이켜서 당신의 교회가 당하는 고난들과 위험들을 돌아보아 주시기를 간청합니다.

우리의 악행 때문에 마땅히 받아야 하는 대로 우리를 다루지 마옵소서. 우리는 당신의 이름과 우리의 소명에 아주 합당하지 않은 방식으로 살아왔음을 전심으로 고백합니다. [*166v*] 그러나 우리가 이토록 고통을 당하는 지금 우리는 인간의 손으로 만든 우상들에게로 돌아가지 않습니다. 그것들은 비록 입과 눈과 귀를 가지고 있어도 말하지도 못하고 보지도 못하며, 이해하지도 못합니다. 그 대신에 우리는 참되며 유일하신 우리 하나님에게서 피난처를 구합니다. 그러므로 당신이 교회를 사랑하시고 그 안에서 찬양 받기를 원하시는 것처럼, 교회를 위협하는 악로부터 교회를 구원해 주옵소서. 우리 주 예수 그리스도로 말미암아 기도합니다. 아멘.

Ⅲ. 오 위대하시고 선하신 하나님,

당신을 찬양하도록 우리를 자극하는 것이 두 가지 있습니다. 하나는, 당신보다 더 위대하다고 생각되거나 혹은 그러하다고 발견된 존재는 아무것도 없습니다. 두 번째는, 당신을 찬양하는 내용을 자세히 말하는 일에서 달성할 수 있는 순전한 행복과 굳건한 즐거움입니다. 그 위에, 당신을 찬양할 이유가 되는 엄청나게 많은 당신의 은덕들이 도처에서 발견될 뿐만 아니라, 아주 조그만 관심을 기울여 그것을 생각하는 모든 사람들에게 거의 압도적으로 다가옵니다. 따라서 당신의 성령이 없이는 [*167r*] 그들은 당신의 이름을 찬양하는 일의 시작 혹은 끝을 쉽사리 발견하지 못합니다.

이것을 주목할 때, 우리의 기도를 통하여 진지하게 당신에게 간구합니다: 우리가 순전한 믿음으로 당신에 대한 찬송들을 쌓아가게 하시고, 특히 우리의 거룩한 모임들에서 당신에게 참된 예배를 드리게 하시고, 올곧은 삶과 거룩한 행실로 당신을 선포하게 하옵소서. 우리 주 예수 그리스도 이름으로 기도합니다. 아멘.

시편 136편에서

I. 오 위대하시고 선하신 하나님,

당신의 능력과 지고하신 선하심 주위에는 우리를 돌보시는 일로 아주 풍성하여, 인간의 생각은 결코 충분하게 그것들을 이해할 수 없습니다. 하늘이 거의 셀 수 없이 많은 아름다운 별들도 장식되어 있는 것을, 혹은 땅이 충만하여 넘쳐흐르며 우리의 마음을 즐겁게 하는 과일들로 가득 덮혀 있는 것을 살펴볼 때, 언제나 우리를 향한 당신의 탁월하고 경이로운 친절하심을 영광스럽게 증거하는 이런 것들을 우리가 만나게 됩니다.

이런 것들에 더하여 이집트에서 당신이 보여주신 징조들이 있습니다. 그때 그 폭군과 그 모든 재물들을 뒤엎으시고 그런 다음에 그의 생명까지 없애버리신 일로 당신의 이스라엘 백성들의 자유를 얼마나 마음 깊이 생각하고 계셨는지를 당신은 분명히 보여주셨습니다. 당신은 그 광대하고 거친 광야에서 이스라엘 백성들에게 그에 못지않는 신뢰할 만한 보호를 제공하셨으며, [167v] 그들이 가나안 땅 전역을 침공하여 그곳의 왕국들을 자신들에게 복속시켰을 때에도 그들의 강력한 보호자로 도우셨습니다.

선하심과 친절하심을 지니고 계시며 긍휼이 탁월하시며 결코 끝이 없는 당신이 이미 끔찍하고 격심한 위험들을 겪고 있는 당신의 교회를 호의적으로 내려보아 주시기를 우리가 기도합니다. 우리가 당신의 거룩한 복음과 우리 자신을 더럽혔던 그 수치스러운 죄악들 때문에 당신의 본질적인 친절하심을 우리에게서 거두어 가지 마옵소서. 당신에게 거스려 우리가 저지른 모든 죄악들을 용서해 주시기를 우리가 기도합니다. 당신은 모든 육체에게 음식을 주시는 분이시므로, 당신의 신실한 자들이 참으로 영원한 생명의 양식인 건전한 가르침과 순전하고 합당한 성례들을 빼앗기게 허락하지 마옵소서. 여기에 있는 모든 사람들이 당신의 선하심과 능력이 어떠한지 이해하게 해주셔서, 모든 사람들이 도처에서 열렬한 기쁨으로 당신을 합당하게 경외하게 하옵소서. 우리 주 예수 그리스도로 말미암아 기도합니다. 아멘.

Ⅱ. 오 전능하신 하나님,

당신의 선하심은 놀라워, 당신은 그 선하심으로써 우리를 격려하시길 원하실 뿐만 아니라 또한 우리가 그것을 느끼고 인정하기를 원하셨습니다. (그것은 우리의 행복에서 결코 작은 부분이 아닙니다.) [168r] 이런 목적으로 당신은 지고하고 경이로운 예술적 능력으로 하늘과 또한 땅에 아름다운 것들을 만들어 내셨습니다. 우리가 경건한 마음으로 이 모든 것들을 연구하면, 우리의 마음이 당신을 향하여 계속하여 뜨겁게 타오르고 열렬하게 될 것이라는 사실을 우리는 의심하지 않습니다.

더구나, 당신은 한층 더 우리를 강력하게 움직이시고 우리의 돌과 같이 굳어신 심령을 감동시키기 위하여, 당신을 위하여 이스라엘이라는 한 백성을 선택하셨는데, 그것은 당신을 향한 예배와 경건한 삶에 단호하게 자신을 헌신한 사람들에게 당신이 내려주신 열정과 섭리와 관대하신 은사들이 얼마나 큰지 그들로 선포하게 하려는 것입니다. 마침내 우리의 주님이시며 당신의 사랑하는 성자이신 그리스도 예수 안에서 당신은 그 선하심의 모든 보화들을 쏟아부어 주셨으며, 그 결과 우리를 영원한 죽음에서 건져주셨습니다.

그런 위대한 은덕들의 두드러진 기적들에 깊이 감동을 받아, 우리는 - 비록 당신이 마땅히 받으실 만큼은 아니지만 그러나 우리가 할 수 있는 최대한으로

‒ 당신에게 감사를 드리며, 우리의 온 힘을 다하여 교회를 당신에게 의탁합니다. 우리 주이신 동일하신 예수 그리스도로 말미암아 기도합니다. 아멘.

시편 137편에서

I. 오 전능하신 하나님,

경건과 신앙을 고려하는 모든 사람들은 [168v] 교회가 뿔뿔이 흩어져 있고, 건전한 교리가 조롱을 당하며, 당신의 신성한 이름을 찬양하는 일이 경멸 받으며, 종교적 예전들에 속한 것들이 세속적인 쾌락에 사용되는 것을 보고 극도로 고통스러워합니다. 그런 일들이 이 시간 우리에게도 곧 일어날 것 같은 상황인 줄 우리가 알기 때문에, 우리는 가능한 한 속히 날마다 드리는 우리의 이런 탄원을 당신 앞에 겸비하게 올려드리오니, 당신의 긍휼하심과 거룩하심으로써 기꺼이 우리의 모든 죄악을 씻어 없애주시기를 원합니다. 그 죄악들은 거의 끝이 없고 아주 심중하며, 단지 연약함과 무지함에서 저지른 것이 아니라, 아주 많은 죄악들이 악의와 의도적인 목적에서 행해진 것입니다.

우리를 불쌍히 여기시고, 부디 적그리스도의 호된 책략과 공격을 우리에게서 제거해 주옵소서. 그렇지 않으면 교회가 모든 거룩한 기쁨과 영적 행복을 박탈당할 것이며, 선한 구원의 교리를 가르치는 사람들의 입이 닫혀질 것이고, 당신에게 바치는 올바른 예배가 망각에 던져질 것이며, 당신을 영화롭게 하던 찬송들과 시편들을 조롱하는 자들이 찬탈할 것입니다.

선한 아버지시여, 당신의 이름의 영광을 위하여, 우리가 저질렀던 죄악들 때문에 마땅히 받아야 할 모든 노여움과 진노를 교회로부터 돌려주시기를 간청합니다. 오히려 [169r] 그 적대적인 공격들과 분격한 심정으로 당신의 유산을 파괴하고 황폐하게 만드는 일 외에는 다른 아무것도 생각하지 않는 자들에게로 당신의 진노와 노여움을 돌려주옵소서. 우리 주 예수 그리스도로 말미암아

기도합니다. 아멘.

Ⅱ. 오 전능하신 하나님,

틀림없이 당신의 교회는 시편과 찬미로 당신의 이름을 즐겁게 칭송하기를
원하였을 것입니다. 그러나 이제껏 교회에 가만히 들어온 미신들의 그늘과
맹목적인 오류들 속에서 교회가 당한 억압과 속박은 아주 컸습니다. 그런고로
그 슬픔 속에 있는 교회가 즐거운 악기들을 옆으로 치워두고, 비탄하고 눈물
흘리며 슬퍼하며 애곡하는 기도에, 당신의 도움을 간구하는 열렬한 탄원에
밤낮으로 헌신하는 것이 좀더 적절합니다. 참된 경건에 대한 기억이 교회의
기억에서 완전히 사라지는 것보다 이 세상의 낯선 장막에서 누리는 모든 기쁨
들을 잊어버리는 것이 더 나을 것입니다.

그러므로 교회를 파괴하는 것에서 다른 모든 것들보다 더 쾌락을 얻는 불경
건한 원수들의 폭정으로부터 교회를 즉각 구원해 주시기를 우리가 당신에게
탄원합니다. 그들에게 돌이키셔서 그 분별없는 공격들을 멈추어 주시기를 엎드
려 빕니다. [169v] 그리하여 이후로는 그들이 당신의 신부인 교회를 그 오류와
타락으로 더럽히지 못하게 하옵소서. 우리 주 예수 그리스도로 말미암아 기도
합니다. 아멘.

시편 138편에서

I. 오 전능하신 하나님,

당신의 긍휼하심은 너무나 찬란하고 경이로워서 군주들과 가장 강력한 지배자들의 모임에서도 그에 적절한 찬송으로 영광을 받으실 자격이 있습니다. 당신의 이름을 부르는 자들에게 당신은 어디서나 구원을 주시며, 그 약속하신 것들을 아주 신실하게 실행하시는데 풍성하신 분이시므로, 당신의 이름에 바치는 존경이 불가사의할 정도로 높아졌습니다. 당신의 긍휼을 기리는 무수한 기념비들이 있으므로, 우리의 이런 악한 시대에 당신의 긍휼을 억제하지 마시기를 기도하며 탄원합니다.

비록 우리가 우리의 행위들에서 당신의 율법과 당신의 원하시는 바를 마땅히 고려하지 못하였다고 하더라도, 당신 자신을 우리에게서 멀리하지 마옵소서. 우리는 당신을 거스려 끔찍한 죄악들을 저질렀으며, 치명적인 불법을 범하였고, 당신을 조롱하였고 저버렸습니다. 그 사실을 우리가 인정하며 고백합니다. 그러나 비록 우리가 당신의 은총을 받을 가치가 없다고 하더라도, 믿음으로 겸비하게 당신에게 탄원하는 자들에게 용서를 베풀어주시는 것이 여전히 당신의 특징입니다.

이런 아주 끔찍한 일 속에서 [170r] 우리가 마땅히 받아야 할 바에 주목하지 마시고 당신의 본성에 적합한 일에 주목하옵소서. 이제 당신에게 호소하는 자들을 도와주시면 당신을 섬기지 않을 인생은 아무도 없을 것이며, 평민이나 귀족이나 심지어 왕들조차도 당신을 찬양하는 일을 더 잘하려고 서로 앞다투어 나서려고 할 것입니다. 당신의 신뢰성을 당신은 아주 투명하게 나타내실 것입

니다: 당신은 하늘에 거하시지만, 이곳의 가장 낮고 억눌린 사람들도 돌보아 주십니다. 또한 당신은 가장 높은 곳에 우리로부터 가능한 한 가장 멀리 살고 계신 것처럼 보이지만, 그럼에도 당신은 공의와 선하심의 모범들을 제공하시므로 모든 사람들이 그것을 이해하게 됩니다.

오 하나님, 우리 안에 소망을 강력하게 해 주셔서, 비록 우리가 많은 고난을 헤쳐 나가야 하지만, 당신의 오른 손이 우리를 지탱하시므로 우리가 무너지지 않게 하옵소서. 우리 스스로는 어떤 존재이든지 간에, 우리가 당신의 손으로 만드신 작품임을 기억하옵소서. 우리 주 예수 그리스도로 말미암아 기도합니다. 아멘.

II. 오 전능하신 하나님,

당신은 모든 인생들에게 빛나는 은덕들을 내려주시며 당신의 약속들과 맹세들과 진리를 반드시 지키셨으므로, 당신의 위대한 이름과 당신의 고상한 말씀들은 일반 평민들뿐만 아니라 유명하고 현저한 사람들 속에서도 지고한 찬송으로 높이 칭송되어야 마땅합니다. [*170v*] 실로, 당신은 순전한 믿음과 진지한 마음으로 당신에게 호소하는 모든 자들에게 언제나 귀기울여 주십니다. 그러므로 인생 가운데 저명한 사람들과 고상함을 가진 사람들이 당신의 경륜의 놀라운 지혜를 인식하기 때문에 당신을 찬양합니다. 당신 자신은 가장 탁월한 분이시지만, 낮고 억눌린 것들을 멸시하지 않으십니다. 저 멀리서 당신은 교만한 자들을 몰래 조사하시는 것 같으며, 그들을 거의 인정하지 않으십니다.

그러므로 우리를 고통 속에서 소생시켜 주시기를 우리가 당신에게 요청드립니다. 불경건한 자들의 적의와 힘을 제어해주셔서, 당신의 손의 작품인 우리를 당신이 도우시고 보호하시는 동안, 당신의 긍휼하심이 영원한 영광으로 계속하여 빤짝빤짝 빛나게 해 주옵소서. 우리 주 예수 그리스도로 말미암아 기도합니다. 아멘.

시편 139편에서

I. 오 전능하신 하나님,

당신의 지식과 섭리는 너무나 위대하여, 당신은 모든 사람들의 말과 행위와 생각을 완전하게 알고 계십니다. 심지어 우리 영혼이 그 생각들을 혀로 표현하기도 전에 이미 당신은 그것들을 알고 계십니다. 우리의 육체를 구상하고 형상하는 일에서 당신이 나타내 보여주신 그 지혜가 얼마나 위대한지 그 누구도 그것을 충분히 이해하거나 묘사할 수 없습니다. [171r] 비록 우리가 태양의 행로를 신속하게 따라잡거나 혹은 동터오는 여명의 속도를 능가하더라도, 혹은 하늘들에 올라가거나 음부에까지 내려가서 두루 다니더라도, 그곳에서 우리를 만나시는 당신을 피할 장소는 아무 곳도 없습니다. 아직 서로 구별되지 않은 장부를 가진 우리 몸이 보기 흉한 태아로서 처음 발전하기 시작할 때부터, 당신은 이미 그것들을 당신의 목전에 두셨으며 면밀히 살펴보셨습니다.

당신은 모든 측면에서 놀라우신 분으로 명백하게 나타나시므로, 적어도 당신의 교회 안에서라도, 당신의 위엄에 맞게 예배와 경배를 받으시기를 우리가 기도합니다. 당신의 이름을 경멸적으로 오용하는 모든 자들과 더불어 사악한 자들이 떠나가기를 기원합니다. 우리가 엎드려 간구하오니, 당신 자신의 백성들을 살피시고 조사하셔서, 그들이 그 자신들을 깨닫게 되도록 하옵소서. 인간의 연약함 때문에 일어나듯이, 그들이 당신의 선하심의 참된 길에서 벗어나 방황하고 있다면, 다시 그 영원한 행복의 길로 인도하여 주옵소서. 우리 주 예수 그리스도로 말미암아 기도합니다. 아멘.

시편 140편에서

I. 오 위대하시고 선하신 하나님,

죄악되고 사악한 자들로부터는 악한 열매들 말고는 아무 것도 기대할 수 없습니다. [171v] 왜냐하면, 그 마음이 악한 곳에서는 당신은 올곧음을 지키는 언행들을 결코 볼 수 없기 때문입니다. 그러므로 우리는 악한 자의 폭력과 그 악한 계획으로부터 우리를 구출해 달라고 온 힘을 다하여 당신에게 탄원합니다. 마귀와 그 앞잡이들이 교회에 대하여 설치해 둔 올무와 함정과 인계철선들이 많이 있습니다. 당신이 교회의 힘과 구원이 되어주시고, 유혹의 전쟁들이 치러지고 있는 날에 확고한 보호하심으로 교회를 떠받쳐주옵소서. 그리하여 교회를 무섭게 공격하며 불행하게 억압하는 그 악한 기구들이 오히려 그것을 만든 자들에게 되돌아가게 하옵소서. 당신이 그렇게 하신다면, 인간의 도움을 받을 수 없는 자들에게 하늘의 신적인 보호하심으로 지지해주시는 당신의 오랜 관습을 지키게 될 것입니다. 그러면 의인들이 계속하여 당신의 이름을 선포할 것이며 당신의 영광스러운 호의에 힘입어 영원한 행복을 누리게 될 것입니다. 우리 주 예수 그리스도로 말미암아 기도합니다. 아멘.

시편 141편에서

I. 오 전능하신 하나님,

날마다 우리는 당신의 보호하심을 탄원하며, 우리의 기도들이 당신 앞에서 받으실 만한 제사의 자격을 얻을 수 있도록 필사적으로 그것을 원합니다. 우리의 영혼이 그 악한 습관들과 완전히 결별하지 않으면 이것이 불가능한 일이라고 우리가 인식하기 때문에, [172r] 우리 자신과 당신의 이름을 모두 추하게 더럽혔던 그 모든 죄악들을 우리에게서 제거해주시기를 특별히 당신에게 간청합니다.

이전에 우리가 무가치하고 저주받을 삶을 영위하였다는 사실을 우리는 감추지 않았습니다. 실로 우리는 이 사실을 당신 앞에 공개하였으며 자발적이고 공통된 고백으로써 그것을 분명히 나타내었습니다. 그러므로, 당신에게 탄원하는 자들을 사면해주시고, 이후로는 우리의 심령을 그 더러운 악덕들이라는 질병에서 완전히 벗어나게 해주셔서, 더이상 우리가 생각이나 말로나 혹은 행동으로나 그것과 아무런 관계를 갖지 말게 하옵소서. 경건한 자들의 심령을 강하게 하사 그들이 악한 자들의 기만적인 유혹들과 헛된 약속들에 빠져들어가지 않도록 해주시길 기원합니다.

오 하나님, 우리가 그런 유혹들과 쾌락들과 경건의 원수들의 아첨에 마음이 물러지고 게으르고 냉담하게 되는 것을 허락하지 마시고, 오히려 우리를 치시고 징계하시고 바로잡아 주옵소서. 당신이 보시듯이, 우리는 부서졌고 죽임을 당하였으며 최종적인 파멸이 교회를 위협하고 있습니다. 그러나 우리는 간절하게 우리의 눈을 들어 당신을 바라보며, 우리의 대적들의 함정과 올무로부터 우리를 구출해주시기를 당신에게 엎드려 빕니다. 그들은 이제 아무런 희망도 없으므로, 그들로서는 자신이 만든 올무와 악한 계략들에 붙잡히는 편이 더 낫습니다. 그리하여 당신의 교회는 그들의 죄악된 손아귀에서 벗어날 길을 얻을 수 있을 것입니다. 우리 주 예수 그리스도로 말미암아 기도합니다. 아멘.

II. [*172v*] 오 전능하신 하나님,

우리가 당신에게 호소할 때, 당신의 선하심으로 말미암아 부디 우리에게 즉각적인 도움을 주옵소서. 그렇지 않으면 우리는 어떻게든 당신의 말씀과 경건에서 찢겨져 나갈 것입니다. 우리가 쏟아내는 기도들이 마치 유쾌한 향기와 받으실 만한 제사처럼 당신의 존전에 올라가기를 기원합니다. 우리의 심령이 너무나도 자주 유해한 것들에 기울어졌으며, 우리의 입과 우리의 말을 충분히 경계하지 못하여 그 기관으로써 잘못된 일을 하는 것을 막지 못하였으며, 오히려 우리는 악한 행위들에 크게 기울어져서 그것들을 열망하였다는 사실을 고백합니다. 바로 그것이 지금 우리가 당신에게 교정받으며 처벌받고 있는 이유입니다.

그러나, 오 하나님, 당신의 긍휼과 선하심으로 우리에게 감히 이것을 허락해 주옵소서: 당신의 이런 처벌들이 우리를 위한 당신의 지극히 높으신 아버지의 애정에서 나온 순전한 축복임을 우리로 깨닫게 하옵셔서, 그것들이 당신의 섭리에서 나올 때, 우리가 그것들을 깊이 생각하게 하시고, 또한 세상의 쾌락들과 악한 자들의 호의를 지극하게 누리는 것보다도 더 우리에게 도움이 되는 것으로 높이 평가하게 하옵소서. 우리는 당신에게 지극히 큰 신뢰를 가지고 있으므로 (당신에게 호소하는 자들에게) 당신은 으레 도움을 제공하신다는 것은 우리에게는 확고한 사실입니다. [*173r*] 그들의 뼈가 다 뽑혀 주변에 흩어져

버려 마치 그들이 이미 지옥에 내려간 것과 다름 없는 처지에 있더라도 말입니다. 교회가 몹시 고통당하는 이 때에, 당신의 평소의 관습에 일치하여, 교회를 버리지 마시고 오히려 악한 자들의 올무와 함정과 덫으로부터 구출하여 주옵소서. 그 올무에 빠지는 자들이 당신의 백성이 아니라 오히려 그 올무들을 설치하고 그 구덩이들을 파두었던 자들이 되기를 기원합니다. 우리 주 예수 그리스도로 말미암아 기도합니다. 아멘.

Ⅲ. 오 위대하시고 선하신 하나님,

우리가 당신의 도움을 외쳐 부를 때 도우시는 손길을 늦추지 마옵소서. 당신의 도움을 외쳐 부르는 것은 우리가 당신에게 영광을 돌리며 공경하는 매일의 제사입니다. 당신의 성경에서 우리가 배우듯이, 옛 사람의 관습대로 당신의 제단에 달콤한 향기와 즐거운 방향을 가져다드리는 것 못지 않게, 이것은 당신이 기뻐 받으실 제사입니다.

그러므로 우리는 당신이 우리의 혀와 마음을 든든히 지켜주시길 기도합니다. 그리하여 우리가 말로나 혹은 마음의 생각으로나 또한 특히 행위에 있어서 당신의 율법을 거스르는 그 어떤 일도 계획하지 않게 하옵소서. 불경건한 자들과의 교섭에서 우리를 지켜주옵시고, [173v] 우리로 하여금 형제적인 충고들과 교정들을 받아들일 뿐만 아니라 칭찬과 아첨을 무시하는 쪽으로 크게 이끌리게 하옵소서. 우리의 옛 원수가 설치한 천 개의 함정들과 올무들이 우리를 사로잡으려고 숨어 기다리고 있으므로, 당신의 호의로써 우리를 그 모든 것들로부터 마침내 건져주시길 기원합니다. 우리 주 예수 그리스도로 말미암아 기도합니다. 아멘.

시편 142편에서

Ⅰ. 오 위대하시고 선하신 하나님,

날마다 우리는 당신의 존전에 우리의 목소리를 올려 드리며, 우리의 기도와 청원을 쏟아부어 우리 심령의 슬픔과 불안을 당신 앞에 가져옵니다. 오직 당신만이 당신의 백성을 그 두려운 고통으로부터 건질 길과 계획을 알고 있기 때문입니다. 현재 우리가 처한 상황을 생각할 때, 우리 속에서 우리의 영혼은 끊임없는 고통 속에 있습니다. 좌우를 둘러보아도 당신의 교회의 대의명분을 인식하거나 혹은 받아들이길 원하는 사람은 실로 아무도 없습니다.

우리는 우리에게 닥쳐온 악한 일들은 우리의 죄악 탓으로 돌립니다. 그 죄악들은 너무나 심각하게 당신을 자극하였고 그 결과 당신은 당신의 백성에 대항하여 격분하는 기만에 찬 원수들을 일어나게 하셨습니다. 그들은 실제로 모든 곳에 우리에 대한 함정을 설치하였고, [174r] 일상적으로 폭력이 자행되었습니다.

그러므로, 오 우리를 사랑하시는 아버지 하나님, 이제 당신의 종들이 모든 피난처를 잃어버린 듯 하고 또 우리의 영혼을 구원하는 일에 관심을 가진 듯한 사람이 아무도 남지 않은 이런 때, 우리를 긍휼히 여겨주옵소서. 당신이 친히 우리의 외침에 귀를 기울여주시고, 우리의 견고한 성채가 되시며 또한 살아 있는 자들 속에 우리의 몫이 되시길 원합니다. 이제 우위를 차지하고 있는 것 같은 우리의 박해자들로부터 우리를 구출하옵소서. 당신의 교회를 이런 환란에서 구출하시면, 당신의 이름은 도처에서 영광을 받을 것이며, 우리에게 행하신 당신의 선하심을 볼 때 모든 열방이 우리를 축하할 것입니다. 우리 주 예수 그리스도로 말미암아 기도합니다. 아멘.

Ⅱ. 오 전능하신 하나님,

우리는 끝없는 위험들에 계속 둘러싸여 있으므로, 우리의 기도를 결코 중단할 수 없는 긴박한 필요를 느낍니다. 실로, 우리는 항상 당신의 면전에서 기도를 쏟아내고 있으며 대단히 열렬하게 기도하고 있습니다. 우리가 매일 사로잡혀 있는 그 위기와 환란에 관하여 우리가 토로해야 할 대상으로 당신보다 더 나은 분이 어디 있습니까? 당신은 모든 것을 알고 계시며, 적대적인 세력들의 기만과 속임수도 당신에게 숨길 수 없습니다. [*174v*] 오직 당신만이 우리의 피난처와 도움이 되실 수 있습니다. 인간의 도움을 신뢰해서는 결코 안됩니다. 왜냐하면 그들은 우리를 돕기를 원치 않거나 혹은 도울 수 없기 때문입니다.

그러므로 우리는 옛날부터 인류의 대적인 마귀와 그 추종자들의 손에서 우리를 구출해 달라고 당신에게, 곧 우리의 피난처이시요 산 자들의 땅에서 우리의 분깃인 당신에게 진지하게 부르짖습니다. 그렇게 구원될 때 우리의 영혼이 새로워지고 회복될 것이며 당신의 이름을 고백할 것입니다. 그리고 정의를 사랑하는 모든 자들이 우리와 함께 당신이 마땅히 받으실 찬송들과 더불어 당신이 내리신 축복들에 영광을 돌릴 것입니다. 우리 주 예수 그리스도로 말미암아 기도합니다. 아멘.

시편 143편에서

I. 오 위대하시고 선하신 하나님,

우리의 공통된 청원들을 호의로써 살펴보아 주시고, 당신의 신실하심과 긍휼하심으로써 우리가 쏟아내는 기도에 귀기울여 주시기를 우리가 강력하게 소원합니다. 우리가 일상적인 방식으로 당신을 노엽게 만들었던 죄악들 때문에 우리가 당신으로부터 이것을 받을 자격이 없다는 사실을 부인하지 않습니다. 만일 당신이 우리를 판단하고 엄격한 공의를 행사하시길 원한다면 그 어떤 인생도, 심지어 순전하고 거룩한 피조물이라고 할지라도, 그것을 견딜 수 없을 것입니다. 우리 역시 의심의 여지 없이 우리의 대의명분을 잃어버릴 것이며, [175r] 당신 앞에서 그 재판을 이길 수 없을 것입니다.

원수들이 얼마나 격렬하게 우리의 영혼을 박해하고 있는지, 그리고 우리가 얼마나 부서지고 쓸쓸하게 버려져서 거의 죽은 것과 다를 바 없는 처지인지, 당신이 늘 보여주신 그 친절하심과 선하심으로 살펴보옵소서. 우리의 영혼이 내적으로 심하게 고통받고 있으며, 우리의 심령은 전적으로 마비되었습니다. 그러나 모든 것이 가망이 없어 보이는 때에도 우리는 옛적부터 당신이 가지고 계신 그 원래의 긍휼하심을 여전히 생생하게 기억하고 있습니다. 바로 그 때문에 지금 우리는 두 손을 당신에게 들어올릴 뿐만 아니라 또한 우리의 가슴 전체로 헐떡이면서 당신의 교회를 그 원수들로부터 구원해주시기를 바랍니다. 우리가 현재의 환란에서 건져주심을 받고 또 당신의 호의와 지지에 의하여 회복된 후에, 이후로는 당신의 선하신 성령으로 우리를 지도하셔서 당신의 뜻과 선하신 기쁨에 따라 무엇이든지 옳고 거룩한 일을 우리가 신실하게 수행하게 하옵소서. 우리 주 예수 그리스도로 말미암아 기도합니다. 아멘.

Ⅱ. 오 위대하시고 선하신 하나님,

우리의 의는 너무나 미약하여, 당신의 성령에게서 가르침을 받은 사람들은 [*175v*] 우리가 당신의 심판 아래 설 수 없다는 사실을 너무나 잘 알고 있습니다. 따라서, 우리가 자신의 공로를 살펴볼 때, 우리의 심령이 의기소침하며 우리의 마음은 완전히 낙심합니다. 그러나 우리는 즉각 당신의 긍휼하심으로 향하며, 우리의 의는 우리 자신한테서 나오는 것이 아니라 당신의 행하심이라고 고백합니다.

이 믿음에 의지하여 그리고 이 믿음에 격려를 얻어서, 우리는 이생의 위험들 속에서 당신의 은총을 간구합니다. 왜냐하면, 만일 우리가 당신의 도움을 얻지 못하면, 우리의 구원에 아무런 희망이 없다는 것을 알기 때문입니다. 우리가 안전하게 걸어갈 길을 보여주시고, 당신의 뜻을 수행할 방법을 우리에게 가르쳐주시며, 당신한테서 나오시는 성령으로써 우리의 모든 행위와 생각을 다스리소서. 우리 주 예수 그리스도의 말미암아 기도합니다. 아멘.

시편 144편에서

I. 오 위대하시고 선하신 하나님,

모든 군사적인 힘과 에너지는 오직 당신에게서 나오며, 당신은 그것들을 누구든지 당신이 원하시는 자들에게 당신의 판단에 따라 나누어 주시는 것을 우리가 인식합니다. 그러므로 우리가 능력과 승리를 당신의 이름에 돌릴 때, 우리는 절대적으로 당신을 우리의 성채이자 요새이자 방패로 여깁니다. [176]

인간이 그 자신의 본성으로는 당신에게 인정받을 아무런 근거가 없다는 사실을 우리가 이해하며, 또한 우리가 심각하게 범죄하였으므로 당신의 주목을 받을 아무런 가치가 없다는 사실도 이해하지만, 여전히 우리는 당신의 긍휼하심에 의지하며 이런 어렵고 무서운 시기에 하늘로부터 당신의 능력을 분명히 나타내셔서 우리를 도우시고 또한 우리의 대적들을 산산이 흩어 버리시기를 감히 요청 드립니다. 우리가 엎드려 간구하오니, 당신의 손을 펼치시고 우리를 악한 자들의 손아귀에서 구출하소서. 당신을 신뢰하였던 왕들과 군주들에게 당신은 늘 구원을 가져다주시는 분이며, 다윗뿐 아니라 우리 선조들 가운데 다른 많은 사람들을 자주 그 해로운 상황들과 무서운 위험들에서 구원하셨습니다. 당신은 항상 헤아릴 수 없는 훌륭한 선물들을 — 영적인 선물들뿐만 아니라, 자녀와 육축과 부와 영예와 같은 현세적인 선물들까지 — 당신의 백성들에게 쌓아주시므로, 그 민족이 당신을 그들의 하나님으로 모신 것이 참으로 복되다는 사실을 모든 열방이 쉽사리 깨달을 수 있습니다.

이제 당신의 교회를 거부하려 하지 마옵소서: 당신은 참으로 교회의 고통과 위험과 염려를 아시오니, 속히 교회를 도우시고, 당신의 이름을 대적하는 자들이 교회를 황폐하게 만들지 못하게 하소서. [*176v*] 마침내 이런 재앙으로부터 구출 받은 후에 교회가 새로운 노래로 당신을 찬양하게 하시고 당신의 이름을 영원히 찬송하게 하옵소서. 우리 주 예수 그리스도로 말미암아 기도합니다. 아멘.

II. 오 위대하시고 선하신 하나님,

당신의 능력 외에는 당신의 백성이 그들의 반석이자 요새이며 방패이자 피난처로 이용할 수 있는 힘은 아무것도 없습니다. 더구나, 무가치한 난쟁이들에 지나지 않는 우리가 무엇으로 당신의 선하심을 기대할 수 있겠습니까? 우리 자신과 우리의 모든 소유물들은 그림자와 같이 그리고 아무 가치없는 허영심과 같이 사라져버릴 것입니다. 만일 당신의 긍휼하신 성품으로 우리를 도우시고 사방에서 우리를 끝없이 위협하는 위험으로부터 우리를 건지시지 않는다면, 인류의 원수가 날마다 우리를 공격하는 속임수와 간교한 책략으로부터 누가 과연 벗어날 수 있겠습니까?

그러므로 우리가 기도합니다: 당신이 친히 오셔서 우리를 도우셔서 우리가 나중에 새로운 찬송과 노래로 당신에게 찬양을 올릴 수 있게 하옵소서. 우리는 이 세상에 속한 축복들과 세상적 번영을 누릴 수 있도록 이렇게 구하지만은 않습니다. [*177r*] 왜냐하면, 비록 일반 민중들은 이런 것들을 가장 가치 있게 평가하지만, 우리는 그 대신에 당신이 친히 우리의 하나님이심을 명백하게 나타내 보여주시는 것을 가장 행복한 일로 여기기 때문입니다. 당신은 진실로 우리의 하나님이십니다. 당신의 성자이자 영원무궁토록 당신과 더불어 살아계시며 다스리시는 예수 그리스도로 말미암아 기도합니다. 아멘.

시편 145편에서

I. 오 전능하신 하나님,

당신은 탁월하고 두드러진 위엄을 갖추고 계셔서, 우리가 그것을 아무리 통찰력 있게 연구한다고 하더라도 단지 그 가장 적은 정도만 파악할 수 있습니다. 그러나 우리는 믿음으로 이 사실을 알고 있습니다: 당신은 긍휼에 풍성하신 분이시며, 또 아주 풍성한 긍휼로써, 극도로 더디 진노하십니다. 당신의 선하심은 너무나 놀라워서 당신이 만드신 피조물들에서든 혹은 세상의 질서에서든, 당신의 지고하신 친절하심이 분명하게 드러나지 않는 것을 전혀 발견할 수 없습니다.

당신의 왕국인 교회가 끊임없이 지속될 것을 우리가 알고 있으므로, 교회가 무너질 것 같은 때에 당신이 계속 교회를 지지해 주시고, 교회가 완전히 몰락하는 것 같은 때에 당신이 교회를 일으켜 주시며, 당신의 말씀으로 신실한 모든 자들을 적절한 때에 양육해 주시며, 당신을 신뢰하는 모든 자들에게 풍성한 은혜로써 만족시켜 주시길 간구합니다. 순전한 마음으로 당신에게 호소하는 자들의 [177v] 간청을 물리치지 마옵소서. 우리 주 예수 그리스도로 말미암아 기도합니다. 아멘.

시편 146편에서

I. 오 위대하시고 선하신 하나님,

당신은 우리가 온 마음을 다하여 진실된 영으로 끊임없이 영화롭게 해야 마땅한 분입니다. 우리의 인생에서 달성할 수 있는 그보다 더 고상하고 유익한 일은 달리 없습니다. 아무리 두드러지고 강력하다고 하더라도 인간들이 아니라 당신을 우리는 신뢰해야 합니다. 왜냐하면 그들의 육신은 쉽사리 닳아 없어지며, 그들의 영혼은 입김처럼 뿜어지며 그들의 형체는 무로 돌아가기 때문입니다. 그러나 온 세상을 창조하신 당신은 영원한 진리로 당신의 약속들을 굳건하게 하시며, 억눌린 자들을 보호하시고, 굶주린 자들을 먹이시며, 갇힌 자들을 사슬과 감옥에서 자유롭게 하시며, 눈먼 자에게 시력을 주시며, 엎어진 자들을 일으켜 세우시며, 의로운 자들에게 호의를 베푸시고, 순례자들과 고아들과 과부들을 보호하시며, 악한 자들의 술책과 계획과 속임들을 받아넘기십니다.

우리들 앞에서 끊임없이 펼쳐지는 당신의 이 놀라운 일들은 모두 우리의 신앙을 경이롭게 향상시킵니다. 그 신앙으로 고무되어서 우리는 당신에게 긴급하게 간청합니다: [178r] 당신의 나라인 교회를 세상의 넘실대는 파도 속에서 지키시고 다스려 주옵소서. 우리 주 예수 그리스도로 말미암아 기도합니다. 아멘.

시편 147편에서

I. 오 전능하신 하나님,

당신의 장엄하신 영광에 우리가 특별한 찬양을 올려드려야 마땅합니다. 왜냐하면 우리는 당신이 부러진 자들을 회복시키고 유순한 자들을 높이시는 반면, 악한 자들을 곧바로 심연으로 던지시는 것을 보기 때문입니다. 당신의 능력에 비길 힘은 아무것도 없습니다. 당신은 별들을 다스리시는데, 그것들은 마치 당신의 양떼와 같으며, 또는 당신이 일일이 이름을 불러 그 맡은 일들을 하게 하는 하인들과 같습니다. 당신은 구름과 비와 건초를 만들어내십니다. 당신은 가축 떼와 젊은 독수리에게 먹을 것을 주시며, 당신을 경외하는 자들을 위하여 보병도 기병도 없는 피난처를 제공하십니다.

호의를 가지고 당신의 교회를 바라보시길 우리가 기도합니다. 그 원수들에 대항하여 교회를 강화하시고 그 자녀들의 평화를 증대하옵소서. 당신의 말씀이 부족하여 교회가 스러지게 버려두지 마옵소서. 당신의 말씀으로 교회에 눈과 얼음과 싸라기눈을 보내시고, 적절하다고 판단되는 때가 되면, 거세게 몰아치는 바람을 즉각 잠잠하게 하옵소서. 당신이 교회를 시험하기 위하여 사용하시는 일시적인 불행들을 갑자기 당신의 은혜의 은총 앞에서 사라지게 하옵소서. 다른 죽을 인생들에게는 [178v] 당신의 성경의 비밀들을 그들에게 계시하는 이런 방식으로 행하지 않으셨으나, 우리에게는 그것을 허락하셔서 우리가 그 말씀의 비밀들을 우리의 구원을 위하여 이용할 수 있게 하옵소서. 우리 주 예수 그리스도로 말미암아 기도합니다. 아멘.

시편 148편에서

I. 오 전능하신 하나님,

당신이 창조하신 모든 만물에서 당신의 선하심과 능력을 기념하는 것들이 원근각처에서 유명하며 그 영광을 드러내고 있습니다. 그것들은 마치 당신을 찬양하는 노래들을 놀랍고도 독특한 방식으로 선포하는 것 같으며, 그 결과 천상의 이치와 해와 달과 별들과 하늘의 체계를 정말로 철저하게 탐구하는 사람이라면 누구라도 당신의 지혜와 사랑에 관하여 순수한 선언 외에는 달리 아무것도 발견하지 못할 것입니다. 구름, 비, 번갯불, 바람, 산맥, 식물, 동물, 그리고 자연의 모든 일과 사람들 사이에서 통치의 일들을 수행하는 모든 정치적 권세 역시 우리에게 그와 동일한 교훈들을 가르칩니다.

이것에 관하여 우리가 그토록 냉담한 것이 놀랍습니다. 왜냐하면 이 모든 것들로부터 우리가 그토록 많은 자극과 흥분을 받은 다음에도 우리는 침묵하며, 마치 당신을 찬양하는 일에 혀를 묶어버린 것 같기 때문입니다. 받아들이기 한층 더 어렵고 나쁜 것은, [179r] 그 큰 유익들에 대하여 우리가 마땅히 당신에게 드려야 할 찬사와 찬양 대신에 우리는 모욕과 불평과 저주를 돌려드리는 것입니다. 비록 많은 말로써 이런 것을 표현하지 않을 때에도, 우리는 더러운 죄의 오염으로 우리 자신을 더럽게 함으로써 여전히 당신의 거룩한 가르침을 멸시하였습니다. 우리 자신도 당신을 찬양하는 선언들을 감히 만들려고 하지 않을 뿐만 아니라, 우리의 악한 본보기에 의하여 다른 사람들이 당신의 이름을 찬양하지 못하도록 막았습니다. 그러니, 우리의 고난들이 날마다 더 악화되는 것은 우리가 자초한 일입니다.

그러나, 오 하나님, 아주 불행한 이런 시절에 당신이 세워두신 선하심과 긍휼하심의 길에서 물러서지 않기를 우리가 간청합니다. 당신은 어떤 반대도 쉽사리 극복하실 수 있다는 사실을 우리는 알고 있습니다. 당신의 능력은 여전히 굳건하지만 당분간 그것을 감추길 원하셨는데, 그것은 우리의 죄가 얼마나 큰지 우리로 올바르게 이해할 수 있도록 하신 것입니다. 이제 당신의 약속에 따라, 교회가 그 모든 좋은 것들을 얻을 수 있도록 그리고 그것들을 유지할 수 있도록 허락해 주옵소서. 그 좋은 것들은 당신의 이름이 합당하게 영광 받기에 적합한 것입니다. 우리 주 예수 그리스도로 말미암아 기도합니다. 아멘.

Ⅱ. [*179v*] 오 전능하신 하나님,

당신의 무한하신 선하심과 능력과 지혜가 당신이 우리를 위하여 창조하신 모든 만물에 경이롭게 그 모습을 과시하고 있습니다. 그러므로, 만물이 당신을 선포하고 있다는 것은 올바른 말입니다. 왜냐하면 그것들은 그 자신의 본성에 의하여 빛을 보게 된 것이 아니기 때문입니다. 그것들을 불러 존재하게 하신 분은 바로 당신이며, 그 후에 그것들이 존재하게 되었을 때 그것들이 확고하게 설 수 있도록 한 것도 다른 그 무엇도 아니라 오직 당신의 명령에 의한 것입니다. 그것들은 당신이 내려주신 법칙들을 준수하며, 그것들을 위해 당신이 명하시고 정하신 한계들을 벗어나지 않습니다.

우리가 날마다 이런 일들을 목격하면서, 당신의 이름을 영화롭게 하도록 자극을 받는 것이 옳습니다. 왜냐하면 그것들 속에서 오직 당신만의 독특한 숙련된 솜씨가 우리의 눈과 마음에 떠오르기 때문입니다. 그 사실에 우리 마음이 감동을 받아, 이제 우리는 당신에게 날아가서 피난처를 구합니다. 왜냐하면 당신이 바로 그 놀랍고 많은 것들의 저자라는 사실을 우리는 배웠기 때문입니다. 당신의 백성, 즉 당신의 교회를 위하여 황송하게도 당신의 능력의 뿔을 높이시길 우리가 기도합니다. 그리하여 교회가 지옥의 모든 권세들에 대항하여 설 수 있게 하시고, 날마다 점점 더 당신과 연합하게 해 주옵소서. 우리 주 예수 그리스도로 말미암아 기도합니다. 아멘.

시편 149편에서

I. [*180r*] 오 전능하신 하나님,

참으로 교회에서 새로운 찬송으로 끊임없이 당신에게 노래하며, 신실한 자들의 회중에서 당신에게 드리는 찬양들이 올려질 가치가 있습니다. 당신의 백성들이 어떻게 당신을 그들을 만드신 분이며 왕으로 선포하지 않을 수 있으며, 그들의 마음과 목소리뿐 아니라 그런 목적으로 만들어진 모든 악기들로써 찬양하지 않을 수 있을까요? 당신의 본성과 선하심과 우리를 향하신 당신의 지고하신 은덕들 때문에 당신은 마땅히 찬양되고 높이 선포되어야 하므로, 우리의 죄악 때문에 쉽게 마음을 바꾸어 당신의 진노로 우리를 징계하지 마옵소서. 우리가 당신에게 돌아가며 계속된 기도로 당신의 도움을 엎드려 구할 때, 당신의 친절하심으로 우리를 용서해주시기를 기도합니다. 만일 당신의 백성에게서 당신이 비교적 자주 맹세하셨던 것만큼 많은 기쁨을 찾으신다면, 커다란 곤경 속에 있는 그들을 도우시고 당신의 자원을 그들에게 내려주소서.

이 주제를 우리에게 제공해주셔서 당신의 이름을 높이 칭송하게 하소서 – 그 찬송이 당신의 신실한 자들의 입에 항상 있게 하옵소서. 당신이 이방인들과 당신을 거스려 신성모독한 민족들로부터 복수로 갚으시며, 당신의 예배를 족쇄와 사슬로써 반대하였던 왕들과 군주들에게 심중한 심판을 내리심으로써 그들을 억제하실 수 있다는 사실을 우리는 의심하지 않습니다. [*180v*] 그러므로, 심지어 그들까지도 양날 선 검과 같은 당신의 말씀으로 개심시켜 주시기를 우리는 요청합니다. 그러나 만일 당신이 그렇게 하시기를 그다지 기뻐하시지 않는다면, 그들을 우리의 목에서 모두 벗겨 주셔서, 당신에게 헌신하여 열렬히 당신을 찬양하는 자들을 당신이 얼마나 높게 평가하시는지 모든 사람들로 하여금 깨닫게 하옵소서. 우리 주 예수 그리스도로 말미암아 기도합니다. 아멘.

Ⅱ. 오 전능하신 하나님,

당신은 새로운 은총으로 우리를 거듭하여 축복하셨으므로, 우리가 매일 당신의 신실한 백성들의 모임에서 새로운 찬송과 노래로써 당신의 거룩한 이름에 감사를 드리는 것이 참으로 필요합니다. 만일 우리가 우리의 의무를 완전히 저버리길 원지 않는다면 말입니다. 우리가 매 순간 그리고 모든 일에서 당신을 우리의 창조주이자 구속으로 충만한 우리의 왕으로 당신을 소유하고 있다는 사실을 깨달을 때, 어떻게 우리가 당신을 영화롭게 하는 일을 끝낼 수 있겠습니까?

확실히, 우리가 당신의 신실한 백성들에게 베풀어주신 당신의 은총이 얼마나 크며, 경건한 자들에게 내려주신 선물들이 얼마나 풍성한지 우리가 인식할 때, 감사로 가득한 우리 마음의 증거들을 우리의 생각과 말과 행위로써 표현하며, 또 그런 목적으로 이용할 수 있는 모든 악기들과 방법들과 논의들로 나타내는 것이 합당합니다. 우리가 그 일을 더 잘하기 위하여, [181r] 당신의 말씀의 검을 우리의 마음의 수중에 두셔서, 우리를 거의 멸망시켰던 육신과 악덕과 악한 욕망들에 대하여 복수할 수 있게 하소서. 그럼으로써 우리의 타고난 죄를 족쇄에 채워 억제하여 아담의 자손들 위에 군림하였던 그 죄악의 폭정에서 벗어날 수 있게 하소서. 우리 주 예수 그리스도로 말미암아 기도합니다. 아멘.

시편 150편에서

I. 오 전능하신 하나님,

당신이 만드신 모든 만물이 당신을 찬송할 때, 그들은 당신의 위엄과 위대하심에 합당한 일을 하고 있을 뿐만 아니라, 아주 풍성하고 놀라운 방식으로 그들 자신을 완성하고 있는 것입니다. 모든 만물의 가장 높고 최상의 선으로써 당신을 영화롭게 하는 일보다 우리가 할 수 있는 더 탁월한 일은 아무것도 없습니다. 우리를 향하신 당신의 한량없는 은덕들을 우리는 하루도 빠짐없이 체험하고 있습니다. 게다가, 이곳에서 우리의 죄악들의 엄청난 무게가 우리를 무겁게 누르며, 그 때문에 우리가 엄청난 고난의 짐으로 심하게 압박당하고 있는 동안에, 우리는 당신의 은사들과 무한하신 선하심에 아주 잘 주목할 수 없습니다. 그 결과, 사람은 그가 거의 알지 못하는 것을 올바르게 찬양하지 못합니다.

오 하나님, 우리의 가슴 속 깊은 곳으로부터 우리가 기도하오니, [181v] 우리의 죄악의 짐을 우리에게서 벗겨 주옵소서. 그것을 우리에게서 제거해 주시면, 당신이 현재의 고난들의 어두움을 교회로부터 몰아내어 주실 것을 우리가 의심하지 않습니다. 그러면, 교회가 그 눈을 들어 교회의 창조자이며 구속자이신 당신을 바라볼 것이며, 가장 높은 찬송들로써 당신의 풍성한 선하심과 당신의 놀라운 지혜를 마땅히 기리며 당신에게 영광을 돌릴 것입니다.

그러나 이제, 우리는 도처에서 슬프고 억울한 모습들과 맞닥뜨리며 우리를 위협하는 당신의 진노 외에는 아무것도 볼 수 없습니다. 우리가 당신의 진노를 받기에 합당하며 변명할 여지가 없다는 사실을 우리는 부인하지 않습니다.

그러므로 우리는 당신의 진노를 우리로부터 거두어 가시기를 엎드려 간구하며 간청합니다. 그리하여 우리가 당신의 이름을 말로서 뿐만 아니라, 우리의 마음을 당신에게로 들어올리기에 적합하게 만들어진 모든 악기들로써 합당하게 찬송하도록 고무되길 원합니다. 우리 주 예수 그리스도로 말미암아 기도합니다. 아멘.

Ⅱ. 오 전능하신 하나님,

복되고 신령한 마음을 가진 자들이 당신의 이름의 거룩하심과 위대하심을 당신의 영광스러운 성소에서 끊임없이 송축합니다. 그들은 이것을 좀더 빛나게 하여 당신의 장엄하심의 비밀들을 좀더 가깝고 명료하게 볼 수 있게 합니다. [182r] 죽을 인생들이 항상 당신을 찬양하는 일에 헌신하는 것이 또한 합당한 일입니다. 왜냐하면 그들은 당신의 선하심과 능력과 지혜의 엄청난 보화들이 하늘과 모든 피조물에서 날마다 명백하게 나타나는 것을 보기 때문입니다.

그러나 우리는 다른 모든 것들보다 이 과업을 우선합니다: 믿음과 성령으로 조명을 받아, 자연이 그 모든 아름다움으로 선포하는 것보다 더 많이, 성경으로부터 당신의 신비들에 관하여 우리가 배우기를 원합니다. 그러므로 우리는 당신이 우리의 마음을 감동하셔서 우리가 가장 순전한 찬송과 기도로 당신을 예배할 수 있기를 간구합니다. 우리 주 예수 그리스도로 말미암아 기도합니다. 아멘.

성찬숭배(Breadworship)와 모든 미신에 반대하는 피터 마터 버미글리 박사의 기도[182v]

하늘 아버지여,

이제 마침내 우리를 도우시고 당신의 그리스도인들의 마음과 심령을 당신의 아들 예수 그리스도의 영으로써 빛을 비추어주셔서, 그들이 우상들과 미신들을 내버려두고 순전하고 진정한 마음으로 오직 당신만을 예배하고 찬양하고 호소하는 일로 돌이키게 해 주시기를 당신에게 제가 간구합니다. 오직 당신에게만 드려져야 할 영광이 더 이상 땅과 포도주와 그림들과 동상들과 그리고 죽은 자들의 뼈에 사악하고 죄악되게 돌려지는 것을 허용하지 마옵소서. 당신의 거룩한 이름이 이미 오랫동안 이런 모욕에 처해졌습니다. 당신의 순전한 복음이 이미 오랫동안 더러움에 방치되었습니다. 너무나 오랫동안 사람들이 당신의 성자께서 제정하신 성찬을 더러운 우상숭배로 왜곡시켜 두었습니다. 어떤 순간에, 그들 자신을 파멸로 내던지는 경향이 있는 미친 사람들의 광분에 종지부를 찍어주옵소서. 그들로 하여금 모든 동산과 푸른 나무 아래에서 저지르는 수치스럽고 부도덕한 매춘 행위를 멀리하게 하옵시고, [183r] 모든 네거리와 거리들과 성전들과 예배당에서 당신의 성자의 성례라는 이름 아래 떡과 포도주로써 그들이 당신의 거룩한 예배를 사악하고 수치스럽게 더럽히는 일을 막아주옵소서.

오 거룩하시고 선하신 하나님, 당신의 강한 손으로 이 성찬숭배를 제거하시고 뒤집어 놓지 않으시면, 인간의 구원과 당신의 교회의 정화는 모두 끝나버릴 것입니다. 오 하나님, 도우소서. 당신의 성자의 보혈로 구속하신 당신의 백성을 도우소서. 참되고 영원하신 하나님이신 예수 그리스도시여, 당신이 시작하신 이 일을 굳건하게 하시고 그 소망하는 목적에 이르기까지 이루소서. 그러나 회복의 소망이 없을 정도로 그 병증이 위중하고, 당신의 교회에 진리를 위한 공적인 자리가 더 이상 열려 있지 않다면, 속히 오셔서 당신의 심판을 행하소서. 당신의 이름의 영광을 위하여 믿을 수 없는 긍휼하심과 탁월한 선하심으로 당신이 친히 제정하셨던 그 신성한 성찬이 무시무시한 책망을 당하지 않게 해 주옵소서.

왜냐하면 당신은 성부와 성령과 더불어 영원무궁토록 살아계시고 다스리시기 때문입니다. 아멘.